Bernhard Grund

Nix Zipzerip

Bernhard Grund

Nix Zipzerip

Eine autobiographische Erzählung

Bibliografische Information der Deutschen Bibliothek
Die Deutsche Bibliothek verzeichnet diese Publikation in der Deutschen Nationalbibliografie; detaillierte bibliografische Daten sind im Internet über http://dnb.ddb.de abrufbar.

Bernhard Grund
Nix Zipzerip

Berlin: Pro BUSINESS 2007

ISBN 978-3-939430-52-0

1. Auflage 2007

© 2007 by Pro BUSINESS GmbH
Schwedenstraße 14, 13357 Berlin
Alle Rechte vorbehalten.
Produktion und Herstellung: Pro BUSINESS GmbH
Gedruckt auf alterungsbeständigem Papier
Printed in Germany
www.book-on-demand.de

Auftakt

Der Alte zog sich in sein Arbeitszimmer zurück. Heute wollte er allerdings nicht gleich wieder Deutsch-Aufsätze korrigieren, er hatte Angenehmeres zu tun. Es war kurz vor dem 18. Geburtstag seiner Tochter, und er wollte ihr diesmal ein außergewöhnliches Geschenk machen: Sie sollte seine Geige bekommen. Seit acht Jahren erlebte er mit Freuden, wie das musikalische Talent seiner Tochter sich auf diesem Instrument entfaltete und wie sie diesem - weiß Gott nicht leichten - Instrument mit der notwendigen Ausdauer treu blieb. Die Schenkung sollte also ein Zeichen dieser Freude sein und in einer Schenkungsurkunde dokumentiert werden. Der Alte saß nun an seinem Schreibtisch und begann damit, den Urkundentext zu entwerfen.
Erinnerungen wurden wach. Vor 45 Jahren hatten ihm seine Eltern diese Geige geschenkt, nur zwei Jahre hatte er auf ihr spielen gelernt. Dann war es aus damit. Warum war es dabei geblieben? Was war in den Jahrzehnten danach passiert?! Der Alte spürte plötzlich, dass ihm die Trennung von seiner Geige gar nicht so einerlei war. Er hatte eben nicht nur eine oberflächlich-nüchterne Beziehung zu ihr, sondern auch eine tiefgehend-innerliche. Ehe es ihm so richtig bewusst geworden war, hatte der Alte damit begonnen, die - teilweise dramatisch-schicksalhafte - Lebensgeschichte seiner Geige für seine Tochter aufzuschreiben. Er versetzte sich dabei so sehr in die Lage seiner Geige, dass er sie selber erzählen ließ.

Mittenwald

Ich wurde im Jahre 1942 als Tochter des Geigenbauers Joseph Kloz in Mittenwald, Kreis Garmisch-Partenkirchen/Oberbayern geboren. Tag und Monat meiner Geburt kann ich leider nicht nennen, denn die „Geburt“ einer Geige geht nicht wie bei den Menschen an nur einem bestimmten Tage vor sich. Trotzdem kann ich eine „Geburtsurkunde“ vorweisen: Sie klebt als „Werkzettel" auf der Innenseite meines Resonanzbodens. Man kann sie nur einsehen, wenn man durch das linke f-Schallloch in mein Inneres schaut. Dort liest man dann:

Joseph Kloz in Mittenwald
an der Iser. Anno 1942
Made in Germany
Die Unterschrift ist unleserlich.

Der Werkzettel ist gleichzeitig ein Gütezeichen und sagt dem Kenner etwas über den Wert einer Geige aus. Ich bin jedenfalls stolz darauf, keine Fabrikgeige zu sein, sondern eine echte „Kloz" aus Mittenwald.

In dem schönen Mittenwald im Tal der Isar, am Fuß des Karwendelgebirges, werden ja schon seit dem Ende des 17. Jahrhunderts Geigen gebaut. Den Anfang hat ein Vorfahre meines „Vaters" gemacht: Mathias Kloz, der von 1653 bis 1743 in Mittenwald gelebt und gearbeitet hat. Die Mittenwalder haben ihm neben der Pfarrkirche ein Denkmal errichtet.

Wer heute als Tourist in den Luftkurort kommt, kann sich nicht nur an den herrlich bemalten Wohnhäusern erfreuen, sondern auch das Geigenbaumuseum besuchen und an mehreren Häusern - durch große Fensterscheiben hindurch - Geigenbauern bei ihrer Arbeit zusehen.

Erste Reise

Wenn man als Geige in Mittenwald geboren wird, ist es klar, dass man ziemlich bald seine Heimat verlassen muss. Eine Geige „lebt" erst richtig, wenn auf ihr gespielt wird, wenn jemand ihre Saiten zum Klingen bringt und damit Ohr und Herz des Zuhörers erfreut.

So war ich denn gar nicht traurig, als ich mit neun Schwestern versandfertig verpackt wurde. Der Geigenkasten, in den ich gelegt wurde, war nicht besonders bequem. Es war ja Krieg, man sparte an allem, und so musste ich mit einem ungepolsterten Kasten aus dünnem, hartem Pappenguss vorlieb nehmen. Immerhin, es ging

auf die Reise, und ich war natürlich sehr gespannt, wo ich „landen“ würde.
Ich sperrte meine „Ohren“, die beiden Schalllöcher, weit auf, um während des Bahntransports zu hören, welche Stationen ausgerufen wurden. Zuerst hörte ich „München“, dann „Nürnberg“, „Prag“, „Dresden“ und zuletzt „Breslau“. Damals wusste ich noch nicht, dass Breslau die Landeshauptstadt von Schlesien war. Jedenfalls sollte ich irgendwo in Schlesien meine neue Heimat finden. In Breslau wurden fünf von uns zum Verbleib ausgeladen. Wir anderen wurden umgeladen. Als wir im Gepäckwagen eines D-Zugs „verstaut“ worden waren und der Zug ziemlich schnell in Fahrt gekommen war, erfuhren wir aus der Unterhaltung zweier Eisenbahner - eines ganz jungen und eines erfahrenen alten -, dass unser Zug in südwestlicher Richtung fuhr und dass wir in Waldenburg ausgeladen würden.
Der junge Eisenbahner sagte: „Donnerwetter, so eine E-Lok legt doch gleich ein ganz anderes Tempo vor als unsere alten Dampfloks. Ich fahre heut zum ersten Mal mit einem solchen Zug.“
„Ja“, sagte der Alte, „Du fährst ja auch auf einer der ersten elektrifizierten Strecken der Reichsbahn. Man hat sie bereits zwischen 1916 und 1920 gebaut, zwischen Breslau und Hirschberg. Die Höhenunterschiede im Waldenburger Bergland und weiter zum Riesengebirge hin sind enorm.“
Der Junge sagte: „Und warum gibt es nicht schon längst viel mehr elektrifizierte Strecken im Großdeutschen Reich?“
„Der Adolf soll dagegen sein.“
„Meinen Sie mit ‚Adolf‘ unsern Führer?“
„Wen sonst? Elektrifizierte Bahnstrecken sind nun mal im Krieg viel leichter lahm zu legen. Ist die Oberleitung kaputt, fährt der Zug auf noch so guten Gleisen nicht, er steht. Du kennst doch bestimmt das Motto: Räder müssen rollen für den Sieg! – Aber wechseln wir das Thema. Ich bin froh, dass ich in Hirschberg zu Hause bin. Waldenburg ist zwar größer und hat mehr Einkaufsmöglichkeiten, Schulen und so weiter, aber durch die Steinkohlengruben und die Kokereien ist die Luft nicht so gut wie in Hirschberg.“

Als ich das gehört hatte, dachte ich: O je, das ist ja gerade keine Verbesserung, wenn man aus einem Luftkurort stammt. Ich sah meine Zukunft in düsteren Farben.
Doch wie tröstlich war die Begrüßung in dem Waldenburger Musikgeschäft, in dem ich ausgepackt wurde! Die Inhaberin war geradezu außer sich vor Freude, dass sie mitten im Krieg wieder einmal fünf Geigen aus Mittenwald zum Verkauf anbieten konnte. Die Regale ihres Geschäftes waren halbleer, und auch bei Noten und Schallplatten war das Sortiment recht bescheiden. So wunderte man sich gar nicht mehr, dass die Kreisleitung der Nazi-Partei sofort anordnete, die Instrumente seien erstens gut sichtbar auszustellen und zweitens „nur an Uniformträger" zu verkaufen. Bis Weihnachten 1942 waren meine vier Schwestern verkauft, und nur ich schlummerte als „Schaustück" in das Jahr 1943 hinüber. Schon wiederholt waren Interessenten im Geschäft gewesen, aber es waren Zivilisten, und an die durfte ich eben nicht verkauft werden.

Akkordeon oder Geige?

Anfang Februar kam ein Polizist mit seiner Frau in das Geschäft. Er wollte für seinen zehnjährigen Sohn ein Akkordeon kaufen. „Wissen Sie", sagte er, „unser Sohn ist offensichtlich musikalisch begabt. Er spielt Ziehharmonika, das hat er sich selber beigebracht. Aber jetzt wünscht er sich sehnlich ein Akkordeon und regelrechten Unterricht dazu. Da hat er dieser Tage im Vorbeigehen entdeckt, dass bei Ihnen nach langer Pause wieder einmal sechs Akkordeons im Regal stehen. ‚Papa', hat er gesagt, ‚gut, dass Du gerade Heimaturlaub hast. Zieh bitte Deine Uniform an und kauf mir ein Akkordeon!'"
„Ja", sagte da die Geschäftsinhaberin, „das tut mir aber furchtbar leid, da muss ich Sie enttäuschen: Die Akkordeonkoffer, die Sie hier sehen, sind nämlich leer. Es ist eben Krieg."
Der Polizist stöhnte: „Das darf doch nicht wahr sein!" Da holte die Verkäuferin einen Koffer aus dem Regal und öffnete ihn: er

war leer. Dann klopfte sie mit dem Finger an die übrigen Koffer: es klang hohl und leer. Die Frau des Polizisten sagte traurig: „Armer Leo, wir hätten Dir so gerne eine Freude bereitet."
Nach einer kurzen Pause sagte die Verkäuferin: „Nun hören Sie mal: Wenn Ihr Sohn musikalisch ist und Ehrgeiz hat, dann kaufen Sie ihm doch die letzte Geige, die ich hier habe. Es ist eine Kloz aus Mittenwald!"
Jetzt herrschte erst einmal betretenes Schweigen. Der Unterschied zwischen einem Akkordeon und einer Geige ist ja auch wirklich nicht gering. Da kam ein Mann ins Geschäft.
„Guten Tag, Herr Wagner", sagte die Verkäuferin, „Sie kommen wie gerufen!" Zu den Kunden gewendet sagte sie: „Herr Wagner ist Geigenlehrer am Städtischen Konservatorium (so nannte man damals die Musikschule). - Herr Wagner, führen Sie den Herrschaften doch bitte mal meine letzte Kloz vor, sie wollen sie vielleicht für ihren zehnjährigen Sohn kaufen."
„Aber gerne", sagte Herr Wagner, nahm mich aus dem Regal, spannte den Bogen, stimmte meine Saiten und begann zu spielen. Es machte mir sofort riesigen Spaß. Er brachte mich nicht nur zum Klingen, sondern auch zum Singen. Er ließ mich jubilieren und schluchzen, mal in Dur, mal in Moll. Er vergaß auch das Zupfen nicht. Dann sagte er: „Donnerwetter, die Geige ist noch so jung und hat schon einen solchen Wohlklang. Wenn die erst einmal in die richtigen Hände kommt und länger gespielt wird! Wirklich, es ist ein tolles Instrument, fast zu schade für einen Anfänger. Also ich kann Ihnen den Kauf nur bestens empfehlen. Zehn Jahre ist Ihr Sohn? Das ist für Geige gerade noch richtig. Warten Sie mal, ich probiere gleich mal aus, welcher Bogen nach Größe und Gewicht für Ihren Sohn in Frage käme..."
Ich dachte: Holla! Der versteht es aber gut, für mich zu werben. Da zeigt sich mal wieder ein Lehrer von seiner besten Seite. Und tatsächlich, der Polizist und seine Frau waren von dieser Vorführung so überwältigt, dass sie mich ohne weiteres Zögern kauften. Während der folgenden Straßenbahnfahrt überlegten sie sich leise unterhaltend, wie sie ihrem Sohn die Geige „schmackhaft" machen könnten. Und ich war gespannt zu erfahren, wie mein neues

Zuhause aussehen würde. Nach etwa 20 Minuten rief der Fahrer: „Gemeindemühle!“ Da stiegen die Eltern mit mir aus.
„In Weißstein ist die Luft doch schon wieder etwas besser“, sagte der Vater. Nach ein paar Minuten Fußweg klingelte eine Ladentür, und es roch nach frischem Brot. Ich war also in einer Bäckerei „gelandet“! Die Mutter legte mich im Wohnzimmer ab und öffnete meinen Kasten. Der Vater holte schnell seine Bäckerkleidung aus dem Schrank und zog die Uniform aus.
„Als Bäckermeister fühle ich mich gleich wieder wohler, wie in Friedenszeiten!“ Und dann wurde Leo gerufen.
„Wo ist denn das Akkordeon? Was soll denn diese Geige hier?“
„Die ist für Dich“, sagte der Vater und schaute zum Fenster hinaus.
Leo war sprachlos, und dann fing er an zu heulen. Da nahm ihn die Mutter in den Arm und redete ihm tröstend und beruhigend zu. Sie erzählte ihm, wie alles gekommen war, vor allem, dass ihnen, den Eltern, zunächst auch zum Heulen zumute gewesen war. Dann aber hätten sie die Geige gehört und gedacht: Wie schön wäre es, wenn unser Leo auch einmal so spielen lernte.
Der Vater sagte: „Ja, Leo, Mama und ich wären bereit, Dich am Konservatorium zum Einzelunterricht anzumelden. Zehn Reichsmark die Stunde ist zwar ganz schön teuer, aber so viel bist Du uns wert. Ich würde sagen, wir melden Dich zunächst mal probeweise für ein Jahr an, und dann können wir ja sehen, ob es was für Dich ist oder nicht. So, und jetzt hast Du bis morgen Zeit. Überlege es Dir, ob das etwas für Dich wäre.“
Inzwischen waren Leos Schwestern ins Wohnzimmer gekommen und beäugten mich neugierig. Ich schien ihnen zu gefallen. Die folgende Nacht wurde für mich unruhig, ich war sehr aufgeregt: Wird der Junge nun zusagen oder nicht? Ich fand es allerdings sehr klug von den Eltern, dass sie ihren Sohn nicht zwingen, sondern echt mitbestimmen lassen wollten. Am nächsten Morgen wurde ich sehr früh ziemlich unsanft aus meinem Schlummer gerissen, denn im Raum nebenan begann plötzlich eine Maschine zu rumpeln. Der Fußboden des Wohnzimmers vibrierte. Wie ich später erfuhr, kam das von der Teigmaschine in der Backstube. Die Kinder schliefen offensichtlich weiter, man hörte jedenfalls

nichts von ihnen, wahrscheinlich hatten sie sich an dieses Geräusch schon gewöhnt. Ich lernte „meine“ Familie immer besser kennen.
Beim Frühstück in der Küche kam dann für mich die Erlösung: Leo sagte zu seiner Mutter, er wolle es einmal mit mir versuchen. Da freute ich mich natürlich riesig, und ich nahm mir vor, Leo das Lernen so leicht wie möglich zu machen.
Als Leo mittags aus der Schule zurückgekommen war, gab es für mich eine Überraschung: Er nahm mich aus dem Kasten und begann mit dem Bogen über meine Saiten zu streichen. Ich musste zwar ganz schräg quietschen, aber ich war froh, dass Leo offensichtlich neugierig geworden war. Neugier ist ja bekanntlich eine ganz wichtige Voraussetzung für alles Lernen.
Leo wurde zum Unterricht angemeldet, nach Ostern sollte es losgehen. Leo nahm mich jeden Tag aus dem Kasten und versuchte, auf mir zu spielen. Ich merkte, dass die Töne von Tag zu Tag sauberer wurden. Leo begann mit einem Finger der linken Hand die Saiten zu drücken, und so kamen immer mehr verschiedene Töne zustande. Ich dachte: Der Junge ist wirklich begabt. Hoffentlich bekommt er einen guten Lehrer!
Eines Tages musste Leos Vater wieder zum Polizeidienst in die Ukraine abreisen. Die ganze Familie versammelte sich im Wohnzimmer und betete zum Abschied ein Vaterunser. Leos Mutter weinte dabei, und auch Vaters Stimme war bewegt. Im Krieg weiß man nie, ob man sich noch einmal lebend wiedersieht.

Das überlebe ich nicht!

Zwei Wochen später passierte etwas ganz Schreckliches: Mitten in seiner täglichen „Übung“ kamen Leos Schwestern Hedwig und Elisabeth ins Wohnzimmer gestürmt und riefen: „Hör auf mit Deiner Quietscherei, das hält ja kein Mensch aus. Warte doch ab, bis Du Unterricht hast!“
Leo legte mich auf dem Sofa ab und wollte die Störenfriede vertreiben. Es gab, teils im Spaß, teils im Ernst, ein kleines Handge-

menge zwischen den Geschwistern. Und da passierte es: Leo wurde in Richtung Sofa abgedrängt, ließ sich plötzlich rückwärts auf das Sofa fallen und landete mit voller Wucht - auf mir!!!
Ich war einer Ohnmacht nahe. Ich dachte: Das überlebst Du nicht! Meine drei Darmsaiten waren gerissen, der Steg war zerbrochen und das schwarze Griffbrett war von meinem Geigenhals abgeplatzt! Ich lag buchstäblich in Stücken da! Es war eine Katastrophe!
Bei den Kindern war der Jammer unbeschreiblich. Die Mutter stürzte ins Wohnzimmer, sah die Bescherung und hätte beinahe in der ersten Empörung ihren Sohn übers Knie gelegt. Sie beherrschte sich aber, weil ihr blitzartig klar wurde, dass hier kein böser Wille im Spiel gewesen sein konnte. Als sie mich und meine Bruchstücke einsammelte, kamen auch ihr die Tränen. Nach einer Weile überlegte sie mit den Kindern, was man tun könne. Ihr fiel ein, dass einer von Vaters heutigen Polizeikollegen in der Vorkriegszeit als Möbeltischler tätig war. Er hatte schon manchmal wackelig gewordene Tische und Stühle repariert, vielleicht wusste er auch diesmal Rat. Und so wurde ich wieder zusammengeflickt. Herr Lipinski klebte mir mit großer Sorgfalt das Griffbrett wieder auf den Hals. Es gelang ihm auch, einen neuen Steg und neue Darmsaiten zu bekommen. Beides war im Krieg ein kleines Wunder. Es ging mir also schon wieder ganz gut. Nur das Aufziehen der Saiten fehlte noch. Aber das wagte niemand.
So kam es, dass Leo zur ersten Unterrichtsstunde mit einer Geige fahren musste, auf der man noch nicht wieder spielen konnte. Das war ihm natürlich sehr peinlich. Er hätte am liebsten seine Mutter mitgenommen, damit sie dem Geigenlehrer das Missgeschick erklärte. Aber das kam gar nicht in Frage: Die Mutter wollte kein „Muttersöhnchen" haben, und so musste Leo Angst und Hemmungen überwinden und „ins kalte Wasser springen". Bei der Verabschiedung sagte die Mutter: „Sei ein Mann. Rede nicht erst lange drumherum. Wer die Wahrheit sagt, bekommt meistens mildernde Umstände. Ich bin in Gedanken bei Dir."
Na ja, als Leo mich auspackte, waren seine Hände feucht vor Angstschweiß. Aber dann sagte er kurz und bündig, was passiert war. Er bat den Lehrer, die Saiten aufzuziehen. Der war im ersten

Augenblick verblüfft. So etwas war ihm in seiner langen Lehrtätigkeit noch nicht begegnet. Aber dann benutzte er das Aufziehen und Stimmen der Saiten zu den ersten, grundlegenden Erklärungen über mich. Für die Namen der vier Saiten - G, D, A und E - hatte er sogar einen lustigen Merksatz auf Lager: *Geh, Du Alter Esel!*
Jetzt war der Einstieg in den Unterricht gelungen. Leo war wissbegierig und voller Lerneifer. Er musste allerdings bald erfahren, dass Geige ein schwieriges Instrument ist und dass der Fortschritt sich nur langsam einstellt. Immerhin, Leo übte fleißig und regelmäßig. Die Töne, die er mir entlockte, wurden sauberer; es quietschte immer seltener, der Lehrer war zufrieden.

Das erste Konzert

Kaum hatte Leo ein paar kürzere Stücke und Volkslieder spielen gelernt, da wollte er auch schon ein Konzert geben. Ich freute mich und war gespannt, wie das gehen sollte. Ich hörte, wie Leo mit Hedwig und Elisabeth tuschelte, die beiden hatten nämlich Klavierunterricht. Ich konnte so viel heraushören, dass sie die Mutter am „Tag der Hausmusik" mit einem kleinen Konzert überraschen wollten. Da musste natürlich insgeheim geübt werden, was gar nicht so leicht war. Aber Leo wusste, wann seine Mutter zu geschäftlichen Erledigungen unterwegs war, und so konnte das Geheimnis weitgehend gewahrt bleiben. Nur einmal kam die Mutter früher als erwartet zurück. Da taten die drei so, als ob sie rein zufällig zusammen spielten, und hörten bald auf. Die Mutter hatte wohl „geschaltet", fragte aber nicht weiter nach und ließ die Kinder gewähren.
Leo entpuppte sich als geschickter Organisator. Er stellte ein zwölfteiliges Programm zusammen und malte es mit Druckschrift auf ein Zeichenblatt: immer zuerst den Titel des Musikstückes, dann den Komponisten und schließlich den oder die Ausführenden. Er gestaltete das Programm abwechslungsreich: Klaviersolo, Geigensolo, Klavier vierhändig, Klavier und Geige und so weiter.

Leo war nämlich schon öfters im nahe gelegenen Bad Salzbrunn zum Kurkonzert gewesen und wusste von daher, wie so ein Programm aussah. Das Kurorchester saß dort in der Wandelhalle des Kurparks auf einem Podium wie auf einer Bühne. Also musste für das Hauskonzert auch eine „Bühne“ her. Leo baute die Ecke des Wohnzimmers, in der das Klavier stand, zu einer Bühne um. Er schleppte die aufklappbare „Spanische Wand“ herbei, die normalerweise freitags in der Küche als Sichtschutz beim Baden aufgestellt wurde. Jetzt trennte sie die Klavierecke vom übrigen Wohnzimmer ab. In die Öffnung dieser Guckkastenbühne rückte Leo an einer Seite einen Blumenständer mit fünf verschiedenen Topfpflanzen in drei Etagen. Das sah direkt festlich aus. An der äußersten Stütze der Spanischen Wand wurde noch das Programm ausgehängt, und dann wurde das Wohnzimmer abgeschlossen, damit die Mutter nicht vorzeitig zu viel erfuhr.
Am Morgen des „Tages der Hausmusik“, es war ein Sonntag, überreichte Leo beim Frühstück seiner Mutter mit einem „Diener“ eine handgeschriebene Einladung zu dem Konzert und verkündete großzügig, dass der Eintritt frei sei. Die Mutter nahm die Einladung erfreut an und fragte, ob sie denn ihre jüngste Tochter Ingeburg, die erst ein halbes Jahr alt war, auch mitbringen dürfe. Leo überlegte kurz und sagte: „Musik ist bestimmt auch für Kleinkinder gut, also ist sie uns willkommen. Wir hoffen natürlich, dass sie nicht zu schreien anfängt.“
Und so fand am späten Vormittag - nach der Kindermesse - das Konzert statt. Ich tat mein Bestes und tönte und sang so gut, wie es Leos Fingerfertigkeit zuließ. Nur am Anfang quietschte es einmal, weil Leo noch Lampenfieber hatte. Nachdem das Publikum, die Mutter, aber reichlich Beifall geklatscht hatte, wurden die kleinen Künstler ruhiger. Es gelang alles recht gut. Vor allem hörte es sich gut an, wenn Leo (Geige) und Hedwig (Klavier) zusammenspielten. Selbst Ingeburg schien es zu gefallen, denn sie lag lächelnd und ganz still in ihrem Bettchen. Zum Schluss hielt die Mutter eine kleine Dankesrede. Sie sagte, dass sie Gott dafür danke, solche musikalischen Kinder zu haben. Dieses erste Konzert berechtige zu großen Hoffnungen für die Zukunft.

Misstöne

Das Lob der Mutter wirkte sich auf Leo sehr förderlich aus. Er übte von jetzt an noch eifriger und fuhr gern zur Geigenstunde. Die Mutter achtete darauf, dass bei diesem Eifer nicht etwa die Hausaufgaben für die Schule zu kurz kamen. Leo sollte nämlich im Sommer von der Volksschule zur Städtischen Oberschule für Jungen in Waldenburg Neustadt wechseln.

Es wurde nichts daraus. Am Tag der Aufnahmeprüfung, die damals noch gefordert wurde, kam Leo ziemlich früh wieder nach Hause. Kaum hatte er die Tür hinter sich geschlossen, da weinte er laut los: „Sie haben mich zur Aufnahmeprüfung nicht zugelassen und nach Hause geschickt!"
Die Mutter fiel aus allen Wolken: „Das verstehe ich nicht. Erzähl doch mal der Reihe nach, was los war."
„Ja", sagte Leo, „da gibt's nicht viel zu erzählen. Um Punkt 10 Uhr kam der Oberstudiendirektor in die vollbesetzte Aula, ging zum Pult auf der Bühne und sagte: ‚Heil Hitler! Liebe Schüler, liebe Eltern, ich muss um etwas Geduld bitten. Ich muss nämlich vor Beginn der Aufnahmeprüfung noch etwas in meinem Dienstzimmer regeln. Dazu bitte ich folgende Schüler mitzukommen...' Dann nannte er drei Namen, und dabei war auch ich. Die beiden anderen Jungen hatten ihre Mutter dabei. Im Direktorzimmer hieß es kurz und bündig: ‚Ihr seid zur Aufnahmeprüfung nicht zugelassen. Wenn Ihr Fragen habt, geht zu Eurem Volksschulrektor.' Dann stand der Oberstudiendirektor auf und verließ als erster den Raum. Wir gingen geschockt und sprachlos hinterher. Ja, und jetzt bin ich halt hier."
„O Gott", sagte die Mutter, „was steckt denn da schon wieder dahinter? Was soll ich denn mit Dir jetzt anfangen? Wenn doch wenigstens der Papa zu Hause wäre! Komm, lass uns zum Heiligen Geist beten, zum Geist des Rates und der Stärke!"
Nach dem Gebet zog sie sich ihr Sonntagskleid an und ging mit Leo zur Eichendorff-Schule, um mit dem Rektor zu sprechen. Ich verbrachte eine bange Stunde in meinem Kasten. Durfte ich für

Leo doch noch hoffen, war das Ganze vielleicht ein großes Missverständnis? –
Nein, es war kein Missverständnis. Nach der Rückkehr schloss sich Leo mit mir im Wohnzimmer ein. Er öffnete meinen Kasten, legte die rechte Hand auf mich und begann leise und stockend mit mir zu reden: „Weißt Du, das Ganze ist ein riesiges Unrecht. Der Rektor der Eichendorff-Schule wollte auch nicht mit der Wahrheit herausrücken. Er wiederholte immer nur wieder, dass ich zur Aufnahmeprüfung an der Oberschule nicht zugelassen werden könnte und dass ich weiter die Volksschule besuchen müsste.
Mama bohrte aber immer weiter mit Fragen. Da wurde der Rektor schließlich nervös und platzte heraus: ‚Na gut, es steht fest, dass es nicht an Leos mangelnden Schulleistungen liegt, es ist eben etwas Politisches, über das ich nichts sagen kann. Nun regen Sie sich nur nicht so auf: Leo wird ja eines Tages die Bäckerei übernehmen, wozu braucht er dann Latein? Oder soll er etwa Priester werden?' Da sagte Mama: ‚Das müssen Sie schon dem lieben Gott und Leo überlassen!' Und dann sind wir gegangen."
Jetzt spannte Leo den Bogen, nahm mich aus dem Kasten und fing an irgendetwas zu spielen. Er nannte das „Fantasieren". Mir fiel auf, dass er heute nur in Moll spielte. Ich glaube, das war auch seine Stimmungslage. Als er aufgehört hatte, sagte er zu mir: „Bloß gut, dass ich Dich habe."
Da klopfte es an der Tür, und die Mutter rief: „Leo, mach auf, ich muss mit Dir reden!" Leo legte mich in den Kasten zurück und öffnete die Tür.
„Leo", sagte die Mutter, nachdem sie neben mir auf dem Sofa Platz genommen hatte, „es ist an der Zeit, Dir etwas zu erklären. Wir haben das bisher für uns behalten, um Euch Kinder nicht unnötig zu belasten. Also der Rektor hat doch vorhin gesagt, es sei ‚etwas Politisches', weshalb Du nicht zur Oberschule gehen darfst. Papa und der Rektor kennen sich schon ziemlich lange. Beide waren Mitglied in der katholischen Zentrumspartei. Als dann Hitler an die Macht gekommen war, wurde die Zentrumspartei gezwungen, sich selbst aufzulösen. Das ging auch anderen Parteien so, manche wurden verboten. Seitdem gibt es nur noch

die Hitlerpartei, die Nationalsozialistische Deutsche Arbeiterpartei NSDAP. Der Rektor wollte sein Amt in der Schule und den Lebensunterhalt für seine Familie behalten und trat in die NSDAP ein. Papa tat das nicht, er blieb parteilos. Das machte ihn bei den Nazis sofort verdächtig. Sie fingen an, ihn und vor allem seine Äußerungen in der Öffentlichkeit zu überwachen. So kam es, dass er als ‚staatsunzuverlässig' bezeichnet wurde. Am Anfang des Krieges wurde er nicht zur Wehrmacht eingezogen, sondern ‚arbeitsdienstverpflichtet' in eine Polizeiuniform gesteckt und nach Polen und später nach Russland abkommandiert. Papa hielt den Krieg von Anfang an für Wahnsinn und für ein Verbrechen. Er leidet sehr unter dem, was den Juden, Polen und Russen von Deutschen hinter der Front angetan wird. Er hilft einzelnen so gut er das als Polizist kann. Aber das darf nicht bekannt werden, sonst stecken ihn die Nazis ins Konzentrationslager oder bringen ihn um. Die Nazis sind ein gottloses Pack. Jetzt kannst Du sicherlich verstehen, warum wir Dir keine Jungvolk-Uniform gekauft haben. Du musst zwar weiter jeden Samstagnachmittag pflichtgemäß zum ‚Dienst' gehen und mit exerzieren und die grässlichen Nazilieder singen lernen, aber in Deiner normalen Kleidung. Sie haben ja gesagt, man müsse keine Uniform tragen, aber als einziger in Deiner Jungschaft fällst Du natürlich negativ auf. Man mag Leute nicht, die aus der Reihe tanzen. Ich glaube jetzt, die Nazis haben beschlossen, dass Du als Sohn eines ‚Staatsunzuverlässigen' kein Abitur machen und auch nicht studieren darfst. Anders kann ich mir das heutige ‚Theater' nicht erklären. Ich werde mich bemühen, Dir den Wechsel in die Auenschule zu ermöglichen. Ich traue dem Rektor und den Lehrern Deiner bisherigen Schule keine gerechte Beurteilung mehr zu. In der Auenschule unterrichtet unser Organist und Chorleiter. Vielleicht kommst Du in die Klasse des alten Konrektors, den sie aus dem Ruhestand zurückgeholt haben, der geht auch regelmäßig sonntags zur Messe. Dem kann ich im Vertrauen sagen, was hier mit Dir gespielt wird. Und jetzt muss ich Dich dringend bitten: Behalte das, was ich Dir jetzt gesagt habe, unbedingt für Dich. Sprich mit niemandem darüber, auch nicht mit Deinen Schwestern oder Deinen Freunden bei den Ministranten. Die Nazis warten nur auf eine Gelegenheit, zumin-

dest den Papa ins Gefängnis zu stecken. Manchmal ist sogar eine Notlüge nötig."
Ich war geschockt und brauchte mehrere Tage, bis ich das alles einigermaßen verarbeitet hatte.

Glück im Pech!

Meine Befürchtung, Leo würde nach diesem Schuldrama den Kopf hängen lassen und auch die Lust am Geigenspiel verlieren, erwies sich - Gott sei Dank! - als hinfällig. Im Gegenteil: Leo benutzte mich, um seinen Frust zu überwinden. Er übte länger als bisher, und das brachte ihm Erfolgserlebnisse und das Lob des Geigenlehrers ein. Als sich die Eltern nach dem ersten Jahr erkundigten, sagte der Geigenlehrer, dass der Unterricht sich lohne, dass er also fortgesetzt werden sollte. Die Eltern waren glücklich und stimmten zu. Wenigstens auf diesem Gebiet ging es mit Leo wie gewünscht voran.
Von Weißstein bis zum Konservatorium im Zentrum von Waldenburg mussten wir mit der Straßenbahn fahren. Wenn an der Haltestelle „Gemeindemühle" viele Leute warteten, sprang Leo mit mir auf das erste Trittbrett der langsam einfahrenden Straßenbahn und schwang sich vor allen anderen Leuten auf die halb offene Plattform des Fahrers. Ich hatte immer Kummer, es könnte bei diesem gewagten „Sport" etwas passieren. Die Mutter durfte ohnehin nichts davon erfahren... Na ja, bis auf eine Schramme am rechten Schienbein ist ja auch zwei Jahre lang alles gut gegangen. Ich tröstete mich damit, dass Leo ja nicht aufsprang, um jemandem einen Sitzplatz wegzunehmen. Nein, er wollte nur ganz vorn neben dem Fahrer stehen und ihm bei seiner Tätigkeit zusehen. Er stellte mich aufrecht in eine kleine Nische und setzte einen Fuß davor, damit ich in den Kurven und bei dem Auf und Ab zwischen Weißstein und Waldenburg nicht hin und hergeschüttelt wurde. Ansonsten aber war seine Aufmerksamkeit ganz auf den Fahrer gerichtet. Leo wusste bald, wann der Fahrer dem Elektromotor mit seiner Kurbelschaltung volle Stromkraft zu-

kommen ließ, wann er mit gedrosselter Stromzufuhr über den Motor bremste, wann er die Handbremse kraftvoll anzog und wann er den Sandstreuer betätigte. Manchmal hörte ich, wie Leo mit dem Fahrer eine Unterhaltung anfing, obwohl das ja verboten war. Die Fahrer ließen sich aber darauf ein, weil sie merkten, dass Leo etwas von der Sache verstand und keine „dummen Fragen" stellte.
So war es auch an einem Tag im Frühsommer 1944. Leo hätte beinahe vergessen, am Sonnenplatz auszusteigen. Im letzten Augenblick, die Straßenbahn fuhr schon an, sprang er nach draußen - und ließ mich in der Straßenbahn stehen. Huch, schon wieder so ein Abenteuer!
Meine Reise ging also weiter Richtung Hauptbahnhof in Waldenburg-Dittersbach. Ich stand verlassen in meiner Nische, denn der Fahrer hatte noch nichts bemerkt. Ich erschrak bei dem Gedanken, dass mich im Grunde jeder x-beliebige Fahrgast mitnehmen konnte. Und wie mochte es Leo gehen? Was wird er sagen, wenn er am Konservatorium ohne Geige ankommt? Peinlich, peinlich!
Am Hauptbahnhof war nach 15 Minuten Endstation. Hier musste die Bahn drehen, um nach einer Pause wieder ins Stadtzentrum zurückzufahren. In der Pause wollte der Fahrer sein Butterbrot essen. Jetzt musste er mich bemerken, denn ich stand genau vor dem Türchen, hinter dem das Butterbrot in einer Dose lag.
„Ach du lieber Gott", sagte der Fahrer, „da hat ja mein junger Freund seine Fiedel stehen gelassen. Na so was! Ja, was machen wir denn da?"
In dem Augenblick klingelte schrill das Telefon an dem Büdchen des Aufsichtsbeamten. Der kam nach einer Weile und fragte: „Hast Du hier eine Geige gefunden? Die haben grade von der Zentrale angerufen. Ein Junge hat sie vergessen. Du sollst sie am Vierhäuserplatz abgeben."
„Is gut", sagte der Fahrer, „wie vergesslich die Kinder heutzutage nur sind, das hätte uns doch früher nicht passieren können." Ob er da Recht hatte?
Ich atmete jedenfalls auf. Während der Rückfahrt war ich wesentlich ruhiger. Wie mochte Leo es nur geschafft haben, die Sache zu regeln? - Am Vierhäuserplatz wartete schon der Fahrdienstleiter

auf mich. Er nahm mich und trug mich in seinen Dienstraum. Dort saß Leo, ziemlich bleich im Gesicht.
„Na“, sagte der Beamte, „da hast Du aber mehr Glück als Verstand gehabt! - Wie bist Du eigentlich auf die Idee gekommen, hier anzurufen?“
„Na ja, ich bin nach dem ersten Schock ins Sekretariat des Konservatoriums gegangen. Die Sekretärin war zwar entgeistert, aber sie gab mir den guten Rat, doch bei meiner Mutter zu Hause anzurufen. Ich wählte 12-35. Zuerst war eine unserer Verkäuferinnen am Apparat, und dann kam meine Mutter. Na ja, die war natürlich nicht erbaut von der Geschichte. Aber sie hatte dann auch ziemlich schnell die Idee, dass man bei Ihnen hier anrufen müsste. Ich bat sie, das für mich zu tun. Sie lehnte ab: ‚Wer von uns beiden hat denn nun die Geige stehen gelassen, Du oder ich?’ Und so blieb mir nichts anderes übrig, als selber mit Ihnen zu telefonieren. - Jetzt bin ich aber froh, dass ich meine Geige wiederhabe. Die ausgefallene Unterrichtsstunde wird leider nicht nachgeholt und muss trotzdem von meinen Eltern bezahlt werden. Ich muss mal sehen, ob sich da mit meinem Taschengeld etwas verrechnen lässt“...
Der Beamte sagte: „Das finde ich vernünftig, denn dann spürst Du den Verlust mehr und wirst eher dafür sorgen, dass sich so etwas nicht wiederholt. Machs gut und fahr’ jetzt schnell nach Hause“...
Der Sommer 1944 hatte es „in sich“: Leo wurde auf erneuten Antrag seiner Eltern zur Aufnahmeprüfung an der Oberschule zugelassen. Nach dem Warum durfte nicht gefragt werden. So ist das in einer Diktatur. Leos Vater, der gerade mal wieder auf Heimaturlaub zu Hause war, meinte: „ Die Nazis merken, dass es mit ihnen schlecht steht. Sie gebärden sich gnädig, damit nur ja keine Kriegsmüdigkeit in der Bevölkerung aufkommt. Für mich als Polizist der Reserve gibt es in Russland und Polen nichts mehr zu tun, die Wehrmacht ist auf dem Rückzug vor der Roten Armee der Sowjetrussen. Jetzt haben sie mich zum Braunkohle Schippen bei Senftenberg abkommandiert. Das ist eine schwere Drecksarbeit. So kann man ‚Staatsunzuverlässigen’ zeigen, wer immer noch Herr im Hause ist. Aber besser eine schlechte Schaufel als die

beste Maschinenpistole in der Hand! O Gott, wie lange soll dieses Morden und Blutvergießen noch weitergehen?“
Leo schaffte die Aufnahmeprüfung spielend, und so wurde er nun doch noch Oberschüler, wenn auch mit einem Jahr Zeitverlust.

Gewitter!

Leo übte immer schwierigere Stücke, musizierte mit seinen Schwestern zusammen und spielte regelmäßig Geburtstags- und Namenstagsständchen, Weihnachts- und Osterlieder und so weiter.
Diese schöne Entwicklung wurde im März 1945 jäh unterbrochen. Eines Tages stand Leo mit mir vor dem Eingang des Konservatoriums, und da ging es nicht mehr weiter. Der Grund? Ein Wachposten in dunkler Volkssturmuniform verwehrte uns das Betreten des Gebäudes: „Kein Eintritt!“ hieß es militärisch knapp. Leo sagte: „Entschuldigen Sie bitte, aber ich muss doch zur Geigenstunde!“
„Das geht nicht. Seit gestern ist in diesem Gebäude ein Lazarett eingerichtet.“
Leo ließ nicht locker: „Aber meine Eltern haben doch die Geigenstunden bis Ende des Monats im Voraus bezahlt!“
Darauf der junge Volkssturmmann: „Das tut mir leid, aber Krieg ist Krieg. Zuerst müssen wir die vielen verwundeten Soldaten versorgen, und dann können wir vielleicht auch noch musizieren. Die Front ist jetzt eben schon sehr nahe gekommen.“
Das war uns schon seit Wochen klar: Wir hörten nämlich Tag und Nacht Kanonendonner, der immer lauter wurde. Leos Mutter hatte erklärt, dass dieser zunehmende Kampflärm von Breslau herkomme. Diese Stadt sei von den Nazis zur „Festung“ erklärt und von der Roten Armee inzwischen eingeschlossen worden. Der Krieg würde jetzt wohl nicht mehr lange dauern, und wir Deutschen würden ihn verlieren. Sie habe große Angst vor dem Hass und der Rache der Sieger. Viele Unschuldige würden dann für die Naziverbrechen an anderen Völkern büßen müssen. Aber

darüber dürften die Kinder nicht öffentlich sprechen, weil die Nazis immer noch an den „Endsieg" glaubten. Alle Andersdenkenden würden verhaftet oder gar erschossen.
Eines Tages, es war kurz vor den Osterferien, kam Leo später als üblich von der Oberschule zurück. Er war kreidebleich und völlig entgeistert. Er brachte kein Wort heraus, er war geschockt. Das Mittagessen rührte er nicht an.
„Was ist bloß passiert", sagte die besorgte Mutter, „hast Du eine schlecht ausgefallene Klassenarbeit zurückbekommen? Bist Du plötzlich krank geworden? Sollen wir mal Fieber messen?"
Jetzt endlich antwortete Leo: „Mir ist kotzübel. Ich habe auf dem Nachhauseweg etwas ganz Schreckliches erlebt!"
„Na, dann komm mal mit mir ins Wohnzimmer. Hedwig und Elisabeth, Ihr geht schon mal ins Schlafzimmer für den Mittagsschlaf."
Im Wohnzimmer brach es aus Leo heraus: „Stell Dir vor, der Rudi, mein Klassenkamerad aus der Auenstraße, erzählte mir in der großen Pause auf dem Schulhof, er habe heute auf dem Felsensteg etwas ganz Tolles erlebt. Da seien auf der Rasenfläche acht dicke Holzpfähle aufgestellt worden und daran hingen tote deutsche Soldaten. Man habe sie heute Morgen wegen ‚Fahnenflucht' standrechtlich erschossen. ‚Das musst Du Dir auf dem Heimweg unbedingt ansehen', sagte er. ‚Das haben diese Feiglinge davon, dass sie den Eid auf den Führer gebrochen haben und unsere Heimat nicht mehr vor den sowjetischen Untermenschen verteidigen wollten.' Du weißt ja, der Rudi ist ein begeisterter Jungschaftsführer bei den Pimpfen und sonst ein guter Kamerad, mit dem ich mich während der Pausen gern unterhalte. Aber heute hatte ich sofort ein ganz mulmiges Gefühl. Ich wollte nicht mitgehen und sagte: ‚Ich fahre ja mit dem O-Bus direkt runter zum Sonnenplatz, da komme ich gar nicht über den Felsensteg.' ‚Mensch Leo, sei kein Waschlappen, so was kriegst Du nicht alle Tage zu sehen!' Da habe ich dann doch eingewilligt." Jetzt kamen Leo die Tränen. Erst nach einer längeren Pause fuhr er stockend fort: „Es war grausig...Viel schlimmer als ich es mir vorgestellt hatte...Das werde ich nie vergessen...Ich weiß gar nicht, wie ich nach Hause gekommen bin."

Die Mutter nahm Leo in den Arm und sagte nur: „Die armen Schweine. Sie wollten kein sinnloses Kanonenfutter mehr sein"...
Leos musikalischer Ausbildung war durch das Kriegsgeschehen ein jähes Ende gesetzt. Aber er gab nicht auf. Er übte und spielte zu Hause weiter auf mir, fast etwas trotzig und verbissen. Es war, als wollte er zum Ausdruck bringen: Bei uns findet kein Krieg statt. In Friedenszeiten wird der Geigenunterricht fortgesetzt.
Am 2. Mai 1945 kam Leo früher als gewohnt aus der Schule zurück. Er war seltsam aufgeregt, fast etwas erleichtert. Gleich fing er an zu erzählen: „Stellt Euch vor, ich komme da heute Morgen mit Klassenkameraden zum Schulhoftor. Wir grüßen den Wehrmachtsposten, der da steht, seitdem unsere Turnhalle Lazarett ist, vorschriftsmäßig mit ‚Heil Hitler!' und gestrecktem Arm, Fingerspitzen in Augenhöhe. Da antwortet der ganz locker mit ‚Guten Morgen, Jungs!' Wir bleiben fassungslos stehen. Da sagt der Posten: ‚Habt Ihr noch nicht gehört, dass unser Führer tot ist?! Geht, und lasst Euch das mal von Eurem Direktor erklären!'
Gleich nach dem ersten Klingelzeichen wurden wir in die Aula befohlen. Auf der Bühne waren die schwarzen Vorhänge zugezogen. An der Rampe stand das Rednerpult und an ihm lehnte ein Hitlerbild mit Trauerflor. Es war mucksmäuschenstill. Da kam unser Oberstudiendirektor in SA-Uniform und mit Trauerflor an der Hakenkreuz-Armbinde herein. Mit gedämpfter und bewegter Stimme verkündete er uns, dass ‚unser geliebter Führer und Reichskanzler Adolf Hitler' heute Morgen im Kampf um die Reichshauptstadt Berlin ‚bis zum letzten Atemzug kämpfend' den Heldentod gestorben sei. Er forderte uns auf, im Geiste des gefallenen Führers weiter zu kämpfen, bis der Endsieg errungen sei. Wir sollten jetzt nach Hause gehen und am Nachmittag um 15 Uhr pünktlich im Stadion sein, wo die offizielle Trauerfeier der Partei für den gefallenen Führer stattfinde. ‚Anwesenheit ist Pflicht! Die Klassenlehrer führen die Anwesenheitskontrolle durch.' So muss ich also heute Nachmittag noch mal in die Neustadt."
Die Mutter sagte: „Leo, ich höre heraus, dass Du nicht gerade sehr traurig bist. Das kann ich verstehen. Aber pass gut auf Dich

auf, dass Du Dich vernünftig benimmst. Jetzt kann ein Lächeln viel Unglück bringen!"
Als Leo von der Trauerfeier zurückkam, berichtete er kurz von den Trauerreden, den gesenkten und mit Trauerflor versehenen Hakenkreuzfahnen, der Trauermusik und den üblichen Liedern.
„Bei der Verabschiedung hat der Klassenlehrer gesagt, wir sollten ab morgen für ein paar Tage zu Hause bleiben. Der Wiederbeginn des Unterrichts würde in der Zeitung bekannt gegeben. Er machte ein sehr ernstes und trauriges Gesicht dabei."
Darauf sagte die Mutter: „Ja, Leo, dann wird das wohl Dein letzter Schultag gewesen sein..." - Übrigens: Einige Zeit später erfuhren wir, dass Hitler sich bereits am 30. April in seinem Bunker in Berlin selber umgebracht hatte. So wurde man damals belogen...
Sechs Tage später, am 8. Mai 1945, kam das Ende des fürchterlichen Krieges. Ich ahnte am frühen Morgen noch nicht, was das für mich und Leo bedeuten sollte. Ich lag an meinem gewohnten Platz auf dem Wohnzimmerschrank, von wo aus ich das aufregende Geschehen so gut es ging verfolgte.
Als Leo von der Morgenmesse zurückkam, berichtete er: „Es war schwierig, über die Hauptstraße zu kommen. Da zogen Tausende deutscher Soldaten unbewaffnet und in Viererreihe Richtung Waldenburg. Sie sahen traurig und müde aus, keiner sagte etwas. Es war wie ein Geisterheer. Die Frau Niedenführ, mit der ich den Kirchberg hinaufging, sagte leise zu mir: ‚Die ziehen nun alle in die russische Kriegsgefangenschaft. Gnade ihnen Gott! Wir müssen viel für sie beten!' - Und sie ziehen immer noch."
Die Mutter holte die Hakenkreuzfahne und trennte sie von der Stange. „Die müssen wir jetzt nicht mehr raushängen." Sie öffnete die Tür des Küchenofens und warf das Fahnentuch vor den Augen der Kinder hinein.
„Das brennt aber gut", sagte Leo.
„So, und jetzt schmeiße ich gleich auch noch das NS-Mutterkreuz in Bronze in die Flammen. Sonst denken die nachher, ich wäre stolz darauf gewesen. So ein Quatsch! Ich habe meine vier Kinder nicht ‚dem Führer' geschenkt. Die Annahmeverweigerung hätte böse Folgen gehabt. Aber das ist jetzt endlich vorbei."

Dann nahm die Mutter ein großes Stück weißes Leinentuch, befestigte es an der Fahnenstange und steckte diese in die Halterung an der Ladentür. „So zeigen wir den Russen, dass wir uns kampflos ergeben. - So Kinder, jetzt beten wir erst einmal ein Vaterunser für unseren lieben Papa. Ich habe seit drei Wochen nichts mehr von ihm gehört. Gebe Gott, dass er noch lebt und dass er heil aus dem Krieg zurückkommt. Kindergebet dringt durch die Wolken!" –
Es klopfte an der Küchentür. Frau Hahn aus dem zweiten Stock fragte, ob im Backofen noch Feuer wäre. Sie wollte die SA-Uniform ihres Sohnes Walter verbrennen lassen.
„Mein Sohn war kein Verbrecher. Mit seinen schlechten Augen war er noch nicht einmal bei der Wehrmacht. Jetzt soll es keine Missverständnisse geben."
„Ja", sagte Leos Mutter, „Ihr Sohn war aber Blockwart. Um uns zu überwachen und zu kontrollieren waren seine Augen gut genug. - Es ist noch Feuer im Backofen."
In der Abenddämmerung hörten wir Rädergeklapper und Pferdegetrappel auf dem Kopfsteinpflaster der Altwasser Straße. Die Mutter schaute vorsichtig zum Fenster hinaus: „Da sind die Russen mit ihren Panjewagen."
Jetzt war der Krieg zu Ende. Das große Blutvergießen hörte auf, aber die Leiden der Zivilbevölkerung begannen jetzt erst richtig. Auf die Angst vor feindlichen Bomben und Granaten in den letzten Kriegswochen folgte die Angst vor den Siegern, die zwischen Schuldigen und Unschuldigen keinen Unterschied machten. Es gab nämlich russische Soldaten, die sich in ihrem Siegesrausch nicht beherrschen konnten. Sie plünderten das Hab und Gut der Deutschen, verwüsteten im Krieg unzerstört gebliebene Gebäude und - das Schlimmste - sie schändeten deutsche Mädchen und Frauen.
Da viele Russen musikalisch sind, war ich in größter Gefahr, von einem Rotarmisten geraubt zu werden. Also durfte Leo nicht mehr auf mir spielen, um mich nicht zu verraten. Ich wurde täglich in einer anderen Ecke der Bäckerei versteckt.
Der Himmel war uns gnädig: Wenn Plünderer anrückten, umringten die vier Kinder schützend ihre Mutter, und diese verteilte

großzügig Brot und andere Lebensmittel. Der polnische Bäckergeselle Stanislaus - seit 1940 in der Bäckerei an Stelle eines zur Wehrmacht eingezogenen deutschen Gesellen beschäftigt - half auch, uns zu schützen. Er erklärte den Russen, er sei in all den Jahren anständig und freundlich behandelt worden.
Wenn die Russen durch die Wohnräume gingen und das Kreuz und das Muttergottesbild an der Wand erblickten, dann bekreuzigten sie sich, staunten, dass es unter den bösen Deutschen auch gläubige Christen gab, und verließen die Bäckerei, ohne Gewalt angewendet zu haben. In der Nachbarschaft ging es - zumal nachts - leider ganz anders aus. Immer wieder gellten Hilferufe, manchmal Schüsse zu uns herüber...
Als die ersten schlimmen Wochen vorüber waren, verbesserte sich unsere Lage etwas. Ich merkte das daran, dass der Umgangston in meiner Familie nicht mehr so verängstigt-gereizt war. Das Leben wurde wieder geordneter, es gab wieder Lebensmittelzuteilungen auf Karte. Die Mutter erfuhr beim Brotverkauf im Laden die neuesten Nachrichten aus der Nachbarschaft. Eines Abends erzählte sie den Kindern im Schlafzimmer, einige bekannte Frauen und Mädchen hätten sich im Bergwald oder in der Kohlengrube vor den Russen versteckt gehalten. Jetzt seien sie in ihre Wohnungen zurückgekehrt. Die Wohnungen seien zwar ausgeplündert und verwüstet gewesen, sie böten aber wenigstens Schutz vor Wind, Kälte und Nässe.
Für uns war besonders wichtig, dass der Vater aus dem Krieg zurückkehrte. In der Nacht zum 29. Mai klopfte es am Schlafzimmerfenster, und er bat um Einlass. Lange lagen sich Mutter und Vater sprachlos in den Armen und weinten vor Freude.
„Ich bin vom Bahnhof in Altwasser zu Fuß über den Hartebusch herübergekommen."
Die Mutter schlug die Hände über dem Kopf zusammen: „Wusstest Du nicht, dass die Russen eine nächtliche Ausgangssperre verhängt haben?"
Da wurde es ihm schwindelig, und er musste sich schnell aufs Bett legen. Er war gesundheitlich aufs äußerste geschwächt, aber er lebte und hatte keine Verwundung erlitten.

Zwei Wochen lag er abgemagert und von Fieberträumen geschüttelt im Bett. Nach und nach erfuhren wir, dass er sich zuletzt von Lübeck aus, quer durch das besetzte Deutschland, unter unsäglichen Strapazen und mehrmals in Lebensgefahr nach Schlesien durchgeschlagen hatte.
„Der Himmler hatte uns als ‚Chef der deutschen Polizei' Ende April von Senftenberg nach Schleswig hinauf befohlen. Wir mussten wieder Polizeiuniform tragen. Mit hundert Jeeps fuhren wir los. Unterwegs hatten wir immer wieder Tieffliegerbeschuss. Raus aus der Kiste, rein in den Straßengraben. Da bist Du völlig wehrlos. Jedes Mal gab es Tote und Verletzte. Als wir die Elbe überquerten, hatten wir nur noch 49 Fahrzeuge. Einmal kam ich nicht mehr aus dem Auto heraus, da pfiffen schon die Geschosse um mich herum. Plötzlich spürte ich etwas Warmes und Nasses an meiner linken Pobacke. Ich dachte: Jetzt hat es Dich auch erwischt! Aber es tat nichts weh. Sobald die Flieger weg waren, stieg ich aus. Die Trinkflasche war getroffen worden! Ein Rest von Wasser und die Patrone waren noch drin. Da mussten wir trotz der Todesgefahr lachen. Im nächsten Augenblick habe ich dem Himmel aber für die Rettung gedankt.
Beim nächsten Tieffliegerangriff hatte ich in ein Schützenloch springen können Da kam ein Ritterkreuzträger, packte mich in seiner Todesangst an den Schultern, riss mich heraus und sprang selber hinein. Ich rannte weg und suchte ein ganzes Stück weiter an einer Böschung Deckung. In dem Augenblick krachte es auch schon in der Nähe, Erdklumpen flogen durch die Luft. Als es vorbei war, guckte ich vorsichtig nach ‚meinem' Schützenloch. An der Stelle war jetzt ein großer Granattrichter. Den Ritterkreuzträger mussten wir tot bergen...Am 2. Mai waren wir auf der Höhe von Lübeck. Wir waren nur noch mit 31 Jeeps unterwegs. Ich hörte, dass Lübeck zur ‚Offenen Stadt' erklärt worden war, weil es voller verwundeter Soldaten war. Das heißt, diese Stadt wird kampflos übergeben. Überall wehten Rot-Kreuz-Fahnen. Ich hatte lange mit meinem Eid auf den Führer gerungen, aber jetzt war er ja tot und ich wollte überleben, deshalb verschwand ich mit meinen Jeep-Kameraden im Dunkel der Nacht. Die Englän-

der haben uns interniert. Die Waffen gaben wir gerne her. Zwei Wochen später wurden wir Richtung Heimat entlassen."
Jetzt bekam der Vater wieder einen Schwächeanfall und musste sich hinlegen. Leo wollte ihm etwas auf mir vorspielen, aber die Gefahr, entdeckt zu werden, war noch zu groß. Also musste ich mich weiter gedulden.
Erst im Sommer, an Leos 13. Geburtstag, wurde ich wieder hervorgeholt. Ich merkte sofort, dass sich in der viermonatigen Zwangspause viel verändert hatte. Leo war aus der Übung gekommen: der Bogenstrich war nicht mehr so sicher, die Finger der linken Hand waren nicht mehr so „geläufig", er spielte langsamer. Und dann merkte ich, dass die Fingerkuppen rau geworden waren.
Leo musste seit Kriegsende täglich fünf bis neun Stunden in der Bäckerei mitarbeiten, damit die Familie genug zu essen hatte. Es gab für die Kinder keinen Schulunterricht, erst recht keinen Musikschulunterricht. Musste Leo jetzt vielleicht Bäcker werden? War es aus mit dem Ziel, an der Breslauer Universität zu studieren?
Ich lag jetzt zur Abwechslung mal wieder im Wohnzimmerschrank versteckt und bekam so die meisten Familiengespräche mit. Die Zukunft war ganz ungewiss, denn seit einigen Wochen kamen zunehmend Polen in das Land. Es hieß, ganz Ostdeutschland sei in Potsdam von den Siegermächten „unter polnische Verwaltung" gestellt worden. Die Deutschen müssten ihre Heimat verlassen, um den Polen Platz zu machen, die von den Russen aus Ostpolen ausgewiesen worden wären. Schon gab es Gerüchte von wilden, unmenschlichen Vertreibungsaktionen der polnischen Behörden. So richtig informiert wurde man ja nicht: Es gab keine deutschen Zeitungen, und die Radios hatte man bereits im Mai auf Befehl der Russen im Rathaus abgeben müssen.
Eines Abends sagte der Vater zu Leo: „Ich habe gute Nachricht für Dich: Du kannst wieder in die Schule gehen und lernen."
„Papa", sagte Leo, „mach bitte keine solchen Späße mit mir. Du weißt, dass ich gerne Abitur machen möchte und dass das jetzt nicht geht. Ich bin da empfindlich."

Darauf der Vater: „Das ist kein Spaß, das ist ernst und gefährlich!“
Dann berichtete er von dem mutigen Entschluss einiger katholischer Geistlicher, eine Art geheimer Privatschule für etwa 40 Jungen zu organisieren, die später vielleicht einmal Priester werden wollten. Sollten die russischen und polnischen Behörden etwas davon erfahren, so gelte die Schutzbehauptung, hier würde nur Religionsunterricht erteilt. Tatsächlich sollten aber auch Deutsch, Mathematik und Latein unterrichtet werden. Die Lehrer, die immer in der Gefahr waren, entdeckt und verhaftet zu werden, mussten natürlich von den Eltern bezahlt werden. Leos Eltern machten da gerne mit, obwohl auch sie bestraft worden wären, wenn es herausgekommen wäre. Leo war einverstanden und musste jetzt also arbeiten und lernen. Da blieb für mich natürlich keine Zeit übrig.
Die polnischen Behörden verlangten von allen Deutschen, die 14 Jahre und älter waren, das Tragen einer weißen Armbinde. Wer diese Armbinde nicht trug, wurde mit harter Strafe bedroht.
„Das ist die Quittung für den Judenstern, den die Juden, und das ‚P' für Pole, das unser Stanislaus tragen musste“, stellte Leos Vater nüchtern fest. „Die Nazis haben's ihnen im Krieg vorgemacht. Jetzt sind wir die Diskriminierten, das ‚Freiwild', die ‚Untermenschen'. Die glauben, altes Unrecht durch neues Unrecht tilgen zu können. Das ist blanker Hass. Jetzt müssen wir Erwachsenen nur aufpassen, dass wir keinen Anlass zu Schikanen oder zu Schlimmerem geben. Bloß gut, dass Leo erst 13 ist, da braucht er ja noch keine Armbinde zu tragen. Das ist ein gewisser Schutz in der Öffentlichkeit.“
Die Mutter wandte nachdenklich und leise ein: „Na ja, so wie Leo im letzten Jahr geschossen ist, könnte man ihn natürlich auch für 14 halten“...
Weitere Unrechtsmaßnahmen gegenüber den Deutschen ließen nicht lange auf sich warten. Die polnischen Behörden gingen dazu über, die Kohlengruben, Kokereien und andere Industriebetriebe in Waldenburg und Umgebung den deutschen Eigentümern wegzunehmen und zu verstaatlichen. Man nennt so etwas entschädigungslose Enteignung. Der polnische Staat erklärte sich zum

alleinigen Eigentümer. Leos Vater erkannte, dass es dabei nicht bleiben würde. Er befürchtete, dass demnächst auch die kleinen Handwerksbetriebe enteignet würden. Deshalb machte er dem polnischen Gesellen den Vorschlag, die Bäckerei zu übernehmen und die Einkünfte zu teilen, dann könnten er und wir gut leben. Stanislaus war damit einverstanden. Aber es kam nicht dazu: Anfang August tauchte eine Gruppe polnischer Männer auf, die Stanislaus wohl von früher aus seiner Heimat bei Krakau kannten. Sie redeten auf ihn ein, er solle mit ihnen nach Hause zurückkehren. Sie fanden es nicht gut, dass er sich schützend vor uns stellte. Stanislaus wollte bei uns bleiben. Mit den Einkünften aus der Bäckerei konnte er seine verwitwete Mutter und die unverheiratete Schwester besser unterstützen als zu Hause, wo er vermutlich arbeitslos sein würde. Das alles erzählte er Leos Eltern, die ihm dafür dankten.

Eine Woche später kamen die Männer wieder, diesmal mit einem Pferdewagen. Stanislaus kam bestürzt ins Wohnzimmer: „Ich muss binnen einer Stunde weg. Sie haben mir gedroht: ‚Wenn Du nicht freiwillig mitgehst, müssen wir Dich zwingen. Du hast hier als Freund von Deutschen nichts mehr verloren.' Es tut mir sehr leid, aber ich habe Angst, dass sie mich sonst umbringen."

Und so gab es einen kurzen Abschied unter Tränen. Wir haben Stanislaus nie wieder gesehen. Einige Jahre später hörten wir das Gerücht, man habe ihn als Deutschenfreund ermordet und seine Habseligkeiten an sich genommen.

Ein Lichtblick!

Gegen Ende August saß die Familie am Sonntagnachmittag mit Bekannten am Kaffeetisch, als es an der Hintertür klopfte. Leos Vater schaute vorsichtig hinter der Gardine durch das Seitenfenster: „Da steht ein Zivilist, ein junger Mann mit schwarzem Lockenkopf, ziemlich abgemagert." Er kippte das Fenster und fragte: „Was wollen Sie? Wen suchen Sie?"

Von draußen tönte es: „Ich bin ein alter Bekannter. Ich bin auf der Durchreise und wollte fragen, ob ich bei Ihnen übernachten kann!"
Der Vater schloss das Fenster und sagte: „Mir ist das zwar nicht geheuer, aber ich will nicht den Eindruck von Widerstand erwecken." Er öffnete dem jungen Mann die Tür. Dieser sagte im Hereinkommen nur „Guten Tag!" und blieb still an der Tür stehen. Nach einer Weile sagte der Vater: „Irgendwie kommt mir dieses Gesicht doch bekannt vor." Und dann platzte er plötzlich heraus: „Jacob!"
„Jawohl, Herr Wachtmeister!"
Die beiden Männer umarmten sich. „Mensch, Jacob, was für ein Wiedersehen nach vier schrecklichen Jahren! Du hast überlebt und bist groß geworden!"
„Jawohl, Herr Wachtmeister!"
„Sag doch nicht immer ‚Herr Wachtmeister' zu mir! Das ist Gott sei Dank vorbei, jetzt bin ich wieder Bäckermeister und heiße Josef."
Die Mutter schaltete sich ein: „Ich hole jetzt einen Stuhl für den jungen alten Bekannten, und dann erklärt Ihr uns mal, was hier eigentlich los ist."
Ich war in meinem Kasten sehr aufgeregt und gespannt, als was sich der junge Besucher nun entpuppen würde.
Der Vater sorgte dafür, dass Jacob erst einmal eine Tasse Kaffee und ein Stück Zuckerkuchen bekam. Dann fing Jacob von selber an zu erzählen. Sein Deutsch war gut, wenn auch nicht akzentfrei. „Das ist aber eine längere Geschichte, ich warne Sie! Also, zu Beginn des Zweiten Weltkrieges wohnte ich als junger Jude - ich war 14 - mit meinen Eltern in Auschwitz, wo ich geboren bin. Die Wehrmacht rückte schnell weiter nach Osten vor. Hinter der Front richtete sich die deutsche Besatzungsmacht ein. Wir fürchteten uns vor der SS und der deutschen Polizei. Der Kontakt zwischen Deutschen und Juden und umgekehrt war streng verboten. Im Winter 1939/40 wurden die Lebensmittel knapp, wir mussten in die Dörfer ringsum zum ‚Hamstern' fahren. Hamstern war aber verboten. Wenn wir mit dem Zug zurückkamen, wurden wir am Bahnhofsausgang von der Polizei kontrolliert. Manchmal

mussten wir die gehamsterten Kartoffeln, Möhren und so weiter ausschütten und mit leeren Taschen nach Hause gehen. Manchmal wurde ein Hamsterer direkt festgenommen. Warum, erfuhr man nicht. Ich hatte als großes Kind Glück und wurde meistens durchgelassen. Glück hatte ich vor allem bei einem bestimmten Polizisten, der auch bei Erwachsenen sehr nachsichtig war. Wir nannten ihn deshalb ‚Kommissar Blind'. Was er nicht sehen wollte, das sah er einfach nicht."
„Donnerwetter", hörte ich da Leo sagen, „das war aber mutig!"
„Allerdings", sagte Jacob, „und dieser Polizist war Dein Vater."
Darauf Leo: „Gott sei Dank!"
Ich war mir noch nicht so ganz sicher, ob wir jetzt schon aufatmen durften, oder ob wir noch Schlimmes zu befürchten hatten. Der Name Auschwitz war schwer belastet und konnte eigentlich nichts Gutes bedeuten. Die Art, wie die beiden Männer sich eben beim Wiedersehen begrüßt hatten, ließ aber hoffen!
Nach einem kräftigen Schluck Kaffee fuhr Jacob fort: „Nun waren ja die Polizisten meistens zu zweit, und der eine war nicht wie der andere. Es gab auch einige Scharfmacher unter ihnen. Eines Tages waren meine Taschen sehr voll. Ich stellte mich gleich in die Schlange für Kommissar Blind, denn sein Kollege hatte einen sehr strengen Gesichtsausdruck und einen barschen Kommandoton. Kommissar Blind stoppte mich und sagte: ‚So, und Du kommst heute mit auf die Wache!' Ich hätte mir vor Angst beinahe in die Hose gemacht. Zwar gab es damals in Auschwitz das böse Konzentrationslager noch nicht, aber ich hatte noch nie eine Polizeiwache von innen gesehen. Wer würde da was mit mir anstellen?"
Leos Vater räusperte sich betroffen: „Das tut mir ja heute noch leid, aber es ging in dieser Situation nicht anders."
„Ich weiß", fuhr Jacob fort, „ich habe das nachher begriffen. - Nun, die beiden Polizisten wurden kurz danach abgelöst. Auf der Wache ging es ziemlich locker zu. ‚Oh, Josef', sagte einer der Wachhabenden, ‚wen hast Du denn da aufgegabelt?' ‚Tja, Walter, an manchen Tagen bleibt einem nichts erspart. Jetzt muss ich auch noch eine verschärfte Kontrolle machen und dann ein langes Protokoll schreiben.' ‚Und das bei Deiner großen Vorliebe für die

deutsche Rechtschreibung!' Allgemeines Gelächter, in das sogar der strenge Kollege mit einstimmen musste. Ich schöpfte Hoffnung. Das Protokoll brauchte so viel Zeit, dass der strenge Kollege schon zu gähnen begann und sich schließlich gelangweilt vom Dienst verabschiedete. Sofort änderte sich die Lage. Polizist Walter sagte: ‚Mensch, Josef, lass den jungen Burschen doch endlich laufen!' ‚Einverstanden, Walter 1, aber was sagt Walter 2 dazu?' ‚Walter 2 sagt auch: laufen lassen, aber unter der Bedingung, dass der Jacob ab morgen mindestens für einen Monat zum Wassertragen und Stiefelputzen auf die Wache kommt. Versprich uns das, Jacob!' Ich habe das natürlich sofort versprochen. Da durfte ich mit meinen Hamstersachen nach Hause gehen. Dort war die Freude natürlich riesengroß. Mein Vater sagte: ‚Es gibt eben auch noch vernünftige Deutsche.'
Man muss wissen, dass es damals in Auschwitz noch kein fließendes Wasser aus der Leitung gab. Ich habe das Wassertragen für die Polizeiwache nicht als Strafe empfunden. Die drei freundlichen Polizisten, die übrigens alle aus der Waldenburger Gegend stammten, bezahlten mich dafür. Auch für das Stiefelputzen bekam ich Geld. So konnte ich dann notwendige Lebensmittel kaufen und brauchte nicht mehr so oft zu hamstern.
Trotz des Verbotes waren die Waldenburger freundlich zu mir und fingen bald an, sich mit mir während des Stiefelputzens zu unterhalten. Josef - ich darf das jetzt so sagen - war sehr diskutierfreudig und wortgewaltig. Er diskutierte mit mir gern über religiöse Fragen. Ich wunderte mich darüber, weil das in meiner bisherigen polnischen Umgebung zwischen Christen und Juden nicht üblich war. Josef sagte dann einfach: ‚Ich weiß nicht, was Du da hast. Ich verehre meinen Namenspatron, den heiligen Joseph, sehr. Und der war doch ein jüdischer Zimmermann. Da habe ich doch keine Probleme mit Dir. Christen und Juden haben viel Gemeinsames.' Wenn wir allerdings auf Jesus zu sprechen kamen, wurde die Diskussion etwas hitziger, und wir konnten uns nicht einigen. Der Polizist Willi - er war ‚Revieroberwachtmeister', hatte die NSDAP-Nadel an der Brust und stammte auch aus Waldenburg - schüttelte dann verständnislos den Kopf, sagte aber nichts. Für ihn war das nur sinnloses Geschwätz. Wenn es ihm zu bunt

wurde, ging er für eine Weile nach draußen. Für mich war und blieb es undenkbar, dass Jesus der Sohn Gottes und der Messias sein sollte. Josef hätte mich am liebsten zum Christentum bekehrt. ‚Wenn Du Dich taufen lässt, bist Du als polnischer Christ bei weitem nicht so gefährdet wie als Jude.' Da habe ich zu Josef gesagt: Ich ehre Ihre Religion, aber ich bleibe, was ich bin. Und Josef blieb trotzdem freundlich zu mir. Er schenkte mir Lebensmittelkarten und legte mir in die Stiefel, die ich zu putzen hatte, immer etwas Essbares rein. Diese Geheimnistuerei war nötig, weil das ja verboten war. Einmal hat er mir seinen Stiefelknecht mit nach Hause gegeben. Dort konnte ich ihn als Muster kopieren. Die nach diesem Modell hergestellten Stiefelknechte konnte ich dann an andere Polizisten gegen Lebensmittel eintauschen. –
Im Frühjahr 1940 kam eines Tages Oberwachtmeister Walter 1 aufgeregt vom Außendienst zurück. Er hatte zuverlässig erfahren, die Nazis würden bei Auschwitz ein Konzentrationslager vor allem für Juden bauen. Da ging Josefs Temperament mit ihm durch. Er wurde laut: ‚Dieser gottlose Verbrecher aus Braunau wird uns alle noch ins Verderben stürzen. Uns alle, unsere Kinder und Enkel!' ‚Bist Du endgültig lebensmüde geworden?' zischte da Walter 1 dazwischen. Und Walter 2 ergänzte: ‚Denk doch mal an Deine Frau und Deine Kinder daheim!' Totenstille auf der Wachstube. Ich hatte auch plötzlich große Angst bekommen. Wenn das in falsche Ohren gekommen wäre! In einer Polizeiwache in Auschwitz! Wenn ich daran denke, läuft es mir heute noch kalt den Rücken runter."
Leos Mutter räusperte sich leise: „Ja, Gnade uns Gott! - Aber so ist eben mein Mann... Und er hat ja leider Recht behalten." –
Leos Vater stand auf und ging unruhig im Zimmer auf und ab. Die Kinder, die bisher ganz still gesessen hatten, rückten etwas unruhig auf den Stühlen hin und her.
Nach einer Pause fragte Jacob: „Soll ich jetzt erst mal Schluss machen, oder wollt Ihr hören, wie es weiterging?"
„Weitermachen", meinte Leo, „ich möchte alles wissen, bis zum heutigen Tag."
„Ja", sagte Leos Mutter, „erzählen Sie bitte weiter. Ich kann ja zwischendurch schon mal etwas fürs Abendbrot tun."

Leos Vater sagte nichts. Er saß jetzt wieder regungslos und in Erinnerungen versunken auf seinem Stuhl. Auch die Bekannten, die nur zum Kaffeetrinken gekommen waren, gingen nicht nach Hause. Alle waren wie gefesselt und sehr gespannt.
Da erzählte Jacob weiter: „Eines Abends, ich war zu Hause, klopfte es an unserer Wohnungstür. Mein Vater öffnete, da standen zwei Polizisten mit geschultertem Gewehr vor ihm: ‚Kontrolle! Lassen Sie uns rein, wir haben bei Ihnen etwas zu klären.' Im Licht erkannte ich die Gesichter von Walter 1 und Walter 2 und sagte leise ‚Entwarnung!'
Mein Vater bot ihnen einen Platz auf dem Sofa an. Sie stellten die Gewehre in einer Ecke ab, zogen sich die Jacken aus und setzten sich. Walter 2 begann: ‚Also das mit der Kontrolle stimmt nicht. Das war nur Tarnung. Außerdienstlich dürfen wir ja kein Judenhaus betreten. Wir wollen Ihnen einen gut gemeinten Vorschlag machen. So, Walter 1, jetzt bist Du an der Reihe, Du kannst das besser.'
‚Ja, Herr Hahnenthal, die Lage spitzt sich zu, wir fürchten Schlimmes für Sie und Ihre Familie. Wir kennen ja Ihren Sohn Jacob seit einiger Zeit und er kennt uns. Wir haben lange überlegt, wie wir ihn vor Gefahren schützen könnten. Wir sind bereit, für Jacob arische Ausweispapiere zu besorgen. Dann schicken wir ihn als Polen nach Deutschland zur Arbeit. Dann könnte er fern von dem gefährlichen Auschwitz leben.'
Mein Vater stand auf und ging eine Weile im Zimmer auf und ab. Dann sagte er kurz entschlossen: ‚Das ist mir zu riskant. Das wird rauskommen, und dann wandern wir alle - auch Sie - ins Konzentrationslager. Es ist besser, wenn wir als Familie zusammenbleiben. Danke, dass Sie uns helfen wollten.' Im Hinausgehen gab mir Walter 1 einen Taschenkalender, in dem seine Waldenburger Adresse stand. Er flüsterte mir zu: ‚Wenn Du einmal in dieser Gegend bist, mein Haus ist für Dich offen.'
Am nächsten Tag war ich zufällig mit Josef allein auf der Wache. Ich fragte ihn um Rat. Josef sagte: ‚Ich habe eine Bäckerei in Weißstein im Kreis Waldenburg. Man kann von Waldenburg mit der Straßenbahn dorthin fahren. Auch mein Haus ist immer für Dich offen, wenn Du einmal in diese Gegend kommst.' Dann

schrieb er seine Adresse ohne Namen auf einen kleinen Papierfetzen: ‚Lerne sie auswendig, präge sie Dir gut ein und schmeiß den Zettel am besten gleich weg.' Ja, und so bin ich heute eben hier."
Ich hörte allgemeines Aufatmen. Mir ging es jetzt auch viel besser als vorher.
Leos Mutter stellte fest: „Das war ja jetzt ein ziemlicher Kurzschluss, da bleiben ja noch viele Fragen offen. Aber ich decke jetzt erst einmal den Tisch, die Kinder können sich ein bisschen bewegen, und dann gibt es Abendbrot."
Nach dem Abendessen musste Jacob berichten, wie er denn nach Waldenburg gekommen sei: „Im Sommer 1940 war mein Freund Josef plötzlich weg. Es hieß, er sei versetzt worden."
Leos Vater erklärte: „Wir versorgten hier eine ganze Bergarbeitersiedlung mit Brot, deshalb wurde unsere Bäckerei als ‚kriegswichtiger Betrieb' eingestuft. Da entschieden sich die Herrschaften für eine vorübergehende Heimatverwendung. Ich musste in Waldenburg Polizeidienst tun und in der ‚Freizeit' in meiner Bäckerei arbeiten. Ich war heilfroh, von Auschwitz weg zu sein. Aber um Dich, Jacob, habe ich mir Sorgen gemacht, weil ich Dich nicht mehr schützen konnte."
„Ja, Josef, es dauerte auch nicht mehr lange, da mussten alle Juden die Stadt Auschwitz verlassen. Im Frühjahr 1941 wurde ich bei einer Razzia erwischt und kam in ein Z.A.L., das heißt Zwangsarbeitslager, in Süddeutschland. Hier könnt Ihr an meinem Arm die Häftlingsnummer sehen: 32121. Die wurde mir damals eintätowiert, ich war gebrandmarkt und jederzeit bei Kontrollen leicht zu erkennen. - Im Oktober 1944 kam ich in das Lager Waldenburg, eine Außenstelle des Konzentrationslagers Groß-Rosen. Es war Schicksal, gerade nach Waldenburg, in die Nähe von alten Freunden zu kommen! Das war für mich sehr wichtig. Die Erinnerung an meine Freunde, die in Auschwitz verbotenerweise gut zu mir waren, machte mich stark. Ich sagte mir: Halte durch! Wenn das Grauen zu Ende ist, weißt Du, wo die Tür für Dich offen steht. Ich weiß nicht, ob Ihr das verstehen könnt, das war Licht in der Finsternis! - Seit Januar 1945, also vor knapp acht Monaten, wurde die ganze Lagerbelegschaft zum Schachten von Panzergräben zur Verteidigung von Waldenburg

eingesetzt. Am Abend marschierten wir todmüde in Sechserreihe durch Waldenburg zurück ins Lager, bewacht von der SS. Natürlich hörten auch wir den zunehmenden Kanonendonner und wussten, dass das Ende bevorstand. Aber was konnte bis dahin noch alles passieren?! Welcher Kommandant dreht da am Ende noch durch und reißt uns mit in den Tod? Nur jetzt kein Fluchtversuch, das wäre ein willkommener Vorwand, auf Dich zu schießen! Ich erinnerte mich selber täglich im Stillen an das Licht in der Finsternis. Es gibt auch gute Deutsche! Du hast eine Chance zu überleben! O Gott, wie viel habe ich in diesen Tagen gebetet! - In den Morgenstunden des 9. Mai waren die bisherigen Bewacher verschwunden, Rotarmisten waren unsere Befreier. Wir hatten überlebt!"

Leo fragte: „Und warum sind Sie dann nicht gleich zu uns gekommen?"

„Nach dem Eintreffen der Befreier brach nicht gleich die große Freizügigkeit aus. Wir wurden erst einmal genau registriert, es gab genügend Verpflegung, wir bekamen eine Art Ausweis. Dann habe ich nach meinen Eltern geforscht. Ich weiß bis heute nicht, was aus ihnen geworden ist... Ich bin froh, dass ich jetzt bei Euch sein darf."

Jacob stand auf, ging zu Leos Vater, umarmte ihn noch einmal und sagte mit bewegter Stimme: „Wenn ich Dich nicht gehabt hätte...Ich werde immer dankbar an Dich denken..."

Da kam Leo zu mir, nahm mich aus dem Kasten, spannte den Bogen und stimmte meine Saiten. Was wird er spielen? Er spielte „Großer Gott, wir loben dich!" und alle stimmten erleichtert ein, sogar Jacob versuchte mitzusingen:

Großer Gott, wir loben dich; Herr, wir preisen deine Stärke.
Vor dir neigt die Erde sich und bewundert deine Werke.
Wie du warst vor aller Zeit, so bleibst du in Ewigkeit.
Heilig, Herr Gott Zebaoth! Heilig, Herr der Himmelsheere!
Starker Helfer in der Not! Himmel, Erde, Luft und Meere
sind erfüllt von deinem Ruhm; alles ist dein Eigentum.

Hier hatte jedes Wort Gewicht! War das ein Tagesabschluss! Ich hatte viel Neues erfahren und war dankbar für Jacobs Rettung. Von Leos Vater wusste ich jetzt endgültig, dass er nicht nur gegen

das Hitlerregime geredet hatte. Unter der Gefahr für Leib und Leben hatte er Unrecht verhindert und Entrechteten geholfen. Er war seinem christlichen Gewissen treu geblieben, ein gutes Vorbild für seine Kinder!
Jacob erholte sich im Kreise der Familie zusehends von den Strapazen der letzten Monate. Nach ein paar Tagen fing er an, in der Backstube mitzuarbeiten. Ich hörte, wie Leos Vater mit seiner Frau den Plan entwickelte, Jacob ein dauerhaftes Zuhause anzubieten.
Doch, es kam wieder einmal anders. Gegen Ende September weihte Jacob Leos Eltern in seinen Plan ein, möglichst bald nach Amerika auszuwandern: „Ich traue den Kommunisten nicht über den Weg. Stalin ist auch ein Diktator wie Hitler. Auch in der Sowjetunion und in Polen gibt es Antisemitismus, Feindschaft gegenüber den Juden. Ihr müsst das bitte verstehen: Ich möchte mir ein neues Leben aufbauen, ohne Angst und politischen Zwang. Nachdem meine Eltern offensichtlich nicht überlebt haben, will ich es mit Hilfe von Verwandten und Freunden in Amerika versuchen."
Leos Vater fragte: „Hast Du denn eine Ausreisegenehmigung der polnischen Behörden und ein Einreisevisum der Amerikaner?"
„Bis jetzt hat meine Häftlingsnummer am Arm gereicht. Wenn ich schnell handle, wird es damit klappen."
Voller Zuversicht und mit den Segenswünschen von Leos ganzer Familie reiste er ab. Ob man jemals wieder etwas von ihm hören würde?

Nix Zipzerip!

Den 15. Oktober 1945 werde ich nie vergessen. Leo war am frühen Morgen zum Geheimunterricht gefahren. Aus der Backstube dröhnte die Teigmaschine, im Laden wurde Brot gegen Lebensmittelkarten verkauft. Da kamen gegen 10 Uhr plötzlich Unruhe und Aufregung ins Haus. Es mussten viele Menschen sein, die da zuerst in den Laden und dann in das Wohnzimmer nebenan ein-

drangen. Sie sprachen polnisch oder gebrochen deutsch durcheinander, Männer-, Frauen-, Kinderstimmen:
„Wo ist Meister, wo Chef? Wir missen sprechen!"
Als Leos Vater ins Wohnzimmer kam, verschlug es ihm fast die Stimme: „Ja, was wollen Sie denn hier in unserer Wohnung?" - „Also", begann ein Mann, „Du Deutscher, Du Krieg verloren, Du nix Bäckerei, nix Wohnung. Jetzt alles Polen gechären. Däkrät von Bierut! - Chier, dieser Mann, Jan Cieplak, is Bäcker, chat Familie, wird Deine Bäckerei als Treuchänder fier polnisches Staat iebernähmen. Wir alles aufschreiben, was ist da, damit Du nix wägnähmen!"
„Ja, aber das geht doch nicht so einfach", sagte Leos Mutter, „Sie können uns mit unseren vier Kindern nicht einfach auf die Straße setzen. Wir brauchen doch ein Dach überm Kopf..."
„Moment, Moment! Du Nazi, alle Deutsche Nazi, alle Deutsche jetzt bestrafen fier Verbrechen in Krieg!"
Da wandte Leos Vater ein: „Ich war kein Nazi, ich bin verfolgt worden, das kann ich beweisen, mein Sohn durfte nicht auf das Gymnasium...Sie müssen doch zwischen Schuldigen und Unschuldigen einen Unterschied machen!"
„Nix Unterschied! Chitler chat Polen 1939 ieberfallen, Chitler kaputt, jetzt Deutsche bestrafen! Däkrät von Bierut ieber verlassenes und aufgägäbenes Vermägen!"
„Na, also entschuldigen Sie mal", wandte die Mutter ein, „da stimmt doch etwas nicht: Unsere Bäckerei, unsere Wohnung, unser gesamtes Hab und Gut ist doch weder verlassen noch aufgegeben. Wir stehen doch als Eigentümer leibhaftig vor Ihnen. Das muss doch ein Irrtum sein, o Gott, das ist ein Irrtum!"
„Nix Irrtum, Frau! In Däkrät von Bierut stäht: ‚Das Vermägen deutscher Staatsangechäriger ist aufgegebenes Vermägen im Sinne dieses Gesetzes.' Du deutsches Staatsangechäriger?! – Na, also!"
Nach einer Pause der Ratlosigkeit meinte der Vater: „Also ich weiß ja, dass Euch Polen viel Unrecht geschehen ist in deutschem Namen. Das muss irgendwie wiedergutgemacht werden. Lassen Sie uns deshalb teilen. Wir räumen die Hälfte der Wohnung und geben von allem, Möbel, Geschirr, Kleidung und so weiter die

Hälfte ab. Wir können auch gemeinsam die Bäckerei betreiben, dann hat jede Familie etwas zum Leben."
„Das kommen gar nicht in Frage! Wir Sieger, alles uns gechären. Du mit Deine Familie raus chier! Nix Widerstand! Siehst Du, wir zwei Maschinenpistol chaben. Du froh sein, wenn Du bleibst läben! - Also los, Protokoll, Protokoll, zuerst in Backstube, Maschinen aufschreiben!"
So nahm das Verhängnis seinen Lauf. Als die Polen, es waren 16 Personen, darunter zwei in Milizuniform und mit Maschinenpistole bewaffnet, mit Leos Vater in die Backstube hinübergegangen waren, sagte die Mutter zu den Kindern und den Angestellten: „So, Ihr habt es gehört, jetzt sind wir ganz arm, es gehört uns nichts mehr. Jetzt kann uns nur noch der liebe Gott helfen!" Und so begann sie laut den Rosenkranz zu beten, einen nach dem anderen, Stunde um Stunde, bis alles in allen Räumen registriert war und die Familie so, wie man gerade angezogen war, Wohnung und Bäckerei verlassen musste.
Ich hatte mich schon damit abgefunden, dass ich jetzt auch in polnischen Besitz übergehen sollte. Als Leo gegen 14 Uhr aus der Geheimschule kam, wurden gerade im Schlafzimmer die Betten registriert. Es folgte das Kinderspielzeug, auch die Puppen von Leos Schwestern. Die Polen wollten Leo wegschicken. Es dauerte eine ganze Weile, bis sie glaubten, dass er zur Familie gehörte.
Lucie, die Hausangestellte, kam mit Leo ins Wohnzimmer und versuchte, das Unglaubliche zu erklären und Leo gleichzeitig zu beruhigen. Dieser sagte zunächst nichts, er war geschockt. Dann brach es leise heulend aus ihm heraus: „Da sieht man, wie machtlos friedliche Menschen gegenüber der Gewalt sind! - Ich habe plötzlich schlimme Bauchschmerzen bekommen, ich muss schnell aufs Klo."
Es konnte nicht mehr lange dauern, bis die Polen wieder ins Wohnzimmer kämen, um hier offiziell alles, also auch mich, in Besitz zu nehmen. Noch war niemand hier. Da kam jemand leise durch die zweite Tür vom Laden aus herein, schlich wie ein Dieb zum Schrank, in dem ich lag, öffnete langsam die Tür und nahm mich mit dem Kasten heraus. Es war Leo! Ich wusste gar nicht, wie mir geschah. Wo wollte er mit mir hin? Und was passierte,

wenn er erwischt wurde? Leos Hände zitterten vor Aufregung, aber sonst verhielt er sich ganz beherrscht. Er schlich mit mir unter dem Arm durch die Tür in den Laden, der geschlossen war. Dann ging er durch den Flur zum Treppenhaus. Dort wäre durch den Luftzug beinahe eine Tür zugeknallt, aber Leo fing sie im letzten Augenblick ab. Im Treppenhaus nahm er immer drei Stufen auf einmal, ich wurde ganz schön durchgeschüttelt. Wir kamen schnell in ein Mansardenzimmer im zweiten Stock, direkt unter dem Dach. Dort waren allerlei alte Möbel abgestellt, und Leo versteckte mich in der untersten Schublade einer wurmstichigen Kommode. Dann verschwand er schnell nach unten. Ich war jetzt in Sicherheit, wie lange? Wochenlang erfuhr ich nichts mehr über das Schicksal meiner Familie.
Es muss Anfang Dezember gewesen sein, als sich jemand in „mein“ Mansardenzimmer schlich und die Tür von innen abschloss. Ganz vorsichtig wurde „meine“ Schublade herausgezogen: Es war Leo, ich atmete auf.
„Ich musste doch mal nachsehn, ob Du noch hier bist“, begann er und sprach weiter mit mir, wie mit einem Freund. „Ich muss ganz vorsichtig sein, sonst verrate ich Dich und Dein Versteck, und dann bist Du auch noch weg. Du bist das Einzige, was mir geblieben ist. - Wir hausen jetzt im ersten Stock, ein Zimmer und Küche für sechs Personen. Wir haben nur vier Betten, weißt Du, die Gestelle aus dem Luftschutzkeller, immer zwei übereinander. Inge liegt bei der Mama im Bett, und ich muss in der Zinkbadewanne schlafen. Na ja, das ist kein Vergnügen, man kann praktisch nur auf dem Rücken liegen. Wenn ich etwas Stroh hätte, würde ich lieber auf dem Fußboden liegen. Die Nachbarn haben uns etwas Bettzeug und ein paar Töpfe abgegeben... Neulich saßen ‚unsere’ Polen vor uns in der Kirche. Der Mann hatte Papas braunen Sonntagsanzug an und die Frau Mamas blauen Mantel. Du kannst Dir vorstellen, wie uns zumute war... Papa sagte auf dem Nachhausewege: ‚Der Herr hat es gegeben, der Herr hat es genommen, der Name des Herrn sei gepriesen’. Und Mama: ‚Besser Unrecht leiden als Unrecht tun’. Sie zeigen sich sehr tapfer, aber ich merke genau, dass es ihnen schwer fällt. -

Ich arbeite mit Papa weiter in der Bäckerei, die jetzt dem Polen gehört. Er gibt uns jeden Tag ein Drei-Pfund-Roggenbrot als ‚Lohn'. Davon können wir mit sechs Personen nicht leben. Deshalb müssen wir einiges von den Backzutaten verschwinden lassen: etwas Mehl, Zucker, Salz, einige Eier. Wenn wir um zwei oder drei Uhr morgens in der Backstube anfangen und unser polnischer Chef noch seinen Wodka-Rausch vom Vorabend ausschläft, dann schleiche ich von der Backstube in unseren Vorratskeller, der uns natürlich auch nicht mehr gehört. Dort steht die große Kiste mit den von uns eingekellerten Kartoffeln. Ich fülle dann ein Körbchen, so dass es mal wieder für zwei Mahlzeiten reicht. Ich habe immer Angst, erwischt zu werden. Ich habe auch immer ein schlechtes Gewissen, obwohl es ja Mundraub ist, wie mir unser Pfarrer in der Beichte erklärt hat. Ich stehle ja nur, was wir unbedingt gegen den Hunger brauchen. Aber es ist schlimm, wenn ich jetzt das stehlen muss, was meine Eltern vorher ehrlich erworben haben. - So, und jetzt muss ich wieder gehen. Mach's gut und lass Dich nicht vom Holzwurm anbohren. Vielleicht wird es bald etwas ruhiger, dann hole ich Dich hier wieder raus."

Ich lag jetzt wieder einsam in meiner Schublade und hoffte auf bessere Zeiten. Doch da gab es eines Tages einen schweren Rückschlag: Ich hörte plötzlich zunehmendes Stimmengewirr im Treppenhaus. Bald polterte es an der Mansardentür. Da hörte ich Leos Vater: „Nun Moment mal, ich schließe ja schon auf." Klack, klack ging es, und dann drängten sich mehrere Leute in die Mansarde. „Was sein chier? Ein Geheimzimmer? Warum Sie nicht sagen, dass chier noch ein Zimmer gechärt Ihnen?"
Leos Vater antwortete: „Sie haben gesagt, Ihnen gehöre alles unten, Bäckerei und Wohnung. Und außerdem, Sie sehen ja, nichts wie alte, wurmstichige Möbel."
Ich hörte, wie die Polen begannen, sich alles einzeln anzusehen. Die Schranktür knarrte, und eine Frau sagte: „ Was ist das?"
Leo antwortete: „ Das ist ein altes Grammophon, das hat mir mein Opa geliehen, damit ich ab und zu mal eine Schallplatte hören kann."

„Nix chären! Alles uns gechärt, wir mitnähmen!“ entschied die Frau.
Dann kamen sie an „meine“ Kommode, vor der Kopf- und Fußteil eines alten Bettes standen. Mir schlug das Herz bis zum Hals. Die oberste Schublade wurde herausgerissen: „Ist leer!“ Die mittlere Schublade wurde herausgerissen: „Auch leer...alles leer!“ Da durchsuchten sie die restlichen Möbelstücke, und ich blieb unentdeckt in der untersten Schublade liegen! Ich hörte, wie Leos Vater den Schlüssel abgeben musste und wie von draußen wieder abgeschlossen wurde. Jetzt saß ich also gerettet in der Falle!

In der Nacht danach bekam ich „Besuch“. Jemand kam auf Diebessohlen hereingeschlichen und zog ohne viele Umstände „meine“ Schublade auf. Es war Leos Vater, der mich herausholte. „Na“, flüsterte er, „was sagst Du jetzt? Es geht doch nichts über einen Zweitschlüssel!“ - Er trug mich aus dem Haus und über den Hof auf das Nachbargrundstück. Dort war hinter der Metzgerei ein alter Schweinestall. Es waren keine Schweine mehr drin, nur noch Heu- und Strohreste in den „oberen Etagen“. Dort brachte mich Leos Vater unter. Was war nun gefährlicher: Holzwürmer oder Mäuse? Der Holzwurm hatte mich ja in Ruhe gelassen...
Die ersten Tage in meinem neuen Versteck waren aufregend: Immer, wenn ich Schritte kommen hörte, dachte ich: jetzt bist Du dran! Aber es kam niemand auf die Idee, den Schweinestall zu durchsuchen, und die Mäuse hielten sich wohl lieber im benachbarten Mehllager der Bäckerei auf. Man sagt ja, der Mensch sei ein Gewohnheitstier, mir ging es wie den Menschen. Ich gewöhnte mich an die neue Lage und döste in der zunehmenden Winterkälte vor mich hin.
Wieder waren einige Wochen vergangen, da wurde ich nachts ruckartig geweckt. Jemand holte mich in meinem Kasten aus dem raschelnden Heu und schlich mit mir über den Hof. Ich zitterte vor Kälte und Angst. Dann wurde es wieder wärmer. Ich hörte leises Treppenknarren, eine Tür wurde leise geöffnet und verschlossen. Man legte mich ab und der Kasten wurde geöffnet.

„So", sagte Leos Vater im Flüsterton, „das hätten wir geschafft!"
„Mensch, Papa, Du bist doch der beste!" sagte Leo.
„Der Vater sorgt mit vieler Müh' für seine Kinder spät und früh! - Sieh mal, Kasten und Geige sind - soweit man das bei Kerzenlicht erkennen kann - unversehrt geblieben. Gott sei Dank!"
„Schön, da kann ich ja morgen zu Inges 3. Geburtstag ein Ständchen spielen. Lass den Kasten offen, damit die Geige sich schneller an die Zimmertemperatur gewöhnen kann." Dann wurde die Kerze ausgeblasen, und Vater und Sohn gingen ins Bett.
Um drei Uhr rasselte die Weckeruhr, eine so genannte „Eisenbahneruhr" mit Gewichten in Tannenzapfenform und an Ketten. Ich wäre beinahe vor Schreck aus dem Kasten gesprungen. Vater und Leo krochen verschlafen und gähnend aus den Betten. Sie zogen sich an und verließen leise die Wohnung. Die Mutter und die drei Mädchen schliefen weiter, sie hatten sich längst an diese alltägliche, kurze Ruhestörung gewöhnt.
Gegen sieben Uhr wurde es „lebendig". Hedwig war als erste aufgewacht, und sie entdeckte mich von ihrem Etagenbett aus. „Nanu, nanu, da liegt ja Leos Geige auf dem Tisch!" Wie von einer Tarantel gestochen sprangen alle aus dem Bett und stürzten sich vor Freude auf mich. „Langsam, langsam und vorsichtig", rief die Mutter, „macht sie mir ja nicht kaputt!" Elisabeth zupfte etwas an meinen Saiten herum, und da merkte ich, dass sie sehr verstimmt waren. Ich wurde wieder in den Kasten gelegt und unter einem Bett in Sicherheit gebracht. Ich hörte, wie alle der kleinen Inge zum Geburtstag gratulierten und „Hoch soll sie leben" sangen. Geschenke gab es keine. Woher hätte man sie nehmen sollen? Nach dem Frühstück gingen Hedwig und Elisabeth weg, um etwas Essbares zu besorgen. Hedwig wollte sich beim Metzger anstellen, und Elisabeth wollte ihr Glück im Lebensmittelgeschäft versuchen. Die Mutter sagte: „Stellt Euch in der Schlange an, egal, was ihr nachher noch bekommt. Die Hauptsache ist, Ihr bekommt überhaupt etwas."
Der Vater und Leo arbeiteten, so erfuhr ich jetzt, inzwischen bei einem anderen polnischen Bäckereiinhaber. Er selber war gar kein Bäcker und war froh, zwei deutsche „Fachleute" beschäftigen zu können. Er teilte den Gewinn großzügig mit ihnen. Damit hatte

man jetzt wenigstens polnisches Geld, mit dem man etwas kaufen konnte.
Gegen Mittag war die Familie wieder vollzählig anwesend. Es gab gleich mehrere Gründe zur Freude: Vater und Leo brachten außer einem Brot noch einen halben Zuckerkuchen mit. Das war ein tolles Geburtstagsgeschenk! Hedwig war überglücklich, dass sie zwei Pfund Pferdefleisch bekommen hatte. Elisabeth brachte zwei Pfund Kartoffeln, drei Heringe und 250 Gramm Bohnenkaffee angeschleppt. Das lange Schlangestehen hatte sich heute also gelohnt. Wie wenig der Mensch doch braucht, um glücklich zu sein! Der Bohnenkaffee wurde nicht getrunken, sondern gut verwahrt, weil man ihn auf dem Schwarzmarkt gut gegen andere, lebensnotwendige Sachen eintauschen konnte.
Am Nachmittag holte mich Leo aus dem Kasten und spannte den Bogen und meine Saiten, bis ich wieder gut gestimmt war. Dann spielte er für seine kleine Schwester ein Geburtstagsständchen. Da ein Kindergeburtstag in meiner Familie immer auch als Muttertag gefeiert wurde, folgte noch ein Ständchen für die Mutter. Es war halb zum Lachen und halb zum Weinen: Ich war natürlich froh, dass überhaupt wieder einmal auf mir gespielt wurde; ich merkte aber auch, dass Leos Fingergeläufigkeit weiter abgenommen hatte und sein Bogenstrich unsicher geworden war. Wie dem auch sei, Leo freute sich riesig, dass er wieder spielen durfte, und er sagte: „Jetzt übe ich jeden Tag wieder etwas!"
Doch, es sollte anders kommen: Kurz, nachdem Leo ein neues Lied zu spielen begonnen hatte, schlug ein „Blitz aus heiterem Himmel" ein! Jemand donnerte plötzlich von außen mit den Fäusten gegen die Wohnungstür. Leo brach das Spiel ab, alles erstarrte vor Schreck und böser Ahnung.
Der Vater ging in die Küche und rief durch die verschlossene Tür: „Wer ist da?"
„Wir sein chier! Du uns reinlassen, wir missen kontrollieren!" Das war Helas Stimme, einer Polin unten aus der Bäckerei.
Der Vater wollte Zeit gewinnen: „Moment mal, ich muss erst den Schlüssel suchen. - Was wollt Ihr denn kontrollieren?"
„Wir chären spielen auf skrzypce. Skrzypce verbotten fier Euch, skrzypce gechären uns!"

Jetzt war klar, dass das unaussprechliche polnische Wort skrzypce „Geige" bedeuten musste. Sie wollten mich also mitnehmen! Schon donnerten sie wieder ungeduldig an der Tür. In dieser äußersten Notlage hatte Leos Mutter eine vielleicht rettende Idee: Sie schnappte mich mitsamt dem Kasten und warf sich, nur die Schuhe ausgezogen, mit mir ins Bett und zog die Decke bis unters Kinn. „Sagt, ich sei wieder einmal krank!"
Jetzt öffnete der Vater die Wohnungstür und sagte zu den drei hereindrängenden Polen: „Nix Zipzerip! Nix Zipzerip! (Er konnte das polnische Wort ‚skrzypce' einfach nur so ‚eingedeutscht' aussprechen.)
Hela ließ nicht locker: „Wo sein skrzypce? Ich ganz genau chären, muss chier gewäsen sein!"
Darauf der Vater wieder: „Nix Zipzerip! Nix Zipzerip! Das muss ein Irrtum sein!"
Aber die Polen ließen sich nicht abweisen. Sie durchsuchten die Küche und drangen dann in das Schlafzimmer ein. Sie öffneten den Schrank, stiegen auf einen Stuhl und guckten auf den Schrank und auf den Kachelofen. Dann legten sie sich auf den Boden, um unter die Betten zu sehen. Schon ziemlich enttäuscht und leiser geworden, hoben sie noch die eine oder andere Bettdecke hoch - bei der mit geschlossenen Augen im Bett liegenden Mutter wagten sie das nicht.
Hela drohte: „Wir aufpassen! Wir cholen, was gechärt uns!" Dann zogen sie ab.
Gerettet! Aber um welchen Preis? Es war klar, dass Leo nicht mehr spielen durfte. Ich musste wieder unbenutzt versteckt gehalten werden. Ich kam mir vor wie ein unschuldig Gefangener. „Nix Zipzerip!"

Fügung

Der Schock saß tief, das Leben ging weiter. Kaum vier Wochen später drohte von Hela keine Gefahr mehr: Eines Morgens war es ungewöhnlich ruhig im Haus. In der Backstube unten rumpelte

keine Teigmaschine, man hörte auch keine Stimmen. Leos Vater ging auf Spurensuche. Als er zurückkam, berichtete er: „Die Bäckerei ist menschenleer, unser ‚Treuhänder' muss in der vergangenen Nacht mit Kind und Kegel, mit Sack und Pack ausgezogen sein. Ich frage mich: Warum? Wohin? - Ich habe mal auf dem Mehllager nachgeschaut. Es ist leer. Bei der Enteignung im Oktober hatten wir zwei Tonnen Mehl vorrätig. Das waren genau 20 Doppelzentnersäcke. Während eines knappen halben Jahres hat unser ‚Treuhänder' davon gebacken und nichts nachgekauft. Unsere Möbel sind auch weg."
„Und unser Klavier?" rief Hedwig.
„Ist auch weg."
„Und meine Puppe mit dem Puppenwagen?" fragte Elisabeth.
„Die sind auch weg. Da muss uns in den vergangenen Nächten was entgangen sein. Aber was hätten wir denn gemacht, wenn das alles bei Tageslicht abtransportiert worden wäre? Gar nichts! Es hätte höchstens noch mehr wehgetan!"
Da sagte Leo: „Aber meine Geige habe ich noch. Die gechärt nämlich nicht der Chäla!" Sagte es, nahm mich aus dem Kasten und spielte „Nun danket all und bringet Ehr" auf mir.
Leos Mutter seufzte: „Bloß gut, dass wir den Glauben nicht verloren haben!"
Wie so oft seit Kriegsende, man konnte sich nicht darauf verlassen, dass eine eingetretene Entspannung Bestand hatte. Am 15. Mai 1946 kamen Leo und der Vater ganz aufgeregt von der Bäckereiarbeit zurück.
„Jetzt ist es so weit", berichtete Leo, „wir müssen morgen früh um sechs Uhr raus, wir werden vertrieben!"
Die Mutter stöhnte: „O barmherziger Gott, sei uns gnädig!"
„An allen Litfaßsäulen und Straßenecken hängen Plakate mit einem Sonderbefehl eines polnischen Abschnittskommandanten", erzählte der Vater. „Ich habe mir das Wichtigste abgeschrieben: ‚Auf Beschluss der Alliierten in Potsdam wird die deutsche Bevölkerung umgesiedelt.' Wohin, sagen sie nicht. ‚Jeder Deutsche darf höchstens 20 kg Reisegepäck mitnehmen. Wagen, Ochsen, Pferde, Kühe werden nicht erlaubt. Das ganze lebendige und tote Inventar in unbeschädigtem Zustande bleibt als Eigentum der

polnischen Regierung. Die Nichtausführung des Befehls wird mit schärfsten Strafen verfolgt, einschließlich Waffengebrauch. Die Evakuierung erfolgt auf Befehl vor Ort straßenweise. Diejenigen Deutschen, die im Besitz einer Nichtevakuierungsbescheinigung sind, dürfen die Wohnung mit ihren Angehörigen in der Zeit von 5 bis 14 Uhr nicht verlassen.' Das heißt also im Klartext: Wir müssen morgen unsere Heimat verlassen. Opa und Oma bleiben in Dittersbach, weil sie den Opa noch zum Kesselreinigen der Dampfloks brauchen. Auch die Bergarbeiterfamilien in unserem Hause und in der ganzen Siedlung bleiben hier. Wir sind also in unserem Hause die Einzigen, die raus müssen."
Da bekam Leos Mutter einen Nervenzusammenbruch. Sie legte sich aufs Bett und weinte bitterlich. „Ich habe so fürchterliches Herzrasen...Wo soll das nur hin mit mir...O Gott, erbarme Dich!" Der Herzfehler, den sie seit der Geburt der kleinen Inge vor drei Jahren hatte, machte sich wieder einmal bemerkbar, und die Nerven! Die Mädchen fingen vor Angst laut an zu weinen.
Der Vater versuchte sie zu beruhigen: „Weint nicht, betet zu Eurem Schutzengel!" Dann setzte er sich auf den Bettrand und nahm Mutters Hand. Er betete: „Heiliger Joseph, Du hast die Flucht nach Ägypten überstanden. Bitte für uns um Gottvertrauen und starke Nerven! - Ja, Muttel, Geld für einen Arzt haben wir nicht, auch nicht für Medikamente. Deine Herztropfen aus deutscher Zeit sind aufgebraucht. Ich kann Dir nur Kamillentee machen." - Zu den Kindern sagte er: „Wir haben zwar seit der Enteignung nicht mehr viel, aber legt doch mal die Sachen zusammen, die Ihr unbedingt mitnehmen wollt."
Leo holte als Erstes mich aus dem Schrank. Da meinte der Vater: „Die Geige ist ‚totes Inventar', die muss hier bleiben..." Am Abend standen zwei große Rucksäcke, vier Kinderrucksäcke und ein großer, alter Koffer gepackt bereit in der Küche. Mehr Habseligkeiten hatte die Familie zum Mitnehmen nicht. Mich legte Leo zum Abschied neben seinem Bett auf den Fußboden. Der Zustand der Mutter hatte sich weiter verschlechtert. Teilnahmslos und wie betäubt lag sie im Bett. Ich dachte: So ist sie ja gar nicht transportfähig! Wie soll das nur werden?

Am Morgen des 16. Mai gingen Vater und Leo nicht wie gewohnt zur Arbeit in die Bäckerei. Gegen 8 Uhr kam die „Rausschmeißerkommission" - wie der Vater sie genannt hatte - in die Wohnung. Es waren vier Männer in Milizuniform, ein Mann in Zivil und eine Frau. Zwei Milizianten hielten eine Maschinenpistole im Anschlag. Die Mädchen fingen vor Angst wieder an zu weinen. Der Anführer befahl: „Kommen Sie raus, Sie wärden nach Deutschland umgesiedelt. Beschluss in Potsdam. Sie nicht bleiben in wiedergäwonnänä polnische Westgäbietä. Nix Widerstand!" Leos Vater sagte: „Wie Sie sehen, wir sind bereit. Aber was machen wir denn mit meiner Frau? Die liegt doch schwerkrank im Bett!"
„Was in Bett?! Wanda, guck nach!" Die Frau trat an Mutters Bett: „Challo, Frau, warum Du nicht sein angezogen wie Bäfähl sagt?" Die Mutter gab keine Antwort. „Du vielleicht krank spielen. Wir gleich kontrollieren. Jurek, guck nach! Jurek sein ein Arzt."
Der Zivilist fühlte Mutters Puls und zog die Augenbrauen hoch. Dann nahm er sein Stethoskop und hörte Herz und Lunge ab. Diesmal zog er seine Stirn in Falten und schüttelte den Kopf. Dann sagte er leise etwas auf Polnisch, was wir nicht verstanden. Die Kommission beriet kurz , und dann verkündete der Anführer: „Frau cheute nicht transportfähig. Wir kommen morgen, iebermorgen oder nächstä Woche wieder!" Dann verließen sie die Wohnung. Totenstille.
Nach einer Weile fragte der Vater: „Leo, hast Du vielleicht verstanden, was der Arzt gesagt hat?"
„Der hat so ungefähr gesagt: ‚Das gibt nichts. Im Güterwagen nicht transportierbar. Die stirbt Euch noch östlich der Neiße weg. Da wollt Ihr doch keine Leichen haben, oder?'"
„Fahren wir nicht mit der Eisenbahn?" fragte die kleine Inge. „Nein", antwortete der Vater und musste dabei unwillkürlich lächeln, „dafür ist die Mama zu krank. - O Gott, für heute ist der Kelch an uns noch mal vorübergegangen!" Die Mutter seufzte und weinte wieder etwas vor sich hin, sagte aber nichts.
Von der Straße drang jetzt ein merkwürdiges Geräusch ins Zimmer. Der Vater trat vorsichtig ans Fenster, schaute eine Weile hinaus und sagte mit bewegter Stimme: „Da schleppen sie sich zu

Fuß den Hartebusch hinauf, wahrscheinlich zum Altwasser Bahnhof...Mein Gott, Frauen und Kinder, alte Männer, manche hinken, Rucksäcke, Koffer, Taschen, und alle schweigend, bewacht und angetrieben von der bewaffneten Miliz...Ich sehe einige Graue Schwestern. Unser Pfarrer Steiner ist auch dabei. Der Ärmste mit seinem Wirbelsäulenleiden. Das nennen die ‚Umsiedlung'. Das ist Vertreibung, das ist ein Verbrechen! Worauf haben sich da die Amerikaner und Engländer nur eingelassen. Die kennen Stalin noch nicht!"

„Papa, sei vorsichtig, Du weißt hier nie, ob wir bespitzelt werden", sagte da Leo.

Nach einer Weile hörte das Geräusch auf. Die Vertreibung aus unserem Ortsteil war für heute abgeschlossen.

Am nächsten Morgen lief äußerlich fast alles wieder normal ab. Wir hörten, wie die beiden ‚nichtevakuierten' Bergleute zur Frühschicht das Haus verließen. Der Vater und Leo blieben aber vorsichtshalber zu Hause. Als die Frauen und Kinder der Bergleute weggingen, um in einer Schlange ihr Einkaufsglück zu versuchen, meinte der Vater: „So, jetzt müssen wir uns auch versorgen. Elisabeth, versuche es beim Fleischer. Hedwig und Leo, Ihr geht über den Hartebusch zum Altwasser Bahnhof und versucht Euch dort von Pfarrer Steiner und den Schwestern zu verabschieden. Nehmt für sie in der Milchkanne Kaffee mit und unsere verpackten Butterbrote von gestern. Ich schaue nach, ob von den Grauen Schwestern noch jemand dageblieben ist und versuche, für Muttel ein Fläschchen Herztropfen zu bekommen, gegen Brot einzutauschen."

„Ach Vatel, wagst Du da nicht zu viel?" fragte die Mutter mit schwacher Stimme.

„Ach nein, ich glaube, die Miliz ist heute mit der Vertreibung in einem anderen Ortsteil beschäftigt, da komme ich schnell hin und zurück."

„Dann geht alle mit Gott!"

Am späten Nachmittag waren alle wieder zurück. Es gab viel zu erzählen. Der Vater hatte tatsächlich ein Fläschchen mit Herztropfen bekommen. Er gab der Mutter ein paar davon, und kurze

Zeit danach verspürte sie eine leichte Besserung. Sie konnte wieder richtig aus den Augen sehen.
Der Vater erklärte: „Mit den Grauen Schwestern verhält es sich so: Alle aus Niederschlesien stammenden wurden vertrieben. Die aus Oberschlesien gebürtigen Schwestern, die etwas Polnisch können, durften hier bleiben, wie zum Beispiel unsere Schwester Nikolawa. Sie hilft weiter in der Ambulanz des Schwesternhauses deutschen und polnischen Kranken, die sich keinen Arzt leisten können. Über meine Brote haben sie sich natürlich sehr gefreut. Die polnischen Bäcker sind da noch sehr reserviert."
Elisabeth hatte nach fünf Stunden Schlangestehen ein großes Stück Fleisch ergattert.
Hedwig und Leo waren sehr traurig vom Altwasser Bahnhof zurückgekommen. Leo erzählte: „Auf dem Bahngelände wimmelte es von Vertriebenen aus allen Stadtteilen. Sie hatten in einer Schule zusammengepfercht übernachten müssen. Die Verpflegung war miserabel. Jetzt warteten sie auf den Güterzug, der sie nach Westen abtransportieren sollte. Bloß gut, dass es nicht regnete. Wir haben Pfarrer Steiner und die Schwestern nach längerem Suchen auf dem Bahnsteig gefunden. Sie waren sehr überrascht, dass wir nicht zu den Vertriebenen gehörten. Wir haben ihnen erklärt, warum. Sie wünschen Muttel gute Besserung. Über die Butterbrote und den Kaffee haben sie sich sehr gefreut und haben sich mit feuchten Augen tausendmal bedankt. Schwester Constanzia sagte: ‚Wir müssen das alles als Sühne auf uns nehmen. Sühnen können nur Unschuldige.'
Als der Güterzug einfuhr, mussten wir uns verabschieden. Pfarrer Steiner sagte zu mir unter Tränen: ‚Leo, kümmere Dich um die Jugend!' Und dann segnete er uns und machte uns ein Kreuzzeichen auf die Stirn." Jetzt musste Leo mehrmals schlucken, und dann war es aus mit seinem Bericht.
In den nächsten Tagen trat Ruhe ein. Der Vater ging mit Leo wieder zur Arbeit in der Bäckerei. Der polnische Inhaber war froh, denn er hatte in den vergangenen Tagen nicht viel backen und verkaufen können. Die Konkurrenz war schadenfroh. Jetzt stieg der Umsatz wieder stark an, denn Hedwig, Elisabeth und

Leo brachten wieder die frischen Brötchen zu den Kunden in die Häuser der Umgebung.
Im täglichen Kampf ums Überleben dauerte es eine Weile, bis allen so richtig bewusst wurde, welche schwerwiegenden Veränderungen durch die Vertreibungsaktion eingetreten waren. Bisher gehörte man zur deutschen Bevölkerungsmehrheit, jetzt gehörte man plötzlich zur deutschen Minderheit unter den zugezogenen Polen. Aus der Grafschaft Glatz kam die Nachricht, dass alle Verwandten väterlicherseits vertrieben worden waren. Im Waldenburger Gebiet gab es nur noch katholische und evangelische deutsche Restgemeinden ohne Pfarrer. Polnisch war nun endgültig die Sprache in allen Behörden und Ämtern.
Durch die Vertreibung der katholischen Priester und Lehrer fiel natürlich auch der gymnasiale Geheimunterricht für Leo weg. Ob, wann und wo Leo wieder eine Schule würde besuchen können, war völlig ungewiss. Zermürbend war auch die Ungewissheit, ob und wann eine nächste Vertreibungsaktion stattfinden würde.
In dieser Lage tagte gegen Ende Mai der „Familienrat". Leos Vater begann: „Also, es hört sich vielleicht komisch an, aber ich muss ehrlich sagen, dass ich eigentlich froh bin, dass wir wegen Muttels Krankheit nicht vertrieben worden sind. In der Heimat kann man schwierige Zeiten immer noch besser überstehen als in der Fremde, wo man sich ja nicht auskennt, keine Freunde und Bekannten hat. Ich habe doch im vorigen Jahr auf dem Wege von Lübeck quer durch Deutschland das kriegsbedingte Elend gesehen, das im Westen herrscht. Diese zerstörten, ausgebombten Städte, die schlechte Ernährungslage, die Flüchtlinge. Und da hinein pumpt Stalin jetzt noch Millionen Vertriebene! Der will das Chaos perfekt machen, um dann seine kommunistische Gewaltherrschaft zu errichten. Vor allem lockt ihn natürlich das Ruhrgebiet. Und was uns betrifft, so gibt es ja noch keinen Friedensvertrag, in dem steht, ob Schlesien nun endgültig zu Polen kommt oder ob es bei Deutschland bleibt, was ich hoffe."
„Was meinst Du, wie lange es bis zu einem Friedensvertrag dauern kann?" fragte da die Mutter.
„Ich denke, so bis zu fünf Jahren. Das ist eine überschaubare Zeit. - Ich halte es mittlerweile für eine Fügung des Herrgotts,

dass wir noch nicht vertrieben werden konnten. Jeder, der sich hier noch irgendwie halten kann, der sollte dafür sorgen, dass Schlesien nicht ganz allein den Polen überlassen wird und dass das Elend im Westen nicht unnötig vergrößert wird. Wozu sollten wir uns leichtfertig vertreiben lassen, wenn wir in ein paar Jahren doch wieder zurückkommen?"

„Das hört sich ja plausibel an", schaltete sich Leo ein. „Aber glaubst Du, dass die Polen uns hier in Frieden leben lassen werden?"

„Ehrlich gesagt, Leo, ich glaube und hoffe das. Was wir bis jetzt hier erlebt haben, das ist ja nicht das ganze polnische Volk. Das sind ja vor allem die hasserfüllten, habgierigen Beutegeier. Die haben vielleicht während des Krieges mit den Nazis zusammengearbeitet und spielen sich deshalb jetzt als besonders fanatische Polen und Deutschenhasser auf. Ich bin gestern zufällig mit einem aus Ostpolen vertriebenen Bäcker ins Gespräch gekommen. Der war freundlich zu mir. Der weiß nämlich, was Vertreibung aus der Heimat heißt. Der wäre auch lieber zu Hause geblieben und hofft, nach ein paar Jahren wieder dorthin zurückkehren zu können. In gebrochenem Deutsch sagte er sinngemäß: ‚Wenn die Amerikaner begriffen haben werden, was Stalin hier mit uns und Euch gemacht hat, dann werden sie ihn zurückdrängen. Wir Polen wollen keinen kommunistischen Staat. Eine Diktatur war genug. Die Rote Armee hat uns in Ostpolen doch schon 1939 geschluckt.'"

„Also gut", sagte Leo, „bis jetzt hat uns ja noch keiner das Deutschsprechen verboten und viele Polen sprechen mit uns deutsch, aber auf den Ämtern wird nur polnisch gesprochen. Was machen wir denn da?"

„Ja", antwortete der Vater, „da muss mindestens einer von uns die polnische Sprache richtig erlernen. Ich weiß, dass die sehr schwer ist, ich selber kriege das bestimmt nicht hin. Aber ich denke, Leo, dass Du der geeignetste dafür wärst."

„Na ja", schaltete sich da Hedwig ein, „ich könnte es ja zusammen mit Leo versuchen."

Leo war nicht gerade begeistert: „Wer soll uns das nur beibringen?"

„Ich kenne da ein älteres Ehepaar, das vor kurzem aus Oberschlesien zugezogen ist“, sagte der Vater. „Die suchen Kontakt mit uns, vielleicht können die uns helfen.“
„Und was machen wir in der Kirche ohne unsern Pfarrer?“ fragte die Mutter.
„Ich werde mit ein paar anderen Zurückgebliebenen aus unserer Gemeinde zum polnischen Pfarrer gehen und ihn bitten, uns in einer Sonntagsmesse deutsche Lieder singen zu lassen. Er liest die Messe ja sowieso auf Lateinisch, das ist kein Unterschied. Wir würden unsere Lieder singen, und einer würde Lesung und Evangelium auf Deutsch vorlesen. Auf die Predigt müssten wir natürlich verzichten. Außerdem habe ich gehört, dass noch einige deutsche Geistliche in Niederschlesien zurückgeblieben sind. Vielleicht kann uns ab und zu einer besuchen, damit wir deutsch beichten können.“
Jetzt wollte Leo wissen, wie es denn mit seiner und seiner Schwestern Schulbildung weitergehen solle. „Die Wiedereröffnung einer deutschen Schule kann ich mir nicht vorstellen. In die polnische Schule können wir ja wegen der Sprachschwierigkeiten nicht gehen.“
Da wurde der Vater sehr nachdenklich: „Glaubt mir, ich werde auch da versuchen, eine vernünftige Lösung zu finden. Zwischen den beiden Weltkriegen gab es ja in Polen deutsche Schulen für die Minderheit. So etwas müsste man jetzt auch wieder aufbauen. Aber da brauchen wir viel Geduld. Leo, Du solltest ab sofort den Hauslehrer für Deine Schwestern machen. Du hast noch am längsten Schule gehabt.“
Da hätte ich mich am liebsten aus meinem Kasten heraus bemerkbar gemacht: Was soll denn der Junge noch alles tun? In der Bäckerei für den Lebensunterhalt arbeiten, Polnisch lernen, seine Schwestern unterrichten. Und wo bleibe ich? Für mich hat Leo dann mit Sicherheit keine Zeit! Keine guten Aussichten für mich! Auf der anderen Seite leuchtete es mir natürlich ein, dass man unter den gegebenen Umständen zuerst immer das Notwendigste tun musste. Also gab ich mich damit zufrieden, dass ich überhaupt noch in Leos Besitz war. Ich wusste, wie viel ich Leo bedeutete, einfach dadurch, dass ich noch da war. Immer wieder

einmal in diesen schlimmen Zeiten kam er zu mir, öffnete den Kasten, betrachtete mich schweigend und legte seine linke Hand auf meine Saiten und das Griffbrett. Wir hatten offensichtlich ein gemeinsames Schicksal. Ich nahm mir vor, mit ihm gemeinsam geduldig auf bessere Zeiten zu warten.

Hoffen und Bangen

Der Gang zum polnischen Pfarrer hatte Erfolg. Nach anfänglichem Zögern hatte er der deutschen Restgemeinde erlaubt, sonntags in der 7-Uhr-Messe deutsche Lieder zu singen und Lesung und Evangelium in deutscher Sprache vorlesen zu lassen. „Es wird Proteste gäben, aber ich fiehle mich auch fier Euch verantwortlich. Der Cherrgott ist kein Pole und kein Deutscher. Vor Ihm sind wir ahle gleich!“ Das waren seine Worte, die Leos Vater nach der Besprechung zu Hause zitierte. Die Weißsteiner hatten Glück, denn längst nicht alle polnischen Pfarrer im Kreis Waldenburg reagierten so mutig-positiv. Die Pfarrkirche war der einzige Ort, an dem eine Zusammenkunft der Deutschen geduldet wurde. Deshalb kamen jetzt auch solche Gemeindemitglieder zum Gottesdienst, die man früher nur selten oder gar nicht gesehen hatte.
Ein Problem war der Kirchengesang. Der deutsche Organist und Chorleiter war im Mai vertrieben worden. Der polnische Organist traute sich nicht, für die Deutschen zu spielen. So musste die Gemeinde also ohne Orgelbegleitung singen. Eines Sonntags sagte Leo beim Mittagessen: „Wenn ich doch nur Orgel spielen könnte! Als ich in den Zeiten des Stromausfalls den Blasebalg getreten habe, habe ich unseren Organisten beim Spielen beobachtet und mir gewünscht, ich könnte die Orgel auch mal so mit allen Registern brausen lassen, dass die Kirchenfenster zu klirren anfangen.“
„Typisch Leo“, lachte da die Mutter, „das Bombastische scheint Dir zu liegen, wenn auch nur in der Fantasie!“

Der Vater meinte. „Aber die Idee finde ich gut: Leo lernt Orgel spielen, und die Gemeinde hat wieder einen Organisten. Da ist die ‚Anstellung' schon vor der Ausbildung sicher. Frag' doch mal den polnischen Organisten, ob er Dir nicht Orgelstunden geben könnte."
„Und womit soll ich die Stunden bezahlen, wenn er ‚Ja' sagt?" wollte Leo wissen.
„Das überlegen wir uns, wenn er ‚Ja' gesagt hat. Nicht den zweiten Schritt vor dem ersten tun!"
„Typisch Vatel", schmunzelte da die Mutter.
Der polnische Organist sagte „Ja", allerdings unter gewissen Bedingungen: Erstens wollte er nicht gleich an der Orgel unterrichten, sondern am Klavier im Pfarrsaal. Zweitens verlangte er als „Lohn", dass Leo am Sonntagvormittag während der drei Messen die Orgel mit der notwendigen Blasebalgluft versorgte. Der Motor war kaputtgegangen und Ersatz war so schnell nicht zu beschaffen. „Läo, Du chast stramme Beine zum Träten und Du kannst mir beim Spielen zusähen und dabei lernen, zum Beispiel auch polnische Kirchenlieder", hatte er gesagt. Leo hatte daraufhin zugesagt, und die Eltern waren einverstanden. Jeden Samstagnachmittag hatte Leo jetzt Klavierstunde, und am Sonntagvormittag „bezahlte" er dafür. Während der Woche durfte er, wenn er Zeit hatte, an dem Klavier im Pfarrsaal üben.
Ich konnte mir schon denken, dass Leo mit Feuereifer bei der Sache war, und deshalb war ich - ehrlich gesagt - neidisch. Leos musikalische Begabung hatte ein Ventil gefunden, und die im Geigenunterricht erworbenen Kenntnisse, wie zum Beispiel das Notenlesen, beschleunigten die Fortschritte.
Nach der achten Klavierstunde kam Leo später als gewöhnlich, aber ganz fröhlich nach Hause: Der Organist war mit ihm an die Orgel gegangen und hatte ihm die Register erklärt. „Dann holte er das zurückgebliebene ‚Orgelbuch zum Breslauer Diözesan-Gesang- und Gebetbuch' aus dem Notenschrank und schlug die Nummer 121 auf: ‚Gelobt sei Jesus Christus'... ‚Ich träten jetzt Blasebalg und Du spielen!' Ja, und so habe ich mein erstes Kirchenlied auf der Orgel gespielt, natürlich nur mit den Händen. Der Organist war zufrieden: „Musst Du aber Fin-ger län-ger auf

Tasten chalten, sonst klin-gen zu abgechackt. Das Unterschied zwischen Klavier und Orgel! Träten von Fußpädal kommen später. Weißt Du, kann man tiefe Täne durch Registerkoppel reincholen, cheißt sich Suboktav-Koppel.' Da habe ich nur noch ‚Halleluja' und ‚Dziekuje - Danke' gesagt", schloss Leo seinen Bericht ab. Ich merkte deutlich, wie glücklich er war.
Nach der zwölften Klavierstunde schlug das Schicksal wieder einmal zu: Der polnische Organist starb an einem Herzinfarkt! Leo war sehr traurig. Er hatte einen guten Polen kennen gelernt und jetzt verloren.
Das Leben ging weiter. Ein neuer Blasebalgmotor wurde in Betrieb genommen, und ein Klavierspieler betätigte sich als Aushilfsorganist. An die Fortführung von Leos Klavier- und Orgelunterricht war schon allein aus finanziellen Gründen nicht zu denken. Immerhin durfte Leo mit Erlaubnis des polnischen Pfarrers wöchentlich einmal auf der Orgel üben, abends, wenn die Kirche abgeschlossen war.
An einem Sonntag im Herbst traute sich Leo zum ersten Mal, den deutschen Gemeindegesang auf der Orgel zu begleiten. Er hatte leichte Lieder ausgewählt und spielte einigermaßen langsam, so dass es kaum Misstöne gab. Das Vor- oder Anspiel zu den einzelnen Liedern gestaltete er aus dem Gedächtnis, wie er es früher bei dem vertriebenen Organisten gehört hatte. Als er nach der Messe schweißgebadet auf den Kirchplatz kam, bedankten sich einige Gottesdienstbesucher bei ihm mit Händeschütteln.
Als ich das gehört hatte, wusste ich, dass Leo ehrgeizig weitermachen würde. Und ich? Mir blieb mal wieder nur die Hoffnung auf günstigere Umstände. Wie ihm sein Geigenspiel beim Orgelspiel geholfen hatte, so konnte sich dieses ja eines Tages auch noch einmal gut auf mich auswirken. Bach musizierte auf der Orgel und spielte Geige. Hauptsache, Leo behielt die Freude am Musizieren!

Ein paar Sonntage später gab es eine große Aufregung in „meiner" Familie: Leo kam, später als die anderen, von der Kirche zurück. „Was ist denn mit Dir los?" rief die Mutter entsetzt, „Du blutest ja an der Oberlippe!"

„Tja“, sagte Leo, „ich bin froh, dass die Zähne noch fest sitzen, aber das Nasenbein tut verdammt weh!“
„Hast Du Dich an einer Schlägerei beteiligt? So kenne ich Dich ja gar nicht!“
„Aber Muttel, das fehlt mir jetzt gerade noch! Wo haben wir denn die Watte, damit ich mir das Blut abtupfen kann. - Nein, ich habe nach der Messe zuerst den Hermann ein Stück die Hauptstraße hinauf begleitet. Wir sehen uns ja jetzt so selten, und da gibt es immer eine Menge zu erzählen. Es war sehr ruhig. Wenn die Polen in der Kirche sind, ist es wie ausgestorben. Auf dem Rückweg war ich allein. Da kam mir aus der Salzbrunner Straße ein Pole mittleren Alters entgegen. Er kam direkt auf mich zu und ehe ich ausweichen konnte, packte er mich an der Weste und schnauzte mich an: ‚Deutsches Schwein, wo sein weißes Binde an Arm?‘ Ich habe mich entschuldigt und gesagt, dass ich gerade erst 14 geworden bin und bis jetzt keine Armbinde zu tragen brauchte. ‚Du liegen, Du älter, säh ich genau! Wo sein Binde?!‘ Und dann packte er mich an den Schultern und schüttelte mich. In meiner Angst log ich jetzt, ich hätte sie wahrscheinlich verloren. ‚Deutsches Schwein, Du kommen mit!‘ Ich dachte: Jetzt bringt der Dich auf die Milizwache. Aber da schubste er mich plötzlich in den Durchgang zum Hinterhof des Elektrogeschäftes von Bartos, und da hat er mich dann schlimm verprügelt. Und dabei rief er immer wieder: ‚Deutsches Schwein muss weißes Binde!‘ Zum Schluss hat er mir noch einen Tritt in den Hintern gegeben: ‚Hau ab zu Mama!‘ Und dann ist er plötzlich weggerannt.“
Leos Vater war aufgesprungen und ging in der Stube auf und ab. „O Gott, das war Privatrache! So was nennt man Lynchjustiz! - Wer weiß, was der im Kriege erlebt hat, aber das ist doch keine Entschuldigung, blindlings und rücksichtslos auf einen Unschuldigen einzuschlagen! Herrgott im Himmel, soll denn der Hass immer weitergehen?! Leo, es tut mir sehr leid. Das Weglassen der Armbinde sollte Dich vor Übergriffen schützen, jetzt ist das Gegenteil eingetreten. Ich habe mich schrecklich geirrt. Und ich bin so ohnmächtig und kann Dir nicht helfen. Es gibt keine Zeugen, Du kennst den Täter nicht und bei der Miliz kriegen wir sowieso kein Recht. Rechtlos und wehrlos sind wir!“

Die Mutter betete weinend: „Herr, vergib ihm, denn er wusste nicht, was er tat!"
Leo setzte mit tiefem Groll in der Stimme dagegen: „Ich hasse die Polen! - Ich bin kein ‚Deutsches Schwein'!"
Darauf die Mutter: „Leo, ich kann Dich ja gut verstehen. Schlimmer als die körperliche Verletzung ist die seelische Verletzung. Mir tut das auch sehr weh, das kannst Du mir glauben. Aber Hass macht blind. Das ist die bittere Lehre aus diesem Vorfall. Wir müssen versuchen, darüber hinwegzukommen, sonst gibt es keine Versöhnung. Und ohne die können wir einfach nicht menschlich und christlich miteinander umgehen."
„Das ist leichter gesagt als getan; das klappt nur, wenn beide Seiten sich anstrengen." Vaters Stimme war wieder etwas ruhiger als vorhin. „Du hast aber Recht, Muttel: Wir haben keine vernünftige Alternative, und eine Seite muss anfangen. Wir müssen noch mehr zusammenrücken und auf einander aufpassen. Wenn Leo nicht allein gewesen wäre, vielleicht wäre ihm und uns das Drama erspart geblieben."
Der Herbst 1946 hatte es „in sich". „Meiner" Familie, die sich für den Verbleib in der Heimat entschieden hatte, stand noch eine große Prüfung bevor.
Zu den Bekannten der Familie, die nicht vertrieben worden waren, gehörte der Elektromeister Bartos mit seiner Familie. Herr Bartos stammte aus dem tschechisch-deutschen Grenzgebiet und hatte sich zum Schutz vor der Vertreibung und sonstigen Schikanen einen so genannten „Tschechischen Heimatschein" besorgt, den er an der Außenseite seiner Wohnungstür befestigt hatte. Sein Geschäft war zwar geschlossen, aber der Betrieb insgesamt war nicht enteignet worden. Die Polen schätzten ihn bei anfallenden Reparaturen als fleißigen, zuverlässigen und preisgünstigen „deutschen Fachmann", der sich zudem auch noch mit Radios auskannte. So war er auch immer über die neuesten Lokalnachrichten bestens informiert.
Eines Abends klopfte es wie mit den Bekannten vereinbart lang - lang - kurz - kurz - kurz an unserer Wohnungstür. Die Mutter öffnete: „Nanu, Gustav, was treibt Dich so spät noch zu uns? Hoffentlich eine gute Nachricht!"

„O Gott, nein, schlechte Nachrichten, schlechte! Die polnischen Behörden wollen noch vor Wintereinbruch eine zweite Vertreibungsaktion durchführen. Sie wollen damit jetzt Deutsche, die ‚ungesetzmäßig zurückgeblieben sind' oder die man im Mai ‚übersehen' hat, ‚erfassen'!"
„O Gott, o Gott", stöhnte die Mutter, „da sind wir ja diesmal dran. Wo sind meine Herztropfen?" Die Mädchen fingen vor Angst an zu weinen.
Der Vater lief mit geballten Fäusten in der Stube auf und ab. „Wir wollten uns hier halten, zu verlieren haben wir sowieso kaum noch was. Aber ich kann nicht wünschen, dass die Muttel wieder so schlimm krank wird. Also geschehe Gottes Wille."
Jetzt wurde es ganz still in der Stube. Das Schicksal der Vertreibung war nicht mehr abzuwenden, der Gedanke daran war schockierend und lähmend. Mir tat meine Familie sehr leid. Ich konnte und wollte mir nicht ausmalen, wie es weitergehen würde, auch mit mir. Jetzt war ich als Geige plötzlich wieder „totes Inventar" und als „Eigentum des polnischen Staates" zum Verbleib verurteilt!
Nach einer Weile sagte Gustav. „Ihr tut mir sehr leid, und ich habe mit meiner Frau und meiner Tochter überlegt, ob wir Euch nicht helfen könnten...Ihr wisst ja, dass unsere Wohnung durch meinen „Tschechischen Heimatschein" geschützt ist. Bis jetzt haben sich die Polen ja daran gehalten. So bieten wir Euch das Zimmer mit separatem Eingang für ein paar Wochen als Versteck an. Kochen könntet Ihr mit in unserer Küche. Das Einkaufen würde meine Tochter übernehmen. Wenn der Spuk vorbei ist, könnt Ihr ja wieder in Eure Wohnung zurück."
Wieder war es still in der Stube. Ein neuer Schock! War das vielleicht doch ein Ausweg, ein Fingerzeig Gottes? - Es wurde lange hin und her überlegt. Konnte der geheime „Umzug" gelingen? Sechs Personen in einem 16-Quadratmeter-Zimmer?! Mitten im Ort, an einer Straßenbahnhaltestelle! Würde der polnische „Chef" in der Bäckerei das mitmachen? Wie könnten der Vater und Leo unentdeckt vom Versteck zur Bäckerei und zurückkommen? Man müsste sich ja wenigstens ab und zu einmal an der frischen Luft bewegen können! Und wenn jemand krank würde?! Wandern alle,

auch die Familie Bartos, ins Gefängnis, wenn die Sache auffliegt? Ist das Risiko kalkulierbar?!
Spät in der Nacht fiel die Entscheidung: „Wir wagen es...Gott helfe uns!.. Aber das kann natürlich nur klappen, wenn wirklich jeder sich sehr anstrengt!“ Das war Vaters Schlusswort.
Nach der Bäckereiarbeit am nächsten Tag begannen die Vorbereitungen für den Tag X. Der „Chef“ war eingeweiht worden, und er hatte zugestimmt. Natürlich müsste man ab dem Tag X immer nur nachts backen, damit der Vater und Leo vor Sonnenaufgang wieder ins Versteck zurückkehren könnten. Irgendwie fing die Sache an abenteuerlich-spannend zu werden.
Leo wollte wissen, was aus mir würde. „Deine Geige bleibt natürlich nicht hier in der Wohnung zurück“, entschied der Vater. „Hier würde sie sehr schnell einen neuen Besitzer finden. Nein, wir müssen die bei der ersten besten Gelegenheit schon zu Bartos schmuggeln. Wir werden überhaupt jetzt täglich einen kleinen Besuch bei Bartos machen und jedes Mal etwas hinbringen. Mal der eine, mal der andere. Die letzten Sachen packen wir am Tage X in einen großen, sauberen Mehlsack, und den bringen Leo und Hedwig dann nachts mit dem Leiterwagen ins Versteck. Betet, Kinder, dass uns das alles gelingt!“
Zwei Tage später war ich schon „auf Nummer sicher“ im Wohnzimmer der Familie Bartos. Gustav hatte mich im Leiterwagen zwischen Ersatzteilen und Reparaturwerkzeug verstaut herübergebracht. Spannung und Nervosität wuchsen.
Im Obergeschoss des Hauses wohnte ein alleinstehender polnischer Offizier. Frau Bartos kochte für ihn mit, und er kam zum Mittagessen gern herunter. Da wurde mir aus den Gesprächen klar, dass er, er wurde mit „Leszek“ angeredet, der Hauptinformant der Familie war. Leszek kam zwar häufiger mit einer Wodkafahne aus dem Dienst, aber er war ein Gemütsmensch nach dem Motto „Leben und leben lassen!“ Vor kurzem hatte er nachts eine Diebesbande vertrieben, die sich für Gustavs Ersatzteillager interessierte. Mit derben Worten und einem Pistolenschuss in die Luft war ihm das gelungen. „Cholera jasna“, hatte er gesagt, „die nix wiederkommen! Chier bestimme ich!“

Ich erfuhr jetzt auch, dass Gustav den Versteckplan mit Leszek abgesprochen hatte. Der hatte die Idee sogar „toll“ gefunden. „Da machen ich mit!“ Er nahm das wohl von der sportlichen Seite.
Ende Oktober kam der Tag X. Leszek brachte die Nachricht aus der Kaserne mit.
„Iebermorgen ist so weit! Morgen Abend muss Umzug sein. Ich mache kleines Fest in meine Wohnung. Chabe paar Freunde und Freundinnen eingeladen, auch Kommandant von Miliz von Bialy Kamien (so hieß Weißstein auf Polnisch). Wodka chabe ich schon bäsorgt. Frau Bartos, kännen Sie vielleicht bisschen Salat und so weiter machen?“
Frau Bartos war natürlich bereit, obwohl sie Bedenken hatte, gerade in der Umzugsnacht solche Gäste im Haus zu haben. Gustav meinte: “Das kann auch zum Schutz sein!“
Ich lag am nächsten Abend fürchterlich aufgeregt in meinem Kasten. In der Wohnung über mir ging es hoch her. Es wurde laut geredet und gelacht. Immer wieder hörte ich den polnischen Trinkspruch „Na zdrowie!“, was so viel wie „Auf die Gesundheit!“ oder „Prosit!“ heißt. Dann wurde gesungen. Die polnischen Volkslieder schienen mir sehr temperamentvoll zu sein. Es wurde auch dazu mit temperamentvollem Stampfen getanzt. Die Weingläser in der Vitrine des Wohnzimmerschrankes klingelten. Zwischendurch sang ein „Heldentenor“ wiederholt „Jeszcze Polska nie zginela“, das war die erste Zeile der polnischen Nationalhymne und heißt „Noch ist Polen nicht verloren!“ Und dann wieder im Chor: „Sto lat, sto lat...“ „Hundert Jahre möge er leben...“ Gegen Mitternacht wurde es leiser und schließlich ganz still. Aber keiner von den Gästen ging nach Hause, das hätte ich gehört. Ob die wohl alle da oben übernachteten?
Da packte mich wieder die Aufregung. Was war mit dem Umzug? Es dauerte nicht mehr lange, da kam Gustav mit Vater, Mutter, Elisabeth und Inge ins Wohnzimmer. Die waren also schon mal da. Frau Bartos brachte eine Kanne Kamillentee herein: „Der ist gut als Ausgleich für den Angstschweiß und zur Beruhigung.“
„Tja“, sagte Gustav, „und wo bleiben Leo und Hedwig?“
„Die sind vor uns mit dem Leiterwagen und dem Sack losgegangen. Sie müssten längst hier sein. Es wird ihnen doch wohl hof-

fentlich nichts passiert sein"; sorgte sich die Mutter. Nach einer Viertelstunde bangen Wartens entschloss sich der Vater, „mal nach dem Rechten zu sehen", und verließ das Haus. Die Mutter rief ihm noch nach: „Pass aber gut auf Dich auf!"
Oh, war das wieder aufregend! Elisabeth und Inge wollten noch nicht ins Bett. Erst wollten sie Hedwig und Leo wieder sehen. Sie hatten wieder einmal ganz große Augen vor Angst. Da nahm die Mutter den Rosenkranz heraus und fing an zu beten. Kurz danach war die dreijährige Inge auf ihrem Schoß eingeschlafen. –
Nach einer halben Stunde kam der Vater ohne Hedwig und Leo wieder zurück: „Ich weiß, wo sie sind: Auf der Milizwache an der Gemeindemühle. Der leere Leiterwagen steht vor dem Hauseingang. - Ich wäre beinahe spontan hineingegangen. Aber dann sagte mir eine innere Stimme: Tu's nicht. Die verhaften Dich und lassen die Kinder laufen. Dann haben sie genau das erreicht, was sie wollen. Ich erinnere mich an ähnliche Geschichten aus dem Krieg."
„Ja und jetzt?" fragte die Mutter. „Abwarten und beten. Die Kinder haben einen Schutzengel." Das klang gelassen und zuversichtlich, konnte aber nicht besonders überzeugen, denn der Vater ging dabei wieder einmal unruhig auf und ab. -
Es muss schon nach zwei Uhr morgens gewesen sein, als sich draußen im Hinterhof etwas regte. Alle sprangen auf, und Gustav ging zur Haustür: „Wer ist da?"
„Wir sind's, lassen Sie uns bitte schnell rein!" Das war Hedwigs Stimme! Allgemeines Aufatmen. Gustav entriegelte die Haustür. Leo und Hedwig kamen schweigend herein und flüchteten sich in Mutters und Vaters Arme. Jetzt brach es aus ihnen hervor wie wenn ein Damm bricht. Es war ein jämmerliches Weinen und Schluchzen zu hören. Das steckte die anderen an. –
Nach einer Weile fasste sich die Mutter: „Ich danke Gott, dass Ihr wieder da seid."
„Ja, aber ohne den Sack, nur mit dem leeren Leiterwagen", schluchzte Hedwig. „Unsere letzten Sachen, ...die haben sie auf der Miliz behalten... Der Papa soll sie sich morgen holen kommen."

Der Vater beruhigte sie: „Es ist viel wichtiger, dass sie Euch nicht als Geiseln behalten haben. - Leo, was ist bloß mit Dir los, Du bist so bleich im Gesicht - und was ist denn das für ein Heftpflaster auf Deiner Stirn?“
„Das hat mir der eine Miliziant gegeben, dem tat das leid.“
„Was tat ihm leid?“
„Na ja, das mit der Verhaftung. - Ach, mir ist es so schlecht, ich muss mich hinlegen.“
Hedwig begann stockend zu erzählen, immer wieder von Schluchzen unterbrochen:
„Das war so: Wir waren mit dem Leiterwagen und dem Sack über die Altwasser Straße gefahren. Wir wollten gerade im Gässchen am Sportplatz verschwinden. Da kam ein Miliziant mit einem großen Hund. Er sagte etwas, was wir nicht verstanden. Leo zuckte mit den Schultern und schüttelte den Kopf. Da schlug der Miliziant mit der langen Hundeleine auf Leo ein...Immer auf den Kopf...Ich konnte nichts dagegen tun...Der Hund fletschte die Zähne...“ Wieder begann Hedwig laut zu weinen. - Der Vater war wieder aufgesprungen und ging mit geballten Fäusten auf und ab: „Diese Verbrecher“, stöhnte er in ohnmächtiger Wut, „vergreifen sich an Kindern!“
Leo hatte sich inzwischen aufgesetzt. „Ja, und dann hat er mir noch einen Tritt in den Hintern gegeben, und dann mussten wir vor ihm und dem knurrenden Hund die Altwasser Straße hinuntergehen bis zur Gemeindemühle und dort bis zur Wache. Der Miliziant schnappte sich den Sack und kommandierte uns in die Wachstube. Dort saß der andere Miliziant. Er sagte zu seinem Kollegen: ‚Was willst Du denn mit den Kindern hier?’ Das habe ich verstanden, weil er langsam sprach. ‚Die waren mit einem verdächtigen Sack unterwegs. Mal sehen, was da für Schätze drin sind. Vielleicht können wir etwas davon gebrauchen.’ Dann machte er den Sack auf und schüttete alles auf den Fußboden. Seife, Zahnputzzeug, Schlafanzüge, Schuhe, Medikamente und so weiter. Das Bündel mit dem Anzugsstoff interessierte ihn besonders.
Mir lief in dem Augenblick etwas Warmes von der Stirn über den Nasenrücken. Ich wischte es ab, da hatte ich etwas Blut am Finger. Der andere Miliziant ging zum Verbandskasten und holte

Watte und Heftpflaster heraus. Er tupfte mir das Blut von der Stirn und klebte das Heftpflaster über eine Stelle, die wehtat. Dann sagte er auf Polnisch: ‚Warum seid Ihr denn mitten in der Nacht unterwegs?' Ich sagte ihm, dass ich leider nur ganz wenig Polnisch verstehe und noch weniger sprechen könne. Da fing er auf Deutsch an: ‚Warum Du in Nacht auf Straße?' Ich wusste im Moment gar nicht, was ich antworten sollte. Ich durfte unsere Aktion ja nicht verraten. Der Schlägertyp sagte: ‚Die haben erfahren, dass morgen wieder gesäubert wird. Da wollten die vielleicht verschwinden. Wer weiß, welche Werwölfe dahinter stecken!' Mir war inzwischen eine Notlüge eingefallen: ‚Da ist eine alte, kranke Frau mit ihrem Mann, die brauchen das Zeug.' ‚Cha, cha, cha, glaub' ihm dieses Märchen ja nicht', sagte der Schläger und stocherte mit einem Stock in unseren Sachen herum. ‚Wenn wir die noch ein, zwei Stunden hinter Gittern schmoren lassen, dann wird die Wahrheit schon rauskommen. Oder, was noch besser wäre, der Vater käme.' Da kriegte ich einen neuen Schrecken und dachte: Bloß nicht das! Wer weiß, was die mit dem Papa anstellen! Lieber Gott, hilf!'
Der andere Miliziant sagte: ‚Du hast wohl gar kein schlechtes Gewissen, was? Guck Dir doch die Kinder an, ein Häufchen Elend. Und Du hast den Jungen misshandelt!' ‚Ist ja ein Deutscher! Warum ist der überhaupt noch hier? Der gehört doch heim ins Reich! Unsere polnische Erde muss frei sein von diesem Gesindel!' Darauf der andere: ‚Ich bin mal gespannt, was unser Kommandant dazu sagen wird.' ‚Jawohl, das wüsste ich auch gern. Also jetzt schreibe ich erst mal ein deftiges Protokoll, damit der Kommandant weiß, mit wem er es zu tun hat.' - Er fragte kreuz und quer. Warum wir noch hier wären. Ob wir noch Verwandte hier hätten. Ob wir Verwandte im Westen hätten. Ich habe immer ganz vorsichtig geantwortet. Als ich ihm sagte, dass unser Opa als Eisenbahner einen ‚Nichtevakuierungsschein' habe, da horchte er auf und stutzte. Da habe ich gleich noch gesagt, dass die Sachen im Sack eigentlich dem Opa gehören."
„Gute Idee", bescheinigte ihm der Vater. „Und was sagte er jetzt?"

„Nichts. Es war Sendepause. Aber der andere Miliziant sagte: ‚Oh, da sieht die Sache ja auf einmal ganz anders aus! Wer einen Nichtevakuierungsschein besitzt, dem darf ja auch nichts weggenommen werden. Also, pack die Klamotten zusammen und lass die Kinder laufen.' ‚Das könnte Dir so passen, Vaterlandsverräter. Ich verlange eine Klärung durch den Kommandanten. Die Kinder können jetzt gehen, der Sack bleibt hier.' Dann sagte der Schläger zu uns: ‚Ihr kännt jetzt gächän. Morgen, wenn Opa kommt mit Nichtäwakuierungsschein, kriegt Sachen zurick.' - Ja, und so sind wir jetzt mit leerem Leiterwagen hier."
Kaum hatte Leo das gesagt, da sprang er auf und musste sich erbrechen, mitten auf den Teppich.
„Das sieht nach Gehirnerschütterung aus", sagte die Mutter, „der Junge muss sofort ins Bett."
Am frühen Morgen, nach der ersten Nacht im Versteck, schlich sich Hedwig aus dem Haus und fuhr mit der Straßenbahn nach Dittersbach. Dort sollte sie die Oma bitten, mit zum Hauptbahnhof zu gehen, wo der Opa in der Kesselreinigung der Dampfloks schuften musste. Sie hatte ein „Telegramm" von der Mutter dabei: „Lieber Papa! Komm bitte mit Deinem Nichtevakuierungsschein nach Weißstein. Du bist unsere einzige Hoffnung. Alles andere erzählt Dir Hedwig."
Gegen 10 Uhr wurde es über uns in Leszeks Wohnung wieder lebendig. Nach und nach verließen die Gäste das Haus, auch der Kommandant. Leos Vater beobachtete das vom Fenster aus, von dem man ja auf die Hauptstraße blicken konnte. „Ich glaube, der Leszek hat den Kommandanten bewusst eingeladen und unter den Tisch gesoffen. Da war er außer Gefecht für diese Nacht." - Dann ging er zu Leo, der mit geschlossenen Augen im Bett lag. „Es tut mir sehr leid, Leo...Ohne Dich wäre die ganze Sache aufgeflogen...Wenn ich könnte, ich würde den Schläger nach Strich und Faden zusammenschlagen...Aber dann würde ja alles wieder nur noch schlimmer...Pfui Teufel, dieser Hitler, der uns das alles eingebrockt hat...Ich hab's ja kommen sehen: Hass sät Hass. Die Verbrechertypen kriegen Oberwasser, und die Unschuldigen müssen bezahlen."

Am Nachmittag kam Hedwig mit dem Opa ins Zimmer. Der Vater erklärte ihm die Sachlage, und dann machte sich der Opa mit Hedwig und dem Leiterwagen zur Milizwache auf den Weg. „Die können mich fünfern. Das will ich doch sehen, ob hier nicht noch ein Rest von Vernunft übrig geblieben ist“, hatte er im Weggehen gesagt. –
Tatsächlich kam er nach einer guten halben Stunde mit dem Sack und den Habseligkeiten zurück. Sein Schein hatte gewirkt. Der Kommandant hatte sich sogar „fier Missverständnis“ entschuldigt. Alles war in dem Sack, nur das Bündel mit dem Anzugsstoff nicht...Die Mutter fiel ihrem Vater um den Hals und bedankte sich weinend.
„Ist schon gut“, sagte der Opa, „bin ja froh, wenn ich Euch helfen kann. - Aber wie soll das denn jetzt mit Euch weitergehen? Was ist mit Eurer Wohnung?“
„Das wüsste ich auch gern“, sagte der Vater. „Könntest Du das vielleicht noch vor der Rückfahrt ausspionieren?“
Ohne viele Worte zu machen ging der Opa los, den Nichtevakuierungsschein wie einen Schutzschild in der linken Hand. Banges Warten. Nach einer knappen Stunde war er zurück.
„Die Wohnungstür stand offen.“
„Ich hatte sie bewusst nicht abgeschlossen“, erklärte der Vater.
„Das war wohl richtig. Ich habe mich kurz umgesehen, das sah nicht nach Gewalt aus. Als ich die Tür geschlossen hatte und über den Flur ging, kam Frau Pöhner von oben die Treppe herunter. Sie erschrak, als ob ihr ein Gespenst begegnet wäre. Ich grüßte und sagte: ‚Wir kennen uns.‘ ‚Na klar, Sie sind der Vater von der Frau Meister.‘ Und dann flüsterte sie mir ins Ohr: ‚Die ganze Familie ist seit der vergangenen Nacht spurlos verschwunden. Mein Mann hat das bemerkt, als er um fünf zur Frühschicht ging.‘ Ich tat überrascht: ‚Sind die nicht heute vertrieben worden?‘ ‚Ging ja nich. Die waren ja schon weg, als die Rausschmeißer Punkt zehn kamen. Die haben bei mir geklopft. Ich konnte ja nichts sagen, ich wusste ja nichts, nur, dass sie schon weg sind. Ich weiß ja auch nicht, wohin. - Da haben die noch mal in unserem Wohnzimmer und im Schlafzimmer nachgeguckt und unseren Nichtevakuierungsschein an der Tür studiert und sind wieder abgezo-

gen. Das ist alles, was ich sagen kann.' Ich hab dann nur gesagt: ‚Tja, da bin ich mal gespannt, ob und wann man von denen noch mal was hören wird', und bin gegangen."
„Opa, unser bestes Stück!" sagte da Leos Vater. „Jetzt ist die zweite Vertreibungsaktion vorbei und wir sind noch hier!"
„Ja, aber Ihr könnt doch morgen oder übermorgen nicht einfach wieder auftauchen. Josef, die stecken zumindest Dich ins Gefängnis!"
„Nein, nein, wir müssen schon noch einige Zeit in unserem Versteck bleiben."
„Na dann viel Glück und starke Nerven!"
„Weißt Du, in diesem Haus wohnt oben der Leszek. Der ist ein alter Haudegen von der „Armia Krajowa", von der Armee der polnischen Exilregierung in London. Der mag die Kommunisten auch nicht. Der beschützt uns."
„Es fällt mir schwer, daran zu glauben. - So, und jetzt muss ich wieder nach Dittersbach, wenigstens ein paar Stunden vor der Frühschicht schlafen. Ich weiß nicht, wie lange ich die Strapaze der Kesselreinigung noch durchhalte. Na, ja, im Januar werde ich 65, da steht mir eigentlich die Pension zu. Weiß der liebe Himmel, was die Polen dann machen." –
„Grüß die Oma schön. Und noch mal herzlichen Dank für Deine Hilfe!"
Es begann der Alltag im Versteck. Leos Vater legte die „Marschroute" für die nächste Zeit fest: „Wir können hier natürlich nicht nur herumsitzen und warten, bis der Himmel uns auf wundersame Weise hilft. ‚Hilf Dir selbst, dann hilft Dir Gott!' Das hat schon mein verstorbener Vater im ersten Weltkrieg immer gesagt. Also nur Mut! Ich gehe ab heute Abend wieder in die Bäckerei. Je länger jetzt die Nächte werden, desto mehr Spielraum habe ich für den Hin- und Rückweg. Ich werde natürlich nicht durch die Hauptstraße gehen, denn da würde ich der Milizstreife in die Hände laufen. Die Salzbrunner Straße ist da ziemlich sicher. Die wird jetzt unser Hauptweg, auch für Spaziergänge im Dunkeln. Der Gartenzaun zur Salzbrunner Straße hat schon ein schmales Loch. Ich werde noch eine Latte eintreten, dann kommt man da besser durch. Sobald es Leo wieder besser geht, nehme ich ihn

zum Backen mit. Damit hätten wir dann das notwendige Geld. Brot, Mehl, Zucker, Salz und Eier bringen wir aus der Bäckerei mit. Der ‚Chef' wird uns mit Fleisch versorgen. Die übrigen Einkäufe müssen Hedwig und Elisabeth übernehmen. Das geht ja nur tagsüber, das ist nur etwas für Kinder. Ihr geht ganz normal aus dem Haus und tut so, als ob sich nichts geändert hätte. Wenn Ihr Bekannte trefft, dürft Ihr denen natürlich nichts von unserem Versteck erzählen. Die meisten wissen ja noch gar nichts davon. Wenn Ihr eine Milizstreife seht, dann lauft nicht weg, denn dann macht Ihr Euch erst verdächtig. Immer schön normal weitergehen. So gewöhnen wir die Leute am schnellsten daran, dass wir eben noch hier sind."
„Aber Papa", wandte Elisabeth ein, „es ist so eng im Bett mit Hedwig zusammen."
„Tja, in der Not müssen wir halt zusammenrücken. - Aber ich spreche mal mit Onkel Gustav, vielleicht hat der noch ein Bett in einem anderen Raum des Hauses frei."
Die Mutter sagte: „Tante Hilde ist eine Seele von Mensch. Sie gibt uns auch ihr Essgeschirr. Da müssen wir besonders aufpassen, dass nichts kaputtgeht."
Es gab noch viele Einzelheiten zu besprechen, ehe der „Familienbetrieb" so richtig in Gang gekommen war. Fast täglich gab es eine neue Schwierigkeit. Aber alle wussten genau, dass nur Friedfertigkeit und Einigkeit darüber hinweg helfen konnten. Ich staunte immer wieder, auf was für Ideen auch die Kinder kamen. Das war für ihre spätere Lebenstüchtigkeit zwar ein hartes, aber auch gutes Training. Nach dem ersten Schneefall mussten im Garten auf dem Weg zum Zaunloch verräterische Spuren vermieden werden. Also schlich man unter dem vorstehenden Schuppendach dorthin, da lag nämlich kein Schnee. Auf der Straßenseite des Zaunloches mussten die Fußspuren mit einem Holzstock verwischt werden. Das war alles sehr aufregend, aber man gewöhnte sich auch daran. Zum Glück ließ sich in der Salzbrunner Straße nur selten eine Milizstreife blicken.
Leo hatte nach dem Umzugsdrama drei Tage ganz still im Bett gelegen. Dann durfte er wieder aufstehen. Die Kopfschmerzen hatten nachgelassen und schwindelig wurde es ihm auch nicht

mehr. Aber er war sehr still. Der Schock saß noch tief. Die Mutter redete lieb auf ihn ein und machte ihm Mut.
„Darf ich vielleicht mal etwas auf der Geige spielen?"
„Um Gottes Willen, Junge, nein! Dann fliegt hier unser ganzes Versteck mitsamt der Geige auf!"
„Ist ja schon gut. Ich dachte halt nur, dass es mir helfen könnte..."
Die erhoffte Hilfe kam mal wieder von anderer Seite: Am Sonntag wagte es die Familie, auf einem Umweg „ganz normal" in die Frühmesse mit deutschem Gesang zu gehen. Bei Sonnenaufgang waren wieder alle zurück. Die Stimmung war schon lange nicht mehr so gelöst. Wieder war ein Stück Normalität zurückerobert. Leo war spürbar aufgemuntert, denn er hatte auf der Orgel spielen können. „Der polnische Pfarrer stutzte zwar, als ich vor der Messe in die Sakristei kam, aber er fragte nicht nach und genehmigte meine Liedvorschläge wie vorher auch."
„Die Frau Lemmer wollte nach der Messe von mir wissen, warum wir vorigen Sonntag nicht in der Kirche waren. Da habe ich nur den Zeigefinger auf die Lippen gedrückt, und das hat sie verstanden und nicht weiter nachgefragt", erzählte die Mutter erleichtert.
Am Abend durfte Hedwig zum ersten Mal in das Mansardenzimmer neben Leszeks Wohnung zum Übernachten gehen. Das war zwar ohne Heizung, aber Hedwig hatte ein Bett für sich, und die dicke Zudecke - so heißt in Schlesien die Bettdecke - hielt sie warm. Um 21 Uhr schlichen Vater und Leo gemeinsam aus dem Haus, zur Arbeit in der Bäckerei. –
Bei allem guten Willen, trotz vielseitiger Hilfe von eingeweihten Freunden, die ständige Angst vor Entdeckung und die äußerst beengten Lebens- und Wohnverhältnisse wurden langsam unerträglich.
Leos Vater bat Leszek zu einem Gespräch in unser Zimmer. Er sagte: „Wir sind Ihnen von Herzen dankbar für den Schutz, den Sie uns gewährt haben. Aber wir halten das hier so nicht mehr lange aus. Wir gehen uns - ehrlich gesagt - in dieser Enge und mit der Geheimnistuerei immer mehr auf den Wecker. Was kann man denn da machen, dass wir wieder legal in unsere Wohnung zurück können? Bis jetzt ist die ja noch leer geblieben."

„O, das ist grosses Probläm. Ich chabe schon darieber gädacht. Chabe sogar mit meine Freund Kommandant darieber gäsprecht. Der chat ein Idä, aber muss ich noch mal weiter Informacje cholen. Warten Sie bis morgen Abend." –
Am nächsten Abend rückte Leszek mit folgendem Plan heraus: Der Vater sollte bei der Stadtverwaltung einen Antrag auf die polnische Staatsangehörigkeit stellen. Vielleicht ließe sich irgendeine polnische Großmutter finden. Natürlich müsste auch die Abkehr vom deutschen Staat begründet werden, zum Beispiel mit Hitlers Verbrechen. Die Bearbeitung dauere zwar mindestens ein Jahr, aber es gäbe sofort nach Antragstellung eine Art Nichtevakuierungsschein, und dann könnte man ungestraft in die Wohnung zurück und ein normales Leben führen. Vielleicht bekäme der Vater am Ende sogar seine Bäckerei zurück.
Es herrschte eine peinliche Stille im Zimmer. Nach einer Weile stand der Vater auf und ging auf kurzem Weg auf und ab. „Also, ich will gerne anerkennen, dass Sie uns helfen wollen. Dafür bin ich Ihnen dankbar. Es wäre vielleicht eine Lösung für unser Problem. Aber der Preis, den Preis dafür, den können wir nicht zahlen. Wir als Polen, und wenn auch nur auf dem Papier, das wäre die größte Lüge meines Lebens. Wir haben keine polnische Großmutter, noch nicht einmal eine Ururgroßmutter. Das ist mit mir nicht zu machen. Ich habe darunter gelitten, was Hitler Euch Polen in deutschem Namen angetan hat. Ich bin auch bereit, einiges zur Wiedergutmachung auf mich zu nehmen. Aber deshalb kehre ich meinem Volk doch nicht den Rücken, das wäre Vaterlandsverrat!"
„Josef", schaltete sich die Mutter ein, „komm, setz Dich mal wieder hin. Vielleicht hast Du den Herrn Leszek nicht ganz richtig verstanden. - Leszek, vielleicht erklären Sie uns Ihren Plan noch einmal etwas genauer, bitte."
„Also, ich dachte so: Brauchen Sie Läsung fier ein Jahr. In Friehjahr 47 kommt noch ein Aktion, dann Schluss. Also schreiben Sie von polnisches Grossmutter aus Gäbiet ästlich von Odra. Das Amt muss ieberpriefen. Sie keine Dokumente, alles in Krieg verloren. Priefung dauert sähr lan-ge. Sie chaben Nichtevakuierungsschein bis endgiltige Klärung. Sie chaben Zeit. Nach letzte Aktion Antrag wird abgälähnt. Sie bleiben Deutsch und in Cheimat." -

„Na ja, wenn das so gemeint ist", sagte der Vater leise nach einem tiefen Seufzer, „dann könnte ich mich darauf einlassen."
Und so kam es dann. Im Dezember wurde der Antrag eingereicht, im Januar 1947 erhielt der Vater den Nichtevakuierungsschein wegen Überprüfung der Staatsangehörigkeit, und danach konnte die Familie mit mir am helllichten Tag in die Wohnung über der Bäckerei zurück.
Am Vorabend wurde bei Familie Bartos Abschied gefeiert. Leszek war auch mit dabei. Zur großen Überraschung aller holte Leo mich aus dem Kasten, stimmte mich und spielte „Großer Gott, wir loben dich", schön langsam und feierlich. Leos Mutter und Frau Bartos konnten die Tränen nicht zurückhalten. Der Vater bedankte sich mit herzlichen Worten bei Familie Bartos und bei Leszek. Dann spielte Leo „Muss i denn, muss i denn" und alle sangen mit. Ich war völlig aus dem Häuschen vor Überraschung und Freude. Aber so war Leo eben: Ob er traurig oder froh war, er musste das musikalisch ausdrücken!
Der Umzug musste natürlich ohne Aufsehen geschehen, so, als ob man gerade mal vom Einkaufen oder von einem Spaziergang zurückkäme, und auch nicht die ganze Familie auf einmal. Die verbliebenen deutschen Hausbewohner machten zwar große Augen, fragten aber nicht. Das hatte man sich inzwischen abgewöhnt. Manchmal war es in diesen unsicheren Zeiten gut, wenn man nicht alles wusste...
Unten in der Bäckerei war inzwischen ein neuer polnischer Bäcker mit Familie eingezogen. „Kannst Du bei mir backen?" fragte er den Vater am Tag nach der Rückkehr. Der Vater musste ablehnen. Mit dem angebotenen Lohn hätte er die Familie nicht ernähren können. Vater und Leo arbeiteten weiter beim „Chef". Hedwig, Elisabeth und Leo brachten wieder die frischen Frühstücksbrötchen in der Morgendämmerung, bei Wind und Wetter, zu den Kunden in der näheren und weiteren Umgebung.
Der Bäcker unten im Haus war sauer wegen dieser Konkurrenz. Er zeigte seinen Kollegen, den „Chef", beim Finanzamt an. Der musste jetzt öfters Kontrollen über sich ergehen lassen. Anfangs kamen die Kontrolleure während der normalen Dienstzeit, so dass

sie den Vater und Leo nie antrafen. Aber nach ein paar Wochen wurde das anders: Sie kamen auch nachts.
„Mensch, Mama“, erzählte Leo eines Tages nach der Rückkehr von der Bäckerei, „heute bin ich aber fix und fertig!“
„Ja, was ist denn da schon wieder passiert?“
„Stell Dir vor, heute Nacht, so gegen zwei Uhr, schlägt draußen plötzlich ein Hund an. Der Chef schlief noch im Haus drüben, Papa und ich waren allein in der Backstube. Die Tür war wie immer verschlossen, die Rollos waren heruntergelassen. Zum Glück hatten wir die Teigmaschine gerade abgestellt. Es klopfte, wir rührten uns nicht. Eine Männerstimme rief auf Polnisch: ‚Aufmachen!‘ Und eine andere: ‚Finanzamtskontrolle!‘ Wir blieben weiter still, sehen konnten sie uns ja Gott sei Dank nicht. Der Hund bellte wieder. Dann klopften sie drüben beim Chef ans Schlafzimmerfenster: ‚Aufmachen! Finanzamtskontrolle!‘ Da flüsterte Papa: ‚Komm schnell, wir verkriechen uns auf dem Backofen!‘ Mein Gott, kannst Du Dir das vorstellen? Zwischen Backofenabdeckung und Decke sind vielleicht 70 Zentimeter Abstand! Wir sind auf dem Bauch bis ganz nach hinten gerobbt. Von dort konnten wir die Backstube nicht mehr sehen, also konnte man uns von unten auch nicht sehen. Von dem aufgewirbelten Staub kriegte ich einen Niesanfall. Da hat mir der Papa die Nase ganz fest zugehalten.
Der Chef hatte sich offensichtlich Zeit gelassen. Aber jetzt kam er und schloss die Backstube von draußen auf. ‚Ich weiß nicht, was Sie wollen’, sagte er zu den Kontrolleuren, ‚ich hab schon mal den Teig fertig gemacht, und dann hab ich mich noch mal was aufs Ohr gelegt.’ Der Chef hat da ja die Ruhe weg.
Ein Kontrolleur sagte: ‚Und da wollen Sie uns weismachen, dass Sie den ganzen Teig allein zu Brot verarbeiten?’ ‚Na ja, ab vier Uhr, wenn´s erlaubt ist, helfen mir zwei Deutsche dabei. Billige, fleißige Arbeitskräfte, Sie verstehen.’ ‚So, so, ab vier Uhr. Wo stecken sie denn, im Mehllager, im Kohlenbunker?’ ‚Sie können ja mal nachsehen.’ Eiskalt, dieser Chef!
Sie gingen zum Kohlenbunker und zum Mehllager. ‚Such! Such!’ forderten sie den Hund auf. Es blieb ruhig. Da zogen sie wieder

ab. ‚Na dann kann ich ja jetzt mit dem Backen anfangen', knurrte der Chef und schloss die Tür wieder von innen ab.
Mein Gott, war das knapp! Papa flüsterte: ‚Chef, wir sind hier auf dem Backofen!' ‚Bleiben oben, bleiben oben!' antwortete der Chef. ‚Wir missen warten, ob kommen wieder.'
Jetzt merkte ich erst, dass ich klitschnass war. Der Schweiß tropfte nur so von der Stirn, aber auch sonst triefte es am ganzen Körper. Die Backofenabdeckung strahlte eine unheimliche Hitze ab. Auch der Papa schwitzte fürchterlich. Als Bäcker ist man ja einiges gewöhnt, aber so was hatte ich noch nie erlebt. Was war das für eine Erlösung, als wir wieder hinunter durften! Ich habe erst mal mindestens einen halben Liter Wasser gesoffen, so verschmachtet und ausgedörrt war ich. Da ging die Schwitzerei natürlich gleich wieder von vorne los. Wir mussten uns erst eine Weile erholen. Aber dann haben wir mit Volldampf gearbeitet, um die verlorene Zeit wieder aufzuholen. Nein, heute bin ich wirklich fix und fertig!"
„Na ja, Leo, dann leg Dich jetzt ins Bett. Du kannst ja auch bei Tageslicht einschlafen. Das ist eine Gnade. Mein Gott, wie schön wäre es, wenn wir mal wieder Vorhänge oder wenigstens Rollos hätten."
Leszek hatte im vergangenen Herbst von einer „letzten Aktion" gesprochen. Man musste also mit einer nochmaligen Vertreibungsaktion der polnischen Behörden rechnen. Im Frühjahr 1947 war es so weit. Meine Familie konnte dem Tag X verhältnismäßig ruhig entgegensehen, sie war ja durch die „Prüfung der Staatsangehörigkeitsfrage" geschützt. Trotzdem blieb ihr ein weiterer Schicksalsschlag nicht erspart: Es traf diesmal die Großeltern in Dittersbach und eine Tante, die bei ihnen wohnte und bisher durch den Nichtevakuierungsschein des Großvaters geschützt war. Sie war Kriegerwitwe und hatte zwei kleine Kinder im Alter von drei und fünf Jahren. Der Großvater - vormals Oberlokomotivführer, von den Polen in die strapaziöse Kesselreinigung „versetzt" - war inzwischen pensioniert worden. Am Tage der Pensionierung hatte man ihm den Nichtevakuierungsschein abgenommen. Damit aber war er zur Vertreibung „freigegeben".

Am Abend des Tages X brachte Gustav die Hiobsbotschaft: Er war zur Materialbeschaffung in Altwasser gewesen und war an dem Schulhof vorbeigekommen, auf den Vertriebene aus dem ganzen Kreis Waldenburg mit Lastwagen gebracht worden waren. „Im Vorbeigehen höre ich plötzlich eine alte Frau von jenseits des Zaunes rufen: ‚Sind Sie nicht der Herr Bartos aus Weißstein?' ‚Ja, der bin ich.' ‚Dann sagen Sie bitte meiner Tochter und meinem Schwiegersohn, dass wir hier sind. Morgen soll der Zug nach Westen gehen. O Gott, wir haben nur noch wenig zu essen und zu trinken. Was soll nur aus den Kindern werden?!' In dem Augenblick rempelte mich ein Miliziant von hinten an und jagte mich auf die andere Straßenseite. ‚Nix Kontakt!' rief er mehrmals hinter mir her."
Leos Mutter weinte und betete laut: „Herr, vergib ihnen, denn sie wissen nicht, was sie tun!"
Der Vater brauste auf: „Sei mir nicht böse, aber die wissen ganz genau, was sie tun! Diese Verbrecher! - So lange sie aus dem Opa Arbeitskraft und Sachkunde herauspumpen konnten, haben sie ihn ‚gnädig' zurückgehalten. Und jetzt, wo er körperlich am Ende ist und wo sie ihm die verdiente Pension zahlen müssten, da geben sie ihm und seinen Angehörigen einen Tritt in den Hintern! - Und das nennen die dann auch noch ‚human'! Es ist zum Verrücktwerden! Man könnte an Gottes Barmherzigkeit verzweifeln!"
Wieder einmal ging er mit geballten Fäusten im Zimmer auf und ab.
Alle waren sprachlos, dann fingen die Mädchen laut an zu weinen. Gustav wagte als erster wieder etwas zu sagen: „Also, ich verstehe ja Deine Empörung, Josef. Aber wir sind machtlos gegenüber dieser menschenverachtenden Politik. Wir können nur versuchen, die akute Not Deiner Schwiegereltern, Deiner Schwägerin und der Kinder zu lindern. Also konkret: Die brauchen was zu essen und zu trinken. Bis morgen früh ist sowieso nichts mehr zu machen. Aber dann habt Ihr vielleicht eine Chance, ihnen was zu geben."
„Du hast doch vorhin erzählt, dass sie Dich vom Zaun weggetrieben haben. ‚Nix Kontakt!'"

„Das stimmt, also für Dich und für Deine Frau und auch für Leo sehe ich keine Chance. Aber wie wär's denn mit den beiden Mädchen, mit Hedwig und Elisabeth?"
„Ich?" sagte Hedwig, „warum denn immer ich? Ich hab schon so viel mitgemacht, ich hab Angst!" Sie fing von neuem an zu weinen. Die Mutter nahm sie in den Arm und versuchte sie zu beruhigen.
Nach längerem Hin und Her einigte man sich dann doch darauf, dass Hedwig und Elisabeth die größten Chancen für die „Mission" hätten, und sie sagten auch „Ja" dazu. Sie wollten Oma und Opa und die Tante und die Kinder nicht im Stich lassen.
Am nächsten Morgen gingen sie noch in der Dämmerung los. Die Mutter hatte ihnen ein Kreuz auf die Stirn gemacht und sie mit „In Gottes Namen" verabschiedet. Eine größere Milchkanne voll Suppe, eine Thermosflasche mit Kamillentee, zwei große Pakete mit belegten Butterbroten und ein ganzes Brot hatten sie im Gepäck. Und noch fünf Löffel dazu. Mehr konnten die Mädchen über den Hartebusch-Hügel nicht schleppen. Die Mutter zündete vor der Schutzmantelmadonna eine Kerze an und begleitete die Kinder mit ihrem unablässigen Gebet.
Am Nachmittag kamen die Mädchen zurück, mit leeren Händen, hungrig und durstig und mit verweinten Gesichtern. Sie mussten sich erst einmal bei der Mutter ausweinen. Nach und nach kam heraus, was sie erlebt hatten. Wie der Vater es ihnen geraten hatte, hatten sie zuerst ihr „Gepäck" auf der dem Schulhof gegenüberliegenden Straßenseite hinter einem Strauch abgelegt und waren dann so lange hin und her gegangen, bis sie die Oma entdeckt hatten. Immer, wenn der auf und ab gehende Milizposten weiter weg und um die Ecke gebogen war, riefen sie gemeinsam: „Oma!" Bis die das gehört hatte und von innen an den Zaun kam. „Hol den Opa!" Als der Milizposten wieder weg war, rannten sie schnell mit den Sachen hinüber und reichten sie durch das Gitter des Zaunes. Die Großeltern bedankten sich weinend. Da tauchte vom anderen Ende der Schulhoffront ein zweiter Milizposten auf, und sie mussten schnell auf die andere Straßenseite zurück. Sie konnten sich nur noch winkend von den Großeltern verabschieden. Der Großvater rief noch: „Danke! Gott segne Euch!" Dann

trieb ihn ein Miliziant vom Zaun weg. „Ja, und deshalb sind wir ohne Milchkanne und ohne Thermosflasche und ohne die Löffel zurückgekommen“, beendete Hedwig ihren Bericht.
Tiefe Traurigkeit lastete in den nächsten Tagen auf meiner Familie. Sie waren jetzt als Einzige von der ganzen Verwandtschaft in der schlesischen Heimat zurückgeblieben. Im Bekannten- und Freundeskreis hingegen hatte sich nichts mehr verändert. Das waren alles Bergleute oder Facharbeiter mittleren Alters mit ihren Familien, die brauchte man noch. In Waldenburg und Umgebung sollen es noch 20.000 zurückgehaltene Deutsche gewesen sein. Sie brauchten jetzt keine weiße Armbinde mehr zu tragen. Das war vorerst das einzige Zeichen dafür, dass sich etwas geändert hatte. Dennoch wirkte sich das auf die Stimmung und die Arbeitsmoral der Deutschen gut aus.
Im Herbst 1947 flatterte bei meiner Familie eine Ablehnung ins Haus, die Freude auslöste: Die Verleihung der polnischen Staatsangehörigkeit war wegen fehlender polnischer Vorfahren nicht möglich. Die Behörden hatten auch Zweifel an der positiven Einstellung der Familie gegenüber dem polnischen Staat. Leszek hatte also richtig kalkuliert. Ein Pole hatte meiner Familie geholfen, sich der Vertreibung zu widersetzen. Und ich war nicht von ihr getrennt worden. Durfte ich jetzt wieder mal auf Besserung hoffen? Ich wollte es, wie Leo und seine, meine ganze Familie das wollte.

Abenteuerliches Überleben

Ein Aufatmen ging durch die ganze deutsche Restbevölkerung: Der Alptraum der Vertreibung war offensichtlich vorüber. Man freute sich über den Verbleib in der Heimat. Bis zu einem Friedensvertrag mit der Klärung der Grenzfrage konnte es doch wohl wirklich nicht mehr so lange dauern. Bis dahin wollte man sich bescheiden und versuchen, mit den Polen möglichst gut auszukommen.

Nun muss man wissen, dass die im Waldenburger Gebiet angesiedelten Polen eine recht bunt zusammengesetzte Bevölkerungsgruppe waren. Die Deutschen sprachen unter sich von den „Polen-Polen", den „Russen-Polen", den „Franzosen-Polen" und den „Westfalen-Polen". Diese „Einteilung" ergab sich aus der geografisch unterschiedlichen Herkunft. Die „Polen-Polen" waren aus Zentralpolen angereist. Sie waren wegen ihres Deutschenhasses und ihrer Beutegier gefürchtet. Die „Russen-Polen" waren selbst Vertriebene, nämlich aus den polnischen Ostgebieten, die Stalin der Sowjetunion einverleibt hatte. Zwischen ihnen und den Deutschen entwickelte sich bald ein verständnisvolles, oft sogar herzliches Miteinander. Sie wussten, was Heimatverlust heißt. Sie ließen sich auch gerne in den Umgang mit Zivilisationsgütern einführen, die sie bisher nicht kannten.
Die „Franzosen-Polen" kamen hauptsächlich aus den Bergbaugebieten von Elsass und Lothringen. Ihre Vorfahren waren im 19. Jahrhundert dorthin ausgewandert, weil sie dort Arbeit und Brot fanden. Jetzt waren sie dem Ruf der polnischen „Repatriierungskommission" gefolgt und in das „Land ihrer Vorfahren" zurückgekehrt. Da gab es allerdings manche Enttäuschung, denn ihre Vorfahren hatten natürlich nicht im niederschlesischen Steinkohlenrevier gelebt. Aber hier wurden sie als Bergleute gebraucht, und leerstehende Wohnungen von deutschen Vertriebenen gab es genug. Sie verhielten sich den Deutschen gegenüber reserviert. Sie sprachen Französisch und mussten das Polnische erst lernen.
Ganz ähnlich war die Lage bei den „Westfalen-Polen". Ihre Vorfahren waren aus den ländlichen, überbevölkerten Gebieten Polens ins Ruhrgebiet ausgewandert. Das Ruhrgebiet war vom Krieg schwer heimgesucht worden. Hunger, Wohnungsnot und Arbeitslosigkeit prägten den Alltag. Von Polen wurde ihnen das Gegenteil berichtet, und so ließen sie sich „repatriieren". Auch sie wurden ziemlich enttäuscht. Wegen der mangelhaften oder ganz fehlenden Polnischkenntnisse wurden sie von den ansässigen Polen als „Deutsche" betrachtet, beschimpft und behandelt. Deshalb suchten sie anfangs Rückhalt bei der deutschen Restbevölkerung. Das musste aber möglichst unauffällig geschehen, weil sie sonst erst recht als „Deutsche" betrachtet worden wären.

Doch damit noch nicht genug: In einigen Bad Salzbrunner Sanatorien wimmelte es im Sommer 1948 plötzlich von Kindern mit schwarzen Lockenköpfen und unverständlicher Sprache. Es war Griechisch. Die Kinder waren im griechischen Bürgerkrieg von den Kommunisten - häufig gegen den Willen oder ohne Wissen der Eltern - „in Sicherheit" gebracht worden. Sie sollten nun im gastfreundlichen, sozialistischen Polen zu guten Kommunisten erzogen werden. Das Waldenburger Bergland war bevölkerungsmäßig zu einem „Schmelztiegel" geworden.
In mancher deutschen Familie gab es wieder ein Radio. Das Abhören westlicher Sender war zwar verboten, aber in der abgeschlossenen Wohnung und ganz leise eingestellt konnte man wenigstens Nachrichten hören. Und die wurden dann mit „Mundfunk" unter den Bekannten verbreitet, zum Beispiel nach der Frühmesse am Sonntag. Man bedauerte die Millionen von Flüchtlingen und Vertriebenen im kriegszerstörten Westen. Hunger, Wohnungsnot und Arbeitslosigkeit kannte man in der schlesischen Heimat nicht. Westliche Politiker nährten in ihren Reden die Hoffnung auf den Verbleib Schlesiens bei Deutschland und dementsprechend die Hoffnung auf Rückkehr der Vertriebenen.
Das war jetzt eine etwas längere Zusammenfassung dessen, was ich in meinem „Wartesaal" Geigenkasten aus den Familiengesprächen entnehmen konnte. Man könnte natürlich fragen: Was hat das alles mit dem Lebenslauf einer Geige zu tun? Da sage ich ganz eindeutig: Sehr viel! Als Geige ist man doch total abhängig von dem, wie es dem Eigentümer ergeht, nicht nur ob und wie er mit einem musiziert. Und so waren die Nachkriegsjahre in Schlesien für mich als Instrument natürlich eine fürchterliche Geduldsprobe - „Nix Zipzerip!" - aber ich konnte immer weiter auf Besserung hoffen, weil Leo die Hoffnung nicht aufgab.
Das Schicksal meiner Familie war und blieb ungewöhnlich, ja abenteuerlich. Die allermeisten Deutschen waren zurückgehalten, einige übersehen worden, meine Familie hatte sich der Vertreibung bewusst widersetzt. Die allermeisten Deutschen lebten nach wie vor in ihren Wohnungen oder gar Häuschen und hatten einen gesicherten Lebensunterhalt. Meine Familie lebte seit der Enteignung der Bäckerei in einer 1½-Zimmer-Wohnung mit zusam-

mengewürfelten Möbelstücken, und der Lebensunterhalt war immer gefährdet. Es gab für sie keine Kranken- oder gar Unfallversicherung. Bloß nicht krank werden! hieß das Motto. Andererseits hatte meine Familie aber einen starken Rückhalt bei den übrigen Deutschen und teilte deren Schicksal im guten wie im schlechten Sinne.

Als in der deutschen katholischen Restgemeinde ein Kirchenchor wiedergegründet wurde, waren Leo und Hedwig natürlich dabei. Der Chor bot ein wenig von den Polen geduldete musische Betätigung und Geselligkeit außerhalb der Familie. Man feierte wieder gemeinsam die Geburtstage der Chormitglieder, natürlich wie eine Chorprobe mit viel Gesang. Es wurden auch wieder Ausflüge gemacht. Nach dem Wegfall der strengsten Reiseverbote führte die Restgemeinde die traditionelle Jahreswallfahrt zum Marienheiligtum in Albendorf wieder ein. Bei dem dortigen polnischen Pfarrer waren die deutschen Pilger gern gesehen. Deutscher Gesang und deutsche Beichte waren selbstverständlich. Nur selten gab es Störmanöver polnischer Jugendlicher während der Prozession am Kalvarienberg.

Leo betätigte sich weiter als Organist für die deutsche Restgemeinde. Den Chor konnte er allerdings nicht auf der Orgel begleiten, dazu reichten seine Künste nun doch nicht aus. An eine reguläre Ausbildung war aber nach wie vor nicht zu denken. Das Wichtigste für Leo war, mit dem Vater zusammen die Familie zu ernähren. Von der Zeitfrage abgesehen, hätte man auch kein Geld für Orgelunterricht abzwacken können. Und selbst wenn Zeit und Geld vorhanden gewesen wären, hätte es für Leo keine offizielle Ausbildung mit staatlich anerkanntem Abschluss gegeben, weil es so etwas für Deutsche einfach nicht gab. Es gab für Leo ja auch keine reguläre Ausbildung im Bäckerhandwerk. Er war und blieb hier „angelernt".

Leos und seiner Schwestern größtes Problem aber war, dass die deutschen Kinder und Jugendlichen ganz allgemein nicht zur Schule gehen durften. Leo hatte bis Kriegsende sieben, Hedwig fünf und Elisabeth zwei Jahre Schulunterricht gehabt. Jetzt war schon drei Jahre „Pause". Das sah bei aller Zuversicht für die Zukunft schlimm aus.

Es war wieder einmal Leszek, der Leos Vater bei einem kurzen Besuch über die wahre Sachlage aufklärte: „Weißt Du, Josef, Ihr Deutsche eigentlich gar nix existieren. Polnische Außenminister chat in Warszawa erklärt, nix Deutsche mehr in Polen, alles ausgesiedelt. Wenn gibt keine Deutsche in Polen, natierlich auch nix Schulkinder, natierlich auch nix Schule. Verstähst Du?.. Das sagt Außenminister fier Ausland. Chier bei uns sagt kommunistische Partia: Kinder von deutsches Faschisten und Revanchisten kein Recht fier Schule. Schluss, aus!"
„Das ist dann das, was man nüchtern ‚Diskriminierung' nennt", reagierte der Vater. „Da muss man doch auf die Dauer etwas dagegen unternehmen!" Und die Mutter: „Ja, aber was?! Vielleicht solltest Du das mal vorsichtig mit Leuten aus unserer Gemeinde bereden..."
Alle Gedankenspiele in Sachen Schulunterricht wurden im Herbst 1948 verdrängt, weil der „Chef" dem Vater und Leo „kündigen" musste. Das kam wie ein Blitz aus heiterem Himmel. Der Vater zitierte den „Chef": „Die chaben mir gäsagt, Deutsche nicht mehr in Läbensmittelbätrieb arbeiten. Zu gäfährlich fier Polen, wenn vielleicht essen vergiftetes Brot." Es klang sehr niedergeschlagen. „Als ich die Vermutung äußerte, dass da wohl die Konkurrenz dahinterstecken würde, da hat er zustimmend genickt. Für ihn bedeutet das die Geschäftsaufgabe, denn er hat ja keine Bäckerausbildung vorzuweisen. Aber er ist allein, und ich bin für eine sechsköpfige Familie verantwortlich...und arbeitslos! - Ich hab ihm noch mal herzlich gedankt für alles, womit er uns unterstützt hat...Hilf, Himmel! Wir stehen wieder mal vor dem Nichts!"
Nach einer Weile sagte die Mutter. „Sprich doch mal mit Leszek. Vielleicht hat der wieder mal ´ne Idee. Nimm ein Fläschchen Wodka mit."
Die vorhandenen Lebensmittelvorräte reichten höchstens für eine Woche. Es musste also schnell Abhilfe geschaffen werden. Freunde und Bekannte aus der Kirchengemeinde brachten Lebensmittel: „Leo hat jetzt schon so lange für uns die Orgel gespielt, das hat er sich redlich verdient."
Leszeks Idee war waghalsig: Vater und Leo brauchten doch nur auf dem Schwarzmarkt mitzumischen, da könnte man mit ein

bisschen Mut und Glück eine ganze Menge verdienen. Wenn die Zeiten schon so verrückt sind, dann müsse man eben verrückt mitspielen.
Am nächsten Tag schon spazierten die beiden zu „Studienzwecken" durch die Lauben am Waldenburger Ring. Der „Ring" ist in Schlesien der zentrale Marktplatz. Die Polen nennen ihn „Rynek". Er ist viereckig und in seiner Mitte steht in der Regel das Rathaus. Waldenburgs Rathaus steht aber seit der Mitte des 19. Jahrhunderts am Rathausplatz, seitlich vom „Ring".
Leo berichtete seiner Mutter, was Vater und er dort erlebt hatten: „Das war gar nicht das, was man sich unter einem ‚Markt' vorstellt. Da standen einzelne Männer herum, meistens die Hände in den Taschen. Einer fragte im Vorbeigehen auf Polnisch, was wir suchten. Ich zuckte automatisch die Schultern, sagte dann aber schnell hinterher ‚czapka', das heißt Mütze. Sofort wollte er wissen, was wir dafür anzubieten hätten. Ich fragte nach dem Preis. Antwort: ‚Dziesiec jajka!' Zehn Eier! Ich sagte: ‚nie ma', haben wir nicht. Da wollte er wissen, was wir sonst anzubieten hätten. Ich sagte: ‚nic', nichts, und dann gingen wir schnell weiter. Es war uns jetzt klar, hier wird nicht gekauft sondern getauscht! Wir brauchen also Tauschgüter. Plötzlich entstand eine große Unruhe bei den ‚Händlern'. Jemand rief: ‚lapanka!', das heißt Razzia auf Polnisch. Schwuppdiwupp waren alle in den nächsten Hauseingängen verschwunden. Die Miliz hatte schlagartig die vier Zufahrtsstraßen zum Ring gesperrt und kontrollierte alle, die hinein- oder hinauswollten. Wir wurden auch kontrolliert. Als wir in der Schlange standen, fing es an zu regnen. ‚Hände hoch!' Ein Miliziant betastete flüchtig Arme und Beine. ‚Habt Ihr Geld oder Gold, Devisen?', wollte er wissen. Wir verneinten, und er winkte uns durch. Bei anderen ging das genauso reibungslos. Ich dachte: Von wegen Kontrolle, die nehmen das nicht so genau. In diesem Falle ein wohltuender Unterschied zur Gründlichkeit der deutschen Polizei. Wir gingen zur Marienkirche. Grund zum Beten hatten wir ja genug. Auf dem Platz zwischen der Marienkirche und der Evangelischen Kirche tummelten sich Schwarzmarkthändler, 50 Meter vom Ring entfernt. Dort war die Razzia inzwischen zu Ende."

Die Mutter runzelte die Stirn: „Ich finde das Ganze sehr aufregend. Aber ich glaube, Leo, Dir hat das irgendwie Spaß gemacht, oder?"
„Na ja, sagen wir mal, es war interessant. Ein bisschen Nervenkitzel war schon dabei. Wer weiß, wenn ich allein gewesen wäre... Auf jeden Fall haben Papa und ich 'ne Menge gelernt. Wir hatten ja bisher keine Ahnung von so was..."
Das hätte ich mir auch nicht träumen lassen: Mein Leo ein Schwarzmarkthändler! Wie heißt es doch so schön: In der Not frisst der Teufel Fliegen und fängt sie sich auch noch selber.
Von dem, was da im Winter 1948/49 abgelaufen ist, habe ich nur sehr wenig erfahren.
Vater und Leo waren manchmal von morgens bis abends unterwegs, manchmal dann wieder ein paar Tage am Stück zu Hause. Über ihre „Arbeit" sprachen sie kaum. Die Mutter war sowieso immer in Sorge, ihre Männer könnten eines Tages im Gefängnis landen. „Was ich nicht weiß, macht mich nicht heiß!" das war Vaters Devise. Ab und zu, wenn Vater und Leo sich allein flüsternd berieten, hörte ich solche Stichworte wie „Damenpelz", „zwei Tonnen Deputat-Kohle", „Spielzeug", „drei Zentner Kartoffeln", „Handwerkszeug", „Wodka", „Bettwäsche". Der „Handel" schien jedenfalls querbeet zu funktionieren. Von direkter Existenzangst war nicht mehr die Rede. Das Risiko schien wohl kalkulierbar zu sein. - Zu Weihnachten konnte man sich sogar ein richtiges Festessen leisten: Es gab Rinderrouladen, Kartoffelklöße und Sauerkraut.
Nach der Neujahrsmesse 1949 sagte die Mutter: „Ich habe inständig darum gebetet, dass Ihr beiden Männer im neuen Jahr wieder eine normale Erwerbstätigkeit findet und dass Ihr Kinder endlich wieder in die Schule gehen dürft." Um es gleich vorweg zu sagen: Die erste Bitte wurde erhört, die zweite nicht.
Anfang Februar bahnte sich völlig unerwartet eine Lösung für Leo an. Nach der Sonntagsmesse wollte der Elektromeister Kinzel mit Leo reden.
„Was willst Du denn von ihm, Fritz? - Oder ist es ein Geheimnis?" hatte der Vater gefragt.

„Ja, Josef, der Leo ist sechzehn, und da muss ich erst mal mit ihm sprechen. Er kann, wenn er will, Euch dann ja Bescheid geben."
„Oho, das sind ja ganz neue Töne! - Na gut, wir werden uns gedulden."
Da machten sich Fritz und Leo auf den Weg Richtung Glashütte und Hochwald. Fritz trug einen Rucksack auf dem Rücken, da war wohl die „Marschverpflegung" drin.
Am Nachmittag kam Leo nach Hause. „Und? Und? Und? Was gibt's?" stürzten sich alle auf ihn.
„Lasst mich in Ruhe, ich brauche Zeit zum Überlegen!"
„Aber Leo", sagte die Mutter enttäuscht, „mach es doch nicht unnötig spannend. Wir wollen doch alle Dein Bestes. Vielleicht können wir Dir beim Überlegen helfen?! Ganz bestimmt sogar!"
„Also gut. Es geht um Folgendes: Der Fritz ist ja bei einer Staatlichen Baufirma mit Sitz in Bad Salzbrunn beschäftigt. Er ist anerkannt, die Polen nennen ihn einfach ‚specjalista'."
„Na, das ist mir ja schon seit längerem bekannt", mischte sich der Vater ungeduldig ein. „Aber was hat das mit Dir zu tun?"
„Ja, das wollte ich ja gerade erklären. Also, die suchen bei dieser Firma dringend Arbeitskräfte, vor allem Elektroinstallateure."
„Na toll!" spöttelte der Vater, „und da Du gelernter Elektriker bist, besorgt Dir der Fritz eine Stelle. Dass ich nicht lache!"
„Pst!" machte da die Mutter, „lass den Jungen doch mal ausreden, Josef!"
„Ich bin ja schon ganz still."
„Also", begann Leo von neuem, „der Fritz meint tatsächlich, er könnte mich dort in Arbeit und Brot bringen. Ich habe ihm gesagt, dass ich zwar Licht an- und ausschalten und eine kaputte Birne auswechseln kann, aber ich versteh doch sonst nichts von der Sache. Da malte er mir wortreich aus, wie er das deichseln wollte. Also ich soll mich schriftlich bewerben. Im Lebenslauf soll ich erwähnen, ich hätte über ein Jahr lang in Altwasser in der Reparaturwerkstatt der Russen als angelernter Elektriker gearbeitet. Die Reparaturwerkstatt existiert nicht mehr, die Russen sind abgezogen, da kann keiner nachfragen. Ein Entlassungspapier haben mir die Russen natürlich nicht gegeben, da habe ich nichts in der Hand. Und deshalb will der Fritz bei dem Personalchef für

mich bürgen. Außerdem will er dafür sorgen, dass ich seiner Montagebrigade zugeteilt werde, und da will er mir mit Volldampf das Wichtigste für Elektroinstallationen beibringen. Ich wäre ja nicht auf den Kopf gefallen. Zur Vorbereitung auf das Einstellungsgespräch will er mir mit einem alten, deutschen Lehrbuch ein paar Fachausdrücke, wie Einfach-, Kreuz- oder Wechselschaltung erklären. Das würde dann schon reichen, wenn ich es geschickt anstellte."
Hedwig platzte heraus: „Das wäre ja alles Lug und Trug! Das wäre mir viel zu gefährlich. Ich hätte Angst!"
Darauf Leo: „Da hast Du vollkommen Recht. Deshalb wollte ich ja meine Ruhe haben. Ich würde das zumindest Hochstapelei nennen. - Auf der andern Seite ist natürlich klar: Was ich jetzt mit Papa mache, damit wir überleben können, ist bestimmt nicht weniger gefährlich, eher viel gefährlicher. Was hat Leszek gesagt? ‚Wenn die Zeiten schon so verrückt sind, dann muss man eben verrückt mitspielen.' - Und jetzt kommt noch einiges hinzu. Fritz sagt: Wenn mich die Staatliche Baufirma einstellt, kriege ich eine Legitymacja, einen Arbeitsausweis, und zwar mit Passbild. Außerdem bin ich automatisch kranken- und unfallversichert. Wisst Ihr, was das für mich und für Euch bedeutet?!"
„Na ja", sagte der Vater, „wir sind ja auch nicht auf den Kopf gefallen. Unsere ‚Karta Meldunkowa', was unsere Meldekarte ist, die ist ja ein wichtiges Dokument. Da steht ja drauf, dass wir ‚deutscher Nationalität' sind und dass unsere Staatsangehörigkeit ‚nicht feststeht'. Aber, das habe ich Euch noch gar nicht erzählt: Neulich, das Lebensmittelpaket vom Onkel Franz aus Westfalen, das habe ich nur nach langem Hin und Her bekommen. Warum, weil auf dieser Meldekarte kein Passbild von mir drauf ist. Das wäre mit Deiner Legitymacja anders."
„Ja und die Versicherungen", meinte die Mutter, „o Gott, da hätte ich ja wenigstens für Dich einen Alptraum weniger!"
Man merkt es, die Waagschale senkte sich zugunsten des neuen Abenteuers. Auf einmal lag wieder ein wenig Hoffnung in der Luft. Elisabeth sagte: „Leo, ich bete für Dich zum Heiligen Geist. Er soll Dir die richtigen Gedanken eingeben. Mein großer Bruder wird das schon packen."

Leo hatte Glück. Der Personalchef der Baufirma verzichtete auf die befürchtete „Aufnahmeprüfung". „'Du jung und stark. Du Deutsche. Deutsche fleißig und gut arbeit, weiß ich von unsere specjalista Fritz. Viel Arbeit fier sozialistische Aufbau in Polska. Ich Dich einstellen auf Probe, in unterste Lohnstufe.' - Ich wusste gar nicht, wie mir geschah. Am liebsten wäre ich dem Ahnungslosen um den Hals gefallen. Aber ich brachte nur ein knappes ‚Danke' heraus. Ich muss mir jetzt schnell ein Passbild besorgen für die Legitymacja. Fritz will mir bis zur ersten Lohnzahlung eine Monteurskombination ausleihen. Ich soll auf jeden Fall den Rucksack mit Trinkflasche und Butterbroten mitnehmen. Morgen muss ich mich um ½ 7 im Büro melden. Hoffentlich klappt es dann mit Fritzens Brigade..."

Es klappte nicht! Am frühen Abend kam Leo ziemlich erschöpft zurück.

„Na, wie war's?" wollte die Mutter wissen.

„Es war eine mittlere Katastrophe. Ich bin nicht in Fritzens Brigade. Ich bin mit einer Dreierbrigade auf einer Baustelle in Friedland eingesetzt. Dort wird ein verlassenes Mehrfamilienhaus renoviert. Alle Leitungen sollen unter Putz verlegt werden. Du kannst Dir bestimmt vorstellen, wie mir zumute war und ist. Aber es gibt ja kein Zurück mehr. Einziger Hoffnungsschimmer ist, dass zu meiner Brigade mein Messdienerfreund Hans gehört. Der hatte als Bergmannssohn die Chance zu einer einigermaßen ordentlichen Elektrikerausbildung und ist schon länger bei der Firma. Er weiß natürlich genau, wie es um mich steht. Es fällt ihm wohl schwer, das ganze Spiel zu begreifen. Immerhin hat er mir während der Bahnfahrt von Dittersbach nach Friedland zugesagt, so gut es geht mit Tipps zu helfen. Aber heute hatte ich es noch nicht mit kniffligen Installationsplänen zu tun, heute waren Muskelkraft und Geschicklichkeit gefragt. Ehe wir mal vor Ort waren, war Mittagspause. Danach haben sie mich zum Stemmen eines Durchbruchs an der Außenwand eingesetzt. Oh Schreck lass nach: Die Wand war 90 Zentimeter dick! Von wegen und Bohrmaschine: mit Rohrbohrer und Fäustel ging es zur Sache!"

„Was ist das denn für ein Ding, ein Rohrbohrer?" fragte die Mutter. „So was habe ich ja noch nie gehört."

„Ich auch nicht. Aber jetzt weiß ich es: Das ist ein ungefähr 80 Zentimeter langes und 2 ½ Zentimeter dickes Stahlrohr. Am oberen Ende ist es geschlossen, da schlägt man drauf. Das untere Ende ist offen und hat einen spitzgezackten Rand wie die Reißzähne eines Raubtieres. Damit frisst sich der Bohrer in das Mauerwerk. Ich dachte, hier kannst du nicht viel falsch machen, und habe gleich fest und schnell zugeschlagen. Aber nicht lange. Denn erstens ging so ungefähr der zehnte Schlag nicht auf den Rohrbohrer, sondern auf die linke Hand. Bloß gut, dass ich Handschuhe anhatte. Dann dauerte es gar nicht lange, da ging überhaupt nichts mehr: Der Rohrbohrer steckte in der Wand fest. Mit viel Mühe habe ich ihn mit Hilfe eines langen Meißels wieder locker gemacht. Das gab natürlich ein viel größeres Loch in der Wand als nötig war.
Hans hat mir dann gezeigt, dass man den Rohrbohrer bei jedem Schlag etwas drehen muss, immer schön eine Vierteldrehung nach rechts und eine Vierteldrehung nach links. Und immer wieder muss der Bohrstaub aus dem Rohr geklopft werden. Von da an ging der Rest dann fast reibungslos. Nur reichte der Rohrbohrer für die dicke Wand nicht. Da musste ich dann von der anderen Wandseite, also von außen, stemmen. Ich hatte Glück, denn die Bohrlöcher stießen nur leicht schräg aufeinander.“
„Und wie lange hat das Ganze dann gedauert?“ „Tja, Muttel, ich glaube, es waren drei Stunden. Jedenfalls war die Nachmittagsarbeitszeit rum, und wir mussten wegen der Rückfahrt wieder zum Bahnhof.“
„Und was haben die beiden andern die ganze Zeit gemacht?“ „Die haben gemütlich die Installationspläne studiert und mit Kreide die Stellen markiert, an denen ich ab morgen Leitungskanäle und Wanddurchbrüche stemmen muss. - Morgen muss ich schon um sieben am Dittersbacher Bahnhof sein, das heißt, ich muss kurz nach sechs aus dem Haus.“
„Na, dann ruh’ Dich jetzt gut aus. Der Muskelkater wird morgen ‚ganz schön’ wehtun.“
Wenn ich gekonnt hätte, ich hätte in meinem Kasten immer nur den Kopf geschüttelt. Aber, was soll’s? Ich hatte den Eindruck, Leo würde sich wieder mal bewähren, zumal Fritz ihm einigen

Privatunterricht erteilte. Und damit war ich zufrieden. Jedenfalls war Leo vorerst mal vom Schwarzmarkt weg. Für seine Mutter war das eine Gebetserhörung. Mit Leos Vater dauerte das noch etwas länger, genau genommen noch ein gutes Vierteljahr.
Im Frühsommer wurde von der Genossenschaft „Bäuerliche Selbsthilfe" eine Brotfabrik eröffnet. Man suchte Bäcker und Leos Vater wurde eingestellt. Er war der einzige Deutsche und der einzige Meister im Betrieb, folglich erwartete man von ihm Höchstleistung in der Planerfüllung. Es wurde im Schichtbetrieb rund um die Uhr gebacken. Die Entlohnung war allerdings ziemlich gering. Trotzdem herrschte Hochstimmung in meiner Familie, denn jetzt war die Schwarzmarktphase endgültig vorbei. Die Mutter schickte wieder Dankgebete zum Himmel.
Mutters zweiter Neujahrswunsch ging nicht in Erfüllung: Die Kinder blieben weiter ohne Schule. Ich erfuhr aus den Gesprächen am Familientisch, dass manche deutschen Eltern einen Ausweg im geheimen Privatunterricht suchten. Hedwig und Elisabeth gingen zweimal wöchentlich auf Schleichwegen zu einer ehemaligen Privatsekretärin, um wenigstens in Deutsch und Rechnen wieder etwas Übung zu bekommen. Aber das war für alle Beteiligten eine gefährliche Sache. Wenn die Miliz dahinter kam, war es nicht nur aus damit, sondern es drohten auch empfindliche Strafen. Man kann sich vorstellen, wie viel Angst da wieder ausgestanden werden musste und wie viel Mutproben bestanden werden mussten. Hedwig und Elisabeth erinnerten sich oft an die Zeit im Wohnungsversteck... Selbst im günstigsten Falle blieb das aber ein Notbehelf für eine Minderheit der deutschen Kinder, eine Lösung war das nicht.
Leo hatte sich für wenig Geld ein von Fritz repariertes kleines, tschechisches Radio gekauft. Die Polen hatten zwar auf dem Hochwald gegen westliche Sender einen Störsender errichtet, aber zwischen abends zehn und morgens sechs Uhr war er abgeschaltet, und da konnte man den West-Berliner Sender RIAS ganz gut hören. Um sich vor der Bespitzelung von außen zu schützen, zog Leo am Küchentisch seine Steppdecke über Kopf und Radio. Wie gebannt und mit großer innerer Erregung und Anteilnahme verfolgte er die aktuelle Berichterstattung über die Berliner Blockade.

Wie dankbar war er den Amerikanern für die Luftbrücke zur Versorgung der Westberliner Bevölkerung. Wie froh war er, als Stalin die Blockade aufheben musste! Nach der Gründung des provisorischen westdeutschen Staates „Bundesrepublik Deutschland“ verfolgte er nächtelang die Bundestagsdebatten. So etwas hatte es in seinem bisherigen Leben noch nie gegeben. Als Radiohörer ging Leo von jetzt an in die Schule der Demokratie.
Die Argumente der CDU/CSU-Abgeordneten passten am besten zu seinen schlechten Erfahrungen mit den sowjetischen und polnischen Kommunisten. Wenn er sich irgendwoher Hilfe erhoffte, dann von den westlichen Besatzungsmächten und von Bundeskanzler Adenauer. Dieser Meinung waren fast alle Deutschen in Waldenburg und ganz Niederschlesien, hinter vorgehaltener Hand natürlich.
Ganz anders war dann die Einstellung gegenüber der von Moskau und den deutschen Kommunisten gegründeten „Deutschen Demokratischen Republik“. Leos Vater sprach von einem Ausverkauf deutscher Interessen. Er machte Stalin und die deutschen Kommunisten für die Teilung Deutschlands verantwortlich. Seiner Frau erklärte er die Zusammenhänge aus seiner Sicht: „Stalin möchte natürlich seine Rote Armee an der Atlantikküste sehen. Dann hätte er ganz Europa im Griff. Gnade uns Gott, wenn das passiert! In Frankreich gibt es leider starke Sympathien für die Kommunisten, das Land wäre für Stalin ein guter ‚Brückenkopf‘. Aber ich glaube, die Amerikaner und Engländer haben inzwischen kapiert, was ihnen dann blühen würde, und deshalb haben sie Stalin in Berlin gestoppt. - Für uns ist es nur schlimm, weil es unter diesen Umständen keinen Friedensvertrag für Deutschland geben wird. So lange es keinen Friedensvertrag gibt, so lange bleibt die Grenzfrage ungeklärt, und die Polen können sich Schlesien immer mehr einverleiben. Da hat sich für unser Leben in der Heimat etwas ganz Entscheidendes verändert.“
„Woran denkst Du, Josef“ fragte die Mutter.
„Nun, Gustav, Fritz, Rudi, Horst und ich, wir haben nach der Messe am vergangenen Sonntag die Dinge mal gründlich durchgesprochen. Kurz gesagt: wir sind zu der Überzeugung gekom-

men, dass wir auf Dauer mit unseren Kindern nicht mehr hier bleiben können. Die Kinder brauchen Schule!"
„Und das heißt?"
„Das heißt Ausreise mit Hilfe des Roten Kreuzes und totaler Neuanfang im Westen, ehe es zu spät ist."
„Da bleibt mir ja die Spucke weg, o Gott, o Gott, o Gott!"
„Du kannst Dir sicherlich vorstellen, wie ich vor mir selber dastehe. Diese Kehrtwendung fällt mir ungeheuer schwer. Aber je länger ich darüber nachdenke, desto zwingender erscheint mir diese Entscheidung."
„Dann bring es aber bitte unsern Kindern schonend bei."
Die drei Mädchen hatten erfolgreich in der Schlange gestanden, und die Mutter sparte nicht mit Lob für die ergatterten Lebensmittel. Nach Leos Rückkehr von einer Baustelle in Sandberg tagte der Familienrat. Man merkte es dem Vater an, dass er etwas Schwerwiegendes auf dem Herzen hatte. Ungewöhnlich ruhig und mit vielen Begründungen versuchte er, den Kindern das Unglaubliche verständlich zu machen.
Diesmal sprang Leo auf und ging im Zimmer auf und ab. „Das will ja nicht in meinen Kopf rein! Vier Jahre lang haben wir unter menschenunwürdigen Umständen hier ausgehalten, und jetzt soll das alles für die Katz gewesen sein?!" –
„Leo, du hast leider Recht. Ich stehe vor dem Scherbenhaufen meiner früheren Hoffnungen und Pläne. Aber wenn Du Dich mal gezielt umhorchst unter den Deutschen hier, die Stimmung ist gekippt. Alle waren 1946 froh, nicht vertrieben zu werden, in der Heimat bleiben zu dürfen. Und jetzt wollen die meisten raus in den Westen. Und warum? Sie wollen nicht länger als schlecht bezahlte Arbeitstiere der Planerfüllung dienen, während ihre Kinder als Analphabeten heranwachsen. Der Rudi hat mir von einer Belegschaftsversammlung im Juliusschacht erzählt. Zum ersten Mal haben sich deutsche Kumpel zu Wort gemeldet und haben gefordert: Entweder kriegen unsere Kinder ordentlichen deutschen Schulunterricht, oder wir melden uns beim Roten Kreuz zur Ausreise. Die polnischen Parteibosse ließen sich das übersetzen, sagten nichts dazu und beendeten schnell die Versammlung."

Jetzt meldete sich die kleine Inge zu Wort: „Also. wenn ich auch mal was sagen darf: Ich will so schnell wie möglich in den Westen. Früher habt Ihr mir immer gesagt: ‚Bei Dir ist das ja nicht so schlimm, Du bist ja für die Schule noch zu jung.' Aber jetzt bin ich schon sechseinhalb Jahre und hab immer noch keine Schule. Ihr wart ja wenigstens schon mal ein paar Jahre in der Schule. Papa, ich will in den Westen."
„Aber ich habe neulich im Radio gehört, dass noch viele Vertriebenenfamilien im Lager leben, da ist große Wohnungsnot", gab Hedwig zu bedenken.
„Genau, das habe ich auch gehört", sagte Elisabeth, „aber die Kinder gehen vom Lager in die Schule, und da gibt's Schulspeisung."
„Und außerdem", schaltete sich die Mutter ein, „wie wohnen und leben wir denn hier? Sechs Personen in 1 ½ Zimmern, keine richtigen Möbel, ärmlich gekleidet und, und, und. Schlimmer kann es im Lager auch nicht sein. Und ein Ende dieser miserablen Lage ist nicht in Sicht." –
Es ging noch eine ganze Weile hin und her bis der Vater sagte: „Wir müssen für heute Schluss machen, denn ich muss zur Nachtschicht in die Brotfabrik. Morgen können wir ja weiterreden."
Am nächsten Tag gab es nicht mehr viel zu reden. Es war allen klar, man musste sein Glück im Westen versuchen. Der Preis war hoch, denn keiner gibt seine Heimat ohne Not auf. Aber der Gedanke an einen Neuanfang als Deutsche unter Deutschen, gleichberechtigt und in Freiheit, dieser Gedanke war so verlockend, dass alle Bedenken verdrängt wurden.
Als Leo wissen wollte, was aus mir werden sollte, ob er sich jetzt endgültig von mir trennen müsste, beruhigte ihn der Vater: „Deine Geige geht mit auf die Reise. Wir haben ja keine Möbel zu transportieren, da ist Platz genug." Ich konnte also aufatmen. Außerdem hatte ich wieder einmal einen Beweis dafür, dass Leo sich innerlich von mir noch nicht getrennt hatte. So etwas braucht man, wenn man jahrelang zum Nichtstun und Herumliegen gezwungen ist.

Ich war nun gespannt, wie meine Familie, vor allem der Vater, das Ausreiseabenteuer in Gang bringen würde. Das war vielleicht eine komplizierte Geschichte! Der Vater berichtete, dass viele Deutsche inzwischen schon an den Suchdienst des Deutschen Roten Kreuzes in Hamburg geschrieben und um Hilfe gebeten hatten. Da waren ja Frauen mit Kindern, deren Männer aus westlicher Kriegsgefangenschaft nach Westdeutschland entlassen worden waren. Da waren Männer, deren Familien während ihrer russischen Kriegsgefangenschaft vertrieben worden waren. Da waren ältere Ehepaare, die inzwischen von einer sehr niedrigen Rente leben mussten und die ihr Heil bei den vertriebenen, erwachsenen Kindern im Westen suchen wollten.
Antwort kam nur selten. Die polnische Staatspost fing die meisten Briefe ab, gab sie an die Staatssicherheit weiter oder ließ sie einfach verschwinden. Deshalb wählte man inzwischen den Umweg über vertriebene Verwandte. Also schickte der Vater sein Schreiben - eingelegt in einen persönlichen Brief - an seinen Bruder in Westfalen. Das Rote Kreuz empfahl diesem, für die Familie seines Bruders eine „Zuzugsgenehmigung“ zu besorgen. Anfang 1950 kam das kleine Papier gut getarnt in Weißstein an. Das war also der erste Schritt. Aber die Einreisegenehmigung in die Bundesrepublik war eine Sache, die Ausreisegenehmigung der Polen eine andere. Vaters Ausreiseantrag wurde von den polnischen Behörden abgelehnt.
Da hörten wir im Radio die Meldung, das Deutsche Rote Kreuz wolle mit dem Polnischen Roten Kreuz über eine Zusammenführung getrennter Familien verhandeln. Eine Woche später hieß es, das Polnische Rote Kreuz erkenne das Deutsche Rote Kreuz nicht als Verhandlungspartner an. Also schaltete sich das Internationale Komitee vom Roten Kreuz in Genf ein. War das alles kompliziert damals!
Jedenfalls begann im Frühjahr 1950 die Familienzusammenführung. Die polnischen Behörden genehmigten die Ausreise bevorzugt den Rentnern. Sie erbrachten für den polnischen Staat keine Leistung mehr und belasteten die Rentenkasse. Aber unter dem Etikett „Familienzusammenführung“ sah das gut aus. Man brauchte die Leute nicht mehr zu vertreiben, sie hatten die Nase

voll und wollten - der Not gehorchend - auf eigenen Antrag die Heimat verlassen. Und das in Personenzügen, mit Handgepäck und Möbeln und auf Kosten und unter dem Schutz des Roten Kreuzes.
In diesem Rahmen war natürlich kein Platz für meine Familie, sie war ja komplett zusammen. Doch da gab es nach einigen Verhandlungen noch zusätzlich die Gruppe „Geschwister zu Geschwistern". Das war jetzt der „Aufhänger" und „Hoffnungsanker". Vaters Bruder in Westfalen war gesundheitlich ruiniert. Aus dem Kessel von Stalingrad war er als Typhuskranker ausgeflogen worden. Nach der Entlassung aus amerikanischer Kriegsgefangenschaft hatten ihn die Franzosen noch zwei Jahre zur Zwangsarbeit festgehalten. Seine 1946 aus der Grafschaft Glatz vertriebene Frau und die vier Kinder sah er erst Weihnachten 1948 in Westfalen wieder. Er konnte also die Hilfe seines noch in Schlesien lebenden Bruders gut gebrauchen. In diesem Sinne stellte Leos Vater einen neuen Ausreiseantrag, diesmal auch an das Polnische Rote Kreuz in Warschau. Eine Antwort blieb aus. Wenigstens keine Ablehnung!

Die Wende?

Leo hatte sich im Laufe eines halben Jahres die wichtigsten handwerklichen Fertigkeiten und theoretischen Kenntnisse angeeignet und konnte so recht gute Elektrikerarbeit leisten. Es dauerte nicht lange, da wurde ihm von der Baufirma die Verantwortung für eine Dreiermontagebrigade übertragen. Glücklich war er darüber nicht, denn er war der einzige Deutsche und der Jüngste dazu. Die beiden anderen Installateure spielten gern Schach auf dem Dachboden. Leo musste doppelt arbeiten, denn er war für die Planerfüllung „seiner" Brigade verantwortlich. Ein Antrag auf Lohnerhöhung wurde aber abgelehnt, weil er kein Zeugnis über eine abgeschlossene Ausbildung vorzuweisen hatte.
Im Sommer 1950 war Leo in einer Freiburger Fabrik für Hochspannungsapparatebau zu Installationsarbeiten eingesetzt. Am

späten Nachmittag des 6. Juni kam er voller Aufregung und Empörung nach Hause: Er hatte in einer Sondersendung des Polnischen Rundfunks gehört, eine Delegation der Provisorischen Regierung der Deutschen Demokratischen Republik habe in Warszawa mit der polnischen Regierung vereinbart, die „bestehende, unantastbare Friedens- und Freundschaftsgrenze an Oder und Lausitzer Neiße zu markieren".
„Ich muss schnell den RIAS einschalten und hören, ob das stimmt. Störsender hin oder her." Es stimmte. Leo brauste auf: „Diese kommunistischen Vaterlandsverräter! Der ‚Große Stalin' zwinkert mit den Augen, und die deutschen Genossen parieren. Das geht doch gar nicht nach den Potsdamer Vereinbarungen der Siegermächte! Hier wird Unrecht zementiert! Und wir sind wieder mal machtlos." Dann warf er sich vor Wut heulend auf sein Bett.
Der Vater kam am späten Abend von der Mittagsschicht aus der Brotfabrik. Die polnischen Arbeitskollegen hatten ihm die „sensacja" schon ins Deutsche übersetzt. Er war geschockt und wollte gar nicht darüber reden. So hatte ich ihn noch nie erlebt...
Zwei Tage später kam über den RIAS die Stellungnahme der Bundesregierung in Bonn. Leo hörte sie sich in drei aufeinander folgenden Nachrichtensendungen an und konnte dann einige Sätze auswendig zitieren: „Die Regierung der Deutschen Bundesrepublik erkennt diese Festlegung nicht an... Die Deutsche Bundesrepublik als Sprecherin des gesamten deutschen Volkes wird sich niemals mit der, allen Grundsätzen des Rechts und der Menschlichkeit widersprechenden Wegnahme dieser rein deutschen Gebiete abfinden. Die Bundesregierung wird bei künftigen Friedensverhandlungen für eine gerechte Lösung zwischen einem wirklich demokratischen Polen und einem demokratischen Gesamtdeutschland eintreten." Uff, uff! Das war Öl in die tiefe Wunde! In den folgenden Tagen waren entsprechende Erklärungen der Westmächte und des Bundestages zu hören. Die Polen, die regelmäßig die polnischsprachigen Nachrichtensendungen von BBC London hörten, kriegten das natürlich auch mit. Ihre Anteilnahme an dem feierlichen Staatsakt zur Unterzeichnung des Grenzabkommens in Zgorzelec - dem am Ostufer der Lausitzer Neiße gelegenen Stadtteil von Görlitz - hielt sich in Grenzen. Der

polnische Pfarrer sagte zu Leos Vater: „Mal sächen, wie lan-ge das gilt..."
Leo wollte an jenem 6. Juli mit Trauerflor am Arm zur Arbeit fahren. Der Mutter gelang es mit viel gutem Zureden, ihn davon abzuhalten. Aber in einem stimmte die ganze Familie an diesem Tage überein: Jetzt musste man die Heimat erst recht verlassen, denn sie gehörte jetzt nach Meinung der Machthaber zum polnischen Staatsterritorium. Da führte kein Weg dran vorbei.
Das Familienklima war spannungsgeladen: Wie werden sich die polnischen Behörden in der neuen Situation gegenüber der zurückgehaltenen deutschen Restbevölkerung verhalten? Das Totschweigen ihrer Existenz war kein Rezept mehr. Dazu lagen zu viele Hilfegesuche beim Deutschen Roten Kreuz vor. Alle, die wollten, einfach ausreisen zu lassen, würde der Wirtschaft in den „wiedergewonnenen Westgebieten" empfindlich schaden. Außerdem: Durch jeden „Spätaussiedler" - so nannte man im Westen die jetzt Ankommenden - gäbe es vor der demokratischen Weltöffentlichkeit einen Zeugen mehr für die polnischen Menschenrechtsverletzungen der vergangenen Jahre. Man durfte wirklich gespannt sein, was sich die Warschauer Strategen der „Polnischen Vereinigten Arbeiterpartei" da einfallen lassen würden.
Man brauchte diesmal nicht lange zu warten. Anfang August kam Rudi ziemlich frohgemut von einer Belegschaftsversammlung im Juliusschacht zurück. „Stell Dir vor, Josef, heute waren nur wir deutschen Kumpel zusammengerufen worden. Als wir von der Frühschicht oben ankamen, warteten die von der Mittagsschicht schon auf uns. Ein Sprecher aus dem Waldenburger Parteihaus gab uns kurz und bündig bekannt, die polnische Regierung habe beschlossen, am 1. September, wenn das neue Schuljahr beginnt, werden deutschsprachige Schulen eröffnet. Es sei ein Gebot des proletarischen Internationalismus, dass deutsche Arbeiterkinder genauso wie die polnischen Arbeiterkinder Schulbildung bekämen."
„Das ist ja ein Hammer, Rudi, das wäre ja die Wende! Aber wie stellen die sich das denn rein organisatorisch so vor?"

„Josef, Du weißt das doch noch von früher: in einer Diktatur gehen die Uhren anders, und in Polen gehen sie sowieso noch mal zusätzlich anders."
„Was willst Du damit sagen?"
„Da wird in Warschau befohlen und in Waldenburg wird ohne zeitraubende Diskussion gehorcht. Also werden die polnischen Schulleiter ab der nächsten Woche alle deutschen Kinder im schulpflichtigen Alter registrieren. Das sind in Polen die Sieben- bis Dreizehnjährigen."
„Und woher sollen die Lehrer kommen?"
„Alles geregelt: Alle Personen über 18, die zum Schuldienst bereit sind, sollen sich beim Schulinspektorat melden. Einzige Bedingung: Sie müssen Deutsch können."
„Na, na, na", machte Leo sich jetzt Luft, „wer glaubt denn so was! Lasst Euch doch von der kommunistischen Propaganda keinen Bären aufbinden. Mir jedenfalls können die viel erzählen, ehe ich denen etwas abnehme. Wie sieht das denn mit der Planwirtschaft auf dem Bau aus? Mal fehlt 13-mm-Draht, mal fehlen Glühbirnen, mal Zement, mal dieses, mal jenes. Die andern freuen sich über die Zwangspause und ruhen sich aus, bis das Material geliefert wird. Und ich übe mich im Improvisieren. Ich baue aus altem Material, das die andern weggeworfen haben, Ersatzteile aus, damit die Karre nicht im Dreck stecken bleibt. Neulich habe ich nach Vatels Beispiel so lange an einer 150-Watt-Birne herumgetüfftelt bis sich die losen Drähtchen wieder verhakten und die Birne wieder brannte."
„Zum Thema, mein Sohn, zum Thema!"
„Zum Thema, meine Herren: Ich sage, das schaffen die nicht, das ist ein aussichtsloser Fall. Die wollen ja nur, dass wir unseren Ausreiseantrag zurückziehen, und dann können die wieder mit uns machen, was sie wollen. Nee, nee, ich will hier raus! Ich will Abitur machen, ich will studieren, ich will richtig Geige spielen lernen. Und dazu muss ich hier weg, das ist der Preis dafür!"
„Siehst Du das nicht zu negativ?"
„Ich glaube nicht. Aber nehmen wir mal an, es geschähe ein Wunder. Dann dürften Elisabeth und Inge in die kommunistische Schule. Na toll: Sonntags in die Frühmesse mit deutschem Ge-

sang, und von montags bis sonnabends deutschsprachiges Training in atheistischer Ideologie! Das kannst Du doch für Deine Kinder nicht wollen. Und was wird aus Hedwig und aus mir? Wir bleiben lebenslänglich die unausgebildeten und schlecht bezahlten Handlanger!"
„Donnerwetter", sagte da Rudi, „das ist aber starker Tobak!"
„Vergiss nicht", konterte Leo, „dass ich Ende des Monats 18 werde. Mir macht man so schnell nichts mehr vor."
„Na gut", versuchte die Mutter zu beschwichtigen, „ich denke, es reicht für heute. Genug Stoff zum ruhigen Nachdenken. Morgen ist wieder ein Tag."
Ich hatte in meinem Kasten wieder eine Menge zu verarbeiten. Außer, dass man im Bedarfsfall da ist und zum Einsatz bereitliegt, hat unsereins ja keine Möglichkeit, irgendwie aktiv zu werden, sein Schicksal mitzubestimmen.. Das ist bei den Menschen gottlob etwas anders. Natürlich sind die Menschen auch sehr oft fremdbestimmt. Vor allem in diktatorischen Staaten sind sie der Willkür der Machthaber ohnmächtig ausgeliefert. Das ist auf jeden Fall äußerlich so. Und wenn es ganz schlimm kommt, gelingt es den Mächtigen sogar, den Menschen „inwendig" zu unterwerfen. Ich war froh, dass das bei Leo, seinen Eltern und der ganzen Familie bisher nicht passiert war. Bei allen fürchterlichen, äußeren Zwängen waren sie innerlich stark geblieben, ja, ihre innere Widerstandskraft war durch die vielen Schicksalsschläge sogar langsam gewachsen. Sie hatten bisher immer noch den Türspalt entdeckt, der ihnen den Ausweg zum Überleben ermöglichte. Öfters hatten gute Freunde, Deutsche und Polen, die rettende Idee, aber die Umsetzung war ihre Sache gewesen. Nur weil sie sich „ganz dünn" machten und sich sehr geschickt verhielten, hatten sie es „gepackt". Aus meiner Sicht war das nur so, weil sie gläubige Menschen waren und ein felsenfestes Gottvertrauen hatten. Und so war ich jetzt nicht gespannt, *ob* sie die neue Wendesituation meistern würden, sondern ich war gespannt, *wie* sie das diesmal machen würden.
Am nächsten Abend ging die Diskussion weiter. Wortführer waren wieder Vater und Leo. Die Mutter hielt sich wie gewohnt

zurück. Sie hörte gut zu und sorgte dafür, dass die mögliche Auseinandersetzung „christlich“ blieb.
„Also Leo“, begann der Vater, „ich habe mir das alles, was Du gestern gesagt hast, gründlich durch den Kopf gehen lassen. Du hast zumindest teilweise Recht: Wir können unter den gegebenen Umständen auf Dauer hier nicht mehr existieren. Das heißt also, wir müssen uns weiter um die Ausreise bemühen. Einverstanden?“
„Einverstanden.“
„Jetzt ist doch aber klar, dass wir ohne Genehmigung der polnischen Behörden nicht rauskommen. Siehst Du das auch so?“
„Ja, leider. Bei dem Gedanken daran kommt's mir schon wieder hoch!“
„Siehst Du, jetzt kommt der erste Knackpunkt: Wir müssen ‚zweigleisig' fahren. Erstens müssen wir die Ausreise weiter betreiben. Zweitens müssen wir sehen, dass wir in der Zeit bis dahin möglichst gut über die Runden kommen.“
„Was heißt hier ‚möglichst gut'? Du meinst wohl eher ‚so schlecht und recht' wie bisher!“
„Nein, das meine ich nicht.“
„Jetzt bin ich aber gespannt!“
„Nicht so gereizt, Leo“, sagte die Mutter dazwischen, „immer schön ruhig bleiben, mein Sohn, und Kopf frei für neue Ideen!“
Ob sie schon eingeweiht war? - Pause.
Der Vater spürte Leos grundsätzlich ablehnende Verfassung. Er überlegte offensichtlich, wie die zu überwinden war. Dann versuchte er es von neuem: „Also ich weiß ja, dass die vergangenen Jahre für uns alle, aber besonders auch für Dich sehr schwer waren. Wir konnten uns meistens nur zwischen zwei Übeln entscheiden. Das größere Übel war damals für uns die Vertreibung, das kleinere Übel war das Wohnen im Versteck. Das größere Übel war nachher der Schwarzmarkt, das kleinere Übel war Deine Bewerbung bei der Baufirma. Du hast Dich bis heute tapfer geschlagen. Ohne Deinen Beitrag zum Lebensunterhalt unserer Familie wäre es nicht gegangen. Du weißt, dass wir Dir dafür alle sehr dankbar sind.“

„Na gut, aber das bringt uns ja jetzt nicht weiter. Wo ist denn heute das größere und wo das kleinere Übel?"
„Das größte Übel ist schon seit langem, dass Ihr keine Schule habt."
„Einverstanden."
„Das kleinere Übel wäre es, wenn Elisabeth und Inge an einer kommunistischen Schule in deutscher Sprache Unterricht hätten." Der Vater machte eine Pause, er erwartete wohl einen Einwand von Leo. Es kam aber keiner. „Das größere Übel wäre es, wenn die polnischen Behörden jetzt für die zugestandenen deutschsprachigen Schulen keine Lehrer finden würden. Es bliebe alles wie bisher, und die Polen wären fein raus."
„Das leuchtet ein. Willst Du Dich als ‚Lehrer' bewerben?"
„Nein, Leo, Du weißt, wie schlecht ich in Rechtschreibung bin, das Theoretische liegt mir einfach nicht. Da kann ich in der Brotfabrik mehr leisten und verdienen. Nein, Leo, ich wollte vorschlagen, dass Du Dich als Kandidat meldest."
„Na - also - auf die abenteuerliche Idee wäre ich nun wirklich nicht gekommen! Wo, bitte schön, ist denn hier das größere und wo das kleinere Übel?"
„Also, dass Elisabeth und Inge eventuell keinen Schulunterricht bekommen, habe ich ja schon gesagt. Es kommt aber hinzu, dass Du mir als schlecht bezahlter Handlanger auf dem Bau versauerst und dass Deine geistigen Fähigkeiten auf die Dauer verkümmern. Schon fünf Jahre keine Schule und selbst jetzt noch keine Aussicht für Dich! Da ist es doch wirklich das kleinere Übel, ohne Abitur und Lehrerausbildung in der Schule mitzumachen. Da verdienst Du mindestens so viel wie bei Deiner Firma, musst täglich für und durch das Lehren lernen, na und ohne Weiterbildung werden sie Euch schon in ihrem eigenen Interesse nicht lassen. Was meinst Du, was das für ein Unterschied für Dich beim Neuanfang im Westen ist, ob Du als angelernter Elektriker oder als nichtqualifizierter Lehrer dort ankommst. Mensch, Leo, Du kannst Deutsch, Du kannst improvisieren, Du wirst zwei Tage vor dem Stichtag 18! Also, wenn das nicht die Wende für Dich ist, dann fällt mir nichts mehr ein!"

Man merkt es, der Vater war von seiner Idee richtig begeistert. Jetzt machte er eine Pause, um Leo die Gelegenheit zur Erwiderung zu geben. Der sagte aber nichts. Das war für mich das Zeichen dafür, dass Leo nachdenklich geworden war.
Nach einer Weile meinte die Mutter wieder, es sei für heute genug, die beiden Männer sollten nichts übers Knie brechen und am nächsten Abend weiter diskutieren.
Nein, was war das wieder mal für eine kniffelige Situation! Verrückte Zeiten: Ein angelernter Bäcker und Elektriker sollte jetzt Lehrer werden, einfach so! Um ehrlich zu sein: Mir kam die Geschichte zwar äußerst abenteuerlich vor, aber sie schien mir durchaus nicht unmöglich zu sein. In Leos bisherigem Leben galten die normalen Spielregeln sowieso schon seit längerem nicht mehr, es konnte eigentlich nur noch besser werden.
Am nächsten Abend fiel die Entscheidung. Leo meinte, er habe als praktizierender Katholik an einer kommunistischen Schule nichts verloren. „Ich kann doch unmöglich sonntags zum Gottesdienst gehen, und von Montag bis Sonnabend verkünde ich den Kindern, Religion sei Opium für das Volk. Hier gibt es für mich nur ein Entweder-oder und kein größeres und kleineres Übel!"
Der Vater holte tief Luft: „Das sehe ich nun wieder etwas anders. – Kommunismus in Polen ist nicht das, was Kommunismus in der so genannten Deutschen Demokratischen Republik ist. Ich kenne einige Polen mit Parteiabzeichen auf dem Revers, die ganz selbstverständlich in die Kirche gehen. Da reden die gar nicht drüber, das machen die einfach. Für die gibt es kein Entweder-oder, sondern ein Sowohl-als-auch."
„Ja, so sind die Polen, die kriegen so was auf die Reihe", bestätigte die Mutter. „Da gibt es eine unwahrscheinliche Anpassungsfähigkeit."
„Ja", fuhr der Vater fort, „und ich sehe auch hier wieder ein größeres und ein kleineres Übel: Das größere Übel ist es, wenn ein Lehrer ein überzeugter, zweihundertprozentiger Kommunist ist. Der geht natürlich sonntags nicht in die Kirche, sondern der bildet sich in atheistischer Ideologie weiter. Das kleinere Übel ist ein gläubiger Lehrer, der in seinem Unterricht zwar pflichtgemäß die

kommunistischen Parolen abspult, ansonsten aber das atheistische Gift von den Kindern fernhält."
„Also, wenn man das so betrachtet, dann könnte ich mich vielleicht mit der Sache anfreunden. Das wäre ja eine echte Aufgabe." Und nach einer Pause fragte Leo seinen Vater: „Bleibst Du dabei, dass wir zweigleisig fahren? Wenn ich jetzt zum Schuldienst Ja sage, darf das nicht heißen, wir verzichten auf die Ausreise!"
„Leo, ich verspreche es Dir in die Hand. Ich will ja nur, dass wir die Zeit bis zur Ausreisegenehmigung möglichst nutzbringend überbrücken."
„Also gut, dann werde ich morgen die Bewerbung schreiben." Das Aufatmen der Eltern war nicht zu überhören. Schweigend umarmte die Mutter ihren Sohn.
Für mich hatte sich damit nichts verändert, ich blieb in meinem „Wartezimmer" liegen und hoffte wie meine Familie auf eine baldige Ausreisegenehmigung. Aber für Leo war das natürlich eine große Wende. Was in den nächsten Wochen und Monaten geschah, kann man entweder nur ganz knapp oder nur sehr ausführlich erzählen. Da die ausführliche Schilderung den Rahmen meines „Lebenslaufes" endgültig sprengen würde, beschränke ich mich hier auf die Kurzfassung. Vielleicht schafft es Leo in späteren Jahren mal, ein Buch darüber zu schreiben.
Als Leo am Abend seines 18. Geburtstages von der Arbeitsstelle in Freiburg zurückkam, übergab ihm der Vater die Vorladung zur politischen Aufnahmeprüfung im Waldenburger Parteihaus.
„Jetzt haben wir den Salat, schönes Geburtstagsgeschenk!" entfuhr es Leo.
Aber der Vater ließ erst gar keine weitere Missstimmung aufkommen: „Ich fahre für Dich gleich nach der Nachtschicht dahin. Wenn es zu blöd aussieht, blasen wir die Sache ab."
Am nächsten Tag wurde Leo bei seiner Rückkehr von seiner Mutter mit einer Umarmung empfangen: „Du sollst Dich morgen um 8 Uhr beim polnischen Schulinspektor in Waldenburg melden."
„Wie hat der Vatel denn das geschafft?"
„Pst, er schläft vor der Nachtschicht. Es war brisant, er kann es ja später mal erzählen. Im Augenblick ist viel wichtiger, was Du morgen früh anziehst. Ich habe lange hin und her überlegt. Die

einzige brauchbare Lösung wäre Vatels Knickerbockeranzug. Der ist ihm geblieben, weil er den gerade anhatte, als sie uns 45 die Bäckerei weggenommen haben. Er hat diesen Anzug nur bei besonderen Anlässen getragen, aber für den morgigen Anlass und die folgende Zeit gibt er ihn gerne her."
„Na, da passe ich aber 1 ½ mal rein!"
„Ist klar, und deshalb muss ich den in einer Nachtschicht auf Deine Maße bringen."
„Ohne Nähmaschine?"
„Ohne Nähmaschine, Leo. Komm, ich nehme Dir gleich mal die Maße ab."
Am nächsten Morgen, es war der 1. September 1950, zog Leo nicht seine Monteurskombination, sondern Vaters zurechtgestutzten Knickerbockeranzug an. Statt der Werkzeugtasche nahm er eine schäbige, alte Aktentasche und fuhr mit der Straßenbahn nach Waldenburg. Als er am frühen Nachmittag zurückkam, war er - man lese und staune - „Organisator der deutschsprachigen Schule in Weißstein", das bei den Polen „Bialy Kamien" („Weißer Stein") hieß. Verrückte Zeiten!
Leo organisierte sechs Tage lang, und am 7. September eröffnete er zusammen mit fünf Frauen die „Grundschule mit deutscher Unterrichtssprache" für 502 angemeldete deutsche Schulkinder, darunter Elisabeth und Inge. Keine Kreide, kein Schwamm, kein Tafellappen, keine Schulbücher, Schichtunterricht am Nachmittag, 6 Lehrkräfte für 502 Kinder!
Irgendwie muss sich Leo doch wohl in seiner neuen Rolle bewährt haben, denn Anfang Dezember wurde er rückwirkend zum Schulleiter ernannt. Schulleiter mit 18! Unglaublich, aber wahr! Und das alles mit gemischten Gefühlen, denn eigentlich wollte Leo ja den Neuanfang im Westen.
Leos Vater hielt Wort und schickte ein neues Bittgesuch an das Polnische Rote Kreuz. Mitte Februar 1951 kam endlich die ersehnte Antwort: „Ihre Ausreise ist genehmigt. Ihr Transport geht am 2. April." Die Freude war groß. Alle beglückwünschten sich gegenseitig. Leo nahm mich aus dem Kasten, packte mich am Hals, hielt mich wie ein Siegeszeichen hoch und sagte: „Fräulein Kloz, unsere Zukunft beginnt am 2. April!" Im nächsten Augen-

blick verfinsterte sich sein Gesichtsausdruck und er legte mich still wieder in den Kasten zurück: „Aber dafür müssen wir aus der Heimat weg..."
Die paar Habseligkeiten waren an einem Wochenende zusammengepackt, meine Familie lebte auf und aus den Gepäckstücken. Dabei lebte man zweigleisig: Morgens ging es pünktlich zur Arbeit und in die Schule, und abends wurde das Warteband um einen Tagesstreifen gekürzt. Auf Vaters Initiative hatte Leo als Schulleiter seine älteste Schwester Hedwig trotz ihrer 16 Jahre als Schülerin der Abschlussklasse aufgenommen. Sie sollte auch die Chance zu einem Abschlusszeugnis bekommen. Über die Ausreisegenehmigung wurde nur im engsten Bekanntenkreis gesprochen. Öffentliches Aufsehen musste vermieden werden, damit nicht in letzter Minute noch eine Panne passierte.
Ab Mitte März lagen Spannung und Unruhe in der Luft. Ich dachte: Na ja, das übliche Reisefieber und der Abschiedsschmerz. Fünf Tage vor dem Ausreisetermin, am 28. März, kam der Hammer: Ein Bote der Stadtverwaltung brachte ein kleines Papier ins Haus. Nach der Schule übersetzte Leo den polnischen Text: „Ihr Transport fährt nicht am 2. April 1951. Er wurde auf unbestimmte Zeit verschoben."
Die Mutter sagte nur: „O Gott, o Gott, o Gott! Was hast Du nur mit uns vor?!" Ansonsten herrschte betretenes Schweigen, Ratlosigkeit. Geredet wurde nur das Notwendigste, und das mit gedämpfter Stimme, wie nach einem plötzlichen Todesfall.
Zu den Abendnachrichten im RIAS saß die ganze Familie vor dem kleinen Radio. Nach den neuesten Meldungen zum Korea-Krieg schlug die nächste Meldung wie ein Blitz ein: „Auf Anordnung des polnischen Innenministeriums wurde die ‚Operation Link', die Familienzusammenführungsaktion des Roten Kreuzes, einseitig und mit sofortiger Wirkung abgebrochen. Aus gewöhnlich gut informierten Quellen war zu erfahren, dass der Grund hierfür in der stark zugenommenen Ausreisewilligkeit der Deutschen in Niederschlesien und Ostpommern zu sehen sei. Die polnische Regierung wolle einen unerträglichen Arbeitskräfteabfluss verhindern."

„So", sagte Leo, „jetzt wissen wir, wo der Hase läuft. Es ist kein Irrtum der örtlichen Behörden, keine Verwechslung, keine Schikane nur gegenüber unserer Familie. Wir gehören nur zu den ersten, die sie aus dem Gefängnis nicht mehr herauslassen. Eine neue Form von Sippenhaft und kollektiver Freiheitsberaubung."
„Und ich sage Euch", ergänzte der Vater, „das wird unser Schicksal auf Jahre hinaus sein."
Da schlug die Mutter vor, gemeinsam ein Vaterunser um die Erleuchtung des Heiligen Geistes zu beten und dann erst einmal darüber zu schlafen. „Und morgen überlegen wir dann gemeinsam, wie es mit uns hier weitergehen soll."
Das österliche Halleluja kam bei mir zu Hause nur gedämpft an. Aber die Stimmung war doch irgendwie besser geworden, so als ob das Singen der Osterlieder in der Kirche meiner Familie Mut gemacht hätte. Jedenfalls schwärmte man nicht in Violett und vergeudete keine Zeit mit Selbstmitleid.
Der Vater markierte die grobe „Marschrichtung", wie er sich ausdrückte: „Wir müssen weiter zweigleisig fahren. Ich werde in gewissen Abständen unseren Ausreiseantrag erneuern. Wir dürfen bei den Machthabern in Polen und bei denen, die uns in Deutschland helfen wollen, an unserer Ausreisewilligkeit keinen Zweifel aufkommen lassen. Auf der anderen Seite aber müssen wir hier ständig ausloten, was die polnischen Behörden zur Normalisierung unserer Lage zuzulassen bereit sind. Wir schreiben nicht mehr das Jahr 1945, also können sie uns nicht mehr wie rechtloses Freiwild behandeln."
„Ja, und dazu ist mir inzwischen eine Menge eingefallen."
„Na, dann leg mal los, Leo!"
„Das Wichtigste für mich ist eine größere Wohnung. Ich werde das beim Wohnungsamt als Schulleiter durchboxen."
„Bravo!" quittierten alle wie aus einem Munde diesen Entschluss.
„Danach will ich den Schulleiterposten loswerden. Ich brauche mehr Zeit für meine Weiterbildung. Natürlich werde ich im Sommer wieder an dem Ferienkurs in Warschau teilnehmen. Aber genau dort, wo die meisten Kolleginnen und Kollegen aus ganz Niederschlesien und Ostpommern anwesend sein werden, werden wir die Forderung nach einer regulären Lehrerausbildung im

Fernstudium und mit qualifiziertem Abschluss mit Nachdruck vorbringen."
„Das hört sich ja wie ein Resolutionsentwurf an!"
„Richtig, Vatel, wir Lehrkräfte haben inzwischen eine Menge dazugelernt. Wenn die denken, dass wir nur Resolutionen gegen die USA-Imperialisten in Korea nachbeten können, dann haben sie sich getäuscht. Ja und dann..."
„Darf ich jetzt auch mal was sagen?"
„Aber natürlich, Elisabeth, bei uns herrscht Demokratie, wenn Du schon weißt, was das ist."
„Danke, Herr Schulleiter! Also wie wäre es denn, Herr Schulleiter, wenn Du Dich für die Einführung der Schulspeisung einsetzen würdest? Für die polnischen Schulkinder im Hauptflügel unseres Schulgebäudes gibt es das, für uns nicht."
„Schwesterchen, das steht auch schon auf unserer Forderungsliste. Ich werde jetzt auch einen deutschen Schulchor gründen."
„Prima, ich singe mit!" sagte Hedwig spontan. „Wir natürlich auch!" riefen da Elisabeth und Inge.
„Werdet Ihr auch dabei sein, wenn ich in der Kirche einen Kinderchor gründe?"
„Selbstverständlich, wenn der polnische Pfarrer und der neue polnische Organist nichts dagegen haben."
„Das werden wir sehen."
„Na ja, Leo, Du als Leiter einer immerhin kommunistischen Schule, übernimmst Du Dich da nicht mit einem kirchlichen Kinderchor?"
„Ich hoffe nicht, Muttel. Der Vatel hat ja gesagt, wir sollen ausloten. Da muss man auch schon mal ein bisschen vorpreschen. In der Schule singen wir pflichtgemäß die Internationale, und in der Kirche singen wir aus echter Glaubensüberzeugung ‚Lobt froh den Herrn'".
In diesem Stil ging es noch ziemlich lange weiter. Ich war erstaunt, was da alles für Ideen entwickelt wurden. Und mir war klar, dass das die beste Medizin gegen das erneute Schockerlebnis war. Am Ende sagte der Vater: „Wir bleiben zwar in der Spirale, aber eine Umdrehung höher!"

Spirale aufwärts

Tatsächlich unternahmen die polnischen Behörden in den folgenden Jahren einiges, um die Lebensbedingungen der „deutschen Minderheit“ zu verbessern. Zuerst wurde die Behauptung in die Welt gesetzt, die Deutschen seien mit den Polen gleichberechtigt. Leo erzählte seiner Mutter, die Propagandisten der Partei und der Bergarbeitergewerkschaft benutzten das Schlagwort „równouprawnienie“ (Gleichberechtigung) bei jeder passenden und manchmal sogar unpassenden Gelegenheit.
Im Sommer 1951 brachte Leo das erste Exemplar der in Breslau herausgebrachten deutschsprachigen Wochenzeitung „Arbeiterstimme“ mit nach Hause. Gleichzeitig wurde im Zentrum von Waldenburg eine „Deutsche Kulturgruppe“ als Laienspielgruppe zugelassen.
Im Herbst 1952 wurde ebenfalls in Waldenburg eine „Kulturelle Gesellschaft ‚Freundschaft‘“ gegründet. Leo las aus der „Arbeiterstimme“ vor: „Ziel und Aufgabe dieser Gesellschaft wird es sein, das polnische Volk mit dem Leben, der Literatur und Kultur der DDR bekannt zu machen sowie die Freundschaft zwischen unseren Völkern zu vertiefen.“
Leos Vater schmunzelte genüsslich: „Was die vor ihren eigenen Leuten immer noch für Verrenkungen machen müssen, wenn sie uns Deutschen als Trostpflästerchen ein bisschen mehr Kulturelles bieten wollen.“
„Ja, Vatel, und jetzt wird es noch konkreter, hör mal genau hin: ‚Von der Gesellschaft wird eine große Sing- und Tanzgruppe ´Freundschaft` organisiert. Das Ministerium für Kultur und Kunst hat zu diesem Zweck schon bedeutende Geldsummen zur Verfügung gestellt. Diejenigen, welche zur Zusammenarbeit mit der Gruppe bereit sind, können sich bei der Direktion der Staatlichen Musikschule, bei Direktor Józef Klonowski, melden.’ Ist das nicht toll? Man kann mit Singen, Tanzen und Musizieren seinen Lebensunterhalt verdienen und dabei etwas für das kulturelle Leben der Deutschen tun! Wenn ich nicht an der Schule beschäftigt wäre, würde ich mich direkt melden!“

„Ja, Leo, Du kommst ja richtig ins Schwärmen. Das ist doch die alte Geschichte mit Zuckerbrot und Peitsche."
„Was meinst Du damit?"
„Na, die Parteistrategen stürzen sich ‚großzügig' in Unkosten. Sie erweitern das kulturelle Freizeitangebot für die Deutschen, das sieht - auch im Ausland - gut aus. Die Deutschen arbeiten besser, und man kann sie über ein staatliches Volkskunstensemble politisch-ideologisch beeinflussen. In einem totalitären Staat gibt es nichts, was man nicht dazu missbrauchen kann. Das kenn ich doch noch von den Nazis. Also: Holzauge, sei wachsam!"
Aus der „Arbeiterstimme" erfuhren wir auch von der Gründung weiterer kultureller Einrichtungen für die Deutschen. So gab es bald kleinere Bibliotheken und Buchausleihstellen mit Büchern aus der DDR. Man konnte eine Auswahl deutscher Bücher und Zeitschriften kaufen, alle nur aus der DDR. Ja, und dann gab es auch wieder öffentliche Vorträge in deutscher Sprache. Die hatten immer so herrlich lange Titel: „Die Bedeutung des 19. Parteitages der KPdSU (Kommunistische Partei der Sowjet-Union) für den Kampf des deutschen Volkes um ein einheitliches, friedliebendes und demokratisches Deutschland". Leo kam ganz „begeistert" davon zurück. „Jetzt brauche ich erst mal wieder ´ne gehörige Dosis RIAS", war sein Kommentar.
Ich musste Leos Vater Recht geben: All die neuen „sozialistischen Errungenschaften" waren so angelegt, dass man die Deutschen indirekt oder direkt kommunistisch beeinflussen konnte. Sie sollten sich an die „sozialistische Wirklichkeit in Volkspolen" gewöhnen, sie gut finden oder sich zumindest damit abfinden. Ich fragte mich, ob und in welchem Maße die Parteistrategen dieses Ziel erreichen würden. Für Leos Familie war ich mir eigentlich sicher, dass sie sich weiter innerlich nicht unterwerfen würde, dass sie sich aber äußerlich korrekt verhalten würde, um die Vorteile der „Errungenschaften" zu nutzen. Und damit blieb man zwar in der Spirale der Unfreiheit gefangen, aber es ging in dieser Spirale aufwärts. Das war dann wieder mal das kleinere Übel.
Der Sommer 1951 hatte es in sich: Wir durften von der 1 ½ - in eine 3-Zimmer-Wohnung umziehen. Leo hatte beim Schulamt und beim Wohnungsamt forsch und ausdauernd gebohrt, bis der

Umzug genehmigt war. Leo hatte jetzt ein kleines Zimmer für sich - und für mich. Ich lag jetzt auf dem kleinen Kleiderschrank und brauchte mir um meinen Verbleib bei Leo keine Sorgen mehr zu machen. Andererseits kriegte ich hier von den familiären Diskussionen nicht mehr so viel mit. Nur ab und zu, wenn Leo die Tür offen gelassen hatte, drangen einige Dinge zu mir. Den Rest musste ich mir dann zusammenreimen. So hat eben alles seine Vor- und Nachteile.

Irgendwann kam Leo in zwei aufeinander folgenden Nächten nicht zum Schlafen ins Zimmer. Des Rätsels Lösung erfuhr ich von Leo persönlich. Nach langer, langer Zeit holte er mich vom Schrank herunter auf den Schreibtisch, öffnete meinen Kasten und legte seine rechte Hand auf mich:

„Du, das war wieder einmal ein Abenteuer der besonderen Art. Ich war in Warschau, über Nacht hin- und in der zweiten Nacht zurückgefahren. Ich habe von der amerikanischen Botschaft unsere ‚Permit'-Scheine, die neuen Einreiseausweise für die Bundesrepublik geholt. Wenn man sie sich mit der Post schicken lässt, gehen die meistens verloren. Beim Verlassen der Botschaft hat mich ein Kriminalbeamter in Zivil festgenommen und im Gebäude der polnischen Staatssicherheit abgeliefert. ‚Folgen Sie mir unauffällig, um sich zu legitimieren.' Ich sollte ein Spion sein, hieß es. In einem langen Verhör wurde ich bedroht und ausgequetscht. Ich musste mich mit dem Rücken zum Schreibtisch des Vernehmenden setzen. Die Fragen kamen von hinten. Vor mir starke Scheinwerfer, die mich blendeten. Ab und zu wurden sie ausgeschaltet, da stand plötzlich ein Uniformierter breitbeinig vor mir, in den Händen hielt er einen Gummiknüppel. Ein anständiger Bürger betritt nicht die Botschaft der westlichen Imperialisten! Warum sind Sie in die amerikanische Botschaft gegangen und so lange darin geblieben? Haben Sie Verwandte im Westen? Was machen die beruflich? Wieviel verdienen sie? Haben sie Kontakte zur Bundesregierung oder zu den Amerikanern? Ich beteuerte immer wieder, dass ich mir doch nur die Einreisegenehmigung für die Bundesrepublik holen wollte, weil ich als Deutscher in Deutschland leben möchte. Dann wurde ich schließlich im Keller in einer großen Gefängniszelle eingeschlossen. Dort saßen schon

mindestens 20 Deutsche, alles Ausreisewillige aus Schlesien, Pommern und Ostpreußen, Besucher der amerikanischen Botschaft. Keiner wusste, was sie mit uns machen würden. Die Frauen jammerten und weinten. In der Nachbarzelle war ein volltrunkener Pole untergebracht. Als der uns deutsch reden hörte, schlug er mit aller Gewalt gegen die Tür, die uns trennte. Die Tür hielt, Gott sei Dank! Man könnte ein Buch darüber schreiben, was ich da erlebt und erfahren habe. Es war jedenfalls äußerst nervenaufreibend. Bloß gut, dass ich beten gelernt habe...Am Abend wurden wir überraschend freigelassen. Draußen war es schon dunkel. Ich kam gerade noch rechtzeitig für meinen Nachtzug zum Hauptbahnhof. Ob wir dieses Einreisepapier jemals brauchen werden, hängt nach wie vor von der Ausreisegenehmigung der polnischen Behörden ab. So, und jetzt bin ich todmüde. Gute Nacht, Fräulein Kloz!"
Ich dachte: Na, hoffentlich hat das Ganze nicht noch ein gefährliches Nachspiel. Denn die Staatssicherheit in Warschau ist bestimmt mit der Staatssicherheit in Waldenburg vernetzt.
Am letzten Schultag vor den Sommerferien wurde gefeiert: Hedwig hatte das Abschlusszeugnis der „Grundschule" bekommen, das wäre in Deutschland der Volksschulabschluss gewesen. Meine Familie nutzte jeden freudigen Anlass zu einer kleinen Feier. Das machte Mut und förderte die Zuversicht. Spirale aufwärts. Leider kam ich dabei nicht mehr zum Einsatz.
Während der Sommerferien war Leo erst einmal vier Wochen in Warschau. Dort fand der „Zentralkurs für Lehrer an Schulen mit deutscher Unterrichtssprache" statt. In der Bescheinigung, die er mit nach Hause brachte, stand, dass er den Kurs mit gutem Ergebnis abgeschlossen habe. Das wurde natürlich gefeiert.
Zwei Wochen später wurde schon wieder gefeiert: Es gab einen Nachfolger für den Schulleiterposten! Der Mann tauchte während der Familienfeier persönlich auf. Weil er mit Leo die Übergabeformalitäten besprechen wollte, kamen die beiden in Leos Zimmer, und ich bekam mal wieder Informationen aus erster Hand.
Der Nachfolger war ein deutscher Studienrat aus Ost-Oberschlesien, das schon nach dem Ersten Weltkrieg an Polen gefallen war. Er gehörte also zur deutschen Minderheit im Zwi-

schenkriegspolen. Zuletzt war er Lehrer für Mathematik und Biologie an einem deutschen Gymnasium in Bromberg gewesen. Als der Krieg kam, wurde er von der Wehrmacht übernommen, er war als polnischer Staatsbürger Reserveoffizier gewesen. Im Krieg war er verwundet worden und litt seitdem an einem bleibenden Lungenschaden. Die Polen hatten ihn nach Kriegsende als „Verräter" verhaftet. Vom Gericht war ihm die polnische Staatsangehörigkeit aberkannt worden. Sechs Jahre Gefängnis lautete das Urteil für den Kriegsinvaliden.
Nach fünf Jahren kam er vorzeitig auf Bewährung frei. Er wollte mit Hilfe des Roten Kreuzes mit seiner Familie nach Deutschland ausreisen. Da kam der Stopp, der ja auch meine Familie getroffen hatte. Er suchte das kleinere Übel und bewarb sich als Lehrer für die deutschsprachigen Grundschulen in Niederschlesien.
„Eigentlich sollte ich die Leitung der Schule in Altwasser übernehmen, weil die von der Schülerzahl her noch etwas größer ist. Dann hieß es, ich sei für Ihre Schule in Weißstein vorgesehen. Ich weiß nicht, warum."
„Das kann ich Ihnen erklären", sagte da Leo. „Ich hatte schon im Frühjahr ein Rücktrittsgesuch eingereicht. Da kam aber ein ablehnender Bescheid. Es fehle ein geeigneter Kandidat, war die Begründung. Im Sommer erfuhr ich dann von Ihrer Bewerbung und stellte erneut den Antrag auf Ablösung. Mein Vater wurde als Elternvertreter im Schulamt vorstellig. Und dann haben wir von zwei Seiten so lange gebohrt, bis Sie uns zugewiesen wurden."
„Ja, da muss ich mich schon wundern. Mit 18 schon Schulleiter, und dann wollen Sie nicht mehr weiter Karriere machen und mit einem geringeren Gehalt vorlieb nehmen?"
„Das mit der Karriere ist natürlich verlockend. Aber was soll das auf die Dauer für eine Karriere sein, wenn und solange ich kein Abitur und keine abgeschlossene Lehrerausbildung vorzuweisen habe? Als Schulleiter braucht man viel Zeit für die Organisations- und Verwaltungsarbeit. Und diese Zeit kann ich ohne diesen Posten für meine Weiterbildung nutzen. Für mich sind Sie ein Glücksfall: Ich bin den Posten los und ich habe einen Chef, der auch mein Lehrer sein kann!"

„Na ja, wenn man das so betrachtet, haben Sie ja Recht. Ich bin bereit, Ihnen so gut wie eben möglich zu helfen."
„Prima, auf gute Zusammenarbeit!"
„Na, dann biete ich Ihnen auch gleich noch das ´Du´ an, ich heiße Alfred."
„Einverstanden, ich heiße Leo."
Die Amtsübergabeformalitäten waren schnell vereinbart. Dann gingen die beiden ins Wohnzimmer zurück, wo weiter gefeiert wurde. So fröhlich wie heute klangen die Lieder schon länger nicht mehr. Ich freute mich für Leo, denn seine Zukunftschancen hatten sich ein gutes Stück verbessert. Sein neuer Freund Alfred löste sein Versprechen ein und gab ihm zweimal wöchentlich Privatunterricht mit einer gehörigen Portion Hausaufgaben.
Das Schuljahr 1951/52 brachte offensichtlich einige Fortschritte mit sich. Ich hörte von der Einführung der Schulspeisung, von Klassenfahrten und Schulwanderungen, von so genannten „Elternabenden" und „Tanzvergnügen". Die Elternabende waren öffentliche Veranstaltungen mit Kleinkunstprogramm. Schülerinnen und Schüler erfreuten die Eltern mit Gedichtvorträgen, kleinen Theaterstücken, Chorgesang und Volkstanz. Die Tanzvergnügen waren für die deutschen Jugendlichen und Erwachsenen die lang entbehrte Gelegenheit zu zwanglosem Beisammensein außerhalb der Familie. Es gab gute Unterhaltungs- und Tanzmusik, und auf politisches Brimborium wurde verzichtet. Die polnischen Behörden drückten da bei der Genehmigung beide Augen zu. Leo hatte viel zu organisieren, und das machte ihm Spaß. Er kannte praktisch keine Freizeit mehr. Nachdem ihm sein Vater die Grundschritte für Walzer und Foxtrott beigebracht hatte, entwickelte er sich schnell zu einem begeisterten und ausdauernden Tänzer. Wenn er in den frühen Morgenstunden zurückkam, war er zwar müde aber in sehr guter Stimmung. Den ganzen folgenden Tag über summte er - sogar während der Unterrichtsvorbereitung - verschiedene Schlagermelodien vor sich hin. Er bezeichnete den Tanz immer als „edle Form menschlicher Geselligkeit". Gar zu gern hätte er mal selber Tanzmusik gemacht. Aber das musste - auch für mich - ein frommer Wunsch bleiben. Dazu hatte Leo beim besten Willen keine Zeit. Meine innere Anteil-

nahme an Leos Fortschritten und Erfolgen bewahrte mich vor Trübsinn und Hoffnungslosigkeit.
Vieles war nun auf dem Weg zum Besseren. Am letzten Schultag gab es wieder Grund zum Feiern: Zusammen mit 23 anderen Schülerinnen und Schülern hatte Elisabeth aus Alfreds Händen das Abschlusszeugnis erhalten. Für Leos und Hedwigs Weiterbildung gab es neue Hoffnung. Leo übersetzte ein Schreiben des Schulamtes: „Wir teilen Ihnen mit, dass in Swidnica (so nennen die Polen die Stadt Schweidnitz) eine ‚Bezirkskommission mit deutscher Unterrichtssprache beim Staatlichen Pädagogischen Lyzeum' gegründet worden ist. Das Fernstudium dauert fünf Jahre. Mit dem Abiturzeugnis erhalten Sie die Lehrbefähigung für die siebenjährige Grundschule. Der Unterricht findet monatlich in Wochenendkonsultationen und in zwei Ferienlehrgängen statt. Den Unterrichtsbeginn teilen wir Ihnen gesondert mit."
Leo rief: „Jetzt haben unsere zig Resolutionen doch Erfolg gehabt. Man darf nur nicht locker lassen. Das Abitur winkt von Ferne! Wenn das kein Grund zum Feiern ist! - Aber ich habe noch eine gute Nachricht: In dem polnischen Pädagogischen Lyzeum in Schweidnitz wird eine Lyzealklasse mit deutscher Unterrichtssprache eingerichtet. Sie wollen dort im regulären Schulbetrieb den Lehrernachwuchs für die deutschsprachigen Grundschulen heranbilden. Abitur und Lehrbefähigung nach vier Jahren. Voraussetzung ist das Abschlusszeugnis der Grundschule. Hedwig, wäre das nicht etwas für Dich?"
„Lehrerin könnte ich mir als Beruf schon vorstellen. Wenn die Schule in Waldenburg wäre, würde ich gar nicht lange darüber nachdenken, aber wie soll das denn mit Schweidnitz gehen?"
„Es gibt dort ein Internat, das auch für deutsche Schülerinnen und Schüler offen steht."
„Und wovon soll ich das bezahlen?"
„Du bekommst ein Stipendium."
„Ja, das sieht ja wirklich gut aus. Gebt mir noch etwas Bedenkzeit."
„Selbstverständlich, Fräulein Lehrerin!"

Und weiter ging es in Feiertagsstimmung. Die Mutter stimmte das Lied vom armen Dorfschulmeisterlein an und alle sangen kräftig mit.

Spirale abwärts

Es klingelte an der Wohnungstür. „Ach Du bist es, Alfred. Komm rein und feiere mit uns!"
„Josef, mir ist leider gar nicht zum Feiern zumute. Kann ich Dich unter vier Augen sprechen?"
„Komm in Leos Zimmer."
„Also, nachdem der letzte Schüler die Schule verlassen hatte, kam ein Bote vom Schulamt und übergab mir dieses Schreiben."
„Und was steht da drin?"
„Das Schulamt will meinen zunächst für ein Schuljahr geltenden Anstellungsvertrag nicht verlängern. Auf gut Deutsch heißt das, sie haben mich gefeuert!" Schockpause!!!
„Damit ist ja unsere Schule ohne Leiter! Der einzige qualifizierte Lehrer ist weg! Und wovon sollst Du mit Deiner fünfköpfigen Familie leben?"
„Das interessiert die doch nicht."
„Alfred, Alfred, es lief doch alles so gut. Du hast so viele Verbesserungen erreicht, zum Beispiel die Schulspeisung!"
„Das ist es ja gerade, Josef, ich habe mich bei den Waldenburger Behörden unbeliebt gemacht. Die haben ja die Schulspeisung erst genehmigt, nachdem ich an das Ministerium in Warschau geschrieben hatte und von dort die entsprechende Weisung ergangen war. Jetzt haben sie rein rechtlich eine Handhabe gegen mich und müssen das noch nicht einmal begründen. Einen Rechtsbeistand kann ich mir nicht leisten, also bin ich ihrer Willkür ausgeliefert. Wenn ich doch jetzt wenigstens mit meiner Familie nach Deutschland ausreisen könnte!"
„Ja wenn, Alfred, wenn! Da es aber diese Alternative nicht gibt, müssen wir hier vor Ort eine Lösung finden. Herrgott noch mal, ich organisiere den Elternprotest!"

„Das dürfte Dir schwer fallen. Die haben ja absichtlich den Beginn der Sommerferien abgewartet. Da finden keine Elternbeiratssitzungen statt, das Schulgebäude ist wegen Renovierungsarbeiten geschlossen, einige Leute sind vielleicht verreist...Ihr könnt mich ja noch nicht einmal ordentlich verabschieden!"
„Dann werde ich das eben privat ankurbeln! Und dann muss eine Sondersitzung her!"
In Leos Zimmer fanden in den nächsten Tagen mehrere vertrauliche Gespräche mit Elternvertretern aus den einzelnen Klassen statt. Es ging um ein Schreiben des Elternkomitees an das Schulamt. Protest gegen Alfreds Entlassung, Anerkennung seiner Leistung und die Forderung nach Wiedereinstellung, das waren die Themen. Mir fiel auf, dass das Selbstbewusstsein der Deutschen gegenüber den polnischen Behörden gewachsen war. Wer hätte noch vor zwei Jahren zu protestieren gewagt?! Als die Annahme des Textes gesichert war, stellte Leos Vater in einer Sondersitzung des Elternkomitees den entsprechenden Antrag. Er wurde einstimmig angenommen und von allen Mitgliedern des Elternkomitees unterschrieben. Die Verhandlungen müssen schwierig und langwierig gewesen sein. Am Ende stand dann Alfreds Wiedereinstellung, allerdings nicht an der Weißsteiner, sondern an der Waldenburger Grundschule, und nicht mehr als Schulleiter.
Damit war für Alfred die ärgste soziale Notlage behoben. Aber wer würde jetzt in Weißstein die Schulleitung übernehmen? Diese bange Frage mussten nun alle mit in die Ferien nehmen.
Leo verabschiedete sich für zwei Wochen von mir: „Die Lehrergewerkschaft hat mir auf Antrag einen Erholungsurlaub an der Ostsee bei Kolberg genehmigt. Stell' Dir vor, ich Landratte komme zum ersten Mal in meinem Leben an das Meer! Machs gut!" Sagte es, und weg war er. Die Zimmertür hatte er offen gelassen, sie blieb bis zu seiner Rückkehr offen. Nach ein paar Tagen kam die erste Karte mit Meeresblick: „Es ist sehr still hier, nur das Rauschen des Meeres und abends das Summen der Mücken", las die Mutter vor. „Kein Auto, keine Straßenbahn, keine Grubensirene. Ich werde mich gut erholen." Dann kamen Karten aus Kolberg, Stettin, Danzig und Gdingen. Von Stettin nach Danzig war Leo geflogen! Sein erster Flug! Wie mochte er das bloß hinge-

kriegt haben?! Jedenfalls nutzte er die Reisefreiheit im großen Gefängnis! Ich gönnte es ihm. Aber war das die Erholung in der Stille der Natur? Nach der Rückkehr hörte ich Leos Begründung für seine Reise in der Reise: „Nach einer Woche Meeresrauschen fehlten mir Autos, Straßenbahnen und Grubensirenen dermaßen, dass ich einfach mal für drei Tage raus musste. Außerdem, man weiß ja nie, ob man jemals noch wieder dahin kommt. Die letzten vier Tage waren ja dann wieder reine Erholung. Für den Flug habe ich übrigens mit meinem Lehrerausweis 33 Prozent Ermäßigung bekommen."

Die Mutter sagte: „Wenn ich gewusst hätte, dass Du fliegen würdest, hätte ich mich zu Tode geängstigt. Aber so seid Ihr jungen Leute halt."

Pünktlich zum ersten Schultag tauchte der neue Schulleiter auf: Ein ausgebildeter polnischer Lehrer mittleren Alters mit akzentfreiem Deutsch. Und mit dem Parteiabzeichen am Revers!

„Da kommt was auf uns zu", sagte Leo zu mir. „Der neue Chef hat das Schuljahr gleich mit einem politischen Morgenappell auf dem Schulhof eröffnet. Am Ende seiner zackigen Propagandarede ließ er die Genossen Stalin, Bierut und Pieck hochleben. So kennt man das von linientreuen Stalinisten."

Nach allem, was ich in den folgenden Monaten bruchstückhaft mitbekam, war mir klar, dass sich das Verhältnis zwischen Leo und dem neuen Schulleiter aus politischen Gründen langsam aber ständig verschlechterte. Immer häufiger schloss sich Leo in seinem Zimmer ein, um bei mir „Dampf" abzulassen. Es ärgerte ihn, dass sich sein Chef nach dem Kinderchor in der Kirche erkundigte, was da für Lieder gesungen würden, wie oft die Kinder zu Proben kämen. Leo empfand es als Einmischung in sein Privatleben, dass sein Chef wissen wollte, was er bei der Christ-Königs-Prozession in der Kirche für eine Fahne getragen hatte. Religion war doch Privatsache! Der Chef musste Spitzel haben. Es gab erstmals keine Weihnachtsfeier mehr. Den Kindern mussten Geschichten von dem russischen „Väterchen Frost" vorgelesen werden.

Am 5. März 1953 - ich weiß es noch wie heute - schlummerte ich den ganzen Vormittag über allein in der Wohnung. Als erster kam

Leo mittags von der Schule zurück. „Kam" ist nicht der richtige Ausdruck, Leo stürzte ins Zimmer, pfefferte die Aktentasche in die Ecke, holte eilig sein Radio aus der Küche und schaltete den RIAS ein. Spätestens jetzt wurde ich in meinem Kasten hellwach. Die Hauptnachricht lautete nämlich: Der sowjetische Partei- und Staatschef Jossif Wissarionowitsch Stalin ist tot. Leos Kurzkommentar: „Na, Gott sei Dank!" Im weiteren Verlauf der Sendung wurde die Hoffnung auf eine Lockerung des menschenverachtenden Regimes in der Sowjetunion und in den Ostblockländern geäußert. Ohne die weiteren Meldungen abzuwarten, hörte Leo nacheinander in die Sondersendungen des Rundfunks der DDR, des polnischen und des sowjetischen Rundfunks hinein. Hier war tiefe Trauer das Leitmotiv: „Das Herz des Führers aller Werktätigen der Welt hat aufgehört zu schlagen! Alle gesellschaftlichen Kräfte scharen sich in proletarischer Wachsamkeit und großer Einmütigkeit um das Politbüro der Kommunistischen Partei der Sowjetunion." Leo schaltete ab und sagte: „Aber ohne mich, ohne uns!" Dann holte er mich aus dem Kasten und sagte: „Hast Du's gehört, Fräulein Kloz, der Stalin ist tot, wir sind dieses Scheusal los! Ich muss jetzt mit Dir etwas üben, und zwar ‚Nun danket all und bringet Ehr'. Wenn die andern alle zurück sind, werden wir das singen."
Leo begrüßte seine Mutter, seine Schwestern, ja sogar seinen Vater mit einer Umarmung und dem Freudenruf „Stalin ist tot!" Alle antworteten mit „Na, Gott sei Dank!" Leo nahm mich ins Wohnzimmer mit und alle sangen gemeinsam: „Nun danket all und bringet Ehr..." Die dritte Strophe fand ich besonders passend:
„Er gebe uns ein fröhlich Herz, erfrische Geist und Sinn
und werf all Angst, Furcht, Sorg und Schmerz in Meerestiefen hin."
Leo sagte danach: „Jetzt bin ich mal gespannt, wie mein Chef in der Schule mit dem ‚großen Verlust' umgehen wird. Ich erinnere mich ja noch ganz gut an den 2. Mai 1945, als ich über Hitlers Tod ‚trauern' musste."
„Und Du erinnerst Dich hoffentlich auch noch an das, was ich Dir damals - vor acht Jahren - eingeschärft habe!"

„Ja, Muttel, ich weiß es noch. Du sagtest: ‚Pass gut auf Dich auf, dass Du Dich vernünftig benimmst. Jetzt kann ein Lächeln viel Unglück bringen!' Es ist mir damals schon nicht leicht gefallen, aber diesmal wird es mich viel Beherrschung kosten, den offiziell Trauernden zu mimen. Denn darin sind wir uns doch einig, dass man über den Tod eines Massenmörders nicht ehrlich traurig sein kann."
„Richtig", meldete sich der Vater zu Wort, „Stalin kann persönlich keine Verbrechen mehr begehen, aber sein Geist ist doch noch in den Köpfen der vielen großen und kleinen Möchte-gern-Stalins. Und deshalb sind jetzt Vernunft und Klugheit besonders gefragt. Die Geschichte lehrt uns doch immer wieder: Wenn ein Alleinherrscher wie Stalin stirbt, ohne die Nachfolge geregelt zu haben, gibt es in der Führungsriege Unsicherheit, Richtungskämpfe und ein unter Umständen blutiges Gerangel, bis sich wieder einer als Nachfolger durchgesetzt hat. Das könnte jetzt auch die Stunde für einen Putsch sein, und deshalb werden die Genossen jeden, der ihnen verdächtig vorkommt, ausschalten, oder - mit Stalin gesprochen - liquidieren."
„Ja, Vatel, es gab ja im Mai 45 doch auch Leute - und das waren nicht nur die Parteigenossen -, die echt um Hitler getrauert haben. Und so wird es bestimmt auch Leute geben, die echt um Stalin trauern. Also ich kapiere das nicht!"
„Leo, Du glaubst ja gar nicht, wie viele schlecht informierte Mitmenschen es gibt, wie viele sich von der Propaganda Sand in die Augen streuen lassen und wie viele Mitläufer und Posteninhaber gerne die Augen vor der erbarmungslosen Wirklichkeit verschließen. Früher habe ich öfters gehört: ‚Wenn der Führer das wüsste, das würde er niemals zulassen!' Und in den letzten Jahren hieß es halt in der Sowjetunion: ‚Wenn Väterchen Stalin das wüsste, das würde er niemals zulassen!' Die Konzentrationslager waren gut abgeschirmt und die Arbeits- und Todeslager in Sibirien sind weit weg! - Wir wissen halt so gut Bescheid, weil wir selber zu den Opfern gehören und weil wir uns immer möglichst gut informiert haben. Also, langer Rede kurzer Sinn: Holzauge, sei wachsam! Die nächste Zeit wird für uns gefährlich, aber mit Gottes Hilfe

und unserer Anpassungsfähigkeit werden wir auch das noch meistern."

Ich muss schon sagen, Leos Vater hatte auf Grund seiner Lebenserfahrung das, was man einen guten Riecher nennt. Und manchmal klang seine Rede fast schon prophetisch. Jedenfalls nahmen sich alle vor, außerhalb der Wohnung keine Freude über Stalins Tod zu zeigen. Ich aber blieb als stilles Zeichen der Hoffnung auf eine Besserung der Verhältnisse auf dem Wohnzimmertisch liegen.

An dem Tag, an dem in Moskau Stalins Leiche im Lenin-Mausoleum an der Kremlmauer beigesetzt wurde, kamen Leo und Inge erst spät von der Schule zurück.

„Oh je", platzte Leo gleich heraus, „war das ein Krampf! Alle Schülerinnen und Schüler, auch die Erstklässler, mussten im Trauermarsch die Hauptstraße hinunter in das Haus des Polnischen Kommunistischen Jugendverbandes, den früheren Gasthof ‚Deutscher Frieden' ziehen. Die ältesten mussten rote Fahnen mit Trauerflor vorantragen und ein großes Stalinbild mit Trauerflor. Im Saal mussten wir dann zusammen mit den polnischen Schulkindern die stundenlange Radioübertragung von den Beisetzungsfeierlichkeiten in Moskau anhören. Die russischen Trauerreden wurden ins Polnische übersetzt, wovon unsere deutschen Kinder immer noch nicht viel verstanden. Es war einfach schrecklich. Wir Lehrer waren dauernd nur damit beschäftigt, die Kinder durch gutes Zureden möglichst ruhig zu halten. Unser Schulleiter fegte die ganze Zeit wie ein nervöser Wachhund und mit missbilligenden Blicken durch die Reihen. ‚Ich erwarte von Ihnen, dass Sie für Ruhe und Disziplin sorgen!' zischte er mich immer wieder an. Aber zum Glück waren unsere Kinder immer noch ruhiger als die polnischen. Die waren von dem Parteichinesisch auch nicht besonders beeindruckt. Die freuten sich zunächst einmal über den Unterrichtsausfall und mokierten sich dann offen über das lange Stillsitzen. Und die polnischen Kolleginnen und Kollegen waren nicht so streng wie wir. Nee, nee, ich bin jetzt fix und fertig!"

„Leg Dich was hin, Leo", sagte da die Mutter, „damit sich Deine strapazierten Nerven erholen können."

Leos Vater hatte Recht: Nach Stalins Tod feierten der Stalinismus und der Personenkult um Stalin erst richtige Triumphe. Den Tod konnten die Stalinisten ja nicht rückgängig machen, aber sie redeten dauernd von Stalins „ewigem Ruhm". Es wurden Städte und Straßen nach ihm benannt. Die oberschlesische Großstadt Kattowitz wurde zum Beispiel in Stalinogród umbenannt. In Waldenburg gab es natürlich auch eine Stalin-Allee. Die großen Stalinbilder mit Trauerflor wurden erst von den Straßen und Plätzen entfernt, als sie von Wind und Regen schon zerfetzt und verwaschen und zu einer Gefahr für die Passanten geworden waren.
Wie schon zu vermuten gewesen war, gebärdete sich Leos Schulleiter jetzt als konsequenter Vollstrecker der Lehren Stalins.
Für den 30. April vormittags hatte der Chef eine große Feier zum Internationalen Tag der Arbeit angesetzt.
Leo kam voller Empörung davon zurück: „Stell Dir vor, Muttel, unser Schulleiter ist jetzt seitens der Partei nicht nur für unsere Schule, sondern auch für die polnischen Schulen in Weißstein zuständig! Nach einem Sternmarsch kamen wir wieder im Saal des Jugendhauses zusammen. Dort führte er Regie. Er hielt von der Bühne aus eine längere Propagandarede zum 1. Mai, und zwar nur in Polnisch. Das hat mich innerlich schon auf die Palme gebracht."
„Wie, er als Leiter einer deutschsprachigen Schule spricht zu seinen Schülern nur in Polnisch? Er hätte doch mühelos eine Kurzfassung auch in Deutsch bringen können."
„Genau das ist es! Der Bursche versucht also jetzt unter dem Deckmantel des angeblich proletarischen Internationalismus möglichst unauffällig zu polonisieren! Wenn das ‚Theater' schon international sein soll, dann bitte zweisprachig! Da hätten die polnischen Schulkinder mit eigenen Ohren hören können, wie es klingt, wenn polnische und deutsche Arbeiter Hand in Hand für ihre Rechte eintreten."
„Das nenne ich einen dicken Hund!"
„Ja, Muttel, es kam ja nachher noch viel ´schöner´!"
„Lass hören."
„Es wurden Gedichte vorgetragen. Unser polnischer Stalinist kündigte auf Polnisch den Vortrag einer deutschen Schülerin an.

Ich dachte, jetzt bringt die ein DDR-Gedicht zu Gehör. Pustekuchen! Sie musste ein polnisches Mai-Gedicht vortragen, was sie wohl im Polnischunterricht bei ihm gelernt hatten!"
„Man merkt die Absicht, und man ist verstimmt."
„Weil die Aussprache an manchen Stellen nicht so ganz astrein war, wurde von einigen polnischen Schülern gezischt.
Am Ende der Feier kam der Gipfel: Der Chef stimmte - natürlich auf Polnisch - die Internationale an. Die von unseren Kindern, die das Lied bei ihm im Polnischunterricht hatten lernen müssen, sangen auf Polnisch mit, die anderen schwiegen. Ich stand ja hinten unter der Empore und wartete auf ‚meinen' Einsatz. Ich sang dann auf Deutsch mit meinem aktuellen Hintersinn: ‚Reinen Tisch macht mit den Bedrängern, Heer der Sklaven, wache auf! Ein Nichts zu sein, tragt es nicht länger, alles zu werden strömt zuhauf! Völker, hört die Signale, auf zum letzten Gefecht! Die Internationale erkämpft das Menschenrecht!' Die Schüler um mich herum sangen sofort auf Deutsch mit. Und vorne, an der Bühnenrampe, verfinsterte sich das Gesicht meines polnischen Stalinisten."
„O je, Leo, das war riskant. Der hat das bestimmt als Protest und Provokation verstanden!"
„Ich kann ihn daran nicht hindern. Aber ich nehme diese hinterhältige Art von Entrechtung nicht schweigend hin. Im Hinausgehen hat er mir mit drohendem Unterton gesagt: ‚Wir sprechen uns übermorgen auf der Lehrerkonferenz!'"
„Na, dann mach Dich aber auf was gefasst! Leo, ich bitte Dich, treib's nicht auf die Spitze. Du kannst tausendmal Recht haben, er sitzt am längeren Hebel."
„Ich werde mich gut vorbereiten und ganz nüchtern argumentieren."
Zwei Tage später kam Leo abends von der Lehrerkonferenz zurück. „Na, wie ist es gelaufen?" wollte der Vater wissen.
„Na ja, er hat mir gleich am Anfang harte Vorwürfe gemacht. Ich hätte mich eines unglaublichen Störmanövers schuldig gemacht, den Schulfrieden gestört. Er sprach sogar von nationalistischen Tendenzen."
„O je, das habe ich befürchtet. Und was hast Du erwidert?"

„Ich habe erklärt, es täte mir leid, dass er mich so gründlich missverstanden habe und dass ich seine Absicht und Zielsetzung für die gemeinsame Feier offensichtlich auch missverstanden hätte. Ich hätte gemeint, die gemeinsame Feier polnischer und deutscher Schulkinder hätte den internationalen Charakter des 1. Mai erfahrbar machen sollen. Und da wir ja nicht die polnische Nationalhymne, sondern die Internationale gesungen hätten, hätte ich sie ganz selbstverständlich auf Deutsch gesungen. Ich kennte im Moment kein Lied, das sich besser dazu eignen würde, von jedem in seiner Muttersprache aber auf die gemeinsame Melodie gemeinsam gesungen zu werden. Und dann habe ich abschließend aus dem Stalin-Befehl Nr. 55 vom 23.Februar 1942 zitiert:
‚Es wäre lächerlich, die Hitlerclique mit dem deutschen Volke, mit dem deutschen Staate gleichzusetzen. Die Erfahrungen der Geschichte besagen, dass die Hitler kommen und gehen, aber das deutsche Volk, der deutsche Staat bleibt.'"
„Donnerwetter, Leo, Donnerwetter! Wo hast Du denn dieses Zitat her?"
„Ja, Vatel, das habe ich von einem Plakat. Dieses Plakat hatte die sowjetische Militärverwaltung im Mai 1945 ausgehängt, bevor die Polen im Sommer zu uns kamen. ‚Mein' Exemplar war von der Litfaßsäule auf den Bürgersteig gefallen. Da habe ich es als Zeitdokument aufgelesen und bis heute verwahrt."
„Du hast ihn ja geschickt bei seiner stalinistischen Ehre gepackt. Wie hat er denn reagiert?"
„Ihm ist wohl die Spucke weggeblieben. Er rückte etwas unruhig auf seinem Stuhl hin und her, sagte aber nichts. Die andern wagten sich nicht einmal zu räuspern. Es herrschte peinliche Stille im Raum. – Dann sagte er unvermittelt: ‚Kommen wir zum nächsten Tagesordnungspunkt: Vorbereitung des Internationalen Tages des Kindes am 1. Juni. Ich habe in Übereinstimmung mit den Weisungen der Partei und des Schulamtes beschlossen, diesen Tag mit einem Spielnachmittag zu begehen, und zwar gleichzeitig mit der polnischen Schule im Haus und mit einer gemeinsamen Abschlusskundgebung auf dem Schulhof.'"

„'Ich habe beschlossen!' Punkt! Da war er wieder ganz der kleine Diktator. Da gibt es keine Diskussion! Das war natürlich die nächste Steilvorlage für Dich, Leo?!"
„Na ja, innerlich war ich natürlich gleich wieder auf den Barrikaden, aber ich habe mich beherrscht. Wir sollten uns angemessene Spiele überlegen und ihm die Vorschläge - besonders eventuelle Texte – schriftlich zur Genehmigung vorlegen."
„Das ist ja eine unerträgliche Gängelei! - Ist Dir schon was eingefallen?"
„Ich habe schon mal an das alte Lied von der ‚Musikalischen Familie' gedacht."
„Prima, da mache ich direkt mit!" meldete sich Inge spontan.
„Schön, aber wer weiß, ob er den unpolitischen Text durchgehen lässt."
„Und außerdem", meinte die Mutter, „die paar Strophen sind ja schnell gesungen. Also, viel Zeit kannst Du damit nicht füllen."
„Ja, deshalb will ich aus dem Lied ein Singspiel machen."
„Was ist denn das?" wollte Inge wissen.
„Das ist so eine Mischung von Theater und Oper, von Spielszenen und Gesangseinlagen."
„Aha, und wo nimmst Du die Spielszenen her?"
„Ja, die muss ich selber schreiben, und zwar passend zum Inhalt der Strophen. Was der Chor singt, wird zwischendurch von einzelnen Personendarstellern gespielt. Dazu brauche ich also Mama, Papa, Tante, Großmama, Schwester Jette und den Ich. Außerdem brauche ich Richter, Anwälte und klagende Nachbarsfamilien. Das wird ein Großaufgebot, da sind viele Kinder beschäftigt."
Die Mutter begann zu singen:

„Mama, die spielt die Flöte,
Fagott der Herr Papa,
die Tante spielt Trompete,
Posaun die Großmama.
Und meine Schwester Jette,
die spielt die Klarinette,
ich selber spiel' zum Spaß
den großen Kontrabass!
Hei sista, sista ra-ra-ra...

und so weiter. - Woher willst Du denn die Instrumente nehmen?"
„Tja, das wird wahrscheinlich schwierig, aber daran darf das nicht scheitern."
Das war mal wieder typisch Leo! An Ideen mangelte es ihm nicht. Und wenn er sich etwas in den Kopf gesetzt hatte, dann fand er auch Mittel und Wege zur Verwirklichung. Ich ahnte ja gar nicht, was da noch völlig überraschend auf mich zukam, dass mir schließlich sogar noch als „Nothelfer" eine „tragende Rolle" übertragen wurde! Und das kam so:
Leo konnte eine Flöte, eine Trompete, eine Posaune und eine Klarinette auftreiben. Ein „Kontrabass" wurde aus Pappe im Kunstunterricht hergestellt. Nur mit dem Fagott wollte es nicht klappen. Da ersetzte Leo kurz entschlossen im Text „Fagott" durch „Violin´" und sagte zu mir: „So, Fräulein Kloz, ich habe eine reizvolle Aufgabe für Sie!" Ich war völlig aus dem Häuschen: Raus aus dem Kasten, frische Luft, Ortsveränderung, andere Leute, ein Schulfest, eine echte Aufgabe! Das war ja geradezu sensationell für mich! Danke, Leo, Du hast mich nicht vergessen!
Doch da war ja noch die Klippe mit der Genehmigung durch den Schulleiter. Der fand die Idee zwar gut, der Text war ihm aber zu altmodisch und unpolitisch. Da hat Leo ein paar aktuelle Begriffe eingebaut, wie „sozialistische Volkskunst" oder „sozialistische Volksgerichtsbarkeit" oder „sozialistische Wohngemeinschaft", und schon hatte er die Genehmigung in der Tasche. Der Schulleiter hatte wohl gar nicht gemerkt, dass das Ganze für Leo ein Jux war. Aber bitte, solche „Hürden" nahm Leo mittlerweile mit Leichtigkeit und ohne Gewissensbisse.
Bei den Proben brachte Leo dem „Papa" bei, wie man eine Geige und den Bogen hält. Er leitete den Schüler sogar an, ein paar richtige und ein paar schräge Töne aus mir herauszuholen. Ich lernte bei dieser Gelegenheit Leos Schule kennen. Es war ein großer, rot verklinkerter, zweiflügeliger Bau. In dem größeren Flügel war die polnische, in dem kleineren die deutsche Schule untergebracht. An das Geschwätz und das Geschrei der Kinder musste ich mich erst gewöhnen. Ich merkte aber gleich, dass die Kinder auf Leo hörten und nicht undiszipliniert waren.

Der große Tag kam. Das Wetter war schön, die Veranstaltung konnte im Freien stattfinden. Leos Schulchor stand auf den Stufen des Schuleingangs und sang:

Ein jedes Glied in der Familie ist ein musikalisches Genie,
wir spielen täglich ohne Noten die allerschönsten Melodien:
Mama, die spielt die Flöte, Violin der Herr Papa...

Mein „Papa" legte sich mächtig ins Zeug, und ich quietschte so fürchterlich, dass die zuschauenden Kinder immer wieder vor Spaß klatschten. Als die bösen Nachbarn die musikalische Familie wegen Lärmbelästigung vor Gericht anklagten, gab es laute Buhrufe. Nach dem Freispruch klatschten alle zusammen mit den „sozialistischen" Richtern im Rhythmus des Refrains. War das ein Jubel nach der Aufführung! Die Kinder riefen „Zu-ga-be! - Zu-ga-be!" Die polnischen Schulkinder kamen von ihrer Schulhofhälfte herübergelaufen und klatschten mit. Als Zugabe wurde die letzte Strophe mit der Freispruchszene noch einmal gespielt.

Leo hatte seinen Fotoapparat mitgebracht. Die musikalische Familie musste sich noch einmal auf den Stufen des Schuleingangs aufstellen. Dann zeigte Leo meinem „Papa", wie er mich halten müsste, damit ich auf dem Foto ja gut zu sehen wäre.

Ja, und dann kam das Ende der Veranstaltung. Ich lag im Kasten am Schuleingang. Da ich so etwas ja noch nie erlebt hatte, spitzte ich die Ohren und passte gut auf. Die deutschen und die polnischen Schulkinder wurden zusammengerufen und mussten sich klassenweise zum politischen Schlussappell aufstellen. Leos Schulleiter begann auf Polnisch zu reden. Ich verstand natürlich kein Wort. Aber dann, o Wunder, sprach er deutsch! Der Internationale Tag des Kindes sei ein schöner Tag und ein wichtiger Tag für alle Kinder in der ganzen Welt.

„Leider können die meisten Kinder in den kapitalistischen Ländern diesen Tag nicht so schön und fröhlich feiern wie wir in unserem sozialistischen Vaterland. Bei uns gibt es keine Ausbeutung der Väter und Mütter und keine Arbeitslosigkeit. Jedes Kind darf bei uns die Schule besuchen, ganz gleich ob es das Kind eines Ingenieurs oder eines Bergarbeiters ist, ganz gleich ob es ein polnisches oder ein deutsches Kind ist. Und deshalb müsst Ihr Kinder froh und fleißig lernen, damit der Lehrplan erfüllt wird

und damit Ihr später für die Rechte der unterdrückten Kinder in der kapitalistischen Welt kämpfen könnt."
An dieser Stelle machte er eine Pause, als ob er auf Beifall wartete. Es kam aber keiner. Nachdem er wieder etwas auf Polnisch gesagt hatte, verkündete er: „Und zum Abschluss der heutigen Feier singen wir gemeinsam die Internationale. Und da das die Internationale ist, singen die polnischen Kinder auf Polnisch und die deutschen Kinder auf Deutsch!"
O Schreck, lass nach! Ich denke, ich höre nicht recht! Wenn das nach dem Drama mit der Maifeier keine Sensation war, dann gab es überhaupt keine! Der gemeinsame, zweisprachige Gesang klappte. Leo nahm mich anschließend mit nach oben ins Lehrerzimmer.
Auf der Treppe des Schulhauses sagte eine Kollegin leise zu Leo: „Na, jetzt können Sie aber triumphieren!"
Leo antwortete: „Das werde ich lieber nicht tun. Ich weiß noch nicht so richtig, was in diesem Manne vorgeht."
Das Schuljahr ging dem Ende entgegen. Zwischen dem Chef und Leo schien mir ein „Waffenstillstand" eingetreten zu sein.
Eines Tages war Leo auffallend wortkarg. Die Mutter kam in sein Zimmer und fragte: „Na, Leo, ist Dir eine Laus über die Leber gelaufen? Du bist so still. - Oder hat es wieder Ärger mit Deinem Chef gegeben?"
„Das gerade nicht. Nur schlechte Nachrichten."
„Und was beinhalten die? - Nun, sag doch schon was. So kommen wir doch nicht weiter. Was einen von uns betrifft, das wirkt sich doch auf alle aus. Na? Schieß los!"
„Also, der Chef hat von der Schulleiterkonferenz berichtet. Die Schülerzahlen gehen an allen deutschsprachigen Schulen zurück. Wir entlassen jetzt den dritten starken Jahrgang, und die Zahl der Erstklässler nimmt stark ab. Da wird es Entlassungen bei den Lehrern geben. Als er das sagte, guckte er mich an und hatte einen fast schadenfrohen Gesichtsausdruck."
„Na , Leo, jetzt mach aber mal einen Punkt. Dein Verhältnis zu ihm ist zwar nicht das beste, aber Ihr habt Euch doch irgendwie zusammengerauft. Du arbeitest viel für die Schule, machst im Gegensatz zu anderen regelmäßig die Lehrerausbildung in

Schweidnitz mit, hast dabei gute Noten, Du bist mit Leib und Seele bei der Sache. Solche Leute entlässt man doch nicht. Ich glaube, Du siehst da Gespenster."

„Also Muttel, es ist ja sehr lieb von Dir, dass Du mich beruhigen willst. Aber so viel steht für mich fest: Wenn die Leute entlassen, dann sind zuerst die dran, die ihnen politisch ein Dorn im Auge sind, die sich nicht eindeutig als linientreue Stalinisten erwiesen haben, die unbequem sind, weil sie sich eine eigene Meinung bilden."

„Ja, Leo, da kann ich Dir leider nicht widersprechen."

„So, und jetzt kommt noch eine andere Sache hinzu: Die Schulbehörden haben jetzt gerade eine Abschlussprüfung für die Schulabgänger eingeführt. Unser Breslauer Dezernent für die deutschsprachigen Schulen hat uns bei der letzten Wochenendkonsultation in Schweidnitz gesagt, diese Bestimmung gelte noch nicht für uns. Unsere Schüler hätten noch keine vollen sieben Jahre die Schule durchlaufen. Mein Chef aber behauptet, diese Bestimmung gelte sehr wohl für uns und ich sollte meine Abschlussklasse gefälligst intensiv vorbereiten, damit nicht zu viele durchfallen. Er habe da als Polnischlehrer einige Bedenken. Und mit einem ‚Ungenügend' in Polnisch gelte die gesamte Prüfung als nicht bestanden. Holzauge sei wachsam, hier bahnt sich wieder was an! Da brauchen wir wieder mal viel Gottvertrauen..."

In diese Stimmungslage dunkler Vorahnungen hinein platzten nun die Ereignisse des 16./17. Juni 1953. Der RIAS berichtete am Nachmittag des 16. Juni über das Aufbegehren der Bauarbeiter von der Ostberliner Stalin-Allee gegen die zehnprozentige Erhöhung der Arbeitsnormen. Die bedeutete nämlich wesentlich mehr Arbeitsleistung für dasselbe Geld oder weniger Lohn. Tausende seien protestierend vor das Haus der SED-Ministerien gezogen. Für den 17. Juni sei ein Generalstreik ausgerufen worden!

„Warum müssen die denn gleich gegen die Regierung demonstrieren?" wollte Hedwig wissen.

„Ja", erklärte Leo, „wenn es keine privaten Arbeitgeber gibt, sondern der Staat, die Regierung, der Arbeitgeber ist, dann richtet sich ein Streik zwangsläufig gegen die Regierung. Und deshalb ist Streik in einem kommunistischen Land nicht vorgesehen."

Die Lage war explosiv! Leo schaltete das Radio trotz der Belästigung durch den Störsender nicht mehr ab. Er saß wie gebannt bis in die späten Abendstunden davor.
„Es ist ja unerhört und ich wünsche ihnen von Herzen Erfolg. Aber das kann doch nicht gut gehen. Das lassen die Sowjets am Rande ihres Machtbereiches doch niemals zu. Das kann nicht gut gehen." Das murmelte er händeringend immer wieder vor sich hin.
Leos Vater versuchte das Stimmungsruder herumzuwerfen: „Also, Du musst das mal positiv sehen. Drei Monate nach Stalins Tod regt sich erstmals Widerstand gegen den Stalinismus. Ich bewundere den Mut der Leute und bin stolz darauf, dass das auf deutschem Boden geschieht. Wenn es zu Änderungen in der sogenannten DDR käme, hätte das bestimmt auch positive Auswirkungen auf Polen und damit für uns."
„Ja, ja, schön wär's, wir könnten es ja brauchen. Aber wie lautete schon vor über hundert Jahren die Devise des preußischen Kartätschenprinzen Wilhelm? ‚Gegen Demokraten helfen nur Soldaten!' Und das sehen die Sowjets und ihre kommunistischen deutschen Handlanger bestimmt genauso. Ich krieg das kalte Grausen, wenn ich an die möglichen Opfer denke. Der Westen kann ihnen doch nicht helfen, wenn er keinen dritten Weltkrieg riskieren will!"
Als Leo am 17. Juni mittags von der Schule zurückkam, wusste ich schon, was passiert war. Die Mutter hatte den ganzen Vormittag über das Radio laufen lassen. Mir brummte schon der Kopf von dem Störsenderlärm, aber das Wichtigste hatte ich herausgehört. Und das war ungeheuer aufregend und spannend. 12.000 Stahlarbeiter des Walzwerkes Hennigsdorf waren morgens 27 Kilometer nach Ost-Berlin marschiert. Zehntausende Berliner Arbeiter hatten sich vormittags in den Straßen des Regierungsviertels versammelt. Zu der ursprünglichen Hauptforderung „Weg mit den Normen!" waren solche wie „Freie Rede und Pressefreiheit!", „Weg mit den Zonengrenzen!", „Freie Wahlen für ganz Deutschland!"„Abzug aller Besatzungstruppen!" und „Rückführung sämtlicher Kriegsgefangenen!" gekommen. Dann tauchten die ersten sowjetischen Panzer auf. Tollkühne Jugendli-

che holten die rote Fahne vom Brandenburger Tor. Sie wurde durch eine Berliner Fahne und zwei schwarzrotgoldene Fahnen ersetzt. Dann waren Schüsse zu hören. „O Gott im Himmel!“ stöhnte Leo, „jetzt wird das Ganze zur Tragödie!“
Leo schaltete auf den Ost-Berliner Rundfunk um. Den konnte man ungestört empfangen. Um 13 Uhr ließ der „Militärkommandant des sowjetischen Sektors von Berlin“ den Ausnahmezustand verkünden. Alle Demonstrationen, Versammlungen und Kundgebungen wurden verboten. Strafandrohung nach den Kriegsgesetzen. Das hat sich mir so genau eingeprägt, weil der Befehl in kurzen Abständen immer wieder gesendet wurde.
Leo war aufgesprungen und ging in großer Erregung auf und ab. „Ich hab’s geahnt! Ich hab’s befürchtet! O Gott, sei ihnen gnädig! - Was jetzt kommt, kann man sich leicht vorstellen: sowjetische Panzer gegen wehrlose deutsche Arbeiter!“
Am Abend meldete der RIAS, über 100 Verwundete seien aus dem Geschosshagel nach West-Berlin gerettet worden. Acht von ihnen seien in den Krankenhäusern gestorben. Auch in anderen Städten Mitteldeutschlands habe es Tote und Verletzte gegeben. Es habe eine Verhaftungswelle begonnen...
Die Mutter weinte still vor sich hin. Alle waren sprachlos vor Entsetzen und tief traurig.
Am nächsten Morgen sagte Leo bei der Verabschiedung: „Jetzt muss ich meine Betroffenheit und Niedergeschlagenheit auch noch vor dem Chef verbergen. Ich kann mir gut vorstellen, dass er triumphiert. Da ist wieder ein politischer Morgenappell auf dem Schulhof fällig.“
Und so war es auch. Leo zitierte mittags einige markante Sätze aus der Propagandarede des Schulleiters: „ ‚Unverbesserliche westliche kalte Krieger haben vorgestern und gestern von der Frontstadt West-Berlin aus versucht, die Bürger der Deutschen Demokratischen Republik gegen ihre Regierung aufzuwiegeln. Das ist ihnen dank der brüderlichen Hilfe unserer sowjetischen Freunde und Beschützer nicht gelungen. Der Aufbau des Sozialismus geht in unserem westlichen Bruderland DDR weiter.’ - Ich hätte den Kerl am liebsten geohrfeigt. Aber immerhin hatte er für die offizielle Sprachregelung gesorgt, und ich brauchte das im

Unterricht nicht nachzubeten. Die Kinder haben auch gar nicht danach gefragt. Ihr traurig-ernster Gesichtsausdruck sprach Bände."

Eine Woche vor Ferienbeginn sollte die Abschlussprüfung für die Schulabgänger stattfinden. Leo begegnete am Wochenende vorher in Schweidnitz wieder dem Dezernenten aus Breslau.

„Der fiel aus allen Wolken", berichtete Leo am Sonntagabend. „‚Diese Extratour Ihres Schulleiters ist nicht erlaubt. Ich werde ihm schreiben und bitte Sie, ihm dieses Schreiben im verschlossenen Umschlag am Montagmorgen zu übergeben. Mit der Post habe ich ja keine Chance mehr.' "

„Ach, Leo", seufzte die Mutter, „jetzt bist Du auch noch der Überbringer der schlechten Nachricht. Er wird Dich hassen!"

„Damit muss ich wohl leben. Für meine Schülerinnen und Schüler ist das ja eine gute Nachricht. Und ich kann sie vor absehbarem Schaden bewahren." Das war der echte Leo!

„Na, wie sieht's aus?" wollte die Mutter am Montagmittag wissen.

„Ach, Muttel, es war peinlich. Ich konnte den Chef gerade noch kurz vor dem Prüfungseröffnungsappell abfangen. Nach der Lektüre kam er kreidebleich aus seinem Zimmer heraus, würdigte mich keines Blickes und sagte unten auf dem Schulhof die Prüfung vor versammelter Mannschaft ohne Angabe von Gründen ab. Meine Klasse brach spontan in Jubel aus. Da wurde er krebsrot im Gesicht und schrie: ‚Ruhe!' Anschließend schickte er uns ohne Internationale in die Klassen. Ich bin ihm bewusst aus dem Wege gegangen."

„Leo, die Situation spitzt sich zu. Ich fürchte jetzt auch, dass Du auf der Abschussliste stehst."

Am ersten Ferienwochenende, Ende Juni, verabschiedete sich Leo morgens zu einem Spaziergang im Bad Salzbrunner Kurpark. Anschließend wollte er wegen einiger Bücher noch einmal in die Schule gehen. Elisabeth fuhr mit der Straßenbahn in die Neustadt. Dort fand in dem Gebäude der ehemaligen Städtischen Oberschule für Jungen, also in Leos ehemaliger Schule, die Aufnahmeprüfung für die erste deutschsprachige allgemeinbildende Lyzealklasse statt.

Als Leo zurückkam, schloss er die Zimmertür ab, nahm mich aus dem Kasten und begann wie ein Schlosshund zu heulen. „Da hat mir der Schulleiter einen verschlossenen Umschlag kommentarlos übergeben. Absenderstempel: ‚Städtischer Nationalrat Waldenburg – Bildungsabteilung', Inhalt: Entlassung aus dem Schuldienst zum 30. September nach Paragraph soundso. Punkt, aus. - Ich habe nachgesehen, der angeführte Paragraph besagt lediglich, dass beide Parteien bei Einhaltung einer dreimonatigen Frist zum Quartalsende das Vertragsverhältnis auflösen können. Mehr braucht man nicht. Keine genauere Begründung, kein Dankeschön, keine guten Wünsche für die Zukunft. - Ich hab's ja kommen sehen, aber jetzt bin ich doch innerlich vernichtet. Erst recht, wenn ich daran denke, dass ich damit auch meine Hoffnung auf das Abitur in Schweidnitz begraben kann. Denn dieser Bildungsweg gilt ja nur für unterrichtende Lehrer..."
Als er sich wieder etwas beruhigt hatte, schloss Leo die Tür auf und holte seine Eltern herein. Die waren natürlich auch bestürzt und empört.
„Das ist dieselbe Masche wie vor einem Jahr bei Alfred", stellte der Vater fest. „Die Ferien haben begonnen, die Gremien tagen nicht, und nach den Ferien ist alles gelaufen. Ich werde trotzdem versuchen, den Protest der Eltern zu organisieren. In der augenblicklichen, aufgeheizten politischen Situation wird das zwar nicht viel nutzen, aber sie sollen wenigstens sehen, dass wir uns nicht mehr alles unwidersprochen gefallen lassen."
„Ja", sagte Leo, „jetzt muss ich Euch noch ein kleines Erlebnis von meinem Spaziergang im Kurpark erzählen. Ich bin da unserem früheren polnischen Pfarrer begegnet, der jetzt in Bad Salzbrunn ist. ‚Chärr Läo, wie gäht es Ihnen?' wollte er wissen. Ich sagte ihm, dass ich die Entlassung aus der Schule befürchtete. ‚Ach Gott, das ist bästimmt politisch! Ich bin sähr traurig wägen DäDäEr. - Chärr Läo, wissen Sie was? Wenn kommen Entlassung in Schule, Sie kommen zu mir als Organista. Mein Organista kommen äfters bäsoffen in Kirche und greift danäben bei einfachste Lieder. Muss ich entlassen!' - Das sieht ja jetzt im Nachhinein wie ein Fingerzeig Gottes aus. Ich glaube, ich werde ihm morgen für den 1. Oktober zusagen."

Da umarmte die Mutter Leo unter Tränen: „Der liebe Gott verlässt uns nicht!"
Doch der Tag war noch nicht zu Ende. Das Aufatmen war nur kurz. Elisabeth kam nach Hause. Statt freudig die bestandene Aufnahmeprüfung zu verkünden, sagte sie mit weinerlicher Stimme: „Sie haben mich abgelehnt!" Und dann hörte ich eine ganze Weile nur ihr Schluchzen.
Der Vater fand als erster die Fassung wieder: „Ja, Elisabeth, das ist ja nicht zu begreifen. Du hast doch ein gutes Abschlusszeugnis von der Grundschule und ein sehr positives Gutachten von Alfred, Deinem letzten Klassenlehrer, vorgelegt."
„Ja, Vatel, das ist es ja: Nach der schriftlichen Prüfung fand die mündliche statt. Es lief eigentlich ganz gut. Der Vorsitzende studierte beim Zuhören meine Unterlagen. Und dann kam plötzlich eine Unterbrechung. Der Vorsitzende hatte ein kleines Blatt in der Hand und drehte das immer von vorn nach hinten und wieder zurück. Er las auf der einen Seite, er las auf der anderen Seite. Dann reichte er es dem Prüfer weiter. Bei der Gelegenheit sah ich, dass es Alfreds Gutachten war."
„Aber das war doch nur auf der einen Seite beschriftet!"
„Genau, Muttel! Der Prüfer drehte das Blatt um, und da stand jetzt auch was drauf. Und wenn mich nicht alles täuscht, dann war unten drunter die Unterschrift von Leos Schulleiter. Die ist ja so auffallend lang gegenüber der kurzen von Alfred."
„O Gott", stöhnte der Vater, „ich ahne Böses: Du musstest ja den Aufnahmeantrag mit den Anlagen bei unserem Schulleiter einreichen. Und dann hat der Schuft die Gelegenheit zu einem belastenden Gegengutachten genutzt! Das ist ja wie bei den Nazis! Nein, nein, nein! Das Drama nimmt kein Ende!"
„Ja, und wie ging das Spiel dann weiter?" fragte die Mutter.
„Ich sollte einmal kurz nach draußen gehen. Als sie mich dann wieder reingeholt hatten, erklärte der Vorsitzende: ‚Wir chaben bäschlossen, dass Du nicht kannst aufgänommen wärden. Gäh nach Hause. Deine Unterlagen kannst Du in näxte Tage in Schulamt abcholen.'"
„Mich erinnert das alles sehr stark an mein Erlebnis von 1943", kommentierte Leo. „Der gleiche Vorgang am selben Ort, nur dass

nicht mehr die Nazis, sondern die Stalinisten über Sein oder Nichtsein entscheiden."
„Und ich gehe am Montag mit Elisabeth ins Schulamt die Unterlagen abholen. Dann werden wir ja sehen, was Sache ist", sagte der Vater entschlossen.
Am Nachmittag kam der Vater in Leos Zimmer und brachte ihm einen eben erhaltenen Brief. „Übersetze mir bitte einmal, was da drin steht."
„Mm, das ist ja vom Waldenburger Amtsgericht! – ‚Betrifft Beschuldigtenvernehmung der Staatsanwaltschaft im Ermittlungsverfahren zur Anzeige der Bäckereigenossenschaft Weißstein, Sabotage an einem Dampfbackofen begangen zu haben. Sie werden zur Vernehmung am 5. Juli 1953 vorgeladen.' O Gott, was ist denn da schon wieder los?!"
„Das kann ich Dir erklären: Vorgestern sind gegen halb vier nachmittags zwei Dampfrohre des Backofens explodiert."
„Und was hat das mit Dir zu tun? Du hast doch in dieser Woche Frühschicht und warst wie immer kurz nach zwei zu Hause!"
„Ich bin der einzige Deutsche im Betrieb. Und wenn etwas passiert, fällt der Verdacht offensichtlich erst einmal auf mich. - Ich habe den Kerlen im Weggehen noch gesagt: ‚Schaufelt nicht zu viel Kohle in die Feuerung! Die Dampfrohröffnungen dürfen nicht in die Glut kommen, sonst explodieren die!' Antwort von Pawel: ‚Wir brauchen schnell viel heiß, missen Plan erfillen!' Ja, und dann sind die Rohre eben explodiert. - Die haben noch Glück, dass niemand verletzt wurde. Die Reparatur wird einiges kosten. Und der teilweise Produktionsausfall bringt uns bei der Planerfüllung ins Minus."
„Was ist das heute nur für ein Tag, Vatel, es ist ja zum Verzweifeln! Die wollen uns fertig machen!"
„Es sieht wirklich so aus. Da hilft wieder einmal nur noch beten."
„Und wie wär's, wenn Du Dich nach langer Zeit wieder mal mit unserem früheren Nothelfer Leszek beraten würdest?"
„Das geht leider nicht mehr."
„Und warum?"
„Gustav hat mir vor einer Woche erzählt, dass Leszek seit dem 20. Juni spurlos verschwunden ist. Beamte in Zivil haben seine

Wohnung durchsucht und die Tür versiegelt... Vielleicht hat er sich unvorsichtig über den 17. Juni geäußert... Scheiß Stalinismus!"
„Jetzt reicht 's mir aber wirklich. Ich muss noch mal an die frische Luft, sonst drehe ich hier noch durch!"
Armer Leo, dachte ich, wie wirst Du das alles verkraften? Du bist ja eigentlich ein Stehaufmännchen und hast schon manche Krise überwunden. Aber diesmal..?
Nach einer langen Nachtruhe und dem Gottesdienstbesuch saßen alle am Frühstückstisch. Keiner sagte etwas, das war sehr ungewöhnlich. Erst, als der Tisch abgeräumt wurde, begann Leo: „Also, ich habe mir inzwischen einiges überlegt. Das Leben muss ja weitergehn." -
„Ja", sagte die Mutter, „nur wie? Ich bin noch ganz benommen. Wenn ich mir das alles vor Augen halte, dann ist das ja ein Alptraum!"
„Ja, Muttel, Du hast Recht. Aber mir ist in der vergangenen Nacht wieder mal ein Spruch von Pater Liebelt eingefallen. Wenn ich mit ihm nach der monatlichen Werktagsmesse zu Krankenbesuchen unterwegs bin, unterhalten wir uns über ‚Gott und die Welt'. Und da hat er mir mal gesagt: ‚Man kann im Leben sehr oft fallen oder zu Fall gebracht werden. Die Hauptsache ist, dass man es schafft, mit Gottes Hilfe auch immer wieder aufzustehen und nicht mutlos liegen zu bleiben!'"
„Ein echter Liebelt. Der Mann hat einfach den Durchblick", kommentierte der Vater. „Aber gut, Leo, was hast Du Dir denn da gedanklich zurechtgelegt?"
„Also erstens werde ich morgen nach Schweidnitz zum Ferienkurs fahren, damit ich das Jahresabschlusszeugnis bekomme, und zwar ein möglichst gutes. Dann hätte ich wenigstens schon mal die sogenannte ‚Mittlere Reife' in der Tasche."
„Ja, meinst Du denn, sie lassen Dich da überhaupt noch mitmachen?"
„Muttel, Du hast mir doch manchmal schon gesagt: ‚Wer viel fragt, kriegt viel Antwort.' Ich frage gar nicht danach. Man hat mir zwar gekündigt, aber ich bin ja noch nicht entlassen. Außerdem, der Breslauer Dezernent scheint mir ja trotz seiner Anpassung an

die ideologische Sprachregelung wohlgesonnen zu sein. Ich halte ihn überhaupt für einen derjenigen Polen, die es mit uns Deutschen ehrlich meinen und uns fair behandeln."
„Das ist in der Tat unsere einzige Rettung und Hoffnung, dass es solche Polen gibt", stimmte der Vater zu. „Also gut, Leo, gehen wir davon aus, Du bekommst Dein Zeugnis wie gewünscht. Wie sollte es Deiner Meinung nach dann weitergehen?"
„Dann mache ich erst einmal Urlaub. Ich hatte mir für dieses Jahr vorgenommen, Land und Leute im Süden Polens kennen zu lernen, zu sehen, wie die Polen dort leben, wo sie seit tausend Jahren und länger zu Hause sind. Das heißt für mich konkret Tschenstochau, Krakau, Zakopane und die polnische Seite der Hohen Tatra, des kleinsten Hochgebirges der Welt."
„O la la!" sagte da Hedwig, „über eine solche Reise haben wir im Pädagogischen Lyzeum auch schon diskutiert. Von Tschenstochau, dem größten polnischen Wallfahrtsort mit der ‚Schwarzen Madonna', darf da natürlich nicht die Rede sein. Aber umso mehr wurde uns von Zakopane vorgeschwärmt, dem polnischen Ferienparadies am Fuß der hohen Berge. Die Polen sagen ja, man müsse einmal im Leben am Morskie Oko gewesen sein. Das ist der größte und berühmteste See in der Tatra, genannt ‚Meeresauge'. Er ist von den höchsten Gipfeln der polnischen Tatra umgeben, mehrere Zweitausender. Nur ist das für einige, wie für mich, schon aus finanziellen Gründen kein Thema. Ich würde mich aber sehr freuen, wenn es Dir vergönnt wäre, dorthin zu kommen."
Und auch der Vater bestärkte Leo in seinem Vorhaben: „Wenn Du das notwendige Geld dazu hast, mach' die Reise. Wir sind früher wenig gereist, haben alles in unsere Bäckerei gesteckt, und das ist alles weg. Erlebnisse und Erfahrungen einer Reise kann Dir niemand wegnehmen, die bleiben Dir, so lange Du lebst und wahrscheinlich sogar noch darüber hinaus."
„Ja, Vatel, ich habe dafür gespart. Mit meinem Lehrerausweis habe ich ja auf der Bahn 50 Prozent Ermäßigung. Das will ich bis zum letzten Tag nutzen. Ich werde die längeren Strecken in Nachtzügen fahren, dann spare ich die Übernachtungskosten im Hotel. Alfred hat mich nach Bochnia in der Nähe von Krakau eingeladen. Dort verbringt er mit seiner Familie in einem kleinen

Blockhaus seiner Verwandten die Ferien. Es sei eng und spartanisch, aber für ein paar Nächte könnten sie mich schon unterbringen. Und außerdem hat er mir die Adresse von Bekannten in Zakopane gegeben, da könnte ich sehr preiswert privat übernachten. Das hört sich doch alles sehr gut an. Ich wage es! Was meint Ihr, auf wie viele Ideen für die nächsten Monate ich während der einsamen Wanderungen in der Tatra kommen werde!"
Gut Leo, dachte ich, Du wirst sie brauchen können. Du bist dabei, nach dem Fall wieder aufzustehen.
Der nächste Tag brachte zwar keine Lösung der Probleme, aber immerhin etwas mehr Klarheit. Leo verabschiedete sich am frühen Morgen mit einem leichten Klaps auf meinen Kasten und fuhr nach Schweidnitz. Als er bis zum Nachmittag nicht wieder zurückgekehrt war, wusste ich, dass er den Ferienkurs mitmachen durfte.
Der Vater war nach der Nachtschicht mit Elisabeth zum Schulamt nach Waldenburg gefahren. Dort sollten sie ja die Unterlagen herausbekommen, die Elisabeth für die Aufnahme in die deutschsprachige Lyzealklasse eingereicht hatte.
Ich war natürlich mit meiner Familie gespannt, was dabei herauskommen würde. Sie kamen erst am Nachmittag zurück.
„So", sagte der Vater, „jetzt wissen wir wenigstens, was hier gelaufen ist. Kommt, ich führe Euch das vor." Als sich alle hingesetzt hatten, zog er ein kleines Blatt Papier aus der Mappe und legte es mitten auf den Tisch. „Meine Vermutung hat sich bestätigt: Es ist unser ‚lieber' Schulleiter, der Elisabeth und uns allen das ganze Theater eingebrockt hat. Sein Gegengutachten hat es in sich!"
„Und wie seid Ihr daran gekommen?" wollte die Mutter wissen.
„Das war nicht einfach, und deshalb hat das Ganze ja auch so lange gedauert."
Elisabeth berichtete: „Ich bin zuerst allein in das Sekretariat gegangen und habe um die Herausgabe der Unterlagen gebeten. Die Sekretärin verschwand im Inspektorzimmer. Es hat mindestens eine Viertelstunde gedauert, bis sie wieder herauskam und mir das Unterlagenpäckchen übergab.

Draußen auf dem Flur haben wir uns dann alles einzeln angesehen, und da fehlte das Blatt mit Alfreds Gutachten. Vatel sagte: ,Holzauge, sei wachsam! Jetzt bin ich dran. Komm, wir gehen gleich noch mal rein.'"
„Ja, und da hat Elisabeth von der Sekretärin die Aushändigung des fehlenden Papiers verlangt. Nach einer Weile kam die Sekretärin mit hochrotem Kopf aus dem Inspektorzimmer zurück und behauptete, ein solches Gutachten sei nicht vorhanden. Da habe ich als Vater der minderjährigen Elisabeth darauf hingewiesen, dass Alfreds Gutachten auf dem Aufnahmeantrag als Anlage genannt ist und dass der Schulleiter den Eingang mit Unterschrift und Stempel bestätigt hat. Da verschwand die Sekretärin wieder im Inspektorzimmer. Als sie herauskam, wiederholte sie die Behauptung, das Gutachten sei nicht vorhanden, vielleicht sei es verloren gegangen. Jetzt habe ich verlangt, den Inspektor persönlich sprechen zu dürfen. Der ließ ausrichten, er habe heute Vormittag keine Zeit. Ich sagte ihr, wir kämen am Nachmittag wieder. Wir haben dann einen Spaziergang über die Schillerhöhe gemacht. Anschließend ließ uns der Inspektor noch einmal wegen dringender Geschäfte eine Stunde warten.
Als wir dann endlich in sein Zimmer gelassen wurden, lag das kleine Blatt vor ihm auf dem Schreibtisch. Man hatte es inzwischen wieder gefunden... Dem Inspektor schien die Sache unangenehm und peinlich zu sein. Er entschuldigte sich für die lange Wartezeit. Dann erklärte er uns, er könne uns das Blatt nicht geben, weil auf der Rückseite ein vertraulicher Text stehe."
„Ja", schaltete sich Elisabeth jetzt wieder ein, „da habe ich ihm gesagt, dass er mich doch selber aufgefordert hat, alle Unterlagen abzuholen. Und dazu gehört eben auch das Gutachten. Da machte er ein ganz verdutztes Gesicht." –
„Ich habe ihm dann angeboten, eine Empfangsbestätigung zu unterschreiben, in der alles einzeln aufgeführt ist, ohne den Text auf der Rückseite zu erwähnen. Das schien ihm zuzusagen. Er sagte: ,Mein Kolläge chat Fähler gemacht. Sollte seine Opinia chaben gäschrieben auf Extrablatt. Kann ich nix dafier, das sein sein Problämm. Ich muss alle Unterlagen zurickgäben. Bitte, vertrauliches Text gächeim chalten.' -

So, jetzt hatten wir also das Papier. Aber, was fangen wir mit einem Text in Polnisch an? Leo ist ja in Schweidnitz! Also sind wir in die Neustadt zu Alfred gefahren. Der las das Schreiben, staunte nicht schlecht und übersetzte es uns schriftlich."
„Und was steht da nun drin in diesem vertraulichen Gutachten?" drängte die Mutter ungeduldig.
Elisabeth las vor: „ ‚Als Leiter der hiesigen Schule (im laufenden Schuljahr) stelle ich fest, dass die umseitige Beurteilung unrechtmäßig ausgestellt wurde.
Die Schülerin besuchte im laufenden Schuljahr über eine gewisse Zeit freiwillig die Klasse VII der hiesigen Schule und dabei lernte ich sie kennen. Ich kenne ebenfalls genau das Elternhaus.
Die Schülerin gab sich zu erkennen als ein verschlossener Typ, unverständig, ohne die Fähigkeit, mit anderen in Gemeinschaft leben zu können.
Die ganze Familie der Schülerin zeigt eine negative Einstellung zur augenblicklichen Wirklichkeit in Polen und nationalistische Tendenzen im Geiste Adenauers.
Die Schülerin sollte in der Produktion beschäftigt werden.'
Ort, Datum, Unterschrift unseres Schulleiters, Punkt. Das war's! Dieser Schuft! Dieser Verleumder! Dieser Stalinist!"
„Da bleibt einem ja die Spucke weg. Jetzt weiß ich wieder einmal, was ‚denunzieren' heißt, das ist ja wie bei den Nazis." Die Mutter war ziemlich außer sich. „Nationalistische Tendenzen im Geiste Adenauers: Was ist denn das für ein Unsinn! Ich habe selber im RIAS gehört, wie Adenauer in einer Rede forderte: ‚Europa muss jeschaffen werden!' Das ist doch das glatte Gegenteil von Nationalismus! - Was sagst Du denn dazu, Josef?"
„Ja, ja, Muttel, Du hast schon Recht. Aber wenn hier einer im Todesjahr Stalins eine deutsche Familie politisch brandmarken will, dann ist dieser Unsinn sehr schlagkräftig und dementsprechend gefährlich für uns. Adenauer wird ja als Nationalist, Militarist und Revanchist verteufelt, weil er die Oder-Neiße-Linie nicht als Ostgrenze Deutschlands anerkennt. - Jedenfalls kennen wir jetzt die wahre Begründung für Elisabeths Nichtzulassung und Leos Rausschmiss aus dem Schuldienst." -

„Ja, Josef, und was wird jetzt aus Elisabeth? Was soll das denn heißen: ‚Die Schülerin sollte in der Produktion beschäftigt werden'?"
„Das heißt nach meinem Verständnis: sie soll nicht ins Lyzeum gehen und nach vier Jahren Abitur machen, sondern sie soll als Arbeiterin in der Fabrik oder im Bergbau in einer niedrigen Lohngruppe dem Aufbau des Sozialismus in Polen dienen."
„Das ist ja ein Hohn auf all das Gerede von Gleichberechtigung und Chancengleichheit. Das nennen die ‚Freiheit von Ausbeutung' und wie die Parolen sonst noch alle heißen! Ich sage immer nur wieder: Das ist wie unter Hitlers Diktatur!"
„Ach, Muttel, rege Dich nicht zu sehr auf, sonst kriegst Du wieder Herzbeschwerden. Wenn wir in einem Rechtsstaat leben würden, nähme ich mir jetzt einen Rechtsanwalt und zöge vor das Verwaltungsgericht. So aber ist es zwecklos, sich öffentlich dagegen aufzulehnen. Wir müssen mal wieder versuchen, möglichst geschickt mit den Schwierigkeiten und denen, die sie uns bereiten, umzugehen. Es ist wichtig zu wissen, wo und von wem Gefahr droht. Man kann sich darauf einstellen. Vielleicht finden wir bei ruhiger Überlegung die Nische, in der wir dem Schlimmsten ausweichen können. Gott schenke uns den Geist des Rates dazu. Leo hat er offensichtlich schon weitergeholfen."
Die Gaben des Heiligen Geistes waren auch sonst noch bitter nötig: Es verblieben nämlich nur noch vier Tage bis zu Vaters Vernehmungstermin im Amtsgericht Waldenburg. Der Vorwurf der Sabotage am Dampfbackofen der Brotfabrik war ungeheuerlich. Vaters Alibi war glasklar, aber in einer Diktatur konnte man nie sicher sein, dass die Richter auch wirklich unabhängig entscheiden durften. Jedenfalls kam es darauf an, starke Nerven zu haben. Hektik konnte nur schaden. Das saubere Gewissen musste sozusagen in den Augen und auf der Stirn ablesbar sein. Und dafür wurde jetzt wieder täglich der Rosenkranz gebetet. Aber nicht nur für den Vater, sondern auch für den Staatsanwalt, den vereidigten Dolmetscher, den Pflichtverteidiger und den Richter.
Als der Vater von der Vernehmung zurückkam, verkündete er gleich im Hereinkommen: „Es ist noch alles offen. Immerhin

haben sie mich nach 2 ½ Stunden wieder laufen lassen und nicht in Haft genommen."
Aus seinem Bericht konnte ich entnehmen, dass die Vernehmung wohl in ruhiger und sachlicher Atmosphäre verlaufen war. Es waren natürlich wieder x Fragen gestellt worden, die mit dem Sabotagevorwurf gar nichts zu tun hatten. Zum Beispiel wurde gefragt, ob der Vater einen Ausreiseantrag in den Westen gestellt habe. Die wichtigsten Fragen zur Sache aber wurden mehrmals gestellt: Wann genau der Vater den Betrieb verlassen hatte, wann er zu Hause angekommen war, wer das bezeugen kann und wie lange es dauert, bis die Kohle in der Feuerung zu Glut wird.
Mir war klar, dass der Ausgang des Verfahrens von der Anerkennung des einwandfreien Alibis abhing. In der Anzeige war nämlich behauptet worden, der Vater habe die Brotfabrik erst kurz vor der Explosion verlassen.
„Also", beendete der Vater seinen Bericht, „ich hatte zwar den Eindruck, dass sie nicht gehässig waren und dass der Dolmetscher sich redlich Mühe gegeben hat, aber wenn sie mir einen Strick drehen wollen, dann können sie das natürlich immer noch. Wir dürfen weiter bangen, hoffen und beten."
In der eingetretenen „Verschnaufpause" konzentrierte sich der Vater nun ganz auf die Frage, wie es mit Elisabeth weitergehen sollte. Er holte viele, auch vertrauliche Auskünfte ein und erörterte mit Elisabeth verschiedene Möglichkeiten einer Erwerbstätigkeit „in der Produktion". Prüfstein war dabei immer die Frage, ob die Erwerbstätigkeit einer schulischen Weiterbildung dienlich war oder ihr im Wege stand.
Nach ungefähr vier Wochen war tatsächlich eine Lösung gefunden: Elisabeth sollte im neuen Schuljahr die deutschsprachige „Bergmännische Grundschule" in Waldenburg besuchen.
Als ich das erfuhr, fand ich es unglaublich: Ein Mädchen in einer Bergmännischen Berufsschule? Das gab es doch nicht! Das war doch ein Witz! Ich hörte, dass auch im Bekanntenkreis meiner Familie darüber gewitzelt wurde. Doch bei genauerem Hinsehen zeigte sich, dass diese Idee durchaus Sinn machte: Elisabeth wollte sich die Möglichkeit zu einer wie auch immer gearteten deutschsprachigen schulischen Weiterbildung nicht entgehen

lassen. Neben den berufstypischen Fächern Bergbaukunde, Maschinenkunde und Elektrotechnik wurden nämlich auch die Fächer Mathematik, Physik, Chemie, Deutsch und Geschichte gelehrt. Na, also! dachte ich.
Der „Knackpunkt" dabei war allerdings, dass Elisabeth dreimal wöchentlich praktischen Unterricht in Werkstätten, im Schulstollen unter Tage durchzustehen hatte. Von daher kamen auch die Bedenken des Schulleiters. Elisabeth war die erste Schülerin, und man hatte noch keine Erfahrungen vorliegen. Andererseits hatte der Vater mit Erfolg darauf hingewiesen, dass die Zulassung seiner Tochter ein Gebot der sozialistischen Gleichberechtigung der Frauen war.
Elisabeth musste durchaus mit Hänseleien der Mitschüler rechnen, eventuell auch mit körperlicher Überforderung. Aber wie das bei meiner Familie so war: Wenn einer zu etwas „Ja" gesagt hatte, dann biss er sich auch mit Geschick und Durchhaltevermögen durch.
Die ideologische Vorgabe, dass Elisabeth „in der Produktion beschäftigt werden" sollte, war ja mit dem praktischen Unterricht abgedeckt, und so konnte die theoretische Weiterbildung nicht verhindert werden. So hatte man also den verkrampften Ideologen der Schulbehörde „ein Schnippchen geschlagen". Not macht eben erfinderisch!
Der polnische Staat förderte im eigenen Interesse die Ausbildung des bergmännischen Nachwuchses wie keinen anderen Bildungsweg. Und so kam Elisabeth in den Genuss einiger „sozialistischer Wohltaten": Sie erhielt ein bescheidenes Stipendium für den Lebensunterhalt, eine komplette Bergmannsuniform, Schuhe, einen Mantel und zwei Hemden. Wenn das Ganze nicht eine Notlösung gewesen wäre, könnte man sich heute noch belustigt fühlen.
Kurz darauf kehrte Leo mit einem lachenden und einem weinenden Auge aus Schweidnitz zurück. Er freute sich, dass er den Ferienkurs und damit das Ausbildungsjahr mit gutem Ergebnis abgeschlossen hatte.
„So, Fräulein Kloz", sagte er zu mir, „jetzt hat Ihr Leo wenigstens schon einmal die ‚Mittlere Reife' in der Tasche. Das ist ein Grund zum Feiern!" Und nach einer kleinen Pause fügte er mit trauriger

Stimme hinzu: „Nur, dass ich diese Ausbildung nach dem Rausschmiss aus der Schule nicht mehr fortsetzen darf, das ist ein dicker Wermutstropfen. Na ja, ich muss halt mal sehen, ob und auf welchem Wege ich vielleicht doch noch das Abitur bekomme..."

Nach einer kleinen Familienfeier, bei der wieder viel gesungen wurde, begann Leo mit den Vorbereitungen für die geplante Reise in Polens Süden.

Da fiel ihm ein, dass er ja dem polnischen Pfarrer in Bad Salzbrunn noch die Zusage für den 1. Oktober geben wollte. Das war wichtig, denn es ging ja dabei um nicht weniger als um die Sicherung des Lebensunterhaltes für die Zeit nach der Entlassung aus dem Schuldienst. Also schwang er sich schnell auf sein Fahrrad und fuhr nach Bad Salzbrunn. Der Pfarrer war sehr erfreut, endlich wieder einen pünktlichen und zuverlässigen Organisten zu bekommen. Er bedauerte nur, dass er sich noch bis Anfang Oktober gedulden musste.

„Ich habe ihm erklärt", erzählte Leo nach der Rückkehr, „dass ich ja bis Ende September noch im Schuldienst bin und dass ich den Behörden keinen Vorwand zu einem noch früheren Rausschmiss geben möchte. Das hat er akzeptiert."

Die Mutter fragte: „Kriegst Du dann einen regelrechten Arbeitsvertrag, oder wie läuft das bei unserer heiligen Mutter Kirche?"

„Ich vermute mal", antwortete Leo, „hier gilt das gegebene Wort. Außerdem weiß ich ja noch nicht, wie lange ich den Anforderungen gewachsen sein werde. Ich bin halt ein glückhafter Dilettant und kein ausgebildeter Organist."

Als ich das hörte, dachte ich: So ist es recht. Es mangelt Leo nicht an Selbstbewusstsein und Risikobereitschaft, aber an Selbstüberschätzung leidet er nicht. Er bleibt immer schön auf dem Boden der Tatsachen.

Die Urlaubsreise muss sehr schön gewesen sein. Leo kam wohlgemut und voller Eindrücke zurück. Karten hatte er aus Tschenstochau, Krakau und Zakopane geschickt. Als Andenken brachte er zwei Fotos mit, auf denen er in der Tracht der Góralen, der Bergbewohner der Tatra, posierte.

„Oh", sagte die Mutter überrascht, „Du hast ja eine neue Sonnenbrille! War das nötig? Die alte hattest Du doch auch noch nicht lange."

„Ja, Muttel, der Kauf war leider notwendig, weil mir die alte auf dem Kasprowy Wierch abhanden gekommen war. Ich war mit der Drahtseil-Schwebebahn auf den knapp zweitausend Meter hohen Gipfel hinauf gefahren. Und während ich in dem Gedränge am Kiosk nach einer schönen Ansichtskarte für Euch suchte, verschwand meine abgelegte Sonnenbrille spurlos. Oben auf dem Berg konnte ich mir keine neue kaufen, also musste ich den Abstieg zu Fuß mit halb zugekniffenen Augen machen. Als ich unten in Kuznice ankam, hatte ich Kopfschmerzen. Na ja, Schwamm drüber, die Tour war trotzdem einmalig schön. Auf einem so hohen Berg war ich bisher noch nie, und dann der phantastische Rundblick und die Blumen mit den starken Farben und, und, und! Und unten in Zakopane die Góralenhäuser aus Holz, einfach beeindruckend."

„Und wie ist so der Menschenschlag im polnischen Süden?" wollte die Mutter wissen.

„Also, da ist natürlich zwischen den Städtern in Krakau und den Góralen in Zakopane ein gewisser Unterschied. Aber insgesamt sind sie freundlicher, aufgeschlossener und hilfsbereiter als unsere Polen hier. Man merkt es deutlich, dass sie dort richtig zu Hause sind. Die Häuser und Gärten sind gepflegt, die Gartenzäune werden in Stand gehalten. Mein Gesamteindruck vom polnischen Volk ist im positiven Sinne differenzierter und damit auch gerechter geworden."

„Das freut mich zu hören, Leo, das lässt für die Zukunft hoffen."

Am ersten Schultag nach den Sommerferien ging Leo mit sehr gemischten Gefühlen in die Schule. „Weißt Du", sagte er beim Abschied zu mir, „das ist heute der Anfang vom Ende. In vier Wochen muss ich mich endgültig von der Schule verabschieden. Mal sehen, wie ich da über die Runden komme. Ein bisschen Angst habe ich vor allem vor dem Wiedersehen mit meinem Schulleiter, der ja an allem Schuld ist."

Dieser letzte Satz beschäftigte mich den ganzen Vormittag über. Er klang mir noch in den Schalllöchern, als Inge von der Schule zurückkam. „Rate mal, Muttel, wer mein neuer Klassenlehrer ist!?"
„Na ja, da es ja nur zwei Männer im Kollegium gibt und Leo nicht in Frage kommt, muss ich ja befürchten, dass es der Schulleiter ist. Gott bewahre uns davor!"
„Er hat uns davor bewahrt! Mein großer Bruder Leo ist mein neuer Klassenlehrer! Ist das nicht toll?"
„Ich weiß nicht so recht, wie ich das verstehen soll. Leo ist doch nur noch einen Monat in der Schule..."
Zwei Stunden später kam Leo überraschend munter von der Schule zurück. „Wir haben einen neuen Schulleiter!" rief er seiner Mutter noch von der Wohnungstür aus zu. Die Mutter reagierte mit einem aufatmenden Seufzer und „Gott sei Dank!"
„Unser besonderer ‚Freund' ist auf der Amtsleiter zwei Sprossen höher geklettert und sitzt jetzt im Schulamt in Waldenburg. Da muss ich ihm nicht mehr begegnen!"
„Ich sage noch mal ‚Gott sei Dank!' - Und wie ist der Neue?"
„Na, der trägt zwar auch das Parteiabzeichen am Revers, aber ansonsten ist er dem ersten Eindruck nach ein echtes Kontrastprogramm. Er ist jünger, spricht gut Deutsch, blickt einen nicht wie ein lauernder Wachhund an, drischt keine Parteiphrasen. Sein Umgangston ist einfach ziviler, verbindlicher. Das merkte ich gleich bei der ersten Lehrerkonferenz. Er hat mir eine Klasse gegeben, obwohl ich ja nur noch einen Monat da bin."
„Ja, das habe ich schon von Inge erfahren, und ich konnte mir keinen ‚Reim' darauf machen. Aber so erklärt sich das ja jetzt. Ich finde, das ist kein schlechtes Signal von dem neuen Schulleiter. Das macht ihn mir menschlich sympathisch."
„Ja, und in zwei Wochen wird der erste Schulwandertag sein. Da darf jeder Klassenlehrer das Ziel selber bestimmen."
„Prima, und hast Du schon eins im Kopf?"
„Ich werde an meinem letzten Schulwandertag auf den Hochwald gehen."

„Auf den Hochwald, unseren geliebten Hausberg! Sehr gut, mein Sohn! Aber ist das für ein viertes Schuljahr nicht ein bisschen zu viel?“
„Ja, Muttel, es gibt ja so eine Faustregel, die besagt: Man kann Schulkindern beim Wandern eine dem Alter entsprechende Kilometerzahl zumuten. Also kämen für meine Zehnjährigen zehn Kilometer in Frage. Das reicht natürlich nicht für den Weg von und nach Weißstein.“
„Von Gottesberg aus ist der Aufstieg kürzer und leichter.“
„Genau, Muttel, daran habe ich auch schon gedacht. Nur, da muss ich mit den Kindern ja erst mal nach Gottesberg kommen. Also werde ich versuchen, vom Juliusschacht einen Werksbus zu bekommen. In meiner Klasse sind ja fast ausschließlich Kinder von Bergleuten, da müsste sich doch was machen lassen.“
Ich merkte in meinem Kasten mal wieder deutlich Leos Freude am Organisieren. Wenn er zu einer Aufgabe „Ja“ gesagt hatte, dann kamen ihm auch in „Null-Komma-Nix“ die passenden Ideen in den Sinn. Diesmal war ich besonders froh, denn das lenkte ihn von dem lähmenden Entlassungsalptraum ab.
Als Inge am späten Nachmittag des Wandertages zurückkam, war sie ganz begeistert: „Das war eine tolle Tour! Erst mit dem klapprigen Bus, dann wandern rauf und runter, und dann wieder zurück mit dem Bus.“
„Und wie sah 's oben aus?“ –
„Na ja, Muttel, an die Störsenderantenne kamen wir natürlich nicht ran. Da ist ein hoher Metallzaun drumherum mit Stacheldraht obendrauf. Auf den Turm der sogenannten Ruine durften wir nicht, der ist wegen Baufälligkeit gesperrt. Da waren wir erst mal traurig, denn Leo hatte uns was von dem herrlichen Blick auf Weißstein vorgeschwärmt.“
„Aber sonst war's doch wohl ganz schön. Mit dem Wetter hattet Ihr ja großes Glück!“ „Na klar, Muttel. 850 Meter hoch, das ist ja der höchste Berg, auf dem ich bisher war. Der Leo hat mit uns auf der Wiese vor der Ruine tolle Spiele gemacht. Wir haben auch wieder viele Wanderlieder gesungen. Dann hat uns Leo erzählt, wie er als Kind mal mit dem Papa auf dem Turm war. Da war unten über Weißstein ein kurzes Gewitter und oben standen sie

im Sonnenschein. Das muss toll gewesen sein. Sie konnten von oben auf die Wolken sehen, aus denen unten die Blitze zuckten."
„Habt Ihr auch ein Foto gemacht?"
„Na klar. Da gab's erst ´ne kleine Rangelei, weil sich alle um Leo drängelten. Ich bin mal gespannt, ob's was geworden ist."
Der neue Elternbeirat hatte inzwischen beim Schulamt protestiert und Leos Wiedereinstellung gefordert. Das Schulamt war hart geblieben. Und so blieb den Elternvertretern nichts anderes übrig, als Leo in einem Schreiben für die geleistete Arbeit herzlich zu danken und „für das Weitere nur das Beste" zu wünschen.
Der 30. September 1953 war für Leo ein schicksalsschwerer Tag. Am Morgen ging er wortlos aus dem Zimmer. Vom Frühstückstisch hörte ich keine Silbe. An der Wohnungstür sagte die Mutter nur: „Ich bete für Dich, damit Du diesen schrecklichen Tag überstehst."
Als Inge aus der Schule zurückkam, fing sie gleich an zu schluchzen: „Der Leo hat gleich zu Beginn der Stunde zu uns gesagt: ‚Ich muss mich heute leider von Euch verabschieden. Ihr wart eine gute, liebe Klasse.' Da musste er ein paar Mal schlucken und dann ist er ganz schnell aus der Klasse rausgelaufen. Wir wussten gar nicht, was jetzt werden sollte. Es war ganz still in der Klasse. Keiner rührte sich. Nach einer Weile kam Leo dann wieder rein und hatte ganz rote Augen. Jetzt fingen einige von uns an leise zu weinen, ich und Renate auch." Weiter kam Inge nicht mehr. Die Mutter nahm sie in den Arm und weinte still mit ihr.
Leo kam später wortlos ins Zimmer und schloss die Tür. Er kniete sich vor dem Wandkreuz über dem Schreibtisch auf den Boden und vergrub sein Gesicht in den Händen. Nach einer Weile stand er auf und legte sich auf das Bett. Als die Mutter ihn bat, zum Mittagessen zu kommen, sagte er leise: „Ich kann jetzt nichts essen." Bald darauf schlief er ein.
Erst als es draußen schon dämmerte, wachte er wieder auf. Er holte mich aus dem Kasten, zupfte ein wenig an meinen verstimmten Saiten, und sagte dann leise: „Weißt Du, für mich ist heute ein ganz besonderer Tag. Als ich das Schulgebäude verlassen musste, sagte mir plötzlich eine innere Stimme: Der Lehrerberuf ist der richtige für Dich. Ich weiß zwar überhaupt nicht, wie

das gehen soll, aber irgendwie bin ich mir jetzt sicher, dass ich in diesem Beruf etwas leisten kann. Ich bin bereit, Himmel hilf!"

Spirale wieder aufwärts

Am 1. Oktober musste Leo schon früh aus dem Bett, denn er sollte zur 8-Uhr-Messe die Orgel spielen. Vorher wollte der Pfarrer mit ihm noch in der Sakristei eine kurze Dienstbesprechung halten. Also fuhr Leo kurz nach sieben mit dem Fahrrad nach Bad Salzbrunn. Ich dachte: Das trifft sich gut so! Da hat Leo gleich wieder ordentlich was zu tun und hat keine Zeit, dem Vergangenen nachzutrauern.
Mittags kam Leo in guter Verfassung nach Hause. „Na, das fängt ja gleich gut an", begann er zu erzählen. „Es gibt kein Orgelbuch, nur ein kleines Gesangbuch mit der Singstimme. Da muss ich mir die Begleitung selber einfallen lassen. Wenn ich die erste Strophe nicht ansinge, singt keiner. Aber wenn der Gesang ‚in Gang' gekommen ist, dann singen die Leute laut und mit Inbrunst und kümmern sich nicht um das Orgelspiel. Sie lassen sich zum Beispiel das Tempo nicht vorschreiben. – Ich hatte ja schon in unserer Weißsteiner Kirche bemerkt, dass bei manchen Liedern unterschiedliche ‚Schlenker' gesungen werden. Das kommt halt daher, dass die Polen aus verschiedenen Gegenden und Diözesen hierher gekommen sind. Aber in Bad Salzbrunn ist das noch mal verstärkt, denn da sind ja die Kurgäste aus ganz Polen, und jeder singt, wie er es von zu Hause kennt! Der Pfarrer sagt: ‚Missen Sie laut spielen, damit Leute merken, wie soll sein! - Ist aber nicht schlimm. Liebe Gott das tolerieren!'
Ich muss heute Abend noch mal hin, denn da ist die feierliche Eröffnung der Rosenkranzandacht. Und das geht dann sieben Tage die Woche so. Da muss ich mir noch ein paar polnische Marienlieder mehr aneignen. Die Schwestern von den ‚Armen Dienstmägden Christi' haben mir schon ein paar Tipps gegeben. Denn es hat gar keinen Zweck, Lieder anzustimmen, die nur Wenige kennen. Da bleibe ich Solist."

„Na", sagte da die Mutter, „das ist ja alles ganz schön spannend!"
„Oh ja, Muttel, es kommt ja noch viel spannender!"
„Nanu, nanu, da bin ich aber neugierig!"
„ Ja, hör´ mal zu und staune: Am Sonnabend muss ich bei einer Trauung spielen! Da hat mir der Pfarrer gesagt: ‚Missen Sie Avä Marija sin-gen. Keine Trauung ohne Avä Marija! Am besten von Bach-Gounod oder von Schubert!' Tja, da stehe ich nun, ich armer Tor: Ich kann doch weder das eine noch das andere! Beim Schubertschen Ave Maria fehlt mir der polnische Text, und beide kann ich doch nach Noten nicht spielen!"
„Ach du lieber Gott! Und was machst Du jetzt?"
Der Pfarrer sagt: ‚Cherr Läo, Sie chaben Talent. Wärden Sie Kompozytor und komponieren eigene Avä Marija, was Sie kännen spielen und sin-gen.' Ich finde die Idee gar nicht so schlecht und werde wieder einmal versuchen, aus der Not eine Tugend zu machen."
„Na dann viel Glück dazu! Aber Du hast ja nicht einmal ein Klavier zur Verfügung!"
„Ich nehme meine Geige, Muttel. Die hat es echt verdient, mal wieder für einen guten Zweck benutzt zu werden. Für den Anfang habe ich schon eine Tonfolge im Kopf."
„Lass doch mal hören!" Und sofort sang Leo: „A-vä – Ma-ri-ja!"
„Warum singst Du ‚Avä Marija' und nicht normal Ave Maria?"
„Tja, Muttel, das ist die polnische Aussprache des Lateinischen. Der Pfarrer hat mich darauf aufmerksam gemacht. ‚Das cheißen gratia pläna und dominus täcum'. Das hört sich an wie beim Papstsegen Urbi et Orbi im Radio Vatikan. – Ich muss nicht nur beim E, sondern auch beim O aufpassen: Nicht geschlossen ‚dohna nohbis pacem', sondern offenes o wie in ‚offen', aber lang."
„Na, das ist ja eine Wissenschaft für sich. Ich wünsche Dir nochmals viel Glück!"
Und so kam ich wieder einmal völlig überraschend zum Einsatz. Leo spannte den Bogen, stimmte mich sorgfältig nach der Stimmpfeife und probierte auf mir - mitsingend - einige Tonfolgen für den Anfang seines Ave Marias. Dann setzte er sich an den Schreibtisch und notierte mit Bleistift auf einem Notenblatt, wo-

für er sich entschieden hatte. Die erste Zeile erinnerte mich ein wenig an „Summ, summ, summ“, aber dann ging es gleich ordentlich in die Höhe. Leo wollte wohl unbewusst zeigen, wozu er stimmlich in der Lage war. Nach zwei Stunden hatte er den ersten Teil des Ave Marias zu Papier gebracht und spielte und sang ihn seiner Mutter vor. Die zeigte sich angenehm überrascht und sagte: „Mein Leo ist halt doch ein glückhafter Dilettant!“
Offen blieb natürlich die Frage, ob er sich zu der komponierten Melodie auch auf der Orgel würde begleiten können. Leo hat das gleich am Abend nach der Rosenkranzandacht mit den Mitteln seiner eigenen „Harmonielehre“ ausprobiert: Es klappte! Und am nächsten Tag vollendete Leo mit meiner Hilfe die Singstimme zu seinem „Opus Nr. 1, Knöchelverzeichnis Nr. 1“, wie er es übermütig nannte.
Jetzt waren wir natürlich alle gespannt, wie er mit seiner Komposition bei dem Brautpaar und den Hochzeitsgästen „ankommen“ würde. Zwei Tage mussten wir noch warten.
Zwischen der Trauung am Nachmittag und der Rosenkranzandacht am Abend kam Leo eigens zur genüsslichen Berichterstattung noch einmal mit dem Fahrrad nach Hause.
„War das ein Erfolgserlebnis!“ fing er an zu erzählen. „Es hat wirklich fehlerfrei geklappt! Ich hatte auch die richtigen Register gezogen. Gleich, nachdem ich geendet hatte und während der Pfarrer unten die Brautkerze überreichte, kam der Vater der Braut auf die Orgelempore, schüttelte mir kräftig die Hand, drückte mir einen 20-Zloty-Schein hinein und bedankte sich mit überschwänglichen Worten. Er habe noch nie ein so schönes Ave Maria gehört. Ob das nun von Bach oder von Gounod gewesen sei, wollte er wissen. Ich verneinte unsicher. Ja, von wem es denn nun gewesen sei. Als ich jetzt mit der Wahrheit herausrückte, schüttelte er mir nochmals anerkennend die Hand, drückte mir noch einen 20-Zloty-Schein hinein und bat mich, zum Auszug des Brautpaares einen ordentlichen ‚marsza koscielnego’, einen ‚Kirchenmarsch’ zu spielen. Und da fiel mir nichts Besseres ein, als alle Register zu ziehen und ein brausendes ‚Tochter Zion’ im Marschrhythmus erschallen zu lassen. Vor der Kirche wurde ich dann von der Hochzeitsgesellschaft mit Beifall bedacht. Die Einladung zum

Festessen konnte ich leider wegen der Rosenkranzandacht nicht annehmen."

Leo übte fleißig, auf der Orgel in der Kirche und zu Hause. Hier übte er mit meiner Hilfe gregorianische Choralgesänge ein. Es gab ja keine Choralschola, und so musste er Solo singen. Ich wunderte mich immer, dass es ihm gelang, die zu Hause einstudierten Gesänge auf der Orgel zu begleiten. Der Pfarrer war mit ihm sehr zufrieden, der Lebensunterhalt war zunächst einmal gesichert. Als wohltuend empfand es Leo, dass er jetzt nicht mehr irgendwelche ideologischen Phrasen nachbeten musste, wie es in der Schule nun mal unumgänglich gewesen war.

Trotzdem fühlte sich Leo nicht so richtig wohl in seiner Haut. Er bekam es täglich zu spüren, dass ihm die Grundlage für sein Tun, eine ordentliche Ausbildung, fehlte. Er konnte nur immer, wie er sagte, von Herausforderung zu Herausforderung hüpfen, um sich über Wasser zu halten.

Eine Ausbildung zum Organisten war nicht finanzierbar, wovon hätte Leo leben sollen? Also begann er schon nach drei Wochen, sich nach einer anderen Erwerbstätigkeit umzusehen. Da wurden zum Beispiel bei der Städtischen Inkasso-Gesellschaft Kassierer, Stromableser und Gasmänner gesucht. Leos Bewerbung wurde gern entgegen genommen: Deutsche arbeiten zuverlässig. Die eingereichten Unterlagen mussten selbstverständlich geprüft werden. Drei Tage später hieß es dann, man habe doch keine Stelle frei. Leo solle sich doch bitte bei der Bergbauverwaltung um einen Arbeitsplatz bewerben. Vor allem würden Untertagearbeiter gesucht.

Leos Vater hatte sofort einen Verdacht: „Holzauge, sei wachsam! Der Arm des Schulamtes ist lang! Die fragen pflichtgemäß in der Zentralkartei des Parteihauses nach, und dort steht der Vermerk: ‚Soll in der Produktion beschäftigt werden!'"

„Na, Josef", sagte die Mutter, „Du musst nicht gleich wieder Schwarzmalerei betreiben!"

„Nein, nein, Muttel", meinte da Leo, „rein gefühlsmäßig ist mir dieser Gedanke auch schon gekommen. Aber ich werde es weiter versuchen, meinem derzeitigen schulischen Ausbildungsstand entsprechend eine Erwerbstätigkeit zu finden. Jedenfalls bin ich

jetzt erst mal wieder froh, dass ich meinen Lebensunterhalt mit dem Orgelspiel sichern kann.
Den nächsten Versuch startete Leo bei der Polnischen Sparkasse PKO. Und siehe da, das Spiel wiederholte sich haargenau: Die Bewerbung wurde freundlich angenommen: Deutsche sind ja jetzt gleichberechtigt und dürfen auch in gehobenen Positionen arbeiten. Nach drei Tagen musste man bedauerlicherweise feststellen, dass keine Stelle frei sei. Aber im Bergbau gebe es noch viele freie Arbeitsplätze...
Wieder war Leo froh, dass er die Organistenstelle hatte. Als er an Allerheiligen vom Hochamt zurückkam, berichtete er von zwei Besuchern, die zu ihm auf die Orgelempore gekommen waren, der eine vor, der andere nach der Messe. Vor der Messe war es sein Vorgänger, der entlassene polnische Organist. Er beklagte sich über den Pfarrer, der ihn ohne Rücksicht auf seine vier Kinder weggeschickt habe. Er würde das nicht einfach so auf sich sitzen lassen. Leo: „Das war mir sehr peinlich. Ich habe ihm erklärt, dass ich ja nichts dafür könne. Das hat er schweigend hingenommen. Aber seine Wodka-Fahne war deutlich zu riechen...Nach dem Eröffnungslied ist er gegangen.
Nach der Messe kam ein relativ junger Mann zu mir herauf. Ich war gerade mit dem Auszugsstück beschäftigt. Als ich fertig war, sprach er mich auf Deutsch an: „Das habe ich auch noch nicht erlebt: Das weihnachtliche ‚Transeamus usque Bethlehem' von dem ehemaligen Breslauer Domkapellmeister Joseph Ignatz Schnabel an Allerheiligen!"
Ich sagte: „Na ja, ich spiele es ja nur und singe nicht dazu. Die Polen kennen ja den Chorsatz nicht, und der Pfarrer wünscht sich die tolle, abwechslungsreiche Musik sogar immer mal wieder. Er liebt Stücke ‚mit Pauken und Trompeten'. Und da lässt sich ja beim ‚Transeamus' einiges herausholen"
„Das habe ich eben gehört", meinte er. Dann wunderte er sich, dass ich ohne Noten, also auswendig gespielt hatte. Da habe ich ihm frank und frei erklärt, dass ich nach Noten – wenn ich sie denn hätte – gar nicht spielen könnte. Jetzt wollte er natürlich hören, wie sich das zusammenreimt. Ich hab's ihm möglichst knapp erklärt, und er zog daraus die richtige Schlussfolgerung,

dass mein ‚Transeamus' an Allerheiligen eine meiner Notlösungen war, die ich ohne Noten aus meinem musikalischen Gedächtnis abrufen und mit den Mitteln meiner eigenen ‚Harmonielehre' gestalten konnte. Schließlich entschuldigte er sich, dass er sich nicht vorgestellt habe:
„Gestatten", sagte er mit einer kleinen Verbeugung, „del Bocca, Siegfried del Bocca. Ich stamme aus Oberschlesien und bin jetzt als Tenor-Solist beim Gesangs- und Tanzensemble ‚Freundschaft' engagiert."
Jetzt fiel es mir wie Schuppen von den Augen: „Na klar", sagte ich, „ich habe Sie doch kürzlich im ‚Weißen Saal' am Kurpark singen hören und sehen: ‚Schenkt man sich Rosen in Tirol' war es, glaube ich."
Das ehrte ihn offensichtlich, und am Ende der Unterhaltung sagte er: „Hören Sie mal, Sie haben zwar keine ausgebildete, aber eine gute Stimme – auch in den Höhen –, bewerben Sie sich doch bei unserem Ensemble, der Chef sucht händeringend Tenöre für den Chor. Die ‚Freundschaft' ist ja ein staatliches Berufsensemble, und von dem Gehalt kann man leben."
„Nachtigall, ik hör dir trapsen!" rief da spontan Elisabeth. „Ich sehe eine Künstlerkarriere auf meinen Bruder zukommen! Warum eigentlich nicht?"
„Nun mal langsam, Schwesterchen. Zunächst einmal bin ich wohlbestallter Organist bei Mutter Kirche. Ich musste bisher noch kein einziges Mal die Internationale singen. Die gehört aber zwangsläufig zum Repertoire der ‚Freundschaft'. – Aber nehmen wir mal an, ich würde mich bewerben. Glaubst Du etwa, die würden auf die Rückfrage im Parteihaus verzichten? Oder glaubst Du, das Schulamt hätte für eine Beschäftigung bei der ‚Freundschaft' einen Ausnahmevermerk gemacht?! Unvorstellbar! Die Katze fällt doch immer wieder auf die Füße!"
„Also Brüderchen, wir leben doch unter polnischer Verwaltung! Die Freundschaft mit der DDR soll gefördert und demonstriert werden. Die ‚Freundschaft' sucht händeringend Tenöre für den Chor: Ist es da unvorstellbar, dass da irgendeiner ein Auge zudrückt und Du in Deine neue Nische rutschst?"

„Mag sein, mag sein, Elisabeth. Aber wohl fühle ich mich bei dem Gedanken daran noch lange nicht."

Jetzt muss ich erst einmal erwähnen, dass Leo bei all dem Auf und Ab und Hin und Her der letzten Wochen sein längerfristiges Ziel, die Erlangung des Abiturs und damit den Zugang zum Hochschulstudium, nicht aus den Augen verloren hatte. Die deutschsprachige Weiterbildung in Schweidnitz war ja durch den Rausschmiss aus der Schule gekappt. Was nun? Leo erfuhr, dass es neuerdings auch für Deutsche eine Weiterbildungsmöglichkeit gab, allerdings in polnischer Sprache. Alle Fächer in Polnisch, und das dann neben der unumgänglichen Erwerbstätigkeit! War das zu schaffen? Leo beriet sich mit Alfred, der immer noch an der Waldenburger deutschsprachigen Grundschule unterrichtete. Alfred machte ihm Mut und bot ihm seine Hilfe bei der Bewältigung der sprachlichen Schwierigkeiten an. Mit diesem Rückhalt meldete sich Leo bei dem „Allgemeinbildenden Korrespondenzlyzeum für Werktätige" in Waldenburg an. Diese Bildungseinrichtung – wie das Schweidnitzer Institut eine Art Fernstudiengang für erwachsene Erwerbstätige – hatte seinen Sitz in dem Gebäude von Leos ehemaliger Oberschule in Waldenburg Neustadt! Was für ein Wiedersehen unter was für veränderten Umständen!
Der polnische Schuldirektor war ein aufgeschlossener, freundlicher Mann. Bei Leos Berufsangabe „Organist" zog er zuerst die Stirn in Falten und kurz danach lächelte er: Leo verstand dieses Minenspiel, er hatte hier keinen engstirnigen Stalinisten vor sich! Leo sprach deshalb auch gleich mutig sein Hauptproblem an: Bei den Wochenendkonsultationen konnte er wegen der Gottesdienstordnung zwar sonnabends, aber nie sonntags mitmachen. Der Direktor machte ein ernstes Gesicht und sagte nur kurz: „Bei entsprechender Nacharbeit genehmigt." Auch die polnischen Fachlehrer waren freundlich zu Leo, dem ersten und einzigen Deutschen in dieser Bildungseinrichtung. Sie nahmen Rücksicht auf seine sprachlichen Schwierigkeiten, verbesserten ihn, wenn er sich nicht korrekt ausgedrückt hatte und sparten nicht mit Lob, wenn er eine besondere Leistung erbracht hatte.

Mit einem Schlag war Leos Freizeit gleich Null, denn er musste sich den Lernstoff in den einzelnen Fächern nach dem vorgegebenen Plan aus den Lehrbüchern selbst erarbeiten. Viel Zeit brauchte er immer für die schriftlichen Arbeiten in jedem der Unterrichtsfächer, die vierteljährlich abzuliefern waren und benotet wurden. Hier hat sich Alfred beim Korrekturlesen große Verdienste erworben. Es ging langsam voran, die Spirale drehte sich auch hier wieder aufwärts.

Mitte November kam Leo etwas betreten vom Organistendienst zurück: „Der Pfarrer hat ein Schreiben des Polnischen Organistenverbandes bekommen, in dem ihm mitgeteilt wird, dass es verboten sei, jemanden als Organisten zu beschäftigen, der nicht Mitglied des Verbandes sei. Der Pfarrer wird antworten, dass ich zum Beitritt bereit sei. Ich habe ein mulmiges Gefühl im Bauch, da steckt doch wahrscheinlich mein entlassener Vorgänger dahinter."
Drei Tage später brachte Leo eine Hiobsbotschaft mit nach Hause: „Der Pfarrer darf mich nicht länger beschäftigen!"
„Wieso das denn nicht?" wunderte sich die Mutter. „Du warst doch zum Eintritt in den Polnischen Organistenverband bereit!"
„Das stimmt, Muttel, aber Mitglied dieses Verbandes kann nur werden, wer polnischer Staatsbürger ist. Und da ich das nicht bin und nicht werden will, kann ich nicht Mitglied werden und darf demnach nicht als Organist beschäftigt werden. So einfach ist das! Da stecken bestimmt auch staatliche Stellen mit dahinter, die dem Pfarrer was wollen."
„Bist Du etwa schon entlassen?"
„Nein, Muttel, der Pfarrer sagt, dass er das noch bis Ende des Jahres durchhält. Aber dann… Er war wütend über die Paragraphenreiter und seine Ohnmacht. Es stehe sehr schlecht um das Verhältnis zwischen der kommunistischen Regierung und der Katholischen Kirche in Polen. Kardinal Wyszynski sei Ende September nachts vom Staatssicherheitsdienst UB verhaftet und aus dem Erzbischöflichen Palais in Warschau mit unbekanntem Ziel abtransportiert worden. Als Primas von Polen sei er ja im Auftrag des Papstes zuständig für die Seelsorge in unserer Region. Der

Papst will wegen des Reichskonkordats hier noch keine polnischen Ortsbischöfe einsetzen. Da habe es Ärger mit den Kommunisten gegeben. Kardinal Wyszynski habe wegen seiner Treue zur päpstlichen Entscheidung ins Gefängnis gemusst. Das sei auch eine Drohgebärde der kommunistischen Machthaber zur Einschüchterung der ganzen polnischen Geistlichkeit. Man suche nur nach einem Vorwand, um zuschlagen zu können. So müsse er jetzt zähneknirschend versuchen, durch Wohlverhalten über die Runden zu kommen. Das sei stalinistische Willkür."
„Ja, und wie soll's jetzt weitergehen? – Übrigens, in der ‚Arbeiterstimme' steht heute eine Anzeige, dass die ‚Freundschaft' dringend Tenorsänger für den Chor sucht – auch ohne Notenkenntnisse."
„Ach ja, das hatte ja der del Bocca letzthin auch schon gesagt. – Merkwürdig, dieses zeitliche Zusammentreffen…"
„Leo, vielleicht solltest Du Dir das doch mal anschauen. Man weiß ja nie…"
In der darauf folgenden Woche war Leo so weit, dass er sich „das bei der ‚Freundschaft' mal anschauen" wollte. Nach etwa zwei Stunden kam er zurück und hatte die Aufnahmeprüfung schon hinter sich!
„Das war ja die reinste Überrumpelung!" begann er zu berichten. „Kurz, nachdem ich mich im Sekretariat gemeldet hatte, kam der Direktor Klonowski persönlich zum Informationsgespräch. Sein Deutsch ist astrein, er ist ein Westfalenpole. Seine musikalische Ausbildung hat er in Deutschland absolviert. Insofern kennt er sich natürlich in der deutschen Musikgeschichte gut aus und ist für seinen jetzigen Posten bestens geeignet. Gleichzeitig ist er noch Direktor der Städtischen Musikschule in Waldenburg. Er erkundigte sich nicht nach meiner ideologischen Linientreue, sondern nach meinem ‚musischen Werdegang'. Da habe ich ihm von meinem zweijährigen Geigenunterricht bis Kriegsende erzählt, und dass das in dem Gebäude war, in dem er jetzt Direktor ist. Dann habe ich ihm vom Kirchenchor, dem Schulchor und dem Kinderchor in der deutschen Restgemeinde erzählt.
Auf einmal unterbrach er mich: ‚So, und jetzt sind Sie Organist und spielen an Allerheiligen das ‚Transeamus' zum Auszug… Ja,

da staunen Sie, nicht wahr? So etwas spricht sich herum. Der Kollege del Bocca hat mir das neulich in der Probenpause schmunzelnd erzählt. - Ja, hören Sie mal, da können Sie ja sogar nach Noten singen! Dann sind Sie ja für unsern Chor bestens geeignet. Langer Rede kurzer Sinn: Ich lasse grade noch einmal überprüfen, welche Stimmhöhe Sie packen, und dann mache ich Ihnen ein Angebot.'
Wir gingen hinüber in einen kleinen Raum, an dessen Tür stand ‚Übungsraum Solisten'. Am Klavier saß eine ältere deutsche Dame, die ich vor zehn Jahren als Pianistin beim Kurkonzert in der Wandelhalle des Kurparks gesehen und gehört hatte. Ja, ja, unsere deutsche Vergangenheit…Bei der ‚Freundschaft' ist sie als Korrepetitorin beschäftigt, das heißt, sie übt mit den Solisten und dem Chor die Gesangspartien vom Klavier aus ein.
Ich musste Tonleitern rauf und runter singen, jedes Mal einen Ton höher, bis es nicht mehr ging. Ich glaube, ich kam bis zum hohen A. ‚Gut, gut, sehr gut' sagte die Korrepetitorin, ‚jetzt wollen wir doch noch mal Ihre Notenkenntnisse prüfen. Das ist hier zwar nicht Einstellungsvoraussetzung, aber es ist natürlich von Vorteil, wenn wir nicht bei Adam und Eva anfangen müssen.' Sie drückte mir ein aufgeschlagenes Notenbuch in die Hand. ‚Kennen Sie dieses Lied?' Ich verneinte. ‚Dann versuchen Sie doch einmal, vom Blatt zu singen!' Dann gab sie mir mit einem kräftigen Akkord den Einsatz. Das war vielleicht ein komischer Text: ‚Ach, wie so trügerisch, sind Weiberherzen…' oder so ähnlich. Ich habe die Melodie kurz angesummt und dann mutig drauf los gesungen.
‚O la la', sagte da der Direktor, ‚da steckt ja bei entsprechender Ausbildung ein Solist drin! Machen wir es kurz, ich stelle Sie für drei Monate zur Probe ein. Dienstag, Donnerstag und Freitag sind bei uns Probentage, am Mittwoch, Sonnabend und Sonntag fahren wir zu Auftritten in ganz Niederschlesien herum – überall, wo noch Deutsche wohnen – und montags ist frei.'
Ich war so überrumpelt, dass ich nur noch gefragt habe, wann ich anfangen sollte. Er meinte, am besten gestern, aber zum 1. Dezember wäre es schon nötig, denn dann begännen die Proben für das nächste Programm. Das bisherige Chor-Repertoire würde die Korrepetitorin mit mir in Zusatzproben einüben. Die Texte – in

deutscher, polnischer und russischer Sprache – könnte ich ja ab sofort zu Hause auswendig lernen. Ansonsten müsste ich halt am Anfang das Mitsingen auf der Bühne mimen. Er könnte mir an den Auftrittstagen keine Schonfrist einräumen. Die Arbeitsdisziplin würde im Sozialismus bekanntlich großgeschrieben."
„Ach, Leo", seufzte die Mutter, „jetzt haben wir die neue Situation, und ich weiß nicht, ob ich lachen oder weinen soll!"
„Das ist doch prima!" rief Elisabeth, „da hatte ich doch den richtigen Riecher! Die ‚Freundschaft' ist Deine neue Nische! Und Du brauchst dafür noch nicht einmal die polnische Staatsangehörigkeit anzunehmen!"
Leo meinte: „Ich bin zwar noch nicht fest angestellt, aber ich habe zumindest für die nächsten drei Monate wieder eine Perspektive, denn in der Kirche geht's ja nicht mehr weiter. Ich glaube auch, dass ich die neue Aufgabe eher packen kann als das Orgelspiel. Eine besonders wichtige Begleiterscheinung wird sein, dass mir verhältnismäßig viel Zeit für mein schulisches Lernen bleibt. An den Probentagen bin ich nur halbtags beschäftigt, denn mehr als vier Stunden wird nicht geübt. Und den Montag habe ich ganz zur Verfügung."
„Ja, und wie willst Du es dem Pfarrer beibringen, dass Du so plötzlich weggehen musst?"
„Muttel, der wird natürlich nicht begeistert sein. Aber er weiß ja genau, dass er mich nicht länger beschäftigen darf. – Wenn er so schnell keinen Nachfolger findet, kann ich ja vielleicht sonntags vormittags noch ein bisschen aushelfen, denn wir starten frühestens um 12 Uhr mit dem Bus, das habe ich schon erfahren."

Man merkt, Leo hatte sich schon ganz auf die neue Situation eingestellt. Ich war zufrieden, dass er auch bei seiner neuen Erwerbstätigkeit wieder musisch gefordert war.
Leos Vater meinte zwar, dass ein Schauspielerleben ziemlich unstet werden könne und dass die Schminkerei auf die Dauer der natürlichen Gesichtsfarbe schaden könne, aber er sah auch keine Alternative und deshalb war er mit Leos Entscheidung einverstanden. „Wer die Gefahren kennt, der kann ihnen ja zu begegnen versuchen", sagte er abschließend.

Am Ende des schicksalhaften Jahres 1953 stand also Leo als Chorsänger auf niederschlesischen Stadt- und Dorfbühnen. Als Dienstkleidung hatte er einen dunkelblauen Anzug, ein weißes Oberhemd und eine dunkle Krawatte bekommen. An das Schminken musste er sich erst gewöhnen. Man hatte ihm gesagt, das sei für die Chorsänger ein Muss, weil sie sonst im Scheinwerferlicht leichenblass aussähen. Durch die Auftritte kam Leo jetzt kostenlos in Städte und Dörfer Niederschlesiens, die er bisher nur von der Landkarte her kannte. Er empfand das als Bereicherung. Das Herumreisen mit dem Bus war für ihn keine Anstrengung, er frönte seiner Reiselust, und während der nächtlichen Rückfahrt machte er es sich im Bus schlafend bequem.

Ende Februar 1954 war die Probezeit abgelaufen. Da bisher alles glatt gelaufen war, hoffte Leo jetzt auf die feste Anstellung. Es rührte sich nichts. Mitte März kam Leo niedergeschlagen vom Probenvormittag nach Hause. „Ich war heute in der Probenpause beim Personalchef und habe um den Arbeitsvertrag gebeten."
„Oh Gott", seufzte die Mutter, „wenn ich Dein Gesicht sehe und Deinen Tonfall höre, schwant mir Schlimmes!"
„Es ist schlimm, Muttel, ich krieg die Krise! – Kann denn bei mir nicht einmal was glatt gehen? – Stell Dir vor, wie mich dieser Personalchef, ein Westfalenpole mit Parteiabzeichen am Revers, behandelt hat. Als ich ihm gesagt hatte, was ich wollte, schnauzte er mich an: ‚Setz Dich, aber auf den Stuhl und nicht auf den Arsch!' Dann kramte er in meiner Personalakte herum. Nach einer Weile sagte er: ‚Wir wussten ja gar nicht, was Du für einer bist. Leute wie Du kriegen bei uns keinen Arbeitsvertrag!' Ich bat ihn um eine Erklärung. Da sagte er: ‚Ich habe Dir nichts mehr zu sagen. Du kannst ja morgen mit dem Direktor sprechen. Und jetzt raus hier!'"
Als der Vater nach der Frühschicht von dem Drama erfuhr, sagte er nur: „Der lange Arm des Schulamtes und unseres besonderen Freundes dort. Ich bin gespannt, was Dir der Direktor morgen sagen wird. Du wirst ihn dabei ein ganzes Stück besser kennen lernen."

Leos Schicksal stand also wieder einmal auf des Messers Schneide: Wenn er nicht bei dem Ensemble auf Dauer angestellt wurde, war er wieder ohne Lebensunterhalt und auch mit dem Korrespondenz-Lyzeum war es gleich wieder aus, denn das durfte er nur als aktiver Werktätiger besuchen.
Am nächsten Vormittag lag eine erhöhte Spannung in der Luft, mehr Bangen als Hoffen. Die Mutter zündete eine kleine Kerze an und stellte sie unter das Muttergottesbild. Während der Hausarbeit murmelte sie ab und zu etwas vor sich hin, das waren gewiss ihre Stoßgebete für Leo.

Als Leo mittags endlich zurückkam, verkündete er noch an der Wohnungstür: „Vorsichtiger Optimismus ist angesagt!" Der Direktor hatte nüchtern, sachlich und vertraulich mit ihm gesprochen. Er habe gedacht, Leo sei von der Schule weggegangen, um sich bei der „Freundschaft" künstlerisch zu betätigen. Aber das sei ja nun ganz anders. Als Direktor der Musikschule sei er geborenes Mitglied des Städtischen Nationalrates. In einer öffentlichen Sitzung habe ihn der Schulamtsleiter hart kritisiert, weil er mich angestellt habe. Und dann zitierte er: ‚Wir haben dafür gesorgt, dass dieser negative Typ aus der Öffentlichkeit verschwindet, und Ihr stellt ihn uns jetzt ohne Rückfrage im Parteihaus auf die Bühne!' Er wisse zwar immer noch nicht, was man mir vorwerfe, wolle es auch gar nicht wissen, aber auf jeden Fall sei die Sache politisch brisant und nicht ungefährlich.
Ich habe dann gefragt, wie es denn jetzt weitergehen solle? Da sagte der Direktor leise: ‚Also pass mal auf. Das Beste ist, wir rühren nicht an der Sache. Du kommst einfach weiter wie bisher zur Arbeit – ohne Arbeitsvertrag. Da kann sich das Schulamt nicht beschweren, und die Rückfrage im Parteihaus ist nicht zwingend erforderlich. Verhalte Dich vorsichtig und ruhig, vor allem auf den Belegschaftsversammlungen mit ideologischer Schulung. Ich habe gemerkt, Du bist ein kritischer Kopf und diskutierst gern. Verhalte Dich ruhig! Reden ist Silber, Schweigen ist Gold!
Wenn mich nicht alles täuscht, tut sich da was auf der politischen Bühne, so eine Art Tauwetter. Der sowjetische Ministerpräsident

Malenkow hat vom Neuen Kurs gesprochen. Die Revolution fängt an, ihre eigenen Kinder zu fressen. Ich weiß nicht, ob Du es mitbekommen hast: Berija, der ehemalige Chef der Staatspolizei unter Stalin, einer der größten Schurken der Stalinzeit, ist kurz vor Weihnachten hingerichtet worden. Wenn Stalin noch ein bisschen länger tot ist, wird sich langsam noch mehr ändern, natürlich auch in Polen…´
Ich wollte wissen, was ich meinem Schuldirektor sagen sollte. ‚Sag ihm, die Probezeit sei verlängert.'"
„Er lässt Dich also nicht fallen", sagte die Mutter beruhigt, „das ist riskant für ihn aber nobel! Gott sei Dank, es gibt noch Leute, die nach Möglichkeiten suchen, den stalinistischen Spuk zu umgehen."

Der Sommer 1954 brachte uns ein ganz besonderes, ja außergewöhnliches Erlebnis, so dass unser Stimmungsbarometer plötzlich in die Höhe schoss: Das „Wunder von Bern". Für Leute, die mit diesem Schlagwort nichts anzufangen wissen, sei gesagt, dass es sich hierbei um das Ende der Fußballweltmeisterschaft von 1954 handelte. Nun werden alle meinen, meine Familie oder zumindest Leo sei fußballbegeistert gewesen. Das kann man nun wirklich nicht behaupten. Im Gegenteil: Es wurde als belästigend empfunden, wenn am frühen Sonntagnachmittag begeisterte Schreie vom nahe gelegenen Fußballplatz herüberdrangen. Leo hörte sich im RIAS öfters stundenlang die Übertragung von Bundestagsdebatten an, was ja damals offiziell verboten und deshalb riskant war. Aber für eine Fußballreportage wäre er das Risiko nicht eingegangen. Im Sommer 1954 war das anders. Und das kam so:
In der letzten Juni-Woche kam Leo vom Probenvormittag der „Freundschaft" nach Hause und fragte den versammelten Rest der Familie: „Habt Ihrs schon gehört? In der Schweiz läuft gerade die Fußballweltmeisterschaft."
„Ich meine, ich hätte in den Nachrichten davon gehört", sagte die Mutter. „Aber zum einen Ohr rein und zum andern raus: Was für mich nicht interessant ist, beschäftigt mich auch nicht. Ich erlebe täglich Spannendes genug. – Aber Leo, was ist nun damit?"

„Beim Tenor und beim Bass wird seit Tagen ständig darüber geredet, und zwar nicht nur in den Pausen. Ich kam mir schon ganz komisch vor, dass ich nicht mitreden konnte. Aber heute bin ich plötzlich wach geworden: Die deutsche Nationalmannschaft hat im Viertelfinale gegen Jugoslawien mit 2 : 0 gewonnen und spielt jetzt im Halbfinale gegen Österreich!"
„Donnerwetter", sagte der Vater, „das finde ich nun wirklich interessant. Auf welcher Seite stehen denn nun Deine Sängerkollegen?"
„Die polnischen Kollegen drücken den Österreichern die Daumen, die deutschen Kollegen den Deutschen, das versteht sich ja wohl von selbst."

„Aber die Polen", fragte Inge, „was ist denn mit der polnischen Mannschaft?"
„Meines Wissens sind die gar nicht erst mal bei der Vorrunde – oder wie das so heißt – dabei gewesen."
„Na Gott sei Dank", sagte die Mutter, „dann ist von daher ja schon mal der Zunder raus aus der Sache. Ich meine: Deutschland und Polen müssen nicht gegeneinander spielen. Das hätte doch die Gemüter hier unnötig erhitzt. Fußball ist zwar auch Sport, aber wenn's um den Nationalstolz geht, dann hört doch die Gemütlichkeit auf."
„Na klar, Muttel", meldete sich Elisabeth, „ich freu mich, dass die Deutschen so weit nach oben gekommen sind. Das darf man doch wohl, oder? – Und ich nehm's den Polen auch nicht übel, wenn sie jetzt den Österreichern die Daumen halten. Neun Jahre nach dem schrecklichen Krieg sind die eben noch nicht so weit, dass sie uns einen Sieg gönnen könnten."
„Ja, Elisabeth, ich weiß gar nicht, ob es überhaupt ein Volk auf dieser Erde gibt, das uns Deutschen schon wieder einen sportlichen Sieg gönnen könnte. Da ist halt noch viel Schutt wegzuräumen."
„Na ja, Muttel", meinte da der Vater, „ganz so schlimm wird's wohl nicht mehr sein. Der Adenauer bemüht sich ja intensiv um Vertrauensbildung. Für mich ist es aber ganz wichtig, dass unsere Nationalmannschaft die Nerven behält und fair bleibt, egal ob sie

gewinnt oder verliert. Denn dann wird man ihr Respekt zollen, und das wird sich für Deutschland auf die Dauer positiv auswirken. Übrigens auch für uns hier."

In den Abendnachrichten wurde gemeldet: Deutschland hat Österreich mit 6 : 1 besiegt und steht damit im Finale gegen Ungarn!
„Donnerwetter, Donnerwetter", rief Leo ganz begeistert, „das ist ja einfach unglaublich! Das ist ja eine Sensation! Jetzt muss ich unbedingt die Reportage vom Endspiel hören. Menschenskinder, ist das aber spannend! Jetzt bin ich mal gespannt, was meine polnischen Kollegen morgen dazu sagen."

Als Leo am nächsten Tag früher als gewohnt von der Probe zurückkam, wollte die Mutter natürlich sofort von ihm wissen, was die polnischen Kollegen zu der Geschichte gesagt hatten.
„O, die waren ziemlich ernüchtert. Roman brachte es auf den Punkt: ‚Vizeweltmeister sind Deutsche auf jädäs Fall, alles Achtung! Gratulacja!' sagte er. Und dann fügte er gleich noch hinzu: ‚Und ich drick dän Ungarn Daumen. Ungarn chaben ja in Vorrunde die Deutsche mit 8 : 3 bäsiegt, die Ungarn chaben weltbestes Mannschaft!' Und dann machte er plötzlich ein nachdenkliches Gesicht und sagte: ‚Der Trainer von die Deutsche, der Ssepp Cherberger, der ssagt immer: Der Ball is rund! – Na ja, wirt sähr spannend.' – Aber ich sag Dir, das war ein Probenvormittag wie noch nie. Der ganze Chor war unkonzentriert, sogar der Sopran und der Alt. Jetzt ist das Fußballfieber sogar bei den Frauen ausgebrochen. – Also das hättest Du mal erleben müssen: Manche Passagen der Fuge mussten x-mal wiederholt werden, und es wollte und wollte nicht klappen. Dann verlor sogar der Chordirigent in seiner Partitur den Faden und gab chaotische Einsätze. Da brach die Korrepetitorin ihre Klavierbegleitung ab und ließ wütend den Klavierdeckel zufallen. Damit war der Probenvormittag vorzeitig beendet."
„Ja, und wie soll das jetzt am Sonntag beim Endspiel werden, da seid Ihr doch zu Vorstellungen unterwegs?!"
„Wir haben riesiges Glück, Muttel, am Sonnabend beginnen unsere Betriebsferien, es sind ja Schulferien und da ist Auftrittspause!"

„Na, dann wird ja hier am Nachmittag die Hölle los sein: Fußballreportage mit Störsendergedröhne. Nein danke, da verabschiede ich mich lieber zu einem Spaziergang durch den Bad Salzbrunner Kurpark, da wird es schön ruhig sein."
„Aber Muttel, das kannst Du doch nicht machen! Es geht um Deutschlands Ehrenrettung!"
„Mein lieber Leo, Du weißt, ich habe schwache Nerven und ein schwaches Herz. Ich muss mich vor Aufregungen hüten. Wenn unsere Deutschen verlieren, verpasse ich nichts. Und wenn sie gewinnen, dann komme ich zum Feiern immer noch zurecht."

Der Tag des Endspiels kam. Ich bin ganz sicher, dass in der Messe mit deutschem Gesang viele stille, schlichte Stoßgebete gen Himmel geschickt wurden: Lieber Gott, lass die deutsche Mannschaft gewinnen! Na ja, der Mensch denkt und Gott lenkt…

Leo holte mich nach dem Mittagessen aus dem Kasten und legte mich mitten auf den kleinen Wohnzimmertisch. Ich sollte alles gut mit verfolgen können. Als die Fußballreportage im Nordwestdeutschen Rundfunk begann, setzte der Störsender auf dem Hochwald aus! Technische Panne? Sabotage von Fußballbegeisterten? Großzügige Geste gegenüber den deutschen Westsenderhörern? Ich weiß es nicht, es blieb ungeklärt. Für uns war es wie ein Wunder! Und dann - ich muss heute noch lachen, wenn ich daran denke: Meine Familie – ohne die Mutter, versteht sich – hockt vor dem kleinen tschechischen Radiogerät und hört sich gebannt eine Fußballreportage an! Das zweite Wunder!

Wenn ich mich recht erinnere, hieß der Reporter Zimmermann. Der machte seine Sache vielleicht gut! Man konnte sich das Geschehen in Bern gut vorstellen. Gleich in seinem ersten Satz sprach er von einem echten Fußball-Wunder. Damit meinte er die Tatsache, dass Deutschland im Endspiel war.
Mein Gott, war das aufregend! Wie waren meine Leute betrübt, als die Ungarn schon nach sechs Minuten in Führung gingen und zwei Minuten später schon das 2 : 0 erzielten! – Leo seufzte: „Bloß gut, dass die Muttel das nicht direkt erleben muss!" Aber dann, zwei Minuten später, der Jubel über den Anschlusstreffer

der Deutschen! Das junge Volk sprang wie von der Tarantel gestochen auf und tanzte vor Freude um den Tisch herum, als ob ich das Tor geschossen hätte!
Der Vater blieb sitzen und sagte nur „Pssst! Nicht so laut, unsere polnischen Nachbarn könnten das falsch verstehen! Und außerdem, das Spiel ist ja noch lange nicht zu Ende."
„Na, Gott sei Dank", rief Leo, „da haben unsere Spieler ja noch Zeit zum Gewinnen!"
Als die deutsche Mannschaft in der achtzehnten Spielminute das Ausgleichstor erzielt hatte, wiederholten sich Jubel und Freudentanz: „Siehste, Vatel, die kommen noch, da ist noch viel für uns drin!" rief Hedwig. Ja, sogar Hedwig, sonst eher still, ging jetzt richtig aus sich heraus.
In der Halbzeitpause sagte Leo: „Ich muss raus, ich bin ja völlig verspannt und kriege Kopfschmerzen, wenn ich mich nicht bewege. Ich lauf mal eben zum Hartebusch rauf und wieder runter."
Na, und dann kam die alles entscheidende, zweite Halbzeit! Die „Puszta-Söhne", wie Zimmermann die Ungarn liebevoll nannte, drehten wieder ordentlich auf, aber die Deutschen hatten einen guten Torhüter. Zimmermann nannte Toni Turek „Teufelskerl" und sogar „Fußballgott". Der Name Turek klingt ja polnisch, das konnte also für die Ohren der polnischen Fußballfans nur gut sein und versöhnlich stimmen!
Ich werde es nie vergessen, das viermalige „Tooor! Tooor! Tooor! Tooor!", das Zimmermann in der 84. Spielminute ins Mikrofon schrie! Der Außenseiter Deutschland führte mit 3 : 2 Toren! Diesmal hatte es sogar den Vater vom Stuhl gerissen. Sie umarmten sich unter Freudentränen.
Kurz vor Schluss gab es noch zwei Schrecksekunden. Puskas schoss, aber Puskas stand im Abseits. Fast der Ausgleich für die Ungarn, aber Gott sei Dank nur fast. Dann der letzte Schuss aufs deutsche Tor, aber Toni hat gehalten!
Und dann kam der erlösende Schlusspfiff! Originalton Zimmermann: „Aus! Aus! Aus! Das Spiel ist aus! Deutschland ist Weltmeister. Schlägt Ungarn mit drei zu zwo Toren im Finale in Bern."

Das „Wunder von Bern" war geschehen. Meine Familie war überglücklich. Feiertagsstimmung. Als die Mutter von ihrem Spaziergang zurückkam, wusste sie schon Bescheid. In der Bergarbeitersiedlung, in der noch viele Deutsche wohnten, hatte sie Freudenausbrüche gehört. Leo spannte den Bogen, stimmte mich und spielte dann leise die Melodie des Deutschlandliedes. Wieder flossen Freudentränen.
Eine Woche später erfuhren wir von einem oberschlesischen Bekannten Bemerkenswertes. In seinem Heimatdorf rannten junge Leute nach dem Spielende in Bern auf die Straße und riefen: „Nasi wygrali! Nasi wygrali! Nasi wygrali!" Das Deutschsprechen war dort ja in der Öffentlichkeit verboten, und so riefen sie also auf Polnisch: „Unsere haben gewonnen! Unsere haben gewonnen! Unsere haben gewonnen!" Ein deutliches Zeugnis ihres Zugehörigkeitsempfindens...
Der Alltag kam bald wieder, aber irgendwie hatte sich etwas geändert. Wenn es Schwierigkeiten zu bewältigen galt, hieß es: „Na, na, das werden wir schon schaffen – jetzt, wo wir Deutschen Weltmeister geworden sind!" Das war natürlich scherzhaft gesagt und gemeint, aber es half.
Direktor Klonowski sollte mit seiner Prognose Recht behalten: Im Herbst 1954 setzte in Polen die offizielle Kritik an stalinistischen Methoden besonders in der Wirtschaft ein. Im Dezember wurde das Staatssicherheitsministerium aufgelöst. Beides erfuhren wir wie immer zuerst aus dem RIAS und erst dann aus der „Arbeiterstimme". Genauso war es im Dezember mit der Berichterstattung über den Zweiten Schriftstellerkongress in Moskau. Dort geschah geradezu Unglaubliches: Der Kongress beschloss die Streichung einer revolutionären Bestimmung aus dem Statut des sowjetischen Schriftstellerverbandes! Diese Bestimmung hatte in typischem Parteichinesisch gefordert, dass die Wahrheitstreue eines Werkes von der „Zielsetzung einer ideologischen Umformung der Werktätigen im Geiste des Sozialismus" abhängen sollte. Das heißt, die Parteiideologen bestimmten, was „Wahrheit" sein sollte, und das hatten die Schriftsteller dann künstlerisch zu Papier zu bringen. Und diese Bestimmung wurde gestrichen! Was

für eine Abkehr von der strengen Reglementierung des Stalinismus!! Der RIAS sprach von einer „gewissen Liberalisierung".
Ob man es glaubt oder nicht: Dieses „Tauwetter" auf den höchsten politischen Ebenen brachte auch für Leo und meine ganze Familie bedeutsame Veränderungen!
Ende September kam Leo mit der Nachricht nach Hause, er solle sich am nächsten Tag bei Direktor Klonowski melden. Sofort ging natürlich das Rätselraten los: Was mochte er wohl von Leo wollen? Die Mutter befürchtete die Entlassung. Der Vater meinte, jetzt käme endlich der Anstellungsvertrag. Elisabeth prophezeite optimistisch: „Pass auf, Du kriegst ´ne Gehaltserhöhung!" Es war jedenfalls wieder einmal alles drin.
Das Rätsel löste sich am nächsten Tag auf völlig unerwartete Weise, und Elisabeths Vermutung war der Lösung am nächsten gekommen! Leo kam entspannt und frohgemut vom Probenvormittag zurück. Die anwesenden Familienmitglieder kamen sofort ins Wohnzimmer, um seinen Bericht zu hören.
„Stellt Euch vor, ich soll Ansager, Conferencier werden!"
„Wie bitte", rief die Mutter, „ich glaube, ich höre nicht recht. Sag das noch einmal!"
„Ja, Muttel, der Direktor will, dass ich die deutschsprachige Ansagerei bei den Auftritten übernehme, zusammen mit einem polnischen Kollegen. – Ich war ja selber wie aus allen Wolken gefallen!"
„Und wie erklärt sich das?" wollte der Vater wissen.
„Das hängt mit dem sogenannten Tauwetter zusammen. Bisher wurden ja immer nur der Titel, der Komponist und die Ausführenden auf Deutsch und Polnisch angesagt. Jetzt soll das anders werden: Das werktätige Publikum soll nicht nur kulturell gebildet, es soll in Zukunft auch unterhalten werden. Dazu muss die Ansage locker, spritzig und – man höre und staune – witzig sein. Es darf, es soll gelacht werden! Wenn sich die Werktätigen am Abend amüsieren, dann gehen sie am nächsten Tag viel frischer an die Planerfüllung heran. Und der Direktor meint, dass das etwas für mich wäre."

„Du hast ja noch nicht einmal einen Anstellungsvertrag, und da sollst Du Dich jetzt so produzieren? Also, ich begreife das nicht. Kann das nicht auch eine Falle sein?"
„Muttel, Du musst das nicht alles gleich immer so pessimistisch sehen", hielt Elisabeth dagegen. „Die Welt verändert sich, sogar die kommunistische, auch und erst recht in Polen! – Stell Dir vor, Dein Sohn sorgt dafür, dass unsere Leute den harten Alltag für ein paar heitere Stunden vergessen. Wäre das nicht was? Und Leo ist doch nicht auf den Mund gefallen! Mein Bruder, der schlesische Kulenkampff! Statt dass die Leute wie wir am Wochenende am Radio hocken und über Kulenkampffs Witze lachen, könnten die Leute jetzt im Saal dabei sein und begeistert klatschen!"
„Na, na, na!" versuchte da Leo zu bremsen. „Du hebst ja mit Deiner blühenden Phantasie mal wieder völlig ab! – Ich habe den Direktor schon gefragt, ob er sich das gut überlegt hat. Das Schulamt habe ja schon protestiert, als ich noch als Chorsänger gewissermaßen in den Kulissen stand, jetzt aber würde ich ja vor dem Vorhang stehen, und mein Name stünde dann auf den Plakaten! Da hat er abgewinkt und gesagt, die Zeit sei reif für solche Experimente. Auf meinen Anstellungsvertrag müsste ich sicherlich noch warten bis die inzwischen schon stark kritisierte Staatssicherheit endgültig abgewirtschaftet habe und damit die Regelanfrage im Parteihaus entfiele. Aber einen Zeitvertrag als Ansager mit einer Gehaltserhöhung könnte er mir schon ohne Rückfrage geben. Und das wäre doch schon einmal mehr als nichts!"

Leo ging das Wagnis ein und sagte zu dem neuen Abenteuer Ja. Und er erhielt postwendend den Arbeitsvertrag als „konferansjer" – mit dreimonatiger Kündigungsfrist.
„Und wie viel verdienst Du jetzt mehr?" wollte Elisabeth wissen.
„Es sind 150 Zloty, die jetzt im Monat zu den 750 Zloty Chorsängergehalt dazukommen."
„Donnerwetter, das sind ja 20 Prozent Gehaltsaufbesserung! Da kannst Du Dir ja in einem halben Jahr einen neuen Sonntagsanzug leisten und brauchst nicht immer Deinen ‚Freundschaftsfrack' anzuziehen, wenn mal was Besonderes los ist."

„Schwesterchen, Du hast richtig gerechnet. Aber für dieses Geld muss ich natürlich auch ne Menge mehr leisten. Der Direktor hat mir nämlich offenbart, dass ich alles, was ich sagen will, aufschreiben muss. Mit dem Manuskript muss ich dann ins Stadtzentrum zum Staatlichen Amt für Pressekontrolle fahren. Dort wird der Text überprüft, und wenn er politisch einwandfrei oder zumindest unbedenklich ist, wird er genehmigt und dann darf ich den Text auswendiglernen und auf der Bühne abspulen."
„Man merkt förmlich das politische Tauwetter nach Stalins Tod", mischte sich da die Mutter spöttelnd ein. „Das ist ja immer noch wie vorher! Von Pressefreiheit sind die aber noch meilenweit entfernt."
„Muttel, diesmal bin ich es, der um Geduld bitten muss. Die wollen erstens nicht ihr Gesicht verlieren und zweitens haben sie erneut riesig Angst vor einer sogenannten kapitalistischen Konterrevolution. Und was den Gesichtsverlust betrifft, da hättet Ihr mal meinen Personalchef sehen müssen, als er mir das Vertragspapier übergeben musste! Als ob er gerade in eine süßsaure Gurke gebissen hätte! Dem steckt das Tauwetter ganz ordentlich in den Knochen. Der hat eine Menge Kreide fressen müssen! Dieser rückgratlose Wurm, dieses Arschloch!"
„Na, na, na, Leo! So kenne ich Dich ja gar nicht, das ist doch nicht Dein Wortschatz!"
„Nein, aber seiner. Weißt Du noch, wie er mich behandelt hat, als ich den Arbeitsvertrag haben wollte? – Na ja, das war eben mal Stuhlgang der Seele, ich musste mir mal Luft machen."

Direktor Klonowski sollte weiter Recht behalten: Ende November erhielt Leo endlich seinen Anstellungsvertrag als Chorsänger. Und da aller guten Dinge drei sind, überraschte ihn der Direktor am Jahresende mit einem weiteren Zusatzvertrag, der Leo von Fall zu Fall eine nochmalige Gehaltsaufbesserung um 150 Zloty einbrachte. Leo verpflichtete sich, das jeweilige Programm für die Öffentlichkeitsarbeit des Ensembles „literarisch zu beschreiben" und den deutschen und polnischen Text für die Ansagen zu verfassen.

Dieses Ereignis wurde natürlich von meiner Familie an Silvester in der üblichen Weise gefeiert. Vor dem Schlafengehen kam der Vater noch einmal in Leos Zimmer und sagte: „Denk dran, dass Du bei dieser Tätigkeit immer mit einem Bein im Gefängnis stehst, denn sie werden Dich natürlich überwachen. Und trotzdem freut es mich, dass Du den Mut dazu hast."

Durch den Arbeitsvertrag stand ja nun auch Leos schulische Fortbildung auf einer gesicherten Basis. Auch hier ging die Spirale weiter aufwärts. Eine Tauwetterveränderung ermöglichte Leo die Nachversetzung in die letzte Klasse vor dem Abitur! Im Sommer war ihm die Versetzung versagt worden, weil er in der Pflichtfremdsprache Russisch mit „Ungenügend" benotet worden war. Es grenzte schon an ein Wunder, dass Leo den Lernstoff aller übrigen Fächer mit Alfreds Hilfe in polnischer Sprache bewältigt hatte, für Russisch war einfach zu wenig Zeit geblieben. Leo hatte sich zwar zur Nachprüfung im Herbst angemeldet, hatte aber wenig Hoffnung, diese Hürde zu nehmen. Hier konnte ihm Alfred nämlich nicht helfen.

Während der Sommerferien kam die Wende: Im Rahmen des politischen Tauwetters schafften die polnischen Schulbehörden das allseits, also auch und vor allem bei den polnischen Schülern, ungeliebte Russisch als Pflichtfremdsprache ab! Gerade rechtzeitig für Leo! Glück muss der Mensch haben! Leo meldete sich sofort für eine Prüfung in Deutsch an. Es fand sich eine polnische Studienrätin, die bereit war, Leo zu prüfen. So wurde das „Ungenügend" in Russisch durch ein „Sehr gut" in Deutsch ersetzt und Leo bekam die Nachversetzung in Klasse 11, der letzten vor dem Abitur.

Leo berichtete schmunzelnd vom Verlauf der Prüfung: „Es ist ja ein komisches Gefühl, wenn man so gar nicht weiß, was man gefragt werden könnte. Die polnische Studienrätin kam mir irgendwie bekannt vor. Wo hatte ich die schon einmal gesehen? Sie eröffnete das Prüfungsgespräch mit: ‚Cherr Läo, Sie kännen besser Deutsch als ich! Bitte, erzählen Sie mir etwas ieber Cheinrich Cheine!' Das war ja vielleicht ein glücklicher Zufall! Als sie ‚Cheinrich Cheine' sagte, wusste ich, wo ich sie gesehen hatte: vor zwei Wochen im Internationalen Presseclub am Vierhäuserplatz,

bei dem Heinrich-Heine-Rezitationsabend. Wir vom ‚Freundschafts-Chor' waren engagiert worden, die Veranstaltung mit ein paar vertonten Heine-Gedichten anzureichern, zum Beispiel mit Silchers ‚Lorelei'. Anschließend war ein Heine-Buch aus dem Ostberliner Aufbau-Verlag angeboten worden. Ich hatte es natürlich gekauft und die 185 Seiten verhältnismäßig schnell gelesen. Also war es für mich nicht schwer, meiner Prüferin etwas über Heinrich Heine zu erzählen und gleich auch noch mit einigen Zitaten zu glänzen. ‚Denk ich an Deutschland in der Nacht, dann bin ich um den Schlaf gebracht…' oder den Anfang von ‚Die schlesischen Weber', oder ‚Leise zieht durch mein Gemüt…' Ihre Augen begannen zu glänzen, sie war von meiner deutschen Sprachkompetenz überzeugt und sagte immer wieder ‚sähr gutt, sähr gutt', und so war ich nach einer halben Stunde versetzt. Ich bin in der Zielgeraden zum Abitur! Wer hätte das zu hoffen gewagt?!"
„Mensch, hast Du ein Schwein gehabt!" sagte Inge, „so etwas wünsche ich mir auch mal."

An das Jahr 1955 erinnere ich mich mit großer Genugtuung und Dankbarkeit, obwohl es ja am Ende für Leo wieder einen Rückschlag gab. Für mich, sein „geliebtes Fräulein Kloz", gab es – mit einer spektakulären Ausnahme – nichts zu tun, außer dass ich stark inneren Anteil genommen habe an Leos Entwicklung und er mich gelegentlich wie einen Talisman behandelt hat.
Freizeit kannte Leo nicht. Beim „Freundschafts"-Ensemble gab es viel zu proben, zu texten und zu lernen. Leos unterhaltsame Ansagerei half mit, die Säle zu füllen. Es gelang ihm, den Einspruch der Pressezensur zu vermeiden oder zu umgehen. Jede freie Minute, die ihm die Erwerbstätigkeit ließ, nutzte er zum Pauken für das Abitur. Wenn er Alfred nicht gehabt hätte… Oftmals lernte er stundenlang laut. Er war überzeugt, dass das, was er nicht nur lesend mit den Augen, sondern auch hörend mit den Ohren registriert hatte, besser im Gedächtnis haften blieb. Außerdem, so sagte er immer wieder, müsse er seine plumpe deutsche Zunge für die exakte Aussprache schwieriger polnischer Wörter trainieren. Immer wieder hörte ich auch sein Stoßgebet: „Komm Heiliger

Geist, erleuchte mich, mach meine Zunge flott. Ohne Dich bin ich verloren!"
Im Juni war es so weit: Leo bestand in einem viertägigen Prüfungsmarathon die Matura, das polnische Abitur! Während der Prüfungstage lag ich im geöffneten Kasten, und wenn Leo morgens das Zimmer verließ, gab er mir einen kleinen Klaps oder zupfte alle vier verstimmten Saiten. Unter den 17 Prüflingen war Leo der einzige Deutsche. Drei polnische Prüflinge bestanden leider nicht, ihre Leistungen im Fach Polnisch wurden mit „Ungenügend" benotet. Bei der Übergabe der Zeugnisse lobte der Direktor besonders Leo für seinen Lerneifer und seine Disziplin. An der Abiturfeier konnte Leo nicht teilnehmen, weil er erschöpft zu Hause in seinem Bett lag. Er brauchte einige Tage, um sich über sein Abitur richtig freuen zu können, bis er spürte, dass das kein Traum mehr war.
Die ganze Familie war natürlich in Hochstimmung und feierte mit Alfred und seiner Frau dementsprechend. Der Vater hob in seiner kleinen „Festrede" besonders hervor, dass der von Leo gezeigte Fleiß und sein Durchstehvermögen eine gute Grundlage für die notwendige Lebenstüchtigkeit seien. Große Verdienste habe sich aber auch Alfred erworben: Ohne seine Hilfe hätte Leo die Sprachbarrieren im Polnischen nicht überwinden können. Vor zwei Jahren, nach dem Rausschmiss aus der Schule und dem Ende der deutschsprachigen Weiterbildung in Schweidnitz, habe er es schlichtweg für unmöglich gehalten, dass Leo noch einmal eine Chance bekommen würde, das Abitur unter polnischer Verwaltung zu machen. Jetzt habe er das Abitur sogar noch ein Jahr früher in der Tasche als es bei den Pädagogen in Schweidnitz möglich gewesen wäre. So etwas nenne man Ironie des Schicksals. Natürlich habe Leo auch das notwendige Quäntchen Glück gehabt. Damit meinte er die „rechtzeitige" Abschaffung der Pflichtfremdsprache Russisch. Die Note „Sehr gut" in Deutsch würde ihm die Anerkennung des Abiturzeugnisses in Deutschland sicherlich erleichtern. Da es immer noch ungewiss sei, wann die polnischen Behörden die Familie ausreisen lassen würden, sei es auch vernünftig, sich sofort an der Breslauer Universität für das Germanistikstudium anzumelden. Er stehe dazu, obwohl die Fra-

ge nach Leos Lebensunterhalt noch völlig offen sei. Er hoffe jedenfalls auf das hierzulande übliche Stipendium.

„Ausländer" an der Heimatuniversität? Zwischenspiel

Leo hatte sozusagen postwendend seinen Zulassungsantrag mit dem Abiturzeugnis an das Sekretariat der Breslauer Universität geschickt. In Polen reichte ja das Abiturzeugnis allein nicht zur Zulassung, man musste noch eine Aufnahmeprüfung bestehen. Jetzt kam es für Leo darauf an, ob die Gleichberechtigungsbeteuerungen der polnischen Behörden auch für die Zulassung Deutscher zum Hochschulstudium galten. Bisher hatte es einen solchen Fall noch nicht gegeben. Die Germanistikstudentinnen und –studenten aus Oberschlesien, unter denen verhältnismäßig viele Deutsche waren, hatten ja die polnische Staatsbürgerschaft und galten also als Polen. Die jungen Männer unterlagen zum Beispiel der polnischen Wehrpflicht.
Je länger eine Antwort aus Breslau auf sich warten ließ, desto größer wurde die Spannung. Leos Mutter bekam nach einigen Wochen wieder Herzbeschwerden, und der Vater wurde immer unruhiger und gereizter. Ende Juli erfuhr Leo aus sicherer Quelle, dass die Aufnahmeprüfung für Germanistik am 6. August stattfinden sollte. Er wartete noch drei Tage, und dann fuhr er mit der Eisenbahn nach Breslau. „Ich will wissen, was hier Sache ist!" sagte er zu mir. Bange Stunden des Wartens. Man ging sich aus dem Weg, oder redete nur das Nötigste.
Um 15:30 Uhr klingelte es an der Wohnungstür: Der Postbote brachte ein Telegramm, das erste Telegramm seit 1945! Der Text war natürlich in Polnisch, aber soviel war klar, dass von Germanistik die Rede war und vom 6. August. Warten auf Leos Rückkehr.
Kurz nach 18 Uhr betrat er niedergeschlagen die Wohnung. Das Telegramm war für ihn eine große Überraschung, und erst recht, was darin stand: „Aufnahmeprüfung für Germanistik am 6. Au-

gust um 8 Uhr, Germanistisches Seminar.“ Leo war leicht geschockt, er musste sich erst einmal auf seinem Bett niederlassen.
„Das begreife, wer es kann“, sagte er. „Die haben mich doch gegen drei Uhr unverrichteter Dinge weggeschickt!“
„Ach Leo“, seufzte die Mutter, „ich habe die ganze Zeit für Dich und die Universitätsleute gebetet. Der Mensch denkt und Gott lenkt!“
„Erzähl doch mal, was da in Breslau los war“, sagte Inge, „vielleicht verstehen wir dann das Ganze besser.“
„Tja, Ihr Lieben, das war schon eine nervliche Strapaze. Ich habe mich halt im Sekretariat vorgestellt und gefragt, warum ich bis heute nicht zur Aufnahmeprüfung zugelassen worden sei. Die Sekretärin rutschte auf ihrem Stuhl hin und her und sagte: ‚Sie sind Deutscher? Wie war noch mal Ihr Name?' Dann ging sie an den Aktenschrank und begann zu suchen. Kopfschütteln von Zeit zu Zeit. Schließlich sagte sie: ‚Ich kann von Ihnen keine Unterlagen finden.' Ich: ‚Ja, die müssen doch hier sein, ich habe sie doch per Einschreiben geschickt!' ‚Per Einschreiben, ach so. Ja, da muss ich noch einmal zum Chef ins Zimmer.' Nach einer Viertelstunde kam sie wieder heraus: ‚Es ist wirklich nichts zu finden, tut mir leid.'
Jetzt wurde ich etwas lauter, am liebsten hätte ich sie wütend angeschrieen: ‚Ja, also hören Sie mal, das können Sie mit mir nicht machen! Ich kann beweisen, dass ich mein Abiturzeugnis im Original hierher geschickt habe. Die Partei sagt, dass wir Deutschen gleichberechtigt sind, auch beim Hochschulstudium. Ich habe ein Recht auf mein Abiturzeugnis. Wenn Sie damit nichts anfangen können, dann fordere ich es zurück! Geben Sie mein Abiturzeugnis heraus, oder ich gehe auf dem kürzesten Weg zum Wojewodschaftskomitee der Polnischen Vereinigten Arbeiterpartei!' Da machte sie kehrt und ging wieder in Richtung Chefzimmer: ‚Warten Sie bitte draußen auf dem Flur.'
Ich konnte mich nicht ruhig hinsetzen, ich ging aufgeregt auf und ab, auf und ab. Ich kam mir vor wie ein Angeklagter, der auf die Urteilsverkündung wartet. Nach einer geschlagenen halben Stunde kam sie mit hochrotem Kopf heraus und bat mich nach drinnen: ‚Also, Sie sind Deutscher ohne polnische Staatsangehörigkeit,

und deshalb haben wir Ihr Abiturzeugnis zwecks Überprüfung an die Botschaft der Deutschen Demokratischen Republik nach Warszawa geschickt. Das müssen Sie verstehen. Wir hatten einen solchen Fall noch nicht. Bitte, haben Sie noch etwas Geduld. Fahren Sie nach Hause, wir geben Ihnen baldmöglichst Nachricht.'

Ja, da bin ich halt zu Fuß von der Universität zum Freiburger Bahnhof gelaufen und in ohnmächtiger Wut nach Hause gefahren. - Versteht Ihr jetzt, warum ich mit diesem Telegramm so schnell nicht zurechtkomme? – Ich meine, ich habe natürlich nichts gegen die Zulassung zur Aufnahmeprüfung, aber wieso ist die früher hier als ich?"

Jetzt meldete sich der Vater zu Wort: „Also ich verstehe das so: Die waren verblüfft und wussten mit Deinem Antrag nichts anzufangen. Also haben sie ihn erst mal ‚auf Eis' gelegt. Wenn Du Dich heute nicht gemeldet hättest, wäre der Termin verstrichen, und sie hätten erst mal wieder für ein Jahr Ruhe gehabt. Deine Unterlagen hätten sie dann ohne Kommentar ordnungsgemäß zurückgeschickt. Jetzt hast Du Dich aber gemeldet und ihnen eingeheizt. Die Drohung mit der Partei hat gesessen! Wetten, dass Dein Abiturzeugnis beim Chef in der Schublade liegt?! Welche Amtsperson verliert schon gern ihr Gesicht, wenn sie sich in die Enge getrieben fühlt? Also mussten sie sich eine neue Ausrede einfallen lassen. – Und wie das in solchen Fällen bei Behörden in aller Welt so geht, kurz nachdem Du weg warst, traf die „positive Antwort aus Warschau" ein, und sofort wurde das Telegramm aufgegeben. Das ist es!"

„Vatel, Deine Vermutung hat mal wieder viel Wahrscheinlichkeit für sich. – Nun, wie dem auch sei: Ich bin jetzt zugelassen. Aber damit kommt sofort eine geballte Ladung von Problemen auf mich zu. Jetzt habe ich nämlich den schwarzen Peter!"

„Klar", sagte Elisabeth, „wenn Du jetzt so plötzlich aus irgendeinem Grund nicht zur Prüfung erscheinen kannst, haben die ein astreines Alibi. Und wenn Du wegen fehlender Vorbereitungszeit bei der Prüfung durchfällst, feiern die Triumphe!"

„Ich fürchte, das geht schief", seufzte die Mutter. „Ihr fahrt doch von der ‚Freundschaft' am 4. und 5. auf Vorstellungstournee nach

Oberschlesien! Da wirst Du doch nicht beurlaubt! O Gott, o Gott, o Gott!“
„Muttel, ich fahre heute Abend noch zum Direktor nach Hause und bitte um Urlaub. Der muss doch ein Einsehen haben!“

Leo kam spät in der Nacht zurück: „Uff! Beinahe hätte ich die letzte Straßenbahn verpasst! Meine Güte, war das schwierig. Aber wir haben am Ende einen Kompromiss gefunden. Zuerst wollte er gar nicht mit sich reden lassen: ‚Mensch Leo', hat er gesagt, ‚wir haben nach langem Bohren zum ersten Mal eine Auftrittsgenehmigung in Oberschlesien: Brieg, Oppeln und Ratibor, in Oppeln sogar im Rundfunkstudio! Die Leute freuen sich riesig auf was Deutsches in der Öffentlichkeit, da darfst doch gerade Du als deutschsprachiger Conferencier nicht fehlen! Du machst das doch so gut, ich habe keinen Ersatz für Dich. Denk doch mal an die Riesenblamage vor der Genehmigungsbehörde, die lachen sich schadenfroh eins ins Fäustchen!' Jetzt musste ich abwägen zwischen meinen Zukunftschancen und den Interessen meiner oberschlesischen Landsleute und einem Gesichtsverlust für unser ganzes Ensemble! Herrgott noch mal, ich war hin- und hergerissen. Ich wandte noch einmal ein: Und wenn sich bei mir der Blinddarm meldet oder irgendetwas anderes Akutes? Da konterte er: ‚Und wenn ich wieder mal Nierenkoliken kriege? - Dann ist das höhere Gewalt und jeder sieht das ein. Dann ist das eben keine Blamage!' Schließlich hatte der Direktor die rettende Idee: ‚Du fährst mit, lieferst eine ordentliche Ansage ab, und wir machen auf der Rückfahrt mit dem Bus in der Nacht vom 5. auf den 6. einen Umweg über Breslau, setzen Dich mit guten Wünschen vor dem Hotel ‚Europa' Nähe Hauptbahnhof ab, und am Montag beginnt unser Urlaub und Du kannst Deine Aufnahmeprüfung machen.' Ich gab noch zu bedenken, dass sich damit meinetwegen die nächtliche Rückfahrt für das ganze Ensemble um zwei Stunden verlängert und dass es deshalb Proteste geben wird. Da sagte er: ‚Das nehme ich auf meine Kappe, das werde ich überstehen.' Das war wieder einmal ein echter Klonowski. Gott sei Dank, dass es solche Menschen gibt!“

Leo nutzte jetzt jede freie Minute, um sich wenigstens etwas auf die Aufnahmeprüfung vorzubereiten. Er las vor allem noch einmal Schillers „Räuber“ und „Kabale und Liebe“. Friedrich Schiller war ja im Mai 1805 in Weimar gestorben, und so gedachte man in Polen nach dem Vorbild der „sozialistischen Brudernation Deutsche Demokratische Republik“ des 150. Todestages des „sozialrevolutionären“ Dichters. Die Deutschprüferin im Abitur hatte Leo die Beschäftigung mit Schiller empfohlen und dann auch entsprechend geprüft. Jetzt war Leo überzeugt, dass Schiller auch bei der Aufnahmeprüfung an der Breslauer Universität eine Rolle spielen würde. Ich hoffte und wünschte, dass er damit richtig lag.

Ich hatte mich schon wieder auf spannende Tage des untätigen Herumliegens eingestellt, da kam mal wieder alles ganz anders!
Einen Tag vor der Abreise wurde Leo aus seiner Schillerlektüre gerissen, weil es an der Wohnungstür stürmisch klingelte und eine Frau Leo zu sprechen wünschte.
„Cordula, was willst Du denn hier? Du störst!“
„Ach, Leo, entschuldige bitte, aber mir ist etwas ganz Schlimmes passiert, ich brauche dringend Deine Hilfe!“
„Wie, hast Du Dir etwa das Handgelenk verstaucht und kannst jetzt in Oberschlesien nicht mitspielen?“
„Nein, nein, mein Handgelenk ist in Ordnung, aber meine Geige ist kaputt! – Oh, ich kriege gleich einen Nervenzusammenbruch!“
„Ach du lieber Himmel, wie ist denn das passiert und gibt´s denn niemanden, der die Geige reparieren kann?“
„Leo, unsere Kulissenschieber haben gestern bei der Rückfahrt meine Geige so ungeschickt im Kofferraum verstaut, dass sie offensichtlich auf der kurvenreichen Strecke hin- und hergeschleudert worden ist. Beim Öffnen der Klappe ist sie direkt herausgefallen und knallhart auf der Straße gelandet. Erst zu Hause habe ich bemerkt, dass der Resonanzboden einen feinen Riss hat, einen sogenannten „Stimmriss“, und den kann niemand so schnell reparieren!“

Ich musste direkt an mein Missgeschick von 1943 denken – 12 Jahre war das jetzt her! Aber darauf kam es ja jetzt überhaupt nicht an.
Leo fragte: „Ja, Cordula, und wie soll ich Dir jetzt helfen?"
„Ich war ja in meiner Not zuerst beim Direktor. Der war geschockt und wusste im Moment auch keinen Rat. Die zwei Fabrikgeigen aus der Musikschule sind mittlerweile in schlechtem Zustand und an Schüler ausgeliehen. Da ist von heute auf morgen nichts zu machen. Also suchten wir nach einer anderen Lösung. Da fiel dem Direktor ein, dass Du ihm bei Deiner Eignungsprüfung voller Stolz von Deiner ‚echten Kloz aus Mittenwald' erzählt hattest. ‚Das ist es', sagte er, ‚fahr zum Leo und leih Dir seine Geige aus! Der Geige wird es gut tun und Leo auch.' Ja, und jetzt bin ich bei Dir. Hilf mir Leo, bitte!"
Ich erkannte blitzartig meine Chance und wäre am liebsten vor Freude aus meinem Kasten gesprungen.
Leo zögerte eine Weile und sagte dann unterkühlt: „Na, da will ich meinem Herzen mal einen Stoß geben: Mein Fräulein Kloz ist das Wertvollste, was ich habe. Ich leih sie Dir aus, wenn Du sie pfleglich behandelst und mir unbeschädigt zurückgibst."
„Das ist doch klar, Leo, ich lass sie nie mehr im Kofferraum transportieren, ich nehm die mit in den Bus. Und da lege ich sie auch nicht ins Gepäcknetz, sondern ich halte sie gesichert zwischen den Beinen fest. Das ist zwar unbequem, aber es ist sicherer." Und dann fiel sie Leo um den Hals und gab ihm ein Küsschen auf die Wange.
Das Leben ist auch bei längeren Durststrecken voller beglückender Überraschungen! Cordula spannte den Bogen, nahm mich aus dem Kasten und stimmte routiniert meine Saiten. Und dann legte sie los. In Dur und Moll ließ sie mich singen, weinen und jubeln. Es war wie vor 12 Jahren im Waldenburger Musikgeschäft, als ich Leos Eltern von Geigenlehrer Wagner vorgestellt wurde. Mein Gott, was war inzwischen alles geschehen! - Aber es blieb keine Zeit zum Grübeln: Cordula war vor Freude nicht zu bremsen. Weil meine Darmsaiten soviel Beanspruchung nicht mehr gewöhnt waren, musste sie Cordula immer wieder nachstimmen. Es klingelte. Eine polnische Hausbewohnerin fragte, ob Leo heute

das Radio lauter als normal angestellt habe. Irrtum, die Geigenmusik kam von Cordula und von mir. Cordula spielte ihr als Wiedergutmachung ein polnisches Volkslied vor.
In der Morgendämmerung des 4. August, es war ein Sonnabend, startete das Ensemble - Chor, Orchester und Tanzgruppe, mit zwei Bussen Richtung Oberschlesien, und ich war dabei, von Cordula sorgsam gehütet. Gegen Mittag kamen wir im niederschlesischen Brieg an der Oder an, das die polnischen Behörden zur oberschlesischen Wojewodschaft Oppeln geschlagen hatten. Der erste Auftritt sollte um 15 Uhr in einem Freilichttheater stattfinden.
In einer Probenpause kam Leo zu uns in den Orchestergraben: „Na, wie geht es Euch?"
„Bestens", sagte Cordula, „Dein Fräulein Kloz macht gut mit. Und wie fühlst Du Dich vor Deinem großen Auftritt?"
„Ich habe mal wieder Bauchschmerzen, wie vor jeder Premiere."
„Das sind die Nerven. Nach dem ersten Beifall ist das vorbei. Ich drück Dir die Daumen, Leo."
„Danke, Cordula."
Der erste Beifall aus den einigermaßen gefüllten Zuschauerrängen fiel verhalten aus, bei der polnischen wie bei der deutschen Ansage. Hatten Leo und sein polnischer Kollege Leszek nicht gleich den richtigen Ton gefunden, die richtige Wellenlänge? Oder trauten sich die Leute nach Jahrzehnten der Unterdrückung alles Deutschsprachigen nicht, ihre Freude spontan zu zeigen? Oder beeinträchtigte die heiße Nachmittagssonne die Stimmung und das Vergnügen? Wahrscheinlich war es von jedem etwas. Im Laufe der Vorstellung nahm der Beifall zu, und nachdem Chor und Orchester den Donauwellenwalzer von Johann Strauß dargeboten hatten, war er länger anhaltend. Einige Zuschauer erhoben sich sogar klatschend von ihren Sitzen.
Leo kam wieder kurz in den Orchestergraben. Er war erleichtert. Es hatte keine Einwände von offizieller Seite gegeben. In der ersten Reihe hatte er nämlich die örtlichen Größen von Partei und Staatssicherheit sitzen sehen. Er behauptete, diese Leute an ihren übergroßen Ohren, den bohrenden Blicken und dem kritischen Gesichtsausdruck erkannt zu haben.

Wir waren gespannt, wie es am Abend im Oppelner Rundfunkstudio weitergehen würde. Da kam der Direktor zu uns. Er war mit dem Start zufrieden, empfahl aber Leo, sich ruhig etwas lockerer zu geben, damit der Funke besser auf das Publikum überspringen könne. Da für die Rundfunkübertragung nur 90 Minuten vorgesehen waren, reduzierte er das politische Pflichtprogramm auf ein Lied für Chor und Orchester. Also wurden die entsprechenden Noten von den Pulten genommen und übrig blieb nur der DDR-Import „Go home, Ami, Ami go home, spalte für den Frieden dein Atom...Loreley, so lang du lebst wird Deutschland sein!"
Punkt 20 Uhr trat Leo mit Leszek zum ersten Mal in seinem Leben an ein Rundfunkmikrofon. Ich konnte ihn aus dem Orchestergraben gut beobachten. Er war wie ausgewechselt. Nach dem Motto „Jetzt oder nie!" holte er tief Luft und rasselte den überlangen Einleitungssatz in einem Atemzug herunter:
„Ich fühle mich ungemein geehrt, es freut mich furchtbar sehr, ich bin unaussprechlich glücklich, dass ich die unglaublich schöne, entsetzlich reizvolle, unermesslich charmante und unvergesslich phantastische Aufgabe habe, Sie, meine verehrten Anwesenden, meine lieben Freunde , Bekannten und Verwandten, Kritikaster und Gönner, Frauen und Männer, Urgroß-, Groß-, Stief- und Schwiegermütter, Urgroß-, Groß-, Stief- und Schwiegerväter, Onkel, Tanten, Vettern, Basen, geschätzte Eheleute, liebe Liebespärchen, liebe Hörerinnen und Hörer an den Rundfunkempfängern, meine sehr Verehrten und meine Herren an diesem so glanz- und stimmungsvollen Abende im Scheine dieser elektrischen Petroleum-Gas-Latuchten auf das Herzlichste begrüßen und durch unser einmaliges Programm führen zu dürfen!"
Noch während Leo sprach, machte sich im überfüllten Zuschauerraum eine heitere Unruhe breit, und als er fertig war, gab es starken, anhaltenden Beifall, ja, es entwickelte sich sogar rhythmisches Klatschen. Dann kam der Ruf „Zu-ga-be! Zu-ga-be!" Leo hatte damit natürlich nicht gerechnet, er stand also ein wenig hilflos da. Nach einer „Schrecksekunde" sagte er dann: „In meinem Manuskript ist so früh keine Zugabe vorgesehen. Bitte gedulden Sie sich ein wenig." Das Publikum reagierte mit Lachen und Bei-

fall. Leszek bekam für seine polnische Ansageeinleitung kurzen, artigen Beifall. Ich schloss daraus, dass die Sympathie des Publikums dem deutschsprachigen Ansager, also Leo, galt. Ich gönnte es ihm.
Ab sofort wurde Leo bei jedem Auftritt mit Beifall begrüßt. Er bedankte sich für die „Vorschusslorbeeren", und seine Ansagen wurden in Tonfall, Mimik und Gestik immer lockerer, fast schon ein bisschen übermütig.
Da überfiel mich plötzlich die Angst, er könnte mehr und mehr vom genehmigten Manuskript abweichen und vielleicht sogar den einen oder anderen politischen Witz aus seiner „Privatsammlung" einbauen. Zu Hause hörte ich sie ja gern und sie wären auch bestimmt beim Publikum gut angekommen, aber hier und jetzt war es ein Gebot der Vernunft, politisch harmlos zu bleiben. Die Gegner des Projektes sollten keinen Vorwand bekommen, weitere Auftritte des Ensembles in Oberschlesien zu verbieten. Gott sei Dank, Leo wusste sich zu bremsen.
Manche seiner Witze waren „uralt" und wahrscheinlich zumindest den Älteren im Publikum bekannt. Dennoch wurde schallend gelacht und kräftig applaudiert: die Witze wurden eben in deutscher Sprache dargeboten. Es fiel mir auch auf, dass der Beifall unterschiedlich ausfiel, je nachdem ob vom Chor ein deutsches oder ein polnisches Volkslied gesungen, von der Tanzgruppe ein deutscher oder ein polnischer Volkstanz aufgeführt wurde. Es gab keine Pause und keine Zugaben. Das hatte der Rundfunkintendant so verfügt. Erst am Ende, nach dem Donauwellenwalzer, wurde eine Zugabe gewährt, und weil das Publikum keine Ruhe gab, folgten noch zwei weitere.
Der Abend war zum rauschenden Fest geworden. Leo kam begeistert und erschöpft zu uns in den Orchestergraben: „Menschenskind, Cordula, so etwas habe ich bei uns in Niederschlesien noch nie erlebt! Jetzt weiß ich, warum es immer heißt, Beifall sei das Brot des Künstlers. Die haben mich mit ihrem Lachen und Klatschen in eine unglaubliche Verfassung gebracht! Da merkst Du erst mal, was alles in Dir steckt! Ich möchte Dich am liebsten umarmen!"

„Tu 's doch, Leo, tu 's doch! - Du bist aber auch zu einer Hochform aufgelaufen. Ich erlebe Dich ja jetzt seit fast einem Jahr, aber so locker und gut warst Du noch nie. Kompliment!"
„Danke, danke! Und wie war 's mit meinem Fräulein Kloz?"
„Bestens, Leo, bestens! Die hat ja einen Klang! Die macht mühelos alles mit, egal ob ‚Freude, schöner Götterfunken', die ‚Donauwellen' oder ‚Krakowiak'. Ich würde sie am liebsten behalten! Wer weiß, wie meine reparierte Geige klingen wird."
„Halt, halt, halt, meine Liebe, das kommt überhaupt nicht in Frage! Mein Fräulein Kloz bleibt schön bei mir. Und sobald ich mit dem Studium klar sehe, wird ein neuer Anfang gemacht, da gibt 's gar nichts dran zu rütteln!"
Dein Wort in Gottes Ohr! dachte ich. Aber ich war natürlich so froh wie schon lange nicht mehr. Erst der überraschende Einsatz im „Freundschafts"-Orchester, und dann die Aussicht auf einen Neuanfang! Wenn der gelänge, hätte ich meine Durststrecke hinter mir. Toi, toi, toi!
Am nächsten Tag brachten uns die Busse von Oppeln nach Ratibor, in die Geburtsheimat des von Leo so verehrten Dichters Joseph Freiherr von Eichendorff. Das Schloss Lubowitz, so hatte Leo erfahren, sei seit 1945 eine Ruine. Der Anblick sei schmerzlich. In Ratibor müsse man sich wie in Oppeln auf den Anblick von Ruinen und Trümmergrundstücken gefasst machen, denn die Stadt sei 1945 zu 60 Prozent zerstört gewesen und von Wiederaufbau könne bisher kaum die Rede sein.
Weil der Zuspruch beim Kartenvorverkauf so groß gewesen war, sollten in Ratibor zwei Vorstellungen stattfinden, eine nachmittags und eine abends. Bei unserer Ankunft waren wir im Nu von einer Menge Schaulustiger umringt, von denen uns manche mit Beifall begrüßten. Cordula klemmte mich im Kasten unter den linken Arm, die rechte Hand brauchte sie zum Schütteln der vielen Hände, die sich ihr wie den andern entgegenstreckten. Es gab sogar Leute, die ein Autogramm wünschten.
„Das ist ja Oppeln plus!" hörte ich Leo sagen. „Autogramme werden doch nur von großen Stars verlangt, also sind wir ab heute welche!" Es konnten aber längst nicht alle Autogrammwünsche erfüllt werden, denn wir mussten zum Einsingen und Einspielen

ins Theater. Leo rief den enttäuschten Fans zu: „Ich komme nach der Vorstellung wieder hier heraus, da geht 's weiter!"
Nach dem Öffnen der Saaltüren strömten und hasteten die Leute herein, als ob es etwas umsonst gäbe und die Plätze nicht nummeriert gewesen wären. Meine Güte, war das eine Stimmung voll hoher Erwartungen!
Dann kamen Leo und Leszek vor den geschlossenen Vorhang heraus. Noch bevor sie etwas sagen konnten, gab es Beifall. Da war kein Eis zu brechen. Leo legte los: „Ich fühle mich ungemein geehrt, es freut mich furchtbar sehr, ich bin unaussprechlich glücklich…" An dieser Stelle kam er nicht mehr weiter, denn es brach ein regelrechter Beifallssturm über ihn herein. Ich dachte nur: „Oppeln plus!" Diesmal brauchte Leo nicht so viel Luft zum Durchhalten, denn er wurde immer wieder vom Beifall unterbrochen.
Als nach dem Punkt die ersten „Zu-ga-be"-Rufe kamen, reagierte er prompt: „Hochverehrtes Publikum, ich sage jetzt den Einleitungssatz noch einmal ohne Unterbrechung und beweise Ihnen, dass ich einen langen Atem habe!"
„Bravo!" rief eine Männerstimme. –
„Ich fühle mich also ungemein geehrt…" Gelächter, rhythmisches Klatschen, und dann plötzlich ein anschwellendes Donnergeräusch im Saal: Die Leute trampelten vor Vergnügen mit den Füßen auf dem Boden.
Damit war dann der erste Begeisterungsstau gelöst, und die Aufführung konnte beginnen. Bei einem derart dankbaren Publikum gab jeder sein Bestes. Pannen blieben aus, und schon vor der Pause wurde eine Zugabe gewährt. Am Ende der Veranstaltung gab das Publikum erst nach der vierten Zugabe Ruhe.
Das Publikum strömte frohgelaunt nach draußen und die Ensemble-Mitglieder zog es hinter ihm her zum Frische-Luft-Schnappen. Leo kam und fragte Cordula, ob sie nicht mitkommen wolle.
„Ich kann doch Deine Geige nicht unbeaufsichtigt hier liegen lassen, und unterm Arm ist sie mir zu lästig."
Da rief der Posaunist: „Geh ruhig raus, ich habe mir vorhin beim Aussteigen aus dem Bus in dem Trubel den Fuß verstaucht und

muss sowieso hier bleiben. Da kann ich das Fräulein Kloz gut bewachen."
„Ich verlass mich drauf!"
Die Pause zwischen den beiden Vorstellungen war wegen der Zugaben kürzer als geplant. Schon nach einer guten halben Stunde kam Cordula mit den ersten Musikern wieder zurück.
„Draußen geht 's schon wieder munter zu", berichtete sie dem Posaunisten. „Die Leute können es kaum erwarten! Und diese Autogrammwünsche! Mein armes rechtes Handgelenk, ich brauch dich doch gleich wieder zum Spielen."
Nach einer Weile kam der Direktor: „Cordula, wo hast Du denn den Leo gelassen?"
„Der wollte noch ein paar Autogramme geben und dann durch die Hintertür in die Garderobe kommen."
„O Gott, ich habe gerade die Hintertür wegen der Autogrammjäger abschließen lassen, ich dachte, es wären schon alle hereingekommen! Was machen wir denn jetzt?"
„Herr Direktor, der Leo wird schon durch eine der Einlasstüren hereinkommen, der ist ja schlank und schlängelt sich durch die Menge."
„Hoffentlich! Macht auf und lasst die Leute herein!"
Es dauerte noch eine ganze Weile, bis Leo auftauchte. Er kam aufgeregt in den Orchestergraben, meldete sich beim Direktor und fragte Cordula, ob sie ihm ihren kleinen Spiegel zum Schminken ausleihen könne.
„Natürlich", sagte sie, „aber warum eigentlich? Du hast doch einen eigenen!"
„Hatte, Cordula, hatte! Das Gedränge an der Saaltür war so groß, dass mein Handspiegel in der rechten Jacketttasche zu Bruch gegangen ist. Hier sind die Splitter!"
„Vorsicht! Verletz Dich nicht noch so kurz vor Deinem Auftritt! Ansonsten sagt man ja immer: Scherben bringen Glück, Leo."
„Danke. Und behandle mir das Fräulein Kloz pfleglich, sonst verlange ich Schmerzensgeld von Dir."
„Hat sie sich etwa schon beschwert?"
„Bis jetzt noch nicht. Sie hat mir gestern zugemunkelt, man sei bei Dir in guten Händen."

„Na, dann nimm Dir das mal zu Herzen, alter Spötter!"
„Was sich neckt…", mischte sich da der Direktor schmunzelnd ein und bat Leo, jetzt endlich in die Garderobe zu gehen und in Cordulas Spiegel zu gucken.
Was soll ich sagen? Während der Abendvorstellung ging es wie am Nachmittag. Das Publikum war begeistert und dankbar, vielleicht eine Idee dezenter und gepflegter in seinen Beifallskundgebungen. Das Durchschnittsalter lag wohl höher als am Nachmittag und die Kleidung passte mehr zu „Freude, schöner Götterfunken" als zu dem rustikalen „Schlesischen Himmelreich". Man feierte einfach – ich sage das mal so - das Fest der Wiederkehr der deutschen Muttersprache in die Öffentlichkeit. Und ich kann sagen, dass Leo und ich dabei gewesen sind!
Gegen 23 Uhr begann die Rückfahrt. Leo und Cordula saßen nebeneinander im Bus und ich lag wohlverwahrt dazwischen. Sie unterhielten sich zuerst ein wenig über ihren unerwarteten Erfolg in oberschlesischen Landen. Die Freude, die sie bei den benachteiligten oberschlesischen Landsleuten deutscher Zunge erleben durften, würde ihnen unvergesslich bleiben. Leo sagte, er sei froh, seinen Beitrag dazu geleistet zu haben. Aber jetzt müsse er sich auf die morgige Prüfung in Breslau konzentrieren, und das bedeute zuerst einmal, sich schlafend zu erholen. Gegen zwei Uhr morgens waren wir in Breslau. Leo wurde vom Direktor persönlich geweckt, er verabschiedete sich schlaftrunken, und Cordula wünschte ihm viel Erfolg.

Cordula war froh, dass sie ihre Geige am Nachmittag von der Werkstatt abholen konnte und dass die Reparatur hörbar gelungen war. Also machte sie sich am Abend mit der Straßenbahn auf, um mich zu Leo zurückzubringen. Bei der Gelegenheit konnte sie auch gleich erfahren, wie es Leo in Breslau ergangen war. Sie war offensichtlich sehr daran interessiert, ich auch. Ich hatte gemischte Gefühle: Einerseits war ich froh, wieder heil nach Hause gebracht zu werden, andererseits wäre ich nach dem überwältigenden Erlebnis vom Wochenende gern bei Cordula geblieben. Sie war sehr fürsorglich, ja liebevoll mit mir umgegangen, das hatte mir wohlgetan. Aber sie hatte sich ja zur pünktlichen Rückgabe

entschlossen, nachdem sie gemerkt hatte, wie Leo an mir hängt und was ich ihm bedeute. Da war wohl zwischen den beiden auch Sympathie im Spiel, die über die bloße Kollegialität hinausging.
Als wir ankamen, war Leo gerade von Breslau zurückgekehrt. Cordula sagte: „Hier ist Dein bestes Stück wohlbehalten zurück. Ich bin zwar evangelisch, aber ich weiß jetzt, was ein Nothelfer ist. Du warst ein ganz echter: Danke!“ Und dann umarmte sie ihn kurz.
Leo packte mich aus, musterte mich kritisch und drückte mir ein Küsschen auf den Resonanzboden. „So, Fräulein Kloz, das war der erste Streich: Die schriftliche Aufnahmeprüfung habe ich hinter mir. Der zweite Streich folgt in einer Woche, da findet die mündliche Prüfung in Deutsch, Polnische Literatur und Politische Ökonomie statt.“
„Was haben denn polnische Literatur und Politische Ökonomie mit Germanistik zu tun?“ wollte die Mutter wissen.
„Muttel, ein polnischer Germanist sollte auch über ein gewisses Allgemeinwissen verfügen, und da ist an der ‚Boleslaw-Bierut-Universität‘ vor allem die Politische Ökonomie ganz wichtig.“
„Na, na“, meinte der Vater, „da pass mal schön auf, dass sie nicht etwa Gehirnwäsche betreiben und Du darauf reinfällst. Dann wären sie Dich auf bequeme Weise los.“
„Vatel, ich werde ihnen ohne Skrupel das erzählen, was sie hören wollen: Der Kapitalismus ist schlecht, der Sozialismus ist gut. Das ist ganz einfach. Punkt.“
„Na, dann brauche ich mir ja um Dich keine Sorgen zu machen. Aber wie war ’s denn heute mit Schiller?“
„Es war ein Volltreffer, Cordula! ‚Der Kampf gegen den Absolutismus in Schillers Werken‘ hieß das Thema. Ich habe vor allem die ‚Räuber‘, ‚Kabale und Liebe‘ und ‚Wilhelm Tell‘ als Beleg für die im Thema enthaltene Behauptung herangezogen. Ich habe ihnen im Brustton der Überzeugung den revolutionärsten Schiller geliefert, den es je gab. Wahrscheinlich hat er sich jetzt im Grabe herumgedreht. Aber zimperlich ist er ja mit den politischen Größen seiner Zeit nun auch wieder nicht umgegangen. Jedenfalls war ’s ein Volltreffer!“

Eine Woche später herrschte Hochstimmung in meiner Familie: Leo hatte die Aufnahmeprüfung bestanden, und der Immatrikulation für das Studienjahr 1955/56 stand nichts mehr im Wege! Klar, dass das gefeiert wurde. Es war Ferienzeit, und alle Familienmitglieder waren „an Bord". Für mich gab es überraschend wieder einmal ordentlich was zu tun, denn Leo hatte kurzfristig Cordula eingeladen. Sie hatte sich einige Noten mitgebracht, und so gab sie mit mir zur Feier des Tages ein kleines Violinkonzert. Besser hätte sie sich in meiner Familie nicht einführen können. Sie erhielt reichlich Beifall und musste mehrere Zugaben spielen. Was tat mir das gut!
Etwas kritisch wurde es, als Leos Mutter den Vorschlag machte, Leo könne doch jetzt das Singen begleiten. Der reagierte etwas patzig, seine Stunde sei erst nach dem Neuanfang wieder gekommen. Schiefe Töne seien heute nicht angemessen, er überlasse seine Geige gerne Cordula, denn die habe er ja dafür eingeladen. Na ja, er genierte sich halt vor Cordula und wollte sich nicht blamieren.
Interessant war zu hören, was Leo von der mündlichen Prüfung zu berichten hatte: „Also zunächst einmal wurde ich nicht mehr in Deutsch geprüft, weil die schriftliche Arbeit sehr gut ausgefallen sei. In der Prüfung über polnische Literatur kam ich auch gut über die Runden. Ich konnte ihnen aus meiner Abiturvorbereitung die Epochen der polnischen Literaturgeschichte mit einigen Dichternamen nennen. Dann wusste ich natürlich auch, dass Adam Mickiewicz in der polnischen Literaturgeschichte die Bedeutung hat wie Goethe in der deutschen. Ich beeilte mich, gleich noch die Anfangsverse des nationalen Epos ‚Pan Tadeusz' zu zitieren:

‚Litwo! Ojczyzno moja! ty jestes jak zdrowie;
Ile cie trzeba cenic, ten tylko sie dowie,
Kto cie stracil…'"

„Und was heißt das auf Deutsch?" fragte der Vater.
„Das heißt:

‚O Litauen! Mein Vaterland! Du bist wie die Gesundheit;
Wie hoch Du zu schätzen bist, nur der erfährt es,
Der Dich verloren hat…'"

„Darf man das in Volkspolen heute überhaupt zitieren? Stalin hat Litauen doch mit Hitlers Hilfe der Sowjetunion einverleibt?!"
„Ja, Vatel, die Geburtsheimat von Mickiewicz gehört im Geschichtsbewusstsein der Polen immer noch zu Polen. Der Verlust schmerzt, und so spricht man im literarischen Zitat etwas aus, worüber man offiziell in Polen nicht reden darf."
„Dann geht es den Polen ja mit Mickiewicz wie uns mit Eichendorff und Hauptmann..."
„Mich würde jetzt aber mal interessieren, wie Dein Zitat gewirkt hat", unterbrach die Mutter den historisch-politischen Dialog.
„Wie ich erwartet hatte sehr gut. Die Augen der Prüfer leuchteten, und man war sich schnell einig, dass ich bestanden hatte." –
„So, und dann kam die Politische Ökonomie, Leo, ich weiß immer noch nicht so recht, was man darunter zu verstehen hat."
„Jedenfalls ist es heute das ideologische Hauptfach schlechthin, Marxismus plus Leninismus plus Stalinismus und all solche Hirngespinste. Die Lehrsätze sind wie kirchliche Dogmen formuliert und - koste es, was es wolle – auswendig zu lernen. Jede Abweichung ist lebensgefährlich."
„Und was haben sie Dich gefragt?"
„Es kam wie ich es erwartet hatte, Elisabeth, sie forderten einen Systemvergleich ‚Kapitalismus' : ‚Sozialismus'. Ich habe einleitend noch einmal darauf hingewiesen, dass ich deutscher Nationalität sei. Ich bäte um Nachsicht wegen meiner Sprachschwierigkeiten. Der sogenannte gesellschaftliche Faktor, also der Parteivertreter unter den Prüfern, antwortete mit freundlicher Miene: ‚Uns kommt es auf den Inhalt an. - Also gut, ich habe ihnen erzählt, was sie hören wollten. Das Ergebnis meiner Beweisführung war kurz gesagt, dass der Sozialismus mit seiner Planwirtschaft natürlich dem Kapitalismus mit seiner Marktwirtschaft, seinen Überproduktionskrisen und der Arbeitslosigkeit haushoch überlegen sei und dass er deshalb in absehbarer Zeit weltweit siegen werde."
„Und mit diesem Schmus hast Du die Prüfung bestanden?"
„Natürlich, Vatel, womit denn sonst?"
„Das ist ja Unsinn hoch drei!"
„Reg Dich nicht unnötig auf, Josef", beschwichtigte die Mutter, „das ist doch keine Gewissensfrage, das ist eine Form von prakti-

scher Intelligenz. In der Not frisst der Teufel Fliegen und fängt sie sich auch noch selber!“
Jetzt wollte Hedwig wissen, wie es nun weiterginge.
Leo hatte sich das natürlich schon genau überlegt: „Ich fahre übermorgen zu einem kostenlosen zweiwöchigen Erholungsaufenthalt nach Bad Kudowa. Den habe ich nach dem Abiturstress nötig und von der ‚Gewerkschaft der Kulturschaffenden' bewilligt bekommen. Aber vorher werde ich noch den Antrag auf die übliche staatliche Studienförderung nach Breslau schicken, damit mein Lebensunterhalt gesichert ist. Und ich werde bei der ‚Freundschaft' kündigen.“
„O Gott, ja“, seufzte Cordula, „muss das sein?“
„Ja, Cordula, ich kann entweder studieren oder weiter arbeiten. Beides gleichzeitig geht nicht.“
„Und wenn Du kein Stipendium bekommst?“
„Mal bitte den Teufel nicht an die Wand! Ich lasse mir ungern die grauen Haare von übermorgen wachsen. Man muss auch mal was wagen.“
„Ach, ich will Dir ja gar nichts, ich möchte ja nur, dass Du für alle Fälle abgesichert bist.“
„Typisch Beamtentochter, entschuldige.“

Leo kam von Bad Kudowa gut erholt zurück. Anfang September wurde er „auf eigenen Wunsch“ von der „Freundschaft“ entlassen und als Student der Germanistik an der Breslauer Universität eingeschrieben. So weit, so gut.
Aber das wäre ja ohne „Wenn“ und „Aber“ zu schön gewesen, um wahr zu sein. Ich erzähle mal in geraffter Form, was ich im erneuten Zwangsruhestand von meinem Kasten aus als aufmerksame und mitfühlende Wegbegleiterin von Leo in Erfahrung gebracht habe.
Bei der Immatrikulation wurde Leo ins Studienbuch geschrieben: „Warunek lacina“, also das Studium der Germanistik war nur möglich, wenn er das Latinum, eine Prüfung in Latein, nachholte. Das ging vielen polnischen Studenten auch so, denn das Fach Latein wurde ja vor dem Abitur nur noch selten gelehrt. Blödsin-

niges Schulsystem! Die Zeit zur Vorbereitung des Latinums fehlte natürlich für das Fachstudium!
Das nächste „Aber" war für Leo ein Hammer, und damit stand er allein auf weiter Flur: Er bekam kein Stipendium! Begründung: Das Stipendium ist nur für polnische Staatsbürger vorgesehen. So weit ging also die von der Partei propagierte Gleichberechtigung der Deutschen nun auch wieder nicht! Man gab Leo den Rat, sich an die Botschaft der Deutschen Demokratischen Republik in Warschau zu wenden. Die zahlte angeblich schon mal Stipendien für deutsche Auslandsstudenten, und diese Stipendien seien sogar noch höher als die in Polen üblichen.
Leo zog die Notbremse und fuhr zweigleisig: Er beantragte bei der DDR-Botschaft als deutscher Student ein Stipendium und schloss mit der „Freundschaft" einen Arbeitsvertrag für die Auftrittstage Mittwoch, Sonnabend und Sonntag ab. Für jeden Auftritt zahlte ihm das Ensemble 60 Zloty, Kündigungsfrist 14 Tage. Der Direktor zeigte sich sehr entgegenkommend und flexibel, weil er für Leo weder im Chor noch bei der Ansagerei einen Ersatz hatte. Mir schien das die Lösung zu sein, die die „Beamtentochter" gefühlsmäßig für notwendig gehalten hatte. Aber den „Neuanfang" mit mir konnte ich unter diesen Umständen natürlich vergessen.
War so Leos Lebensunterhalt halbwegs gesichert, so verschlechterte sich seine Lage zusätzlich, weil er keinen Schlafplatz im Breslauer Studentenwohnheim bekam. Also musste er täglich mit der Eisenbahn zwischen Waldenburg und Breslau pendeln. Das kostete nicht nur Geld sondern auch unverhältnismäßig viel Zeit.
Pfarrer Liebelt wollte Leo helfen. Er finanzierte seine Monatskarte für die Bahn und gab ihm die Adresse eines Breslauer deutschen Glockengießers, der als „Spezialist" nicht vertrieben und dessen Betrieb nicht enteignet worden war. Der Bedarf an neuen Kirchenglocken war nach den Zerstörungen des Krieges enorm, und so hatte der alte Mann viel zu tun. Auf seinem Grundstück in einer Vorstadt von Breslau stand ein Gartenhäuschen, das Leo jetzt vielleicht als Studentenbude nutzen konnte. Das Problem war, dass dieses Gartenhäuschen während der letzten Jahre als Hühnerstall genutzt worden war. Der Glockengießer war bereit,

die Hühner auszulagern, wenn Leo sich das „Zimmer“ herrichtete. Es stank fürchterlich, dagegen half nicht nur langes, kräftiges Lüften. Die Quelle des Gestankes lag nämlich auf dem Fußboden, größtenteils schon festgekrustet: Was Hühner im Normalfall halt so hinterlassen! Leo versuchte drei Nachmittage lang kratzend, schrubbend und wischend der Lage Herr zu werden. Es war nicht zu schaffen, Leo kapitulierte. Er war fix und fertig, einem Nervenzusammenbruch nahe.
Man muss wissen, dass in Breslau die Bebauung am Ende des Krieges 1945 teilweise bis zu 90 Prozent zerstört war. Und zehn Jahre danach waren gerade mal die Straßen und Gehwege von Trümmern geräumt worden. Die übrige Enttrümmerung und der Wiederaufbau steckten noch in den Anfängen. Ganz Polen konzentrierte sich auf den Wiederaufbau von Warschau, da blieb für Breslau nichts übrig als auf bessere Zeiten zu warten. Die Wohnungsnot war jedenfalls haarsträubend, nicht wenige Familien wohnten in einsturzgefährdeten Häusern. Ein Student ohne Schlafplatz in einem der wenigen Wohnheime und ohne persönliche Beziehungen war da chancenlos. Für den Gemütsmenschen Leo war allein schon der tägliche Aufenthalt in der Ruinen- und Trümmerwüste ein Alptraum. Dagegen kam ihm das zwar langsam verfallende aber von Kriegszerstörungen verschont gebliebene Waldenburg wie eine heile Welt vor.
Leo pendelte also weiter fünfmal die Woche zwischen Waldenburg und Breslau hin und her. Dreimal wöchentlich war er mit dem „Freundschafts“-Ensemble unterwegs, um seinen Lebensunterhalt zu sichern. Dafür gibt es die schöne Bezeichnung „Werkstudent“.
Nach Wochen schwer erträglichen Wartens kam die Antwort von der DDR-Botschaft:
„Für Bürger, die ihren ständigen Wohnsitz im Gebiet der Volksrepublik Polen haben, ist die Botschaft der Deutschen Demokratischen Republik nicht zuständig. Wenden Sie sich an die polnischen Behörden.“
Das war der Gipfel! Der „Schwarze Peter“ wurde hin und her geschoben. An ein Stipendium war nicht zu denken. Nach fünf Monaten musste Leo sich eingestehen, dass es so nicht weiterging.

Die Universität hätte ihn gern exmatrikuliert, entlassen, da wäre sie den unbequemen deutschen Exoten los gewesen. Aber Leo wollte ihnen den Gefallen nicht tun und auch die allerletzten Möglichkeiten ausloten. Er stellte einen Antrag auf Beurlaubung. So etwas gäbe es nicht. Ratlosigkeit.
Kurz nach Jahresbeginn 1956 rief das Wojewodschaftskomitee der Polnischen Vereinigten Arbeiterpartei Vertreter des „Deutschen Kulturaktivs" aus ganz Niederschlesien zu einer „wichtigen Beratung" in Breslau zusammen. Kein Mensch wusste, worum es da gehen sollte. Leo fuhr auf ausdrücklichen Wunsch des Direktors als einer der vier Vertreter des „Freundschafts"-Ensembles mit nach Breslau. Das Thema der Beratung „Die Gleichberechtigung der Deutschen in allen Bereichen des kulturellen Lebens" war ein Offenbarungseid. Die Partei musste wieder einmal die Notbremse ziehen: Ende 1955 hatte nämlich die neue Familienzusammenführungsaktion des Deutschen und Polnischen Roten Kreuzes begonnen. Wöchentlich fuhren Rot-Kreuz-Transporte mit ausreisewilligen Deutschen gen Westen. Die Zahl der Anträge auf Ausreisegenehmigung schnellte sprunghaft in die Höhe, hier drohte ein Dammbruch mit verheerenden Folgen für die polnische Staatswirtschaft. Also musste die Partei zu retten versuchen, was zu retten war. Die Analyse stimmte: Die Frage der Gleichberechtigung in Theorie und Praxis war der Dreh- und Angelpunkt des Problems.
Aber was hatte das alles mit Leo zu tun? Das ist schnell erklärt: Ein Parteivertreter schilderte die kulturellen Chancen der deutschen Restbevölkerung in den schönsten Farben. Manche Schwierigkeiten in der Praxis beruhten auf Fehlinformationen oder Missverständnissen bei den zuständigen polnischen Behörden der unteren Ebenen. Die Partei werde in Zukunft noch entschlossener durchgreifen. Das Misstrauen der Deutschen sei wirklich unbegründet.
In der Diskussion meldete sich auch Leo zu Wort. Er ließ sich zunächst bestätigen, dass die Gleichberechtigung auch für den Bildungssektor gelte. Na selbstverständlich! Deutsche könnten jetzt, wenn sie die Voraussetzungen dafür hätten, auch studieren! Gelte das auch für den Lebensunterhalt in Form eines staatlichen

Stipendiums? Selbstverständlich! Da gab sich Leo einen Ruck. Er setzte alles auf eine Karte und schilderte möglichst nüchtern und sachlich seinen Fall. Das war den Parteivertretern und den übrigen Versammlungsteilnehmern natürlich äußerst peinlich. Das müsse alles ein großes Missverständnis sein, so etwas dürfe es nicht geben. Man werde der Sache selbstverständlich nachgehen, und wenn alles so sei, wie Leo es geschildert habe, dann werde man für Abhilfe sorgen.
Leos riskanter Auftritt verbesserte schrittweise seine Situation. Es war wie bei der Echternacher Springprozession: drei Schritte vor, zwei zurück.
Zunächst wurde Leo von der Universität bis zum 31. August beurlaubt. Als Begründung schrieb man in den „INDEKS", das Studienbuch: „ Nichterlangung der Anrechnung des 1. Semesters und Schicksalsschläge in der Familie." Das war blanker Hohn, aber man musste ja sein Gesicht wenigstens offiziell wahren. Immerhin blieb Leo Student und konnte zwischenzeitlich wieder ganz seiner Erwerbstätigkeit bei der „Freundschaft" nachgehen. In den vergangenen Monaten waren seine geringen Ersparnisse zusammengeschmolzen, also brauchte er jeden Zloty für den Lebensunterhalt. Durch den geregelteren Tagesablauf kräftigte er sich auch gesundheitlich wieder. Er musste vieles nachholen. In den fünf Monaten Doppelbelastung hatte er ja an keinen Proben teilnehmen können. Die Premiere eines neuen Programms stand kurz bevor, Leo musste sich im Eiltempo die neuen Texte und Melodien einprägen und auch den neuen Ansagetext verfassen. Bloß gut, dass der Direktor bisher keinen Ersatz für Leo gefunden hatte. Der alte Arbeitsvertrag wurde erneuert.
Leo war also voll ausgelastet, und das war gut für ihn. Er hatte keine Zeit, dem verloren gegangenen Studienjahr nachzutrauern. Seine Tätigkeit brachte ihm wieder viele Erfolgserlebnisse ein, das war Aufmunterung, die er brauchte.
Im fernen Moskau hatte Parteichef Nikita Chruschtschow auf dem 20. Parteitag der Kommunistischen Partei der Sowjetunion die Entstalinisierung eingeläutet. Der RIAS berichtete von einer spektakulären Geheimrede, in der der „Personenkult" um Stalin verurteilt wurde. Viel später erfuhren wir, dass es diese Geheim-

rede tatsächlich gegeben hat. Der polnische Stalinist und Staatspräsident Boleslaw Bierut hatte natürlich als Gast an dem Parteitag teilgenommen. Ein paar Tage später erfuhren wir - wieder zuerst aus dem RIAS - , dass Bierut in Moskau unter ungeklärten Umständen gestorben sei. Offiziell wurde etwas von Herzinfarkt erzählt. Unter den Polen munkelte man aber, er sei vergiftet worden. Jedenfalls bekam er ein großes Staatsbegräbnis. Leos jüngste Schwester Inge musste mit ihrer Klasse wieder lange vor dem Lautsprecher hocken und Trauer mimen. Leos Problem war das nicht mehr.
Für Leo waren die Auswirkungen der großen Politik in seinem kleinen Alltag erfreulich: Die staatliche Pressezensur beurteilte seine Textentwürfe großzügiger, man witterte nicht mehr hinter jeder mehrdeutigen Formulierung die Konterrevolution. Das Ensemble durfte im August zu einer zwölftägigen Gastspielreise nach Oberschlesien. Es gab Vorstellungen in zwölf Städten und Gemeinden, diesmal allerdings ohne mich. Bei seiner Rückkehr war Leo wieder tief beeindruckt von der großen Dankbarkeit des oberschlesischen Publikums.
Mit Beginn des Wintersemesters endete Leos Beurlaubung von der Universität. Was nun? Leo hatte erneut ein Stipendium und einen Schlafplatz im Studentenwohnheim beantragt. Die Entscheidung lag bei der Universitätsverwaltung. Oder gab es noch eine andere Instanz, die Einfluss nahm? Die Uni bewilligte jetzt ein Stipendium in der üblichen Höhe von 260 Zloty im Monat und teilte einen kostenlosen Schlafplatz im Studentenwohnheim zu! Obwohl sein monatliches Einkommen jetzt nur noch ein Viertel des bescheidenen bisherigen betrug, wagte Leo es, von der „Freundschaft“ weg und als Student der Germanistik nach Breslau zu gehen. Warum war das nicht schon vor einem Jahr möglich gewesen?! Das Wojewodschaftskomitee der Partei hatte offensichtlich nachgeholfen. Manchmal barg die Anwendung stalinistischer Methoden durchaus auch Vorteile in sich. Leo war auf einmal vom diskriminierten Deutschen zum Aushängeschild der Gleichberechtigungspolitik geworden. „Auslandsstudent“ an seiner Heimatuniversität! Das war wieder einmal eine der vielen Widersprüchlichkeiten auf Leos Lebensweg. Aber, was soll ’s: für

Leo hatte dieser Status den Vorteil, dass er die „Szkolenie wojskowe", das „Militärstudium" nicht mitzumachen brauchte.
An einem Tag in der Woche fielen alle Vorlesungen und Seminare aus, es war der Tag des „Militärstudiums". Jeder polnische Student – Wehrdienstverweigerung gab es nicht – zog für einen Tag in die Kaserne und absolvierte die militärische Ausbildung. Im Laufe des fünfjährigen Studiums wurde die Wehrpflicht so – ergänzt durch mehrwöchige Ausbildungsphasen während der vorlesungsfreien Zeiten - häppchenweise abgeleistet. Dieses „Studium" wurde benotet, und wer „Ungenügend" bekam, dem wurde das ganze Studiensemester nicht angerechnet. Der Leistungsdruck war erheblich. Am Ende des Studiums erhielten die Absolventen in der Regel das Offizierspatent. Das alles blieb also Leo als „Ausländer" erspart. Er konnte wie die Studentinnen an diesem Tag sein Fachstudium im „Ossolineum", in der Universitätsbibliothek, vorantreiben und Lücken aus der Vorbildung schließen.
Im Studentenwohnheim fand Leo weder Platz noch Ruhe zum individuellen Studium: In dem 18 Quadratmeter großen Zimmer waren sechs Studenten untergebracht. Drei Etagenbetten, ein Tisch, sechs Stühle und ein kleiner Spind, das war die ganze Möblierung. Die Seminarräume der Germanisten an der Schuhbrücke waren verhältnismäßig klein und meistens von Übungsgruppen besetzt. Da blieb nur das „Ossolineum" an der Ecke Schuhbrücke/Burgstraße, das frühere Matthiasstift. In dessen Räumen konnte man sich mit seinem wissenschaftlichen Apparat ausbreiten, und es herrschte absolute Stille.
Mit dem Namen „Ossolineum" konnte Leo zunächst gar nichts anfangen. Warum hieß es nicht einfach „Universitätsbibliothek"? Bei einer Führung für Erstsemester erfuhr er dann, dass sich hinter diesem Namen ein dramatisches Stück ostmitteleuropäischer Geschichte verbirgt. Der polnische Graf Ossolinski hatte 1826 in Lemberg im südostpolnischen Galizien, eine große Bibliothek eröffnet, zu der auch ein Handschriftenarchiv, eine Gemäldegalerie, eine Druckerei und eine Buchhandlung gehörten. Der Bestand zählte ca. 600.000 Bände Druck- und Handschriften, darunter auch viel Deutschsprachiges. Das Institut war für das gesamte

polnische Geistesleben von großer Bedeutung. 1945 geriet Lemberg in den sowjetischen Machtbereich. Die polnische Universität und das „Ossolineum" wurden nach Breslau „verlagert". Die Buchbestände füllten hier die riesigen Lücken auf, die die SS in der Universitätsbibliothek hinterlassen hatte. Anfang 1945 hatte man die Bücher stapelweise zur „Ausfütterung" der Festungsanlagen „gebraucht"...

Für Leo und die Breslauer polnischen Germanisten war es ein Glücksfall, dass die deutsche Stadtbibliothek mit ihren über eine Million Bänden den Krieg nahezu vollständig „überlebt" hatte. Leo kam es auch zugute, dass vormals Lemberger Germanisten wie Professor Zygulski seine akademischen Lehrer waren. Sie hielten ihre literatur- und sprachgeschichtlichen Vorlesungen in deutscher Sprache. Das war für die polnischen Studenten im ersten Semester eine Herausforderung, für Leo ein Genuss. Professor Zygulskis Deutsch war druckreif, mit einer leichten, österreichisch-sympathischen Einfärbung. Er stammte eben aus Galizien, das seit der ersten Teilung Polens 1772 zu Österreich gehört hatte. Thomas Mann hatte ihn übrigens in seinem „Zauberberg" literarisch verewigt.

Ich hörte gern zu, wenn Leo am Wochenende voller Begeisterung von seiner „Neuen Welt" in Breslau erzählte. Manchmal hatte er auch Erfolgserlebnisse der besonderen Art. Zum Beispiel bei den „Praktischen Übungen" zur Festigung und Erweiterung der deutschen Sprachkompetenz. Frau Magister Golonska. hatte schnell registriert, dass Leo überdurchschnittlich sprachkompetent war. Bei Ausspracheübungen ließ sie grundsätzlich Leo vorsprechen. Die Überschrift des entsprechenden Kapitels im Übungsbuch lautete: „Die schlechte Aussprache verrät den Ausländer". Bei Frau Magister hörte sich das ungefähr so an: „Die schlächtä A-usssprachä verrät dän A-usländär." Und immer wieder forderte sie ihre polnischen Studenten auf: „Sprächen Sie so wie Chärr Läo, nur so ist es richtik." Nach fünf Übungseinheiten befreite sie Leo von der Teilnahme, er habe es nun wirklich nicht nötig. Wieder ein Zeitgewinn für die Lateinpaukerei.

Stürmischer Herbst

Der Herbst 1956 war für Polen stürmisch, aufregend und gefährlich, auch für meinen Freund Leo. Ich hatte mich schon längst wieder an meinen Zwangsruhestand gewöhnt. Die Tatsache, dass aus dem „Neuanfang“ nichts geworden war, regte mich nicht mehr auf. Ich stellte mich auf weiteres, geduldiges Warten ein. Wichtig war und blieb für mich Leos Schicksal, denn nur, wenn es ihm wirklich gut ging, konnte ich auf eine Wende hoffen.

Am ersten Oktoberwochenende berichtete Leo, Direktor Klonowski habe ihn dringend gebeten, bei einem „Freundschafts“-Auftritt in der Breslauer Hala Ludowa, der Jahrhunderthalle, die deutschsprachige Ansage zu übernehmen. Die Veranstaltung sei Teil des Programms zur „Woche der deutsch-polnischen Freundschaft“ und finde in Gegenwart des Warschauer Botschafters der Deutschen Demokratischen Republik statt. Da konnte Leo nicht Nein sagen, zumal ihm ein „fürstliches Honorar“ zugesichert worden war. Na ja, dachte ich, es reizt ihn doch immer noch einmal, in seine Erfolgsrolle zu schlüpfen. Natürlich sollten diesmal keine Witze erzählt werden. Das hätte zu einer Veranstaltung mit Festakt-Charakter nicht gepasst. Aber die Vorstellung, in einer der größten Hallen Europas mit 6.000 Sitz- und 4.000 Stehplätzen auftreten zu dürfen, hatte einen ganz besonderen Reiz für Leo. Hin- und Rückfahrt von und nach Waldenburg blieben ihm erspart, er konnte vom Studentenwohnheim mit der Straßenbahn anreisen.

Es muss gut gelaufen sein. Cordula hatte ein Erinnerungsfoto geschossen: Leo mit der Studentenmütze auf dem Kopf vor dem Eingang an der Pergolaseite der Jahrhunderthalle. Darüber prangte ein Transparent mit der Aufschrift „PRZYJAZN – FREUNDSCHAFT“. Man merkte, dass Cordula stolz war auf „unseren“ Leo. Der schilderte seinen Auftritt auch wie gewohnt lebhaft und anschaulich, vergaß aber nicht zu erwähnen, dass er sich anschließend sofort in sein Studentenbett zurückgezogen habe, weil er von dem gleißenden Scheinwerferlicht fürchterliche Kopfschmerzen bekommen hatte.

In der zweiten Oktoberhälfte spitzte sich die politische Lage in Polen so dramatisch zu, dass wir sogar um Leos Leben fürchten mussten. Und das kam so:
Die Entstalinisierung mit dem vorsichtigen Abbau von Zwangsmaßnahmen ging vielen Polen zu langsam, sie wollten schneller mehr Freiheit. Ende Juni war während der Internationalen Messe in Posen ein Generalstreik ausgebrochen. Ein Demonstrationszug endete in einem offenen Aufruhr. Dieser war vom Militär niedergeschlagen worden. Das war eine große Schlappe vor den Augen der Weltöffentlichkeit. Die Parteioberen wussten sich letztlich nicht anders zu helfen, als den „titoistischen Abweichler" Wladyslaw Gomulka aus dem Gefängnis zu holen und zum neuen Generalsekretär der Polnischen Vereinigten Arbeiterpartei zu wählen.
Meine Familie erfuhr das alles wie gewohnt über den RIAS und zwei Tage später durch die „Arbeiterstimme".
Am selben Tag kam Cordula ganz aufgeregt nach dem Probenvormittag mit ihrem Geigenkasten unter dem Arm vorbei und fragte: „Haben Sie schon etwas von Leo gehört?"
Leos Mutter sagte: „Nein, wieso? Wir haben kein Telefon. Leo kommt wie gewohnt am Sonnabend."
„Es ist nämlich durchgesickert, dass es gestern in Breslau eine spontane Studentendemonstration gegeben hat. Sie sollen Freiheit gefordert haben. O Gott, das erinnert mich so sehr an den 17. Juni vor drei Jahren und an den Generalstreik in Posen! Hoffentlich hat sich Leo da rausgehalten."
Da seufzte die Mutter: „Mir wird bei dem Gedanken daran ja angst und bange, denn in Berlin und Posen haben sie auf die Demonstranten geschossen!"
Am Wochenende wurde Leo von der „Familienvollversammlung" erwartet. Sie wollten von ihm sofort wissen, was an den Gerüchten dran war.
„Nun mal langsam, immer schön der Reihe nach, sonst könnt Ihr das gar nicht richtig verstehen."
„Komm, mach es nicht zu kompliziert", sagte Hedwig, „das ist hier keine Schulstunde. Wir sind ja ganz Ohr."
„Also ich hatte mich letzten Sonntagabend nach meiner Rückkehr ins Wohnheim nichts ahnend ins Bett gelegt. Dass die fünf ande-

ren Kommilitonen noch nicht im Zimmer waren, störte mich nicht, das kam ja öfters vor. Wahrscheinlich hockten sie wieder bei Radiomusik und Zigarettenqualm im großen Gemeinschaftsraum zusammen. Ich schlief bald ein. Kurz nach Mitternacht wurde ich durch einen gellenden Schrei aus hundert Kehlen aus dem Schlaf gerissen. Es wurde rhythmisch geklatscht und dazu ‚Go-mul-ka' gerufen. Kurz danach stürmten meine Zimmergenossen herein: ‚Leo, wie kann man in einer solchen Nacht nur schlafen, Du verschläfst eine Wende von geschichtlicher Bedeutung!' Ich fragte: Wieso? ‚Mensch, Leo, der Gomulka ist eben gewählt worden!' Ich sagte: Entschuldigt mal, aber das ist doch auch ein alter Kommunist! ‚Ja, aber kein Stalinist! Er hat Reformen angekündigt: Die meisten Landwirtschaftlichen Produktionsgenossenschaften sollen aufgelöst werden. Es wird Pressefreiheit geben und eine Amnestie für politische Häftlinge! Das ist Frühling im Oktober!' Aha, sagte ich, es soll, es wird! Also ich halte mich da raus. Lasst mich in Ruhe, ich brauche den Schlaf. Die Vorlesungen in Logik und Politischer Ökonomie werden nämlich in Polnisch gehalten, das strengt mich an."

„Das war vernünftig, Leo!" bemerkte der Vater und lehnte sich beruhigt zurück.

„Am Montagmorgen hing etwas in der Luft. In vielen kleinen Gruppen wurde diskutiert. Ich stellte mich dazu, sagte selber aber nichts. Es gab nur ein Thema: Was bedeutet die Wahl Gomulkas? Auch die Professoren wirkten seltsam unkonzentriert. Ihr Gesichtsausdruck war, na ich würde mal sagen, süßsauer, so als wüssten sie nicht, ob sie lachen oder weinen sollten. Gegen 10 Uhr kam ein Student herein und bat die Professorin, eine kurze Mitteilung vorlesen zu dürfen: ‚Um 12 Uhr findet in der Aula Leopoldina eine Diskussion über die aktuelle politische Lage in Volkspolen statt. Vorlesungen und Seminare fallen aus. Niemand muss, aber alle sollten an der Veranstaltung teilnehmen. Gezeichnet: Das freie Studentenkomitee der Universität Wroclaw.' ‚Da geh ich hin!' sagte ein Student laut in den Hörsaal hinein. ‚Wir auch!' schlossen sich die anderen an. Nur die Professorin sagte nichts."

„Aula Leopoldina?" fragte die Mutter dazwischen, „hab ich noch nie gehört. Warum heißt die so?"
„Ja, Muttel, das weiß ich auch erst seit der feierlichen Semestereröffnung und der anschließenden Führung für Erstsemester. Also die Aula heißt so nach Kaiser Leopold I., dem Großvater von Maria Theresia. Dieser Kaiser Leopold I. aus dem Hause der Habsburger erhob 1702 die von den Jesuiten etwa 60 Jahre vorher gegründete Schule in den Rang einer Hochschule, die man ‚Leopoldina' nannte. Damit begann also die Breslauer Universitätsgeschichte. Das heutige Leopoldina-Gebäude wurde um 1730 gebaut. Den Baustil dieser Zeit nennt man ‚Barock'. Die Aula ist wirklich ein Glanzstück dieses Baustils mit Fresken, Skulpturen, Stuckaturen und Marmorverzierungen. Es ist eine Augenweide, und ich danke Gott, dass dieses Gebäude den Krieg überstanden hat. Mal abgesehen davon, dass die Polen den doppelköpfigen kaiserlich-habsburgischen Adler an der reich geschnitzten Eingangstür durch den polnischen Adler ersetzt haben."
„Du redest wie ein Stadtführer, Leo. Du kannst uns die Aula ja mal zeigen, wenn wir Dich in Breslau besuchen kommen", meinte Elisabeth. „Aber im Moment interessiert mich viel mehr, ob Du hingegangen bist und was Du da erlebt hast. Du bist doch hingegangen, oder?"
„Ja, bei mir begann es langsam zu dämmern, dass hier wohl doch bisher unvorstellbare Dinge im Gange waren. Es reizte mich, als Zeitzeuge vor Ort zu sein. Ich war eine Viertelstunde vor Beginn in der Aula Leopoldina. Sie war schon fast besetzt, ich fand gerade noch ganz hinten unter der Musikempore einen Platz. Das war mir auch recht, denn ich verstand mich ja als interessierter Beobachter, nicht als Teilnehmer. Möglichst nicht auffallen, dachte ich, denn im Notfall eignen sich ‚Ausländer' als Sündenböcke. Ich war mir nämlich ganz sicher, dass hier unter den Studenten Leute von der Staatssicherheit saßen."
„Ach, du lieber Gott, mir läuft ein kalter Schauer den Rücken runter. Wenn ich daran denke, in was für eine Gefahr Du Dich da wieder mal begeben hast!"
„Ach, Muttel, reg Dich nicht nachträglich auf. Es ist ja gut gegangen. Also, wo war ich stehen geblieben?"

„Du saßest in der Aula!"
„Richtig, Inge. Um 12 Uhr war die Aula überfüllt, sogar auf den Stufen des Podiums hatten Studenten Platz genommen, es gab auch keine Stehplätze mehr. Die Eingangstür blieb offen, denn davor und im Treppenhaus drängten sich die Zuhörer. Ich war sehr gespannt, wer hier was sagen würde unter der Figur Kaiser Leopolds I. und den Personifikationen der Besonnenheit und des Fleißes und den Symbolen von Wahrheit, Vernunft und Liebe."
„Das ist doch klar", meinte der Vater, „der Parteiboss setzt sich an die Spitze der Bewegung, um den Stier bei den Hörnern zu packen!"
„Stimmt, als Erster trat der ‚gesellschaftliche Faktor', der Vertreter der Partei in der Universitätsleitung, an das Rednerpult. ‚Genossinnen und Genossen!' Sofort gab es ein Pfeifkonzert. Ich denke, ich höre nicht recht! Ein Pfeifkonzert gegen den Parteiboss! ‚Wir sind keine Genossen!' schrieen einige. ‚Studentinnen und Studenten, ich teile Euch mit, dass unsere Partei seit der vergangenen Nacht einen neuen Generalsekretär hat: Er heißt Wladyslaw Gomulka!' Brausender, lang anhaltender Beifall. Als er in der Aula abgeebbt war, wurde draußen im Treppenhaus immer noch weiter geklatscht. Dann schilderte der Genosse am Rednerpult, welche Reformen Gomulka angekündigt hatte und dass er möglichst bald nach Moskau fahren wolle, um die UdSSR von der Bündnistreue Polens zu überzeugen. Da gab es wieder ein Pfeifkonzert. Der Parteiboss wartete trotzig, bis der Saal sich wieder beruhigt hatte. Dann forderte er alle Anwesenden auf, sich einmütig hinter den Genossen Generalsekretär und das Zentralkomitee zu stellen und friedlich und diszipliniert ihre Studentenpflichten zu erfüllen. Abgang ohne Beifall oder Missfallenskundgebungen.
Es trat ein Student vom ‚Freien Studentenkomitee' ans Pult: ‚Kommilitoninnen und Kommilitonen, Ihr habt gehört, was uns der Parteivertreter zu sagen hatte. Ich eröffne die Diskussion.' Sofort flogen jede Menge Hände in die Luft. ‚Einen Moment, bitte! Wir müssen vorher noch klarstellen, dass hier im Vorgriff auf die angekündigten Reformen freie Rede gilt. Niemand darf wegen seiner Äußerungen zur Rechenschaft gezogen werden.' Brausender, lang anhaltender Beifall. ‚Ich bitte den gesellschaftli-

chen Faktor um Zustimmung, deutliches Kopfnicken genügt. – Das war deutlich genug!' Wieder starker Beifall."
„Das haben die Burschen aber klug eingefädelt. In der gegebenen Situation und bei der Verunsicherung der unteren Parteiinstanzen konnten die gar nichts verweigern."
„Vatel, Du warst nicht dabei, aber Deine Einschätzung stimmt. Nun ging es los. Alles, worüber man bisher nicht öffentlich reden durfte, wurde genannt und es wurden entsprechende Forderungen an die Parteiadresse erhoben. Man forderte akademische Freiheit. Es sollte ein Vorlesungsverzeichnis herausgebracht werden, nach dem man frei seinen wöchentlichen Stundenplan bestimmen konnte. Das Militärstudium sollte abgeschafft werden. Der Zugang zu westlicher Primär- und Sekundärliteratur sollte ermöglicht werden. Jedes Mal gab es langen Beifall, und mir feuerten die Ohren.
Aber es kam ja noch dicker, ja knüppeldick! Jetzt kamen politische Forderungen dran: Das Verhältnis zur Sowjetunion müsse anders werden. Es ginge nicht an, dass wir der Sowjetunion weiter unsere Kohle gäben und sie sich dafür unseren Zucker nähme. Gelächter und Beifall. Und dann kam die Forderung: Aufschluss über Katyn. Wer hat 1940 die über 4.000 polnischen Offiziere in Gefangenschaft umgebracht? Warum hat die Sowjetregierung eine Untersuchung der Vorgänge durch das Internationale Rote Kreuz abgelehnt? Wir fordern Aufschluss über Katyn! Orkanartiger Beifall, stehend. Ihr macht Euch keine Vorstellung, was da los war."
„Für mich ist das ein klarer Fall, Leo, das war eine Mordaktion des sowjetischen NKWD! Das war doch die Rache der Sowjets für 1920. Da war doch ihre Rote Armee von Pilsudskis polnischer Armee in der Schlacht um Warschau schmählich in die Flucht geschlagen worden."
„Ja, Vatel, und in Polen hat sich das auch rumgesprochen. Viele hören doch verbotenerweise BBC London. Aber jede öffentliche Äußerung zu diesem Thema stand unter Strafandrohung. Jedenfalls war jetzt eine Lawine ins Rollen gekommen. Ein Student forderte den Abzug der Roten Armee aus Polen. Da hielt es den Parteiboss nicht mehr auf seinem Platz: ‚Studentinnen und Stu-

denten', rief er erregt, ‚das geht nun wirklich zu weit. Ihr müsst doch wissen, dass die Sowjetunion nach dem Potsdamer Abkommen verpflichtet ist, Truppen in der Deutschen Demokratischen Republik zu stationieren. Und da ist es doch nur fair, wenn wir ihr Standorte einräumen, damit sie die Verbindungslinien zu den Einheiten in der DDR sichern kann.' Pfuirufe, Pfeifkonzert. ‚Und außerdem, überlegt doch einmal, wie wichtig das für uns Polen ist: In der westdeutschen Bundesrepublik gibt es die Bundeswehr, die wieder nach Osten marschieren und die Oder-Neiße-Friedensgrenze revidieren soll. Wir wollen doch kein zweites 1939 erleben, und deshalb muss die Rote Armee zu unserem Schutz hier bleiben!' Sagte es und ging an seinen Platz zurück. Es gab wieder ein langes Pfeifkonzert. Der Student, der den Abzug gefordert hatte, ging wieder ans Pult: ‚Jawohl, Genosse Parteisekretär, wir wollen kein zweites 1939 erleben! Aber gerade deshalb muss die Rote Armee aus Polen raus, denn wir sind 1939 nicht nur von der Wehrmacht, sondern auch von der Sowjetarmee überfallen worden!' Minutenlanger Beifall, stehende Ovationen. Der Parteiboss wagte es nicht mehr, ans Pult zu gehen. Er verließ stumm die Aula. Ein bulliger Begleiter bahnte ihm den Weg nach draußen.
Mir wurde es angst und bange. Wie lange konnte das noch gut gehen? Aber der Fluchtweg war ja verstopft. Andererseits war ich - ehrlich gesagt – erfreut über den Mut, den die polnischen Kommilitonen hatten, sie sprachen mir ja aus der Seele. Und ich wurde Zeuge der nächsten gefährlichen Sensation: Der Vertreter des Freien Studentenkomitees rief zu einer spontanen Demonstration auf, um den vorgebrachten Forderungen öffentlich Nachdruck zu verleihen! Eine spontane, frei zusammengelaufene Demonstration, das hatte es doch seit den Tagen der Weimarer Republik in Breslau nicht mehr gegeben!"
„Ja, und was würde die Staatsmacht dazu sagen? Die Demonstration war doch nicht angemeldet! In Posen hatte das Militär ja noch auf die Demonstranten geschossen! Leo, Leo, Du hättest doch nicht hingehen sollen!"
„Das habe ich auch gedacht, Muttel, aber jetzt war es zu spät für solche Gedanken. Ich steckte drin in diesem brodelnden Kessel

und musste nur zusehen, dass ich möglichst ungeschoren wieder herauskam. – Jetzt wollten natürlich alle auf einmal und möglichst schnell nach draußen. Das Gedrängel an der Tür und im Treppenhaus war entsetzlich. Ich drängelte nicht und ließ mich treiben. Draußen war es schon dämmerig geworden und es nieselte. Ein kurzer Rundblick genügte und ich wusste, dass der Universitätsplatz von der Miliz bereits abgeriegelt war. Man wollte die Demonstranten wohl gar nicht erst weiter in die Altstadt lassen. Am Eingang zur Schmiedebrücke wurde offensichtlich verhandelt, Studenten hier, Milizoffiziere da. Ich flüchtete mich zunächst einmal in die Universitätskirche nebenan. Einige alte Mütterchen beteten den Rosenkranz. Ich betete ein Gesätz mit und wurde ruhiger. Als ich dann wieder nach draußen kam, war ein Wunder passiert: Die Miliz hatte eine Schleuse geöffnet, und der breite Strom der Demonstranten zog schweigend durch die Schmiedebrücke Richtung Ring. Irgendwie musste man sich geeinigt haben."

„Das war wohl wieder mal eine echt polnische Lösung, Leo. In der DDR wäre das unvorstellbar."

„Na ja, Vatel, für mich war das jedenfalls eine Möglichkeit, aus der Falle herauszukommen. Ich reihte mich ein."

„Also doch!" stöhnte die Mutter. „Du kannst es nicht sein lassen!"

„Muttel, ich hatte doch gar keine andere Möglichkeit, es gab nur den einen Ausweg für mich, alles andere war doch abgesperrt. Sobald ich die Schleuse hinter mir hatte, bin ich auf den Bürgersteig ausgeschert und nebenher gegangen. Da war ich wieder Beobachter. Der Zug schwoll schnell an, denn es reihten sich mehr und mehr Passanten ein. Die kreuzenden Straßen waren nach beiden Seiten von Milizianten gesperrt. Die meisten standen mit den Händen in den Hosentaschen, manche lächelten sogar. Plötzlich rief einer aus der Menge: ‚Go-mul-ka, Go-mul-ka!' beim dritten Mal war der Sprechchor perfekt. Dagegen konnte ja niemand etwas haben. Der neue Genosse Generalsekretär hatte eben die Unterstützung der Straße! Aber das wurde bald anders: ‚Gomulka, fahr nicht nach Moskau, denn sie vergiften dich!' rief einer. Und das wiederholten alle im Sprechchor dreimal. Dann hieß es: ‚Gomulka sorg für freie Wahlen zum Sejm!' Wieder antwortete der Sprechchor. Jetzt hieß es: ‚Freiheit für Kardinal Wyszynski!' Erst brausender Beifall, dann wurde die Forderung x-mal im Sprechchor wiederholt. Nach den Sprechchören: ‚Wir fordern christliche Gewerkschaften' und ‚Wir fordern Religionsunterricht in den Schulen' habe ich mich kurz vor dem Ring in die Albrechtstraße abgesetzt und bin zum Wohnheim zurückgegangen."

„Na endlich! Auf dem Ring wärst Du doch wieder in einer Falle gewesen. Wer weiß!"

„Na ja, Inge, dafür durfte ich mich am späten Abend von den heimkehrenden Kommilitonen als Feigling bespötteln lassen. Von ihnen erfuhr ich dann, dass alles friedlich zu Ende gegangen war. Aufatmen. In den Nachrichten von Radio Polski war keine Rede von alledem. Wir haben ja nur einen Lautsprecher auf dem Zimmer. Da kann man nur ein- oder ausschalten und das hören, was die unten in der Zentrale einstellen. Ein Kommilitone meinte, er würde jetzt gern mal hören, was BBC London in polnischer Sprache dazu meldet. Das war natürlich ein Wunsch ohne Aussicht auf Erfüllung."

„Cordula", sagte da der Vater, „Cordula hatte das im Mundfunk erfahren und da haben wir uns ganz schön Sorgen um Dich gemacht! Ich danke Gott, dass Du wohlbehalten vor mir sitzt!"

„Ja, so weit so gut, Vatel", mischte sich Elisabeth ein, „aber inzwischen soll 's ja in Ungarn rundgehen! Ich hab da was von einer großen Studentendemonstration gehört. Die fordern ähnlich wie in Breslau freie Wahlen mit mehreren Parteien, die sowjetischen Truppen sollen abziehen, die Wirtschaft soll reformiert werden und die Aktivisten der Stalin-Rakosi-Zeit sollen bestraft werden. Das ist starker Tobak für die Stalinisten und deshalb äußerst gefährlich!"

„Hier scheint jetzt wirklich etwas ins Rollen gekommen zu sein. Die Ereignisse in Polen haben den Ungarn Mut gemacht, und das Aufbegehren der Ungarn wird Rückwirkungen auf die Polen haben. Ich frage mich, wie lange Moskau da ohne Gesichtsverlust zusehen und den Dingen ihren Lauf lassen kann. Sie haben ja hoffentlich dazugelernt."

„Gegen Demokraten helfen nur Soldaten, Vatel! Da wird es bestimmt welche geben, die die sowjetischen Truppen um Hilfe bitten. Die sind ja als Truppen des Warschauer Paktes völlig legal in Ungarn stationiert und können die Entwicklung im Lande unter Kontrolle halten. Mir graut es bei dem Gedanken an mögliches Blutvergießen. Ich kann nur hoffen, dass bei meinen polnischen Kommilitonen in Breslau die Sicherungen nicht durchbrennen."
„Und ich, Leo, bete für Dich", sagte die Mutter, „dass Du Dich klug heraushältst. Dein Heldentum ist hier nicht gefragt. Am liebsten würde ich Dich ja hier behalten, aber dadurch könntest Du ja auch schon wieder auffallen. Verpass nur nicht den letzten Zug nach Waldenburg, wenn's brenzlig wird."
Ich konnte Leos Mutter gut verstehen. Es gibt bei den Menschen manchmal Situationen, die ausweglos gefährlich sind. Was man auch tut, es kann genau das Falsche sein. Als sich Leo am Sonntagnachmittag wieder verabschiedete, zupfte er wieder mal an meinen Saiten, sie waren längst schon wieder verstimmt.
Der Vater schaltete am späten Abend das Radio an. Der Störsender auf dem Hochwald war wieder pünktlich um 22 Uhr abgeschaltet worden. RIAS Berlin meldete Sensationelles: „Kardinal Wyszynski ist auf Bitte von Vertretern der Volksrepublik Polen von seinem Verbannungsort nach Warschau zurückgekehrt. Er hat am heutigen Christkönigsfest seine Arbeit wieder aufgenommen."
„Na Gott sei Dank", kommentierte der Vater, „der Druck der Straße zeigt Wirkung. Die Freilassung des Kardinals wird viele polnische Gemüter besänftigen helfen."
Doch das war ja noch nicht alles. Der RIAS meldete außerdem, dass Kardinal Mindszenty von ungarischen Aufständischen befreit worden sei. Er war 1948 von den Kommunisten zu lebenslanger Haft verurteilt worden. Imre Nagy sei wieder als Ministerpräsident eingesetzt worden. der war im vorigen Jahr wegen „Rechtsabweichung" abgesetzt und aus der Partei ausgeschlossen worden. Und dann kam die Meldung, die uns alle in Schrecken versetzte: In Budapest habe es erste Straßenkämpfe zwischen bewaffneten Jugendlichen und den Organen der Staatsmacht gegeben. Die

ungarische Regierung habe die sowjetischen Truppen gebeten, „die mörderischen Angriffe der konterrevolutionären Banden stoppen zu helfen". Das Eingreifen der sowjetischen Truppen stoße auf erbitterten Widerstand.
„O Gott", seufzte die Mutter, „meine schlimmsten Befürchtungen bewahrheiten sich: die lange Knechtschaft macht sich in Gewalt Luft. Aber auf Gewalt folgt Gegengewalt. Das ist ein schicksalhafter Teufelskreis!"
Meine Familie war in der folgenden Woche innerlich hin- und hergerissen. Einerseits freute man sich natürlich über den Mut der polnischen und ungarischen Studenten, die die Stalinisten zum Rückzug gezwungen hatten. Aber andererseits befürchtete man den Ausbruch gewaltsamer Unruhen auch in Polen. Der Vater machte sich Sorgen: „Wenn die Sowjets in Ungarn eingreifen, dann werden sie sich auch in Polen nicht scheuen, Gewalt anzuwenden. Und das kann sich auch direkt auf uns auswirken, zu allererst auf Leo in Breslau. Hoffentlich verpasst er nicht den letzten Zug!"
„Wie meinst Du das?" fragte Elisabeth.
„Na, Du hast doch von Leo gehört, wie es in der polnischen Studentenschaft in Breslau gärt. Wenn die den Abzug der Roten Armee fordern, dann schrillen doch in den Ohren der Sowjets die Alarmglocken. Der Fritz war gestern mit einem Firmenauto in Breslau. Er sagt, man fühle sich in Breslau wie auf einem Pulverfass. Die Rotarmisten täten ihm fast schon Leid. Bis vor kurzem waren sie die Vertreter des ‚großen Bruders' und benahmen sich auch so. Es war üblich, dass die Polen ihnen in der Straßenbahn Platz machten. Heute lassen sie sie auf der offenen Plattform stehen. Das ist ein Ausdruck von Missachtung, und daraus kann schnell Feindseligkeit werden. Ja, und dann gab es für Fritz auf der Rückfahrt noch einige Überraschungen: Die nach Breslau hinein fahrenden Fahrzeuge mussten einen sowjetischen Kontrollpunkt passieren. Es hatte sich schon ein ziemlich langer Stau gebildet. Und kurz danach kam ihm auf der alten Reichsautobahn aus Richtung Liegnitz eine sowjetische Panzerkolonne entgegen. Ob die für alle Fälle auch schon mal nach Breslau fahren, damit sie dort brüderliche Hilfe leisten können?"

Aber in Polen gehen die Uhren eben etwas anders. Wir waren sehr überrascht, als die Zeitungen meldeten: „Generalsekretär Gomulka und Kardinal Wyszynski fordern das polnische Volk auf, Ruhe zu bewahren."
„Sieh einer an", sagte der Vater, „der neue Oberkommunist Gomulka weiß ganz genau, dass Kardinal Wyszynski seit seiner Inhaftierung bei den Polen noch mehr Ansehen genießt als er selber. Wenn er ungarische Verhältnisse vermeiden will, dann muss er seinen ideologischen Erzfeind mit ins Boot nehmen. Der Kardinal gewährt ihm eine Unterredung und sie sind beide der Meinung, dass man in Polen durch Mäßigung unnötiges Blutvergießen verhindern muss."
„Ja, Josef, hat sich der Kardinal da nicht vor den kommunistischen Karren spannen lassen, und der Gomulka lacht sich eins ins Fäustchen?" wandte die Mutter ein.
„Ich glaube es nicht. Ich vermute mal, dass der Kardinal dem Gomulka das Versprechen abverlangt hat, der Kirche mehr Freiheiten zu gewähren. Man redet nur noch nicht öffentlich darüber, damit die in Moskau nicht nervös werden. Ich denke, wir werden in Kürze die Auswirkungen zu spüren bekommen."
Jedenfalls wurde mir als „außenstehender Beobachterin" klar, dass den Polen durch die „Vernunftehe" von Gomulka und Kardinal Wyszynski das ungarische Schicksal erspart geblieben ist. Und damit nahm auch die Gefährdung für meinen Leo ab.
Der kam am nächsten Wochenende recht guter Dinge aus Breslau. Er berichtete, dass sich die Lage durch die Freilassung von Kardinal Wyszynski spürbar entspannt habe. Die Breslauer Studenten betrachteten das zu Recht als ihren Erfolg. Der Gomulka-Wyszynski-Aufruf habe auf die Hitzköpfe besänftigend gewirkt. Es werde weiter diskutiert, aber nicht mehr so gewaltbereit wie in der Vorwoche.
„Na", sagte der Vater, „da brauchten ja die bereitstehenden sowjetischen Panzer auch nicht in die Stadt vorzurücken. Wir haben deinetwegen wieder große Ängste ausgestanden."
„Ist es also doch wahr, was ich nur gerüchteweise gehört habe? – Na ja, da kann ich nur hoffen, dass es dabei bleibt. Ich habe die ganze Woche über Muttels Stimme in mir gehört: ‚Verpass nur

nicht den letzten Zug nach Waldenburg, wenn's brenzlig wird.' - Nein, nein, aus meiner Sicht der Dinge war es nicht so nervenaufreibend wie in der Vorwoche. Im Gegenteil, es gab Fortschritte in Richtung mehr Freiheit."

„So, so, Brüderchen, lass hören!"

„Nun stell Dir vor, Inge, das Leitungskollektiv des Studentenheims hat nachgegeben, und so können wir jetzt jeden Abend auch die BBC-Nachrichten aus London über die Zimmerlautsprecher hören. - Ihr könnt Euch gar nicht vorstellen, was das für ein Gefühl ist: Es ist erlaubt, Nachrichten eines verteufelten Westsenders zu hören! Wenn die Nachrichtensendung durch das markante Paukenzeichen angekündigt wird, dann wird es schlagartig im ganzen Hause still und alle hocken informationshungrig vor den Lautsprechern."

„Das ist dann das absolute Kontrastprogramm zu Radio Polski."

„Nein, nein, Elisabeth, durchaus nicht! Radio Polski hat sich inzwischen gemausert. Man merkt es deutlich, dass die Nachrichtenredaktion auch mehr Freiheit und Unabhängigkeit genießt. Aber es ist von großem Vorteil, wenn man bestimmte Meldungen mit Hilfe der BBC überprüfen kann."

„Ihr seid jetzt also auch offiziell über das Drama in Ungarn informiert?"

„Ja, Muttel, ich möchte fast sagen: leider, denn es macht mir Kummer, was da zu hören ist. Meine polnischen Kommilitonen waren natürlich hellauf begeistert, als die Meldung kam, Nagy habe den Austritt aus dem Warschauer Pakt und die Neutralität Ungarns erklärt und an die Vereinten Nationen appelliert. Genau so sollte es auch die polnische Regierung machen."

„Damit die sowjetischen Panzer einen Vorwand zum Eingreifen bekommen. Das fehlte uns gerade noch!"

„Da hast Du Recht, Vatel, aber Gomulka und Kardinal Wyszynski werden das schon zu verhindern wissen. Eins ist natürlich klar: die Polen empfinden wie alle Völker Europas große Sympathie für die freiheitsliebenden Ungarn. – Da muss ich Euch ein Erlebnis aus der Breslauer Oper erzählen."

„Wie, Du hattest Zeit und Geld, in die Oper zu gehen? Student müsste man sein!" lästerte da Elisabeth.

„Schwesterchen, in dem augenblicklichen, aufregenden Tagesgeschehen ist man für jede halbwegs sinnvolle Ablenkung dankbar. Ich habe mir eine verbilligte Eintrittskarte besorgt. Auf dem Spielplan stand die Operette ‚Viktoria und ihr Husar' von dem in Ungarn geborenen Komponisten Paul Abraham. Er lebt heute, glaube ich, in Hamburg."

„Ach, von dem hattet Ihr doch neulich bei der ‚Freundschaft' was im Programm!"

„Genau, das waren Auszüge aus Abrahams Operette ‚Die Blume von Hawaii'."

„Und worum geht es in ‚Viktoria und ihr Husar'? Das ist doch bestimmt wieder so irgendeine Liebesgeschichte!"

„Richtig, Hedwig. Ein ungarischer Rittmeister gerät im ersten Weltkrieg in russische Gefangenschaft, flieht nach Japan und findet schließlich nach seiner Rückkehr in Ungarn die große Liebe seines Lebens."

„Das klingt ja wie maßgeschneidert für alle Ungarnsympathisanten!"

„Ja, Muttel, und nun kommt das, weshalb ich das Ganze erzähle: Der Vorhang geht auf, im Hintergrund ist ein typisch ungarisches Landschaftsbild zu sehen und auf der linken Seite der Bühne hängt vorn eine große, rot-weiß-grüne ungarische Fahne herunter. Da war vielleicht was los! Das Publikum hatte das Signal des Bühnenbildners verstanden, die Leute sprangen auf und klatschten und klatschten, es gab Hochrufe auf Ungarn und die ungarische Freiheit. In diese – ja man muss schon sagen – tumultartigen Ovationen hinein begann das Orchester zuerst die ungarische und dann die polnische Nationalhymne zu spielen. Da wurde es still, und viele hatten Tränen in den Augen, ich auch. Ich werde das nie vergessen."

Ich bin sicher, dass Leo das geschilderte Erlebnis nie vergessen wird, denn die folgende Woche brachte den Zusammenbruch der ungarischen Revolution. Alle Hoffnungen auf ein bisschen mehr Freiheit wurden im Würgegriff der sowjetischen Truppen erstickt und mit sowjetischen Panzern blutig niedergewalzt. Über den RIAS erfuhren wir, dass Kardinal Mindszenty in der US-Botschaft in Budapest Asyl fand. Ministerpräsident Nagy floh mit seinen

Mitarbeitern in die jugoslawische Botschaft. Es kam zu einer Massenflucht aus Ungarn. Der Verräter und Überläufer Janos Kadar bildete eine neue, moskautreue Regierung.
In meiner Familie herrschte tiefe Niedergeschlagenheit. Es war wieder einmal so, als ob ein Familienmitglied gestorben wäre. Gestorben war vor allem die Hoffnung. Denn wenn die Sowjets ihre Macht in Ungarn so menschenverachtend missbrauchten, dann durfte man in Polen auch nicht mehr viel erhoffen. Vielleicht konnte das Gespann Gomulka – Kardinal Wyszynski Blutvergießen verhindern. Fluchtwege wie für die Ungarn nach Österreich oder Jugoslawien gab es im Ernstfall nicht. Polen war zwischen der Sowjetunion, der Tschechoslowakischen Sozialistischen Republik und der DDR eingeklemmt. Also musste man sich mit den Sowjets einerseits und dem aufmüpfigen Volk andererseits arrangieren: Moskautreue zumindest heucheln und zumindest vorübergehend die politischen Zügel etwas lockerer lassen. Zuckerbrot und Peitsche.
Es war ganz klar, dass meine Familie das alles auch wieder zu spüren bekam. Ich war gespannt, wie sie sich in der neuen Situation zurechtfinden würde. Leos Vater ergriff wieder einmal die Initiative. Am Wochenende sollte sich die Familie zu einer „Bestandsaufnahme“ versammeln.
Nun habe ich ja längere Zeit nur erzählt, wie es Leo ergangen ist. Bei den anderen hatte sich natürlich auch einiges getan. Ich will das jetzt schnell nachholen, weil man dann das Ergebnis der „Bestandsaufnahme“ besser verstehen kann.
Ich fange mit Leos Vater an. Zunächst schwebte da ja das Verfahren wegen der angeblichen Sabotage in der Brotfabrik. Das Waldenburger Amtsgericht hatte ihn lange zappeln lassen. Der polnische Pflichtverteidiger drängte schließlich auf eine Entscheidung. Da wurde der Vater vom Sabotagevorwurf wegen Mangels an Beweisen freigesprochen. Der Anwalt hatte sich geschickt für einen Freispruch wegen erwiesener Unschuld eingesetzt, es wurde nichts daraus. Vaters Gerechtigkeitsempfinden war verletzt, aber so war das eben mit der „sozialistischen Gesetzlichkeit“. Die Rechtssprechung hatte „parteilich“ zu sein. Das bedeutete, die Rechtsanwendung musste nach den augenblicklichen Richtlinien

der Partei politisch zweckmäßig sein. Die Richter konnten also nicht unabhängig entscheiden. Da waren der Willkür Tür und Tor geöffnet. – Ja, und jetzt war der Vater Frührentner. Die Kriegsstrapazen und die jahrelange Ausbeutung seiner Arbeitskraft in der Brotfabrik waren ruinös.
Hedwig hatte ihre Ausbildung in Schweidnitz beendet und war jetzt Junglehrerin an der deutschsprachigen Grundschule in Fellhammer, mit einem Vertrag für ein Schuljahr.
Elisabeth hatte das Abgangszeugnis der Waldenburger „Bergmännischen Grundschule" in der Tasche. Der Zeitpunkt, an dem sie nach dem Willen der Stalinisten „in der Produktion" – sprich im Bergbau – beschäftigt werden sollte, war gekommen. Mit ihrem Berufswunsch, Kindergärtnerin zu werden, hatte sie keine Chance. In einer sogenannten Volksdemokratie gab es so etwas wie freie Berufswahl einfach nicht. Also musste sich Elisabeth nach der nächsten Nische umsehen. Und siehe da, sie fand eine bei dem Gesangs- und Tanzensemble „Freundschaft". Dort wurde gerade wieder eine Sopransängerin für den Chor gesucht. Elisabeth bestand die Aufnahmeprüfung und wurde problemlos angestellt. Wie vorher Leo fuhr sie jetzt zu den Auftritten des Ensembles durch die niederschlesischen Lande.
Inge war mittlerweile in der Abschlussklasse der von Leo gegründeten Grundschule.
Leos Mutter war bei all den nervlichen und seelischen Belastungen der vergangenen Jahre nicht gesünder geworden, im Gegenteil. Die Perspektivlosigkeit für ihre groß gewordenen Kinder und der politische Druck hatten ihre Gesundheit nachhaltig untergraben.
Die „Bestandsaufnahme" dauerte bis in die Nacht hinein. Zu Beginn wurde zum Heiligen Geist gebetet. Dann sollte jeder sagen, wie er seine augenblickliche Lage sieht und was er für die Zukunft erwartet. Inge, die Jüngste, sollte beginnen.
Inge machte es kurz: „Ich will sehen, dass ich ein möglichst gutes Abgangszeugnis bekomme. Wie es dann weitergeht, weiß ich nicht. Ich möchte natürlich in die deutschsprachige Klasse des Allgemeinbildenden Lyzeums in der Neustadt. Aber das sieht schlecht aus. Erstens ist es nicht sicher, ob sie mich zulassen. Im

Schulamt sitzen ja trotz Gomulka immer noch die alten Betonköpfe, und das Theater mit Elisabeth ist ja erst drei Jahre her. Zweitens befürchte ich, dass sich für die Eingangsklasse überhaupt nicht mehr genügend Schülerinnen und Schüler anmelden werden. Die meisten wollen doch mit dem Roten Kreuz in den Westen und dort ihre gewünschte Schulausbildung abschließen."
„Dazu könnte ich jetzt gleich eine Menge sagen", sagte der Vater, „aber hören wir uns erst mal die Elisabeth an."
„Ja, Ihr Lieben, da ist nicht viel zu sagen. Mein Lebensunterhalt ist ja zunächst mal durch die Arbeit bei der ‚Freundschaft' gesichert und das Singen macht mir auch Spaß. Aber das ist doch kein Beruf fürs Leben. Ich möchte nach wie vor Erzieherin im Kindergarten werden, und das geht halt hierzulande nicht."
Jetzt war Hedwig an der Reihe: „Also mir macht das Unterrichten der Kleinen viel Spaß. Die Klassen sind klein geworden, und da kann ich mich um jedes Kind einzeln kümmern. Aber da liegt auch das Problem: Es ist jetzt schon klar, dass wir im nächsten Schuljahr noch weniger Schüler haben werden. Die Geburtenjahrgänge ab 1946 sind halt zahlenmäßig schwach und schwächer und die Ausreisewilligkeit der Eltern nimmt zu. Ich fürchte, dass mein Zeitvertrag nicht verlängert wird, und dann werde ich wohl oder übel ‚in die Produktion' gehen müssen."
Und Leo? Wir wissen es ja, er konzentrierte sich auf sein Germanistikstudium in Breslau und hatte dort wegen der politischen Ereignisse nervenaufreibende Wochen hinter sich. Jetzt, nach der Niederschlagung der ungarischen Revolution, war gewissermaßen Friedhofsstille eingetreten. Da kamen natürlich die Gedanken an die eigene Zukunft wieder zum Zuge:
„ Für mich steht es nach wie vor fest, dass ich studiere, um eines Tages als Deutschlehrer tätig zu sein. Ich hätte dann erstmals eine abgeschlossene Berufsausbildung und einen gesicherten Lebensunterhalt und könnte heiraten und eine Familie gründen. Was mich stört, ist die Ungewissheit über die weitere politische Entwicklung in Polen. Wird es zum Beispiel den polnischen Germanistikstudenten gelingen, Zugang zur westdeutschen Nachkriegsliteratur zu bekommen? Wie stehe ich denn eines Tages als deutscher Germanist da, wenn mir 12 Jahre zeitgenössischer Literatur

fehlen? Und dann weiter: Wie wird es im Jahre 1961 aussehen, wenn ich mein Studium absolviert habe? Werde ich dann überhaupt noch deutsche Schüler vorfinden, die ich unterrichten kann?"

„Na gut", unterbrach ihn da die Mutter, „es könnte ja auch verdienstvoll sein, interessierten polnischen Schülern Deutschunterricht zu geben."

„Einverstanden, Muttel, aber der Knackpunkt liegt doch in der Frage, ob die kommunistischen Behörden mich überhaupt wieder für den Schuldienst zulassen. Und wenn ja, um welchen Preis? Soll ich wieder kommunistische Phrasen dreschen müssen und nur über den sozialistischen Realismus in der fortschrittlichen Literatur der ach so geliebten Deutschen Demokratischen Republik unterrichten? Bei dem Gedanken daran wird es mir heute schon kotzübel. Da würde ich ja fast schon lieber den Rest meines Erwerbslebens in einem Archiv verbringen. Aber das ist es ja gerade wieder, was ich nicht möchte. Also langer Rede kurzer Sinn: Ich muss hier raus aus diesem großen Gefängnis, ich will endlich mal ein freier Mensch sein! Ich wünsche den Polen von Herzen ein Leben in Freiheit. Aber ich kann ihnen bei der Erringung ihrer Freiheit nicht helfen."

„So", sagte der Vater, „jetzt sind wir, glaube ich, beim eigentlichen Thema unserer Bestandsaufnahme. Wenn ich Euch richtig verstanden habe, spricht wieder mal alles dafür, dass wir unsere Heimat verlassen und im freien Westen einen Neuanfang versuchen. Ich kann auch keine Gründe für unseren Verbleib anführen. Ich habe wieder mal einen Antrag auf Rückgabe der Bäckerei gestellt, und der ist abgelehnt worden. Nachdem der dritte polnische Bäcker den Laden dicht gemacht und sogar Schalter und Steckdosen mitgenommen hat, wäre die Rückgabe ja ohne Komplikationen möglich gewesen. Aber so weit geht dann die Gleichberechtigung eben doch wieder nicht. Übrigens, habt Ihr schon gesehen: Über dem leeren Schaufenster ist die überpinselte Farbe mit dem Wort ‚Piekarnia' wieder weitgehend abgeblättert, und unser deutsches Wort ‚Bäckerei' kommt wieder zum Vorschein. Aber ich gucke besser nicht hin, denn das erinnert mich wieder unnötig an die Enteignung."

„Ja, Vatel, dann lass uns doch mal über einen neuen Ausreiseantrag reden."
„Leo, das letzte Schriftstück zu diesem Thema ist anderthalb Jahre alt. Wartet mal, ich hole es, dann kann Leo es uns gleich noch mal übersetzen."
Leo übersetzte: „Breslau, den 15. Februar 1955. In Beantwortung Ihres Antrages vom 1. August 1954 teilt Ihnen das Präsidium des Wojewodschaftsnationalrates – Abteilung Sozialverwaltung – mit, dass die Angelegenheit Ihrer Ausreise nach Deutschland endgültig abschlägig entschieden wurde. Weitere Ausreiseanträge werden nicht mehr bearbeitet und bleiben ohne Antwort. Unterschrieben hat der Abteilungsleiter Zygmunt Mazur."
„So, Ihr Lieben, eindeutiger geht 's wohl nicht mehr. Ich habe aber trotzdem ganz unverfroren noch einen Ausreiseantrag persönlich nach Breslau gebracht. Der zuständige Mann hat ihn gar nicht angenommen. Wisst Ihr, was er mir dazu sagte? ‚Sie wollen ja nur, dass Ihr Sohn zur Bundeswehr kommt und auf uns Polen schießen lernt!' Da habe ich ihm geantwortet: Mein Sohn gehört zu den sogenannten weißen Jahrgängen, kommt also für die Bundeswehr gar nicht in Frage. Aber meiner Tochter Hedwig, der haben Sie in Schweidnitz im Rahmen ihrer pädagogischen Ausbildung während des Wehrsportunterrichtes das Schießen beigebracht! Dann bin ich schnell nach draußen gegangen, denn mir war wieder mal die Galle übergelaufen. Wer weiß, was ich ihm sonst noch alles an den Kopf geworfen hätte."
„Vatel", stöhnte die Mutter, „es ist wirklich nicht zu fassen. Sind wir denn in einem Irrenhaus? Es ist ja alles aussichtslos."
„Muttel, reg Dich nicht auf, das schadet nur Deinem Herzen und hilft uns auch nicht weiter. Inzwischen ist ja wieder viel Oderwasser in die Ostsee geflossen. Die politischen Verhältnisse haben sich leicht verändert. Die Familienzusammenführungsaktion des Deutschen und Polnischen Roten Kreuzes ist seit fast einem Jahr wieder in Gang gekommen und ich bin inzwischen Rentner. Damit bin zumindest ich für die polnischen Behörden nicht mehr von Interesse."
„Und ich habe in der ‚Arbeiterstimme' gelesen", ergänzte Elisabeth, „dass jetzt nach jahrelangen vergeblichen Bemühungen in

Waldenburg doch eine ‚Deutsche Sozial-Kulturelle Gesellschaft' als eingetragener Verein gegründet und zugelassen werden soll. Die deutsche Lehrerschaft hat in den Tagen des Oktoberumschwungs an das Zentralkomitee der Polnischen Vereinigten Arbeiterpartei, also an Gomulka, eine Grußbotschaft geschickt. Und darin haben sie unter anderem auch die Gründung einer solchen Gesellschaft gefordert."
„Aber Moment mal, Elisabeth, was hat das denn mit unserem Ausreiseantrag zu tun?"
„O Brüderchen, mehr als Du in Deinem elfenbeinernen Turm in Breslau ahnen kannst. Hier, lies mal in der ‚Arbeiterstimme' vom 7. November, da wird nämlich die Grußbotschaft Deiner ehemaligen Kollegen zitiert!"
Leo las: „Die Grußbotschaft spricht die Erwartung aus, dass 1. allen Einwohnern deutscher Nationalität, die von ihrem Recht auf Repatriierung in ihr deutsches Vaterland Gebrauch machen wollen, die Möglichkeit der Rückkehr nach Deutschland gegeben wird. - Und unter Punkt 2 kommt dann das mit der sozialkulturellen Gesellschaft. Ja, jetzt weiß ich aber immer noch nicht, was das eine mit dem anderen zu tun haben soll."
„Also Leo, Du musst kombinieren und zwischen den Zeilen lesen. Deine ehemaligen Kollegen wollten das Thema Ausreise öffentlich machen, was ihnen ja auch gelungen ist. Dann wollten sie natürlich für die Zurückbleibenden eine rechtlich gesicherte Organisationsform schaffen. Und weißt Du, was man sich unter vorgehaltener Hand sagt? Familienzusammenführung und Ausreise seien das soziale Hauptproblem der Deutschen, und das werde die DS-KG zumindest am Anfang zu einem Ausreisebüro machen. Mit anderen Worten, die Leute hoffen darauf, dass sie demnächst ihre Ausreiseanträge in Waldenburg bei der neuen Gesellschaft abgeben können und dass die sie dann befürwortend nach Breslau weiterleitet."
„Und da meinst Du, dass das dann auch etwas für uns sein könnte. Na, mir soll 's recht sein. Die Hauptsache ist, wir kommen raus."

Die Freiheit winkt

Am Silvesterabend 1956 war die ganze Familie im Wohnzimmer versammelt. Nach dem Essen bat die Mutter: „Leo, hol doch mal Dein Fräulein Kloz aus dem Kasten, ich möchte mit Euch mal wieder ein paar Lieder singen."
„Na ja", sagte Leo, „da müsst Ihr Euch aber auf einiges gefasst machen. Erstens muss ich sie stimmen, zweitens dürft Ihr nicht zu schnell singen und drittens nicht stöhnen, wenn es quietscht."
„Abgemacht, Leo, wir wissen ja, dass Du Dich inzwischen genierst. Aber irgendwie muss es doch mal wieder weitergehen. Es bringt doch gar nichts, wenn Du den Kopf einfach hängen lässt."
Und siehe da, es ging besser als ich es vermutet hatte. Es kam Stimmung auf, und im Nu war eine Stunde vergangen.

Hab oft im Kreise der Lieben im duftigen Grase geruht
und mir ein Liedchen gesungen und alles war wieder gut…

Nachdem Leo mich wieder abgelegt hatte, holte er sich ein Blatt und malte etwas darauf. Als er fertig war, hielt er es hoch: Da war die Jahreszahl 1957 zu sehen und dahinter ein großes, dickes Fragezeichen: „Man darf sehr gespannt sein, was uns dieses Jahr bringen wird. Eigentlich läuft ja alles für jeden von uns auf eine große Entscheidung zu: Entweder lassen uns die polnischen Behörden ausreisen und wir können im Westen selber bestimmen, wie es weitergehen soll, oder wir werden hier weiter festgehalten und bleiben ohnmächtig Spielball der Machthaber."

„Leo", sagte die Mutter, „was auch kommen mag, wir sind und bleiben in Gottes Hand! - Und das Gebet bleibt unsere stärkste Waffe."
„Ich widerspreche Dir nicht, Muttel, aber so viel ist doch klar: Solange wir hier sind, bleibt unser Geschick an die Entwicklung in Polen gekettet. Bekommen die Polen mehr Freiheit, dann kommt das auch uns zugute. Wird ihnen die Freiheit wieder beschnitten, bleiben wir weiter Menschen zweiter Klasse und unsere Heimat wird uns in der Heimat immer mehr zur Fremde."
„Dann bete ich eben auch um mehr Freiheit für die Polen."

Die Freiheit winkte. Leo war am ersten Adventssonntag im Breslauer Dom dabei gewesen, als der mit Kardinal Wyszynski aus der Haft entlassene Bischof Kominek in sein Amt eingeführt werden durfte. Im Dom, so berichtete er, wurde Kominek korrekt als ‚Bischof' angesprochen, draußen vor dem Dom ließen ihn einige Parteianimateure als ‚Erzbischof' hochleben. Da könnte man sagen, was ist das denn für ein großer Unterschied?
Leo kannte sich da aus und erklärte es seinen Lieben eines Sonntags noch einmal ausführlich: „Breslau ist ein Erzbistum und deshalb ist der Bischofsstuhl kirchenrechtlich nur vollständig mit einem Erzbischof besetzt. Wenn der Papst einen Polen als Nachfolger für unseren 1945 verstorbenen Erzbischof Kardinal Bertram ernennt, dann bedeutet das, das Erzbistum Breslau gehört zu Polen. Der Papst fühlt sich aber bis zur völkerrechtlichen Klärung der deutsch-polnischen Grenzfrage an das Konkordat mit dem Deutschen Reich gebunden. Von der Bundesregierung in Bonn würde er für einen polnischen Erzbischof die notwendige Zustimmung mit Sicherheit nicht bekommen. Also geht das nicht. Auf der anderen Seite muss aber die Seelsorge für die angesiedelten Polen gewährleistet sein, das heißt, sie brauchen einen Bischof. Und da haben die Vatikandiplomaten schon 1953 den Kompromiss ausgetüftelt: Breslau bekommt einen Bischof, aber keinen Erzbischof. Damit war die kommunistische Regierung nicht zufrieden, und deshalb mussten Erzbischof Wyszynski, Bischof Kominek und die anderen für die ostdeutschen Diözesen vorgesehenen Bischöfe ins Gefängnis."
„Ach, ist das mal wieder sehr kompliziert."
„Das finde ich auch, Hedwig, aber es ist nun mal so. Und ich denke, dass die staatliche Zulassung der vom Vatikan ernannten polnischen Bischöfe jetzt ein Ergebnis der Verhandlungen zwischen Kardinal Wyszynski und Gomulka ist. Insofern kann man von einem Fortschritt für die Stellung der katholischen Kirche in Volkspolen sprechen. Sie hat die Rechtsauffassung des Papstes respektiert und gegenüber der kommunistischen Regierung durchgesetzt. Darüber können wir uns ja nur freuen."
„Das scheint aber die unteren Parteiinstanzen sehr zu stören."

„Ja, Vatel, vielleicht oder sogar mit Sicherheit auch die oberen. Und deshalb sprechen sie vom ‚Erzbischof' Kominek und wollen damit der polnischen Öffentlichkeit vorgaukeln, der Papst habe die Zugehörigkeit des Erzbistums Breslau zu Polen bereits anerkannt."
„Und damit, Leo, kann mal wieder jeder sein Gesicht wahren. Eine echt polnische Lösung. Ich bin mal gespannt, ob und wie sich das auf uns auswirkt."
Und ob es sich auswirkte! Bischof Kominek beherrschte die deutsche Sprache, und er kümmerte sich auch fürsorglich um seine ‚Diözesanen deutscher Zunge'. Für die deutschen Firmlinge aus dem Kreis Waldenburg, zu denen auch Inge gehörte, kam er im Frühjahr 1957 zu einem eigenen Firmtermin nach Dittersbach und predigte und firmte dort in deutscher Sprache. Das gefiel manchen seiner Landsleute überhaupt nicht.
Leo unterhielt sich nach der Rückkehr mit seinem Vater über die Predigt. Sie waren sich einig, dass der Bischof sehr geschickt die Situation und das Denken seiner deutschen Zuhörer angesprochen hatte. Da hatte er die Firmlinge und alle Gefirmten zunächst ermahnt, in der glaubensfeindlichen, staatlichen Öffentlichkeit treu ihren Glauben an den dreifaltigen Gott zu bekennen und danach zu leben. Und dann hatte er das Verhältnis zwischen Polen und Deutschen angesprochen. Die Christen seien zu gegenseitiger Vergebung und Versöhnung verpflichtet. Das gelte für jeden einzelnen jeden Tag, das gelte aber auch für die Staaten und ihre Regierungen. Er habe die Hoffnung, dass es eines Tages mit Gottes Hilfe zu einer fairen und gerechten Lösung der Grenzfrage zwischen Polen und Deutschland kommen werde. Die Einigung zwischen Frankreich und Deutschland über das Saarland sei hier ein ermutigendes Beispiel. Das sei ein Schritt zu einem einigen, christlichen Europa.
„Sein Wort in Gottes Ohr", sagte der Vater.
„Dass so etwas heutzutage bei uns möglich ist, dafür danke ich Gott. Für mich ist das ein Hoffnungsschimmer", meinte Leo abschließend.

Nach den Weihnachtsferien kam Inge ganz fröhlich mit der Nachricht nach Hause, dass es in der Schule demnächst evangelischen und katholischen Religionsunterricht geben werde.
Die Mutter umarmte Inge und sagte: „Gott sei 's gedankt! So etwas ist mal wieder nur in Polen möglich. In der DDR wäre so etwas unvorstellbar!“ Ich dachte: Da hat der Gomulka wieder einer Forderung der Breslauer Studenten und sicherlich auch Kardinal Wyszynskis nachgegeben.
Und Gomulka reagierte auch positiv auf die Forderung nach Neuwahlen zum Sejm, dem polnischen Parlament. Am 20. Januar 1957 wurde gewählt. Es hatte Verlagerungen in Richtung demokratische Wahl gegeben. Die „Arbeiterstimme“ klärte darüber auf, dass sich die Einheitsliste der Nationalen Front verändert hatte. Man hatte sogar Parteilose als Kandidaten aufgenommen.
„Was interessiert das uns schon?“ fragte Elisabeth, „die Kommunisten machen am Ende doch sowieso wieder, was sie wollen. Es bleibt eine Einheitsliste aller sowieso nicht unabhängigen Parteien und Massenorganisationen, und die Polnische Vereinigte Arbeiterpartei steuert das Ganze mit ihrer Zweidrittelmehrheit, die vor der Wahl schon festgeschrieben ist.“
„Langsam, langsam, Elisabeth“, konterte der Vater, „wenn ich das richtig verstanden habe, dann wird es auf dem Stimmzettel erstmals mehr Kandidaten als Mandate geben. Die Wähler werden also erstmals eine Auswahlmöglichkeit haben. Sie müssen in einer Wahlkabine ankreuzen und nicht nur den gefalteten Stimmzettel in die Urne werfen. Es wird also auch einen Wahlkampf geben.“
„Und was hat das mit uns zu tun?“
„Ja, Elisabeth, man hat uns Deutsche plötzlich als gleichberechtigte Wähler entdeckt. Stell Dir vor, es gibt jetzt offiziell 65.000 Deutsche ohne polnische Staatsangehörigkeit. Auf je 60.000 Wähler entfällt ein Sejmabgeordneter. Also steht der deutschen Bevölkerung in Polen ein eigener Sejmabgeordneter zu. Da kann ich nur ‚Hurra!‘ schreien. Wir dürfen gleichberechtigt wählen! – Aber ohne mich!“
„Jetzt komme ich aber gar nicht mehr mit, Vatel!“
„Töchterchen, wir müssen wachsam sein. Das demokratische Feigenblatt mit der Auswahlmöglichkeit ist zwar ein Fortschritt,

aber Du hattest vorhin nicht ganz Unrecht: Eine echte demokratische Wahl mit Kandidaten verschiedener, unabhängiger Parteien ist das noch nicht. Das Monopol der Polnischen Vereinigten Arbeiterpartei bleibt erhalten. Und daran will ich mich nicht beteiligen. So, das ist das Eine. Das Andere ist: Das Wahlrecht steht nach der polnischen Verfassung den polnischen Staatsangehörigen zu. Wollen die uns jetzt vielleicht durch die Hintertür der Wahlbeteiligung zu polnischen Staatsbürgern machen? Holzauge, sei wachsam! Wenn wir polnische Staatsbürger geworden sind, können wir den Neuanfang im Westen endgültig vergessen. Nee, nee, ich mache da nicht mit!"
Leos Vater stand mit diesen Bedenken bei weitem nicht allein. Die Frage Wahlberechtigung und Staatsangehörigkeit wurde von heute auf morgen zum beherrschenden Gesprächsthema unter den Deutschen. Sogar die „Arbeiterstimme" berichtete über die Diskussionen. Und spätestens auf diesem Wege erfuhren die Zuständigen in Warschau, was die Deutschen im fernen Niederschlesien unruhig machte. Knapp zwei Wochen vor der Wahl war in der „Arbeiterstimme" zu lesen, dass der polnische Staatsrat einen für die Wahlbeteiligung der Deutschen wichtigen Beschluss gefasst hatte.
„Oh, welche Ehre", sagte Hedwig ironisch. „Was hat eigentlich der polnische Staatsrat damit zu tun?"
„Tja Schwesterchen", antwortete Leo, „man müsste sich in der polnischen Verfassung auskennen."
„Was interessiert die mich denn, meine Verfassung heißt Grundgesetz der Bundesrepublik Deutschland."
„Ist ja gut und schön, aber noch bist Du in Deiner schlesischen Heimat unter polnischer Verwaltung."
„So", mischte sich da die Mutter ein, „nun kommt mal zur Sache. Leo, was ist mit dem Staatsrat und was hat er für uns beschlossen?"
„Also der polnische Staatsrat ist ja so eine Art kollektives Staatsoberhaupt und er ist für die verbindliche Auslegung von Gesetzen zuständig. Nach dem Grundgesetz macht das das Bundesverfassungsgericht in Karlsruhe. Aber Volkspolen ist eben keine Demokratie. – So, und nun hat der Staatsrat beschlossen, dass die

Eintragung in die Wahllisten und die Beteiligung an den Wahlen für uns nicht den Erwerb der polnischen Staatsbürgerschaft nach sich ziehen. Alles klar? Vatel jetzt kannst Du unbesorgt von Deinem Wahlrecht Gebrauch machen."

„Ihr könnt ja jeder für sich entscheiden, wie Ihr dazu steht, aber mich kriegen keine zehn Pferde an diese Wahlurne! Die Polen sollen sich ihr Parlament wählen und den Kommunisten einen ordentlichen Denkzettel verpassen. Ich beteilige mich lieber an der Bundestagswahl im Herbst. Da weiß ich sogar jetzt schon, wem ich meine Stimme gebe."

Polen erlebte einen kurzen, aber lebhaften Wahlkampf. Das war ein ganz neues Lebensgefühl. Die Genossen von der Polnischen Vereinigten Arbeiterpartei brauchten früher ja nur die vorformulierten Parteiphrasen auswendigzulernen und auf Kundgebungen selbstgefällig abzuspulen. Jetzt mussten sie mit Argumenten und Verbeugungen um die Wählergunst werben. Und sie mussten sich auf öffentliche Diskussionen einlassen.

Zwei solcher Verbeugungen sorgten auch für Gesprächsstoff in meiner Familie. Die erste Verbeugung vor dem umworbenen Wählervolk stammte von Gomulka. Leo berichtete, dass er in einer vom Polnischen Rundfunk übertragenen Wahlkampfveranstaltung nach dem Verhältnis von Staat und Kirche gefragt worden war. Seine bemerkenswerte Antwort lautete: „Ungeachtet der Lehren von Marx, Engels und Lenin ist es eine Realität, dass in Polen der Sozialismus und die Katholische Kirche noch eine zeitlang nebeneinander bestehen werden."

„Damit hat er also jetzt öffentlich den Waffenstillstand zwischen ihm und Kardinal Wyszynski bestätigt", kommentierte der Vater. „Er hat sich zwar langfristig die Tür für den nächsten Kirchenkampf offen gehalten, aber kurzfristig ist das eine Verschnaufpause für die Kirche. Das wird den Stimmenschwund bremsen. - Ich habe übrigens gehört, dass Kardinal Wyszynski demnächst auch nach Rom fahren darf, um sich endlich den Kardinalshut vom Papst abzuholen."

Die zweite Verbeugung flatterte uns in Gestalt eines deutschsprachigen Flugblattes ins Haus. Darauf wurde selbstverständlich für die Kandidaten der Front der Nationalen Einheit geworben. Das

Wichtigste für meine Familie stand aber unten drunter: „Durch die Teilnahme an der Wahl verlierst Du nicht Deine deutsche Staatsangehörigkeit."

„Also, Vatel, was sagst Du nun?" wollte Leo wissen.

„Das ist Wahlpropaganda! Die versteigen sich zu Äußerungen, die selbst durch den Staatsratsbeschluss nicht abgedeckt sind."

„Das musst Du uns aber erklären."

„Nun, im Staatsratsbeschluss ist ganz allgemein von Personen die Rede, die ‚nicht die polnische Staatsbürgerschaft' haben, nicht von ‚deutschen Staatsbürgern'."

„Vatel, das ist mir zu hoch, das widerspricht sich doch nicht!"

„Ja, Muttel, dann hol doch mal Deine Meldekarte. Was steht denn da bei ‚Staatsangehörigkeit' drauf?"

„Da steht ‚nie ustalona', und das heißt, Leo?"

„Das heißt ‚nicht festgestellt', also gelten wir bei den polnischen Behörden offiziell als Staatenlose. Ach so, Vatel, jetzt verstehe ich Dich: Das Flugblatt tut so, als wäre unsere deutsche Staatsangehörigkeit noch anerkannt. Das ist dann allerdings eine Vortäuschung falscher Tatsachen, oder einfacher ausgedrückt eine Wahlkampflüge!"

„So, und deshalb sage ich, die können mich mal. Ich lasse mich nicht vor deren Karren spannen. Wisst Ihr, was uns 1934 passiert ist? Da ging es ja nach dem Tode des Reichspräsidenten Hindenburg darum, dass Hitler gegen die Verfassung in einem eigenmächtigen Gesetz das Amt des Reichspräsidenten und des Reichskanzlers zusammengelegt hatte. Das war der Ausbau seiner Diktatur, denn er konnte zum Beispiel sofort die Wehrmacht auf sich persönlich vereidigen lassen. Damit das aber nicht so schlimm aussah, ließ Hitler als demokratisches Feigenblatt eine sogenannte Volksbefragung durchführen. So, und ich und Eure Muttel und meine Mutter, wir gehörten zu den 16 Prozent, die es gewagt hatten, mit Nein zu stimmen. Und jetzt kommt 's: Als wir aus dem Wahllokal herauskamen, standen SA-Leute da, und die hefteten uns eine Plakette ans Revers, auf der stand: Ich habe mit Ja gestimmt!"

„Das war eine Schweinerei! Und Ihr habt Euch das gefallen lassen?"

„Leo, Du weißt ja selber mittlerweile, wie das in einer Diktatur so ist. Was meinst Du, was die SA-Leute mit uns gemacht hätten, wenn wir öffentlich protestiert hätten. Wir haben uns also schweigend gefügt, und hinter der nächsten Straßenecke haben wir uns von dem Ding befreit. Aber meine Mutter, die hat protestiert: ‚Lassen Sie mich damit in Ruhe! Woher wissen Sie, wie ich abgestimmt habe? Das sollte doch geheim sein! Aber wenn Sie 's unbedingt wissen wollen: Ich habe mit Nein gestimmt!'
„Donnerwetter, das war aber mutig von unserer Oma!"
„Mutig ja, aber äußerst gefährlich für uns alle! Ich habe schnell gesagt: ‚Entschuldigen Sie bitte! Meine Mutter ist alt. Und alte Leute, na ja, Sie wissen ja…' Und dann haben wir sie in die Mitte genommen und sind mit ihr abgehauen. Sie hatte die Plakette nicht angenommen, und sie war beleidigt. Sie sei zwar alt, aber durchaus noch bei Troste. Hitler sei ein Verbrecher, das sehe sie ganz klar. Und da habe ich ihr gesagt, dass sie dann auch ganz klar sehen müsse, dass sie uns mit ihrem Protest hätte ins Gefängnis bringen können."
„Ach", seufzte da die Mutter, „es war ganz schlimm, diese unnötige Auseinandersetzung. Wir waren ja einer Meinung, aber wie sollte man sich am geschicktesten verhalten?"
„Das ist ja auch heute für uns wieder die Frage", schaltete sich Elisabeth ein.
Da verkündete der Vater gewissermaßen als Schlusswort: „Ich habe es Euch schon mehrmals gesagt, dass ich zu Hause bleibe. Wie Ihr das macht, ist Eure Sache."
Da waren sie alle der Meinung, dass nur der Wahlboykott in Frage käme.
Wie man sieht, in meiner Familie wurde immer noch viel diskutiert. Die Kinder waren inzwischen herangewachsen, sie redeten mit, und sie wurden von den Eltern ernst genommen. Aber wie die Dinge lagen, es bestand ein Zwang zur Einigung, zu gemeinsamem Handeln. Dieser Zusammenhalt war sozusagen die letzte Rückzugsbastion, ohne die man die Herausforderungen des Alltags nicht hätte bestehen können. Für mich, die ich ja nicht mitreden konnte, war es immer spannend, solche Diskussionen mit anzuhören. Da gab es keine Langeweile.

Nach dem Ergebnis der vorausgegangenen Diskussion sah ich dem Wahltag gelassen entgegen. Ich registrierte wohl, dass es diesmal äußerlich anders ablief als bei vorausgegangenen Wahlen. Da konnte man ja hören, wann die polnischen Hausbewohner zur Wahl gingen. Eigentlich müsste ich sagen: gegangen wurden. Denn sie wurden ja regelmäßig zu einem vereinbarten Zeitpunkt und zusammen mit anderen Bewohnern unserer Straße mit Marschmusik abgeholt und als Gruppe zum Wahllokal geführt. Den Rückweg durften sie dann allein bestreiten. Also diesmal fiel dieses Spektakel aus. Dafür gab es aber eine andere Überraschung:
Am späten Nachmittag, etwa eine Stunde vor der Schließung der Wahllokale, klingelte es.
Leo öffnete die Tür. Zwei Männer grüßten in freundlichem Ton: „Dobry wieczór!", und eine Frau sagte betont freundlich: „Guten Abend. Dirfen wir vielleicht biete reinkommen, wir mächten sprächen mit Sie ieber die Wahl."
Leo ließ sie schweigend herein, blieb aber in dem kleinen Flur mit ihnen stehen. In der Küchentür bauten sich die übrigen Familienmitglieder wie eine Sperre auf.
„Ja", begann die Frau, „das ist Antoni Andreasik, eine Arzt und parteilose Sejmkandidat. Und das ist Eugeniusz Kotas, Vorsitzende unseres Wahlvorstandes. Ich cheiße Elzbieta und bin mitgäkommen, weil die beiden Chärren kännen kein Deutsch."
„Ja, und was wollen Sie jetzt von uns?" fragte der Vater.
„Wir wollen nachdricklich und scheen bieten, dass Sie kommen wählen. Finf Personen. Jädä Stimmä zählt. Es gächen um wichtige Räformen in Polnisches Volksräpublik."
„Das müssen die Polen entscheiden, wir sind Deutsche", meldete sich Hedwig zu Wort.
„Aber sie wohnen in Polen und erstes Mal Sie sind wahlbärächtigt. Biete, biete, kommen Sie mit wählen!"
Und dann wurde das ganze Für und Wider noch einmal aufgewärmt. Nach einer Viertelstunde sagte der Vater: „Ich will nicht unhöflich sein, aber lassen Sie uns jetzt bitte in Ruhe. Wir wollen nicht wählen und keiner kann uns zum Wählen zwingen. Gehen Sie jetzt bitte."

Da sagte Leo plötzlich: „Ich gehe mit Ihnen, ich werde mich an der Wahl beteiligen."
Peinliches Schweigen. Leo zog sich den Mantel an und verließ mit der Delegation die Wohnung.
Der Vater unterdrückte nur mit Mühe einen Wutausbruch. Er zischte: „Verrat!" und „Ich verstehe die Welt nicht mehr!"
Die Mutter umarmte ihn beschwichtigend: „Leo hat eine persönliche Entscheidung getroffen."
Nach einer Viertelstunde kam Leo zurück. Friedhofsstille. Als alle am Tisch saßen, sagte Leo: „Ich habe mich formal an der Wahl beteiligt, aber ich habe in der Kabine, die es diesmal tatsächlich gab, über meinen Stimmzettel ein großes X gemalt, kreuz und quer, und damit ist er ungültig. – Ich wollte ja nur die Spannung lösen. Die Delegation hatte ein kleines Erfolgserlebnis, Ihr hattet Eure Ruhe und konntet an unserem Beschluss festhalten und ich habe mir nichts vorzuwerfen."
Aus dem RIAS erfuhren wir das für eine sogenannte Volksdemokratie unglaubliche Wahlergebnis: Die Polnische Vereinigte Arbeiterpartei Gomulkas hatte nur 51 Prozent der Mandate bekommen. Das hatte es im ganzen kommunistischen Machtbereich noch nicht gegeben! Man konnte es sich an den zehn Fingern abzählen, wie das Ergebnis bei einer wirklich freien Wahl ausgesehen hätte. Wir durften darauf gespannt sein, wie Gomulka mit diesem für ihn niederschmetternden Wahlausgang umgehen würde. Da musste eigentlich ein bisschen mehr Freiheit drin sein.
Es sah auch tatsächlich danach aus. Pressefreiheit, der Zerfall der kommunistischen Jugendorganisationen, die Auflösung der meisten Landwirtschaftlichen Produktionsgenossenschaften, die spontane Bildung von Arbeiterräten nach dem Vorbild freier Gewerkschaften: all das brachte dem Land eine regelrechte Aufbruchstimmung.
Leo brachte politische Witze aus Breslau mit, die sich die polnischen Kommilitonen ungeniert in der Öffentlichkeit erzählten. Einer davon lautete:„Hast Du schon gehört, Gomulka hat sich einen schweren Leistenbruch zugezogen!" „Nein, wieso?" „Weil er die ganze polnische Wirtschaft auf einmal aus dem Sumpf ziehen wollte!"

Ich merkte genau: Meine Familie freute sich zwar über die Lockerungen, aber sie freute sich für die Polen darüber, sie betrachtete das Ganze immer „von außen“. Und außerdem traute sie den kommunistischen Machthabern immer noch nicht über den Weg. Gomulka würde bald wieder die Zügel anziehen müssen, war sich Leos Vater sicher, weil man sonst in Moskau an der Bündnistreue Polens zweifeln würde. Also reichte der Vater beim provisorischen Kreisvorstand der Deutschen Sozial-Kulturellen Gesellschaft einen neuen Ausreiseantrag ein. Die Annahme wurde nicht verweigert und die Weiterleitung an die zuständigen polnischen Behörden zugesagt. Das war ein Fortschritt.
Am ersten Wochenende nach Beginn des Sommersemesters berichtete Leo, im Studentenheim würden die BBC-Nachrichten nicht mehr durchgestellt. Die Änderung sei sang- und klanglos über die Bühne gegangen, es habe deswegen keinen Aufruhr gegeben. Das Leitungskollektiv habe schlicht und ergreifend erklärt: Die BBC-Nachrichten sind nicht mehr notwendig, weil Radio Polski frei berichten kann und an den Ereignissen im Lande näher dran ist. - Holzauge, sei wachsam! dachte ich mir. Hier wurden also die Zügel möglichst unauffällig wieder angezogen. Leos Vater sollte leider Recht behalten.
Mitte April 1957 fand in Waldenburg die offizielle Gründungskonferenz der Deutschen Sozial-Kulturellen Gesellschaft statt. Elisabeth studierte eifrig die entsprechenden Berichte in der „Arbeiterstimme“. Am Familientisch gab sie dann einen kleinen Überblick über das, „was für uns von Interesse sein könnte“:
„Stellt Euch vor, was da für tolle und hochrangige Gäste dabei waren: Der Vorsitzende des Breslauer Wojewodschaftsnationalrates, ein Vertreter des Zentralkomitees der Polnischen Vereinigten Arbeiterpartei, eine Vertreterin des Warschauer Innenministeriums und – Donnerwetter – Konsul Fritsche und Presseattache Hackel von der Botschaft der ‚Deutschen Demokratischen Republik‘ in Warschau.“
„Nachtigall, ik hör dir trapsen“, warf da der Vater ein.
„Wieso?“ wollte Hedwig wissen.
„Na, das ist doch ganz einfach“, meinte Leo: „Bisher wollte die Botschaft von uns nichts wissen. Ich hab ’s doch schwarz auf

weiß, dass sie ‚für Bürger, die ihren ständigen Wohnsitz im Gebiet der Volksrepublik Polen haben' nicht zuständig sind. Jetzt haben sie festgestellt, dass hier die meisten Deutschen in die kapitalistische Bundesrepublik ausreisen wollen. In der ‚DDR' könnte man aber die Arbeitsfähigen gut gebrauchen, denn dort laufen ihnen ja täglich Hunderte über Westberlin davon. Also haben sie plötzlich ihr gutes Herz für uns entdeckt."

„Bravo, Herr Professor", meldete sich Elisabeth zurück, „Leo, Deine Einschätzung ist ein Volltreffer! Wisst Ihr nämlich, was der Vorsitzende des Breslauer Wojewodschaftsnationalrates und Sejmabgeordnete Ostapczuk der Versammlung in seinem Grußwort sich die Ehre gab mitzuteilen? Auf Grund von Vereinbarungen zwischen den polnischen Behörden und der Botschaft der DDR könnten ‚Personen deutscher Nationalität' die ‚Staatsangehörigkeit der Deutschen Demokratischen Republik' annehmen. Es würden dann entsprechende Konsularpässe ausgestellt."

„Das könnte denen so passen, wir sind keine Lückenbüßer", lehnte sich der Vater auf. „Staatsangehörigkeit der Deutschen Demokratischen Republik? Es gibt für mich nur eine deutsche Staatsangehörigkeit, und wenn uns die nur in der Bundesrepublik bestätigt wird, dann ist das ein Grund mehr, dorthin auszureisen!"

„Ja, Vatel, vielleicht klappt es ja doch einmal mit dem Deutschen Roten Kreuz und der Familienzusammenführung. Aber denk doch mal an die, die keine Verwandten im Westen haben, die aber trotzdem hier raus möchten. Nach Deiner alten Lehre vom geringeren Übel ist das für die doch jetzt eine neue Chance!"

„Da stimme ich Dir zu, Leo. Ich hoffe nur, dass wir diesen Umweg nicht brauchen. Denn für mich steht es jetzt fest: Wenn es mit der Bundesrepublik nicht klappt, dann betreiben wir die Ausreise in die ‚DDR' und fahren gleich über Westberlin weiter nach Westen."

„Dann müssen wir aber auch noch das Handgepäck stehen lassen, Vatel, dann sind wir wirklich ganz blank", gab die Mutter zu bedenken.

„Das wäre schlimm, Muttel, aber wir kämen doch sonst politisch vom Regen in die Traufe: In der ‚DDR' sitzen doch noch mehr alte Stalinisten an den Schalthebeln der Macht als inzwischen in

Polen. Da könnten wir gleich in unserer Heimat bleiben. Die Freiheit hat eben ihren Preis."

Im Mai kam der erlösende Bescheid aus Breslau: Meiner Familie wurde die Ausreise gestattet, und zwar am 8. Juli. Ein Wochenende lang beherrschten Freude und Dankbarkeit die Gemüter. Plötzlich war die jahrelange Ungewissheit beendet, das Tor zur Zukunft war geöffnet. Ich freute mich auf die nächste große Reise. Auch für mich sollte ein neues Leben beginnen.

Aber dann wurde die Gemütslage sehr durchwachsen, je nachdem ob man sich mit Ausreisevorbereitungen oder mit dem Abschiednehmen beschäftigte. Ein Störfaktor war auch die Erinnerung an das Frühjahr 1951: Vier Tage vor der angekündigten Ausreise hatten die polnischen Behörden den Transport ohne Begründung „auf unbestimmte Zeit" verschoben! Diese „unbestimmte Zeit" hatte für meine Familie nun schon sechs Jahre gedauert. Leo sagte eines Tages: „Ich glaube erst daran, wenn unser Transportzug die Grenze zwischen der sogenannten DDR und der Bundesrepublik passiert hat."

Jetzt, im Frühjahr und Sommer 1957, verlief das Ganze in geordneteren Bahnen als damals. Das bedeutete aber, dass es viel mehr Verwaltungsaufwand gab und auch Hürden und Klippen.

Da waren zum Beispiel Leos Bücher, etwa 500 an der Zahl. Immer gierig nach Lesestoff, hatte er als Elektriker auf Dachböden liegen gebliebene deutsche Bücher gesammelt. Von dem im Krieg gefallenen Vater einer Schülerin hatte er ca. 200 Bücher „geerbt", darunter auch wertvollere bibliophile Ausgaben. Vor dem Abitur waren dann auch noch hinzugekommen polnische und russische Pflichtlektüren und Geschichtslehrbücher, Werke von Stalin, Bierut und anderen kommunistischen Größen in polnischer Sprache. Leo bezeichnete diese Druckerzeugnisse als Dokumente seiner „erlebten Zeitgeschichte".

Für die Ausfuhr dieser Bücher brauchte man eine Genehmigung der Polnischen Nationalbibliothek in Warschau. Leo setzte sich also an einem Wochenende hin und stellte eine Liste von 243 Büchern zusammen. Es war nämlich durchgesickert, dass die Ausfuhr von Büchern, die vor 1930 und nach 1950 erschienen

waren, nicht genehmigt würde. Leo hätte demnach zum Beispiel einerseits die bibliophilen Ausgaben von Lessings, Goethes, Schillers und Kleists Werken und andererseits die Werke Stalins nicht ausführen dürfen. Also setzte Leo nur solche Bücher auf die Liste, die wahrscheinlich genehmigt würden. Die anderen wollte er „schmuggeln". Welcher Zollbeamte konnte schon so ohne weiteres erkennen, ob in den fünf schweren Kartons 250 oder 500 Bücher verpackt waren? – Nach zwei Wochen kam die Genehmigung. Das hatte also geklappt.
Die nächste Hürde betraf mich. Natürlich wollte Leo mich mitnehmen, aber dafür, so erfuhr er, brauchte er die Genehmigung eines staatlich beauftragten Sachverständigen. Allein diese Tatsache brachte schon Spannung und Aufregung ins Haus. Plötzlich stand ich wieder im Mittelpunkt des Interesses, auch ich schwankte wieder einmal zwischen Bangen und Hoffen. Die Sache konnte nicht mal so eben am Wochenende erledigt werden, der Sachverständige im Stadtzentrum von Waldenburg amtierte nur von Montag bis Freitag. Da aber paukte Leo eifrig für die Semesterprüfungen in Breslau. Er wollte ja in Westdeutschland möglichst gute Noten vorweisen können. Also sprang Elisabeth in die Bresche. Montags hatte sie ja bei der „Freundschaft" ihren freien Tag. Sie fuhr mit mir in der Straßenbahn zum Vierhäuserplatz, und von dort ging es zu Fuß Richtung Ring. Ich merkte durch meine Kastenhülle hindurch, dass Elisabeth aufgeregt war.
Der Sachverständige war ein freundlicher Pole und sprach gut Deutsch. Aufatmen. Als Elisabeth ihr Anliegen erklärt hatte, nahm er mich am Geigenhals aus dem Kasten und betrachtete mich aufmerksam: „Oh, das ist ja ein wahres Schmuckstück!" Dann blickte er sachkundig durch mein linkes Schallloch auf den Werkzettel und erschrak: „Um Gottes Willen, packen Sie die Geige schnell wieder ein und verschwinden Sie augenblicklich. Ich will nichts gesehen haben!"
Während Elisabeth mich geschockt wieder einpackte, bat sie um eine Erklärung.
Da sagte er hastig und leise: „Wissen Sie denn nicht, dass das eine echte Kloz aus Mittenwald ist? Ich darf die Ausfuhrgenehmigung nur für Fabrikgeigen erteilen. Ich müsste eigentlich Ihre Geige für

den polnischen Staat beschlagnahmen. Darum sage ich noch einmal: Ich will nichts gesehen haben! Und gehen Sie bitte schnell wieder aus meiner Wohnung, denn ich erwarte jeden Augenblick eine Revision von der Stadtverwaltung!"
In der Wohnungstür begegnete uns die drei Mann starke Kontrollkommission. Sie stoppten Elisabeth und fragten den Prüfer, was in dem Kasten drin sei. Er antwortete: „Ein wertloses Instrument, muss repariert werden." Da ließen sie Elisabeth mit mir unter dem Arm gehen.
Ojemine, ojemine! War das knapp! Elisabeth zitterte vor Aufregung. Auf dem Rückweg zum Vierhäuserplatz drehte sie sich immer wieder einmal um, ob uns nicht etwa einer der Kontrolleure folgte. Nein, es war wieder einmal gut gegangen. Aber wie sollte es mit mir jetzt weitergehen? Nach polnischem Gesetz war ich „Eigentum des polnischen Staates". Musste ich jetzt in Schlesien zurückbleiben?
Zu Hause fielen alle „aus den Wolken". 12 Jahre lang war es gelungen, mich zu behalten, und jetzt sollte doch noch alles vergebens gewesen sein? Am Wochenende wurde wieder einmal im „Familienrat" gründlich diskutiert. Leo scheute das Risiko, er wollte die Ausreise der Familie nicht durch eine „ungesetzliche Handlung" gefährden. Traurig sagte er: „Dann ist meine Geige eben der Preis für unsere Freiheit!"
Da riss der Vater das Steuer herum, schlug mit der geballten Faust auf den Tisch und sagte in einem Ton, der keinen Widerspruch zuließ: „Das kommt nicht in Frage: Wir schmuggeln die Geige in den Westen. – Das wäre ja noch schöner: Mama und ich haben die Geige seinerzeit gekauft, ehrlich erworben. Wir haben sie Leo geschenkt, sie gehört ihm und keinem sonst. Wir schmuggeln die Geige in den Westen und damit Basta!"
Na, na, dachte ich, wie soll denn das gehen? - Not macht erfinderisch! Noch am selben Tage nahm der Vater bei mir in Länge, Breite und Höhe genau Maß und baute aus dünnem Kistenholz einen – wie er es nannte – Kindersarg für mich. Die Saiten wurden gelockert, der Steg und die Wirbel wurden entfernt und einzeln in weiches Papier eingewickelt. Zusammen mit diesen Päck-

chen legte man mich in die ebenfalls mit Papier ausgepolsterte Kiste. Den Deckel legte der Vater vorerst nur lose auf.
„Vatel“, rief da Leo auf einmal, „was wird mit dem Geigenbogen?“
„Den müssen wir hier lassen, der ist zu sperrig, der fällt auf. Leo, ich verspreche Dir in die Hand: Sobald ich ein paar D-Mark übrig haben werde, kriegst Du einen neuen…“
Ich kam mir vor wie in einem Gefängnis, aber ich lehnte mich nicht innerlich auf, denn das hatte ja sowieso keinen Zweck. Vielleicht war das meine einzige Chance, mit Leo möglichst unbeschädigt in den Westen zu gelangen. Also verlegte ich mich wieder einmal aufs Schlummern.
Ich schreckte auf, als jemand den Deckel wegnahm und Leos Vater zu mir sagte: „Hallo, Fräulein Kloz, heute ist der 19. Juni, ein ganz wichtiger Tag für uns. Ich muss wegen unserer Reisepässe nach Breslau zur Wojewodschaftsregierung. Zurück komme ich mit Leo, der sich heute von der Universität verabschiedet und die Exmatrikulation bekommt. Hoffentlich geht alles gut!“
Es ging alles gut. Am frühen Abend waren beide zurück, der Vater mit den Reisepässen und Leo mit dem Swiadectwo Odejscia, dem Abgangszeugnis der Universität. Generalversammlung im Wohnzimmer. Der Vater drückte jedem wortlos den Reisepass in die Hand. Man blätterte schweigend darin herum. Ein Gemisch von Freude und Trauer lag in der Luft.
Da bat die Mutter: „Leo, kannst Du mir das mal übersetzen, bitte?!“
„Ja, Muttel, die Reisepässe sind dreisprachig: Polnisch – Russisch – Französisch. Prüft jetzt mal auf Seite 2, ob das Geburtsdatum richtig eingetragen ist. In der Mitte steht die Körpergröße in Zentimetern, die Zahlen könnt Ihr ja verstehen. – So, jetzt müsst Ihr auf Seite 3 unter dem Passbild unterschreiben. Donnerwetter, zum ersten Mal seit 1945 haben wir von polnischen Gnaden einen Identitätsausweis mit Passbild. Wir sind wieder wer, was für ein Fortschritt! – Auf Seite 4 steht der Hammer: Staatsangehörigkeit ‚nieustalona‘, also ‚nicht festgestellt‘, wir sind also für die polnischen Behörden nach wie vor ‚Staatenlose‘. Na danke schön!“

„Ruhig Blut, Leo!“ sagte da der Vater, „das sind doch Rückzugsgefechte! Die können uns unsere Identität nicht nehmen, in vier Wochen kriegen wir den Personalausweis der Bundesrepublik Deutschland, da sind wir auch auf dem Papier endgültig wieder Deutsche! Mit allen Rechten und Pflichten.“
„Na gut, ich werd 's überleben. - Ja, und darunter lese ich was ganz Tolles: ‚Dieses Reisedokument berechtigt zur Überschreitung der Grenze der Polnischen Volksrepublik und zur Rückkehr.' Hilfe, ich krieg gleich einen Lachkrampf! Wir sind zur Rückkehr aus der Freiheit in die Knechtschaft berechtigt!“
„Ich weiß nicht“, wandte die Mutter ein, „ob das das letzte Wort ist. Lies doch mal vor, was auf Seite 5 steht, da ist doch unter der Überschrift KLAUZULA so allerhand durchgestrichen und handschriftlich ausgefüllt.“
„Ja, Muttel, Du hast Recht, da steht: ‚Das Dokument ist gültig für eine einmalige Überschreitung der Grenze der Polnischen Volksrepublik zwecks Ausreise in die Deutsche Bundesrepublik für immer am 8. Juli 1957 über den Grenzkontrollpunkt Bobolin.' Und dann ist handschriftlich vermerkt: ‚Durchgestrichen wurde – und zurück von und bis.'“
„Ja“, sagte Hedwig, „was gilt denn jetzt, Seite 4 oder Seite 5? Auf beiden Seiten hat doch derselbe Kommandant der Bürgermiliz unterschrieben, beide Seiten sind auch mit demselben Stempel versehen!“
„Das musst Du nicht so eng sehen“, spöttelte Elisabeth, „bei den polnischen Behörden verträgt sich so was durchaus, da gilt immer das Allerletzte. Ich halt mich an Seite 5!“
Jetzt wurde Inge unruhig: „Also gut, Ihr mit Euren Spitzfindigkeiten, kann mir einer sagen, wo dieses Bobolin liegt?“
„Das haben sie mir in Breslau erklärt“, antwortete der Vater, „das liegt westlich von Stettin.“
„Das ist aber ganz schön weit weg, fast an der Ostsee! Und wie sollen wir von Waldenburg aus dorthin kommen mit unserem Gepäck?“
„Ja, Inge, mit der Eisenbahn natürlich. Wir lösen hier auf eigene Kosten 6 Fahrkarten und suchen uns im Fahrplan eine günstige

Verbindung, mit der wir am Morgen des 8. Juli in Stettin ankommen."
„Na, Vatel, dann müssen wir bestimmt schon am 7. Juli abends hier losfahren."
„Richtig, Muttel, ich hab mich schon mal erkundigt: Wir fahren abends nach Breslau. Dort steigen wir um in einen Zug nach Posen. In Posen steigen wir noch mal um, und dann geht 's bis nach Stettin."
„Und das alles mit dem Gepäck? Mit Leos Büchern und so weiter?"
„Mit unserem Handgepäck, Muttel, alles andere wird in 10 Tagen am Bahnhof in Bad Salzbrunn verladen, nach der Zollabfertigung, versteht sich."
„O Gott", sagte Leo, „wenn ich daran denke, wird es mir unwohl: Das ist nämlich genau die Aktion, bei der meine Geige und meine nicht genehmigten Bücher entdeckt werden können."
„Leo, wir brauchen starke Nerven, ein geschicktes Vorgehen und eine Unschuldsmiene im Gesicht. Ich bin dafür, dass Elisabeth als Lockvogel mitmacht."
„Aber Vatel, was hast Du mit mir vor? Wir sind doch keine Kriminellen!"
„Na ja, aus polnischer Sicht schon, wir schmuggeln ja, wenn auch unser Eigentum. Also pass mal auf: Die polnischen Zollbeamten, das sind ja alles junge Kerle und keine Menschenfresser, und die freuen sich auch mal über eine kleine Abwechslung. Während Leo und ich die Gepäckstücke vom Bahnsteig in den Güterwagen hieven, musst Du Dich mit dem Zollbeamten nett unterhalten, ruhig ein bisschen neckisch schäkern. Erzähl ihm was von der Weltreise, die Du jetzt vor Dir hast, oder so, und ob er nicht mitkommen möchte. Aber dann ist ganz wichtig: Du musst Dich so stellen, dass er mit dem Rücken zur Güterwagenöffnung steht. Den Rest besorgen Leo und ich."
„Na schön, Vatel, weil 's um das Fräulein Kloz geht, spiel ich mit. Ich hab ja noch ein paar Tage Zeit, da fällt mir bestimmt noch einiges an Gesprächsstoff ein."
Das ist ja ganz schön gewagt, dachte ich in meiner Kiste, hoffentlich hat sich der Vater da nicht verrechnet. Ich kriege bestimmt

wieder das Zittern, aber das wird ja bei meiner Verpackung keiner zu sehen bekommen.
Im weiteren Verlauf der Beratungen erklärte der Vater, wie er mich und meinen „Kindersarg" unauffällig, unauffindbar und stoßgeschützt verstauen wollte: „Ich wickle den Kindersarg mitten in eine Zudecke, und die kommt dann zusammen mit den anderen Bettsachen zuunterst in einen großen Karton. Wenn dann oben einer zur Stichprobe reingreift, fühlt er nichts Hartes. Beim Schütteln wird nichts klimpern und das Gewicht ist auch nicht verdächtig. Wir müssen nur dafür sorgen, dass dieser Karton ganz oben auf andere Gepäckstücke kommt, denn sonst gibt es Quetschungen. Aber das besorge ich mit Leo schon." – Übrigens: Als ‚Zudecke' bezeichnete man in Schlesien das Federdeckbett, das Plumeau.
Der Vater wollte gerade meinen Kindersarg zunageln, da klingelte es an der Wohnungstür. Cordula kam herein: „Ich hoffe, ich störe nicht, aber ich wollte mich doch noch von Leos Fräulein Kloz verabschieden, ehe es verpackt wird."
„Ach du liebe Zeit", sagte Leo, „das finde ich ja sehr liebenswert, aber mein Fräulein Kloz ist leider schon in Stücken verpackt."
„Wie? In Stücken? Ist sie Euch etwa kaputtgegangen?"
„Nein, nein, Cordula", schaltete sich der Vater ein, „Sie ist nur zu Verpackungszwecken – na sagen wir mal – sachgerecht zerlegt und eingewickelt worden...Aber wenn Sie unbedingt wollen, dann können wir sie ja noch mal herauswickeln und zusammensetzen...Unter einer Bedingung: Sie lassen sie zum Abschied noch mal richtig singen und klingen!"
„Danke, dafür bin ich ja hergekommen."
Leo nahm mich heraus und wickelte alle Einzelteile aus. Und Cordula setzte mich sachkundig und liebevoll zusammen. Leo brachte den Bogen aus seinem Zimmer, Cordula spannte ihn und stimmte meine Saiten.
Leo sinnierte: „Wenn das doch jetzt schon im Westen wäre..."
Cordula hatte einige Mühe, mich wieder „flott" zu machen. Aber mit viel Geduld schaffte sie es. Dann ging es los. Zuerst spielte sie das Waldenburger Heimatlied und alle sangen dazu:

Vom Heidelberg, wo an verschwiegnen Stellen
der Rothirsch schreit, der Wandrer schauend weilt,
zum Hochwald hin, wo segensreiche Quellen
so manchen Kranken wundersam geheilt:
Dort liegt mein Land, mein Heimatland;
es schlingt der Treue Band
sich fest ums Waldenburger Land.

Es fiel mir gleich auf, dass der Gesang heute nicht so fröhlich und stark wie gewohnt war. Von Zeile zu Zeile wurde er leiser, gedämpfter. Als Cordula die zweite Strophe spielte, blieben die Sänger stumm. Abschiedsstimmung. Cordula ging schnell zu einer heiteren Melodie über, vom Rhythmus her könnte es ein Rheinländer gewesen sein. Da bekam sie auch spontanen Beifall. Dann begann sie virtuos zu improvisieren, mal in Dur, mal in Moll. Und da spürte ich plötzlich ein Tränchen auf meiner Schallkörperdecke…

Es folgten noch Variationen zu einigen Volksliedern, und dann beendete sie ihr kleines Konzert mit Eichendorffs „Wem Gott will rechte Gunst erweisen, den schickt er in die weite Welt…“ Da hatte der Optimismus wieder die Oberhand gewonnen.

Cordula klopfte mit dem geknickten Zeigefinger gegen meinen Resonanzboden und sagte: „Mach ’s gut, liebe Kloz, und lass Dich ja nicht erwischen. Vielleicht gibt es im nächsten Jahr ein Wiedersehen im Westen. Meine Eltern haben jetzt für uns auch den Ausreiseantrag gestellt.“

„Oh“, sagte Leo, „das sind ja ganz neue Perspektiven. Na ja…“

„So“, sagte Cordula, „jetzt muss ich gehen, sonst ist die letzte Straßenbahn weg.“

„Ich begleite Dich bis zur Haltestelle. Es ist ja finster geworden und einige Straßenlaternen sind ausgefallen.“

„Soll ich zur Verstärkung mitkommen?“ fragte Elisabeth mit einem gewissen Unterton.

„Nein, nein“, beeilte sich Leo, „das schaff ich schon allein.“

Als die beiden weg waren, sagte die Mutter: „Also Elisabeth, ich weiß auch schon seit längerem, dass zwischen den beiden Sympathie im Spiel ist, vielleicht sogar schon Zuneigung und Liebe. Aber mit so etwas muss man sehr behutsam umgehen. Nicht spöttelnd auf den Busch klopfen. Ich weiß das noch aus eigener Erfahrung, man ist da sehr empfindlich. Wir müssen abwarten, bis Leo sich eines Tages von sich aus erklärt. Im Augenblick stehen die Zeichen durch unsere Ausreise auf Trennung. Aber wenn Cordula mit ihren Eltern hinterher kommt, wer weiß… Jedenfalls hat Leo mir neulich ganz allgemein formuliert gesagt, er könne es unter den gegebenen Umständen nicht verantworten, Hoffnungen zu wecken, dafür sei seine Zukunft mit Studium, Beruf und Einkommen noch zu ungewiss. Und deshalb habe er sich große Zurückhaltung auferlegt. Das ist sehr vernünftig, aber sicherlich nicht leicht."

Als Leo zurückkam, wurde trotz der späten Stunde noch ein kleiner Familienrat gehalten. Es ging um die Planung der letzten 18 Tage in der Heimat. Bis zum 28. Juni mussten die Habseligkeiten, die meiner Familie geblieben waren, verpackt sein. Möbel waren ja nicht dabei, denn man hatte es seit der Enteignung vor zwölf Jahren beim besten Willen nicht geschafft, aus der Behelfsmäßigkeit herauszukommen. Leo wollte sich bei einem Elektrogeräte-Warenlager entleertes Verpackungsmaterial für seine 500 Bücher und das Bettzeug besorgen. Dann wurde eine kleine Abschiedsreise in die Grafschaft Glatz geplant. Es sollte nach Ludwigsdorf zum Grab der Großeltern und zur Muttergottes nach Albendorf und Wartha gehen. Wer wusste schon, ob man jemals noch einmal dorthin kommen würde. Und schließlich übernahm es der Vater, wegen der Erteilung des kirchlichen Reisesegens mit dem polnischen Pfarrer zu sprechen. Das sollte dann am Abreisetag, einem Sonntag, nach der Messe mit deutschem Gesang, also im Beisein der deutschen Restgemeinde, sein.

Am nächsten Tag wurde ich von Leo wieder vorsichtig „demontiert" und eingewickelt in den Kindersarg zurückgelegt. Mit dünnen Nägeln und vorsichtigen Schlägen schloss der Vater den Deckel. Als Geige kommt man ja zum Glück mit einem Minimum an Atemluft aus. Ich war angenehm überrascht, wie gut ich trotz der Verpackung mit meinen Schalllöchern hören konnte, was um mich herum geschah.

Das vorletzte Abenteuer

Wenige Tage vor meinem Abtransport mit dem Gepäck gab es eine böse Überraschung. Das Schicksal meiner Familie hing plötzlich wieder einmal an dem berühmten seidenen Faden!
Am frühen Morgen hatte Leo die Wohnung verlassen. In seinem Rucksack hatte er außer ein paar Butterbroten seinen Fotoapparat mitgenommen. Er wollte nämlich nach Ludwigsdorf fahren und zum Abschied drei Häuser und ein Grab fotografieren. Bis zur Vertreibung im Jahre 1946 hatten dort drei von Vaters Brüdern mit ihren Familien gelebt. Leo hoffte, mit den Fotos seinen in der Bundesrepublik lebenden Onkel eine kleine Nachweishilfe für deren Lastenausgleichsanträge zu bringen. Auf dem Friedhof war das Doppelgrab von Vaters Eltern erhalten geblieben.

„Wo bleibt nur der Leo?“ fragte die Mutter, „es ist schon kurz vor sechs, und er wollte doch gegen drei Uhr zurück sein!“
„Vielleicht hat er auf der Rückfahrt der Cordula einen Überraschungsbesuch beschert“, spekulierte Elisabeth.
„Ach, lass das jetzt bitte. Mir ist nicht zum Scherzen zumute, ich habe ein ungutes Gefühl.“
Es dauerte noch eine gute Stunde, dann kam Leo endlich zur Tür herein.
„O Gott“, rief die Mutter, „Du siehst ja richtig fertig aus! Hast Du eine Magenverstimmung oder ist sonst etwas passiert? Warum kommst Du eigentlich erst jetzt?“
„Och, Muttel, mir geht’s bis auf den Hunger eigentlich schon wieder ganz gut. Ich bin froh, dass ich wieder zu Hause und nicht im Neuroder Gefängnis gelandet bin.“
„Im Gefängnis?!“ mischte sich der Vater ein. – „Ja, was soll das denn heißen?
„Ganz einfach, Vatel: Ein deutscher junger Mann fährt von Waldenburg nach Ludwigsdorf, fotografiert dort verbotenerweise das militärisch wichtige Objekt Eisenbahnviadukt und zur Tarnung auch noch drei Häuser und ein Doppelgrab. Das kann doch nur ein NATO-Spion sein, oder?“

„Mensch, Leo, nun erzähl uns hier keine Gräuelmärchen, sondern sag uns, was wirklich los war und warum Du erst jetzt nach Hause gekommen bist!"
„Also gut, Vatel, das geht aber nicht in drei Sätzen, das ist ein längerer Krimi. Setzt Euch hin, dann könnt Ihr alles schön der Reihe nach genießen: Also, ich bin heute früh wie geplant vom Hauptbahnhof in Dittersbach mit dem Zug zum Bahnhof Ludwigsdorf gefahren. Wie immer bin ich den Weg rechts vom Viadukt hinunter ins Dorf gegangen. Das Dorf war wie ausgestorben. Die Bauern waren auf den umliegenden Feldern, die Kinder in der Schule. Da konnte ich ja in aller Ruhe die Häuser von Onkel Anton, Onkel Paul und Onkel Franz fotografieren. Ja, und dann bin ich im Schlenderschritt am Ludmilla-Stift vorbei zur Kirche und zum Friedhof gegangen. Am Grab der Großeltern habe ich erst einmal das Unkraut entfernt. Dann habe ich gebetet und schließlich das Grab dreimal fotografiert, immer so, dass die deutsche Inschrift des Grabsteins gut zu lesen ist. Ich dachte: Vielleicht ein Andenken für immer. Dann habe ich mich auf der Eingangstreppe an der Schädelkapelle niedergesetzt und in aller Ruhe ein Butterbrot gegessen. So, damit war alles nach Plan erledigt.
Auf dem Rückweg Richtung Bahnhof ging ich über die Hauptstraße. Auf halbem Wege kamen mir ein Miliziant und ein Zivilist entgegen. Ich wollte ihnen ausweichen, aber der Miliziant schnauzte mich an, ich sollte stehen bleiben, ich sei festgenommen."
„Was", entfuhr es Inge, „das darf doch wohl nicht wahr sein!"
„Doch, Inge, das war so. Ich fragte: ‚Dlaczego? Warum?' Da sagte der Miliziant – natürlich auf Polnisch - : ‚Das werden wir Ihnen gleich auf der Wache erklären. Wenn Sie keinen Widerstand leisten, brauche ich Ihnen keine Handschellen anzulegen.'
Der Zivilist schubste den Milizianten mit dem Ellenbogen und sagte: ‚Aparat!'
Da verlangte der Miliziant die Herausgabe meines Fotoapparates, den ich im Rucksack verstaut hatte. Dann nahmen mich die beiden in die Mitte und führten mich zur Wache ab. Die befindet sich neuerdings in einem früheren kleinen Wohnhaus am Hang,

Fenster und Türen sind nachträglich rundherum vergittert worden."
„O Gott, Leo", seufzte die Mutter, „jetzt warst Du zum fünften Mal unschuldig hinter Gittern und wusstest nicht, was sie mit Dir anfangen würden!"
„Tja, Muttel, ich sollte eben noch einmal eine einprägsame ‚Kostprobe' kommunistisch-polnischer Willkür bekommen. Sozusagen zum Abschied. Wobei das mit dem Abschied ja nun plötzlich wieder völlig offen war. Und zwar nicht nur für mich, sondern selbstverständlich auch für Euch!"
„Ich muss direkt wieder an die Nacht im Herbst 1946 denken, wo sie uns mit dem Leiterwagen geschnappt hatten. Ach, Leo!"
„Ja, Hedwig, so was verfolgt einen, wahrscheinlich ein Leben lang. Aber wie damals habe ich mir automatisch innerlich das Kommando gegeben: Ruhe bewahren! Und auf Gottes Hilfe vertrauen. Und das war meine einzige Chance."
„Und was wollten Sie nun von Dir?"
„Ich musste vor dem Schreibtisch stehen bleiben und das Verhör begann. Der Miliziant stellte die Fragen, der Zivilist protokollierte. Bei den Personalien bemerkte der Miliziant, dass ich Staatenloser sei. Ich erlaubte mir die kleine Korrektur: ‚Ich bin deutscher Nationalität.' Darauf konterte der Miliziant: ‚Ach so, mit guten Kontakten zu den westlichen Imperialisten, Adenauer und Konsorten.' So langsam dämmerte mir, was wohl der Grund meiner Festnahme sein mochte. Spionageverdacht!"
„Herrgott noch mal!" regte sich der Vater auf, sprang auf und ging unruhig auf und ab. „Erzähl weiter!"
„Jetzt kamen die Fragen zur Sache: Was ich eigentlich mit einem Fotoapparat in Ludwigsdorf zu suchen hätte? Ich erklärte es ihm ganz offen und ehrlich, ich hatte ja nichts zu verbergen. Für den Milizianten waren meine Onkel natürlich faschistische Revanchisten, die sich ihre Häuser mit Hilfe der Bundeswehr wiederholen wollten. Die Häuser seien polnisches Staatseigentum, und dabei bleibe es, Punkt. – Dann wollte er wissen, wie viel Fotos ich gemacht hätte. Ich sagte sechs. Diese Zahl bestätigte der Zivilist mit Kopfnicken. Der musste mich also beobachtet und angezeigt haben.

Der Miliziant verlangte meine Fahrkarte. ‚Sie haben eine Fahrkarte bis Zentnerbrunn gelöst und sind eine Station vorher in Ludwigsdorf ausgestiegen. Das ist ja sehr verdächtig. Wie erklären Sie mir das?'
‚Ich habe in Waldenburg eine Fahrkarte bis Ludwigsdorf verlangt und eine bis Zentnerbrunn bekommen. Der Preis ist aber der gleiche.'
Der Miliziant griff zum Telefonhörer, und der Bahnbeamte am anderen Ende der Leitung bestätigte ihm - Gott sei Dank – die Richtigkeit meiner Aussage. Das wurde protokolliert. Ein Verdachtsmoment weniger!
Ich bekam die Fahrkarte zurück und steckte sie wieder in die Briefmappe. Dabei fiel mein Bildchen von der Schwarzen Madonna von Tschenstochau heraus. Ich dachte blitzschnell: Hilf, Maria, es ist Zeit, hilf Mutter der Barmherzigkeit!"
„Richtig, Leo", sagte die Mutter, „das hilft!"
„Ich nahm das Bildchen vom Fußboden hoch und wollte es zurückstecken. Aber der Miliziant streckte mir die Hand über den Schreibtisch entgegen: ‚Was haben Sie denn da? – Oh, ein Bild von der polnischen Muttergottes in der Hand eines deutschen Protestanten! Wenn das keine perfekte Tarnung ist…'
Ich sagte in möglichst verbindlichem Ton: Ich bin römisch-katholisch. – Sehen Sie mal, Maria war ja keine Polin, sondern eine Jüdin aus dem Heiligen Land, und dort hat sie Jesus, den Sohn Gottes und Erlöser für alle Völker auf der Erde, geboren. Deshalb verehre ich sie und bete um ihre Fürsprache bei Gott, wenn ich in Not bin.
Da fragte er spöttisch: ‚Haben Sie heute auch schon zu ihr gebetet?' Ich sagte: Ja, eben. ‚Na, das kann aber kein langes Gebet gewesen sein!' sagte er lachend. Darauf ich: Im Deutschen nennt man so etwas ‚Stoßgebet', auf Polnisch heißt das, glaube ich, zarliwa modlitwa, kurz aber intensiv.
Da wollte er wissen, ob ich daran glaube, dass mir die polnische Muttergottes heute helfen würde. Ich sagte ihm, ich hätte seit 1945 schon manchmal ihre Hilfe verspürt. Aber es könnte sein, dass sie heute ihm helfen würde, mich gut zu behandeln und nach Hause zu entlassen. Ich erzählte ihm, dass ich vor vier Jahren bei

der Schwarzen Madonna in Tschenstochau als Privatpilger war, und fragte ihn, ob er auch schon mal dort gewesen sei. Da sagte er: ‚Ja, als Kind, mit meiner Oma. Aber heute halte ich nichts mehr davon.'
Und dann sagte er unvermittelt: ‚Kommen wir wieder zur Sache. Ihr Fotoapparat. Wie viel Fotos hat der Film und wie viele haben Sie davon belichtet?'
Ich wiederholte: Sechs Fotos, drei Häuser und dreimal das Grab. Es ist ein 12er Film.
Darauf wieder er: ‚Und Sie haben auf dem Weg vom Bahnhof ins Dorf nicht zufällig unseren schönen Eisenbahnviadukt zum Andenken fotografiert?'
Ich verneinte mit dem Hinweis darauf, dass das doch verboten sei.
Da nahm er den Fotoapparat in die Hand und ging Richtung Ausgang. Mir lief es eiskalt den Rücken hinunter: Er brauchte ja nur vor das Haus zu gehen und schon war der belastende Viaduktschnappschuss im Kasten! Hilf, Maria, es ist Zeit, die Willkür feiert Triumphe…!"
„Herrgott noch mal", sagte diesmal Elisabeth und rückte unruhig auf ihrem Stuhl hin und her, „das ist ja mal wieder zum Wände hochgehen! Es ist ja das reinste Wunder, dass Du wieder hier bist, Leo!"
„Allerdings, es ist ein Wunder passiert. Der Miliziant blieb an der Haustür plötzlich stehen, drehte sich wieder zu mir um und studierte meinen Gesichtsausdruck. Dann drehte er sich wieder zur Haustür und drückte die Klinke. Mann, Mann, Mann! Die Spannung wurde unerträglich. Da knurrte er ‚Matka Boska Czestochowska', ließ die Klinke los, kam zurück und legte meinen Fotoapparat wieder auf seinen Schreibtisch."
„Siehst Du", sagte die Mutter, „die Muttergottes bedeutet ihm doch noch etwas. Als Stimme des Gewissens hat sie ihm gesagt: Das kannst Du doch nicht machen!"
„Mag sein, Muttel, ich will es gerne glauben", sagte der Vater und setzte sich wieder hin. „Aber das Drama war ja noch nicht zu Ende."

„Ja, Vatel, mein Milizant saß jetzt erst einmal eine Weile unschlüssig auf seinem Stuhl. Der Protokollführer – mein Denunziant – zischelte: ‚Den Film zur Kontrolle rausdrehen!' Der Milizant überlegte und sagte nach einer Weile: ‚Ich ruf mal beim Kommandanten in Neurode an. Soll der entscheiden, was hier zu tun ist.' Er guckte auf die Uhr und stellte fest, dass Zeit für die Mittagspause war. Ich durfte mich endlich setzen, und er packte auf dem Schreibtisch seine Butterbrote aus. Er erlaubte mir, auch ein Butterbrot aus dem Rucksack zu essen und stellte mir ein Glas Leitungswasser hin."

„Das sind ja nun auf einmal ganz menschliche Züge".

„Das meinte ich auch, Inge. Der Mann war umgänglicher geworden, er schnauzte auch nicht mehr und sprach in normalem Ton mit mir. Ich dachte es könnte hilfreich sein, wenn ich ihm etwas von mir erzähle. Ich bat um Erlaubnis und er stimmte zu.

Ja, und da habe ich ihm erzählt, dass ich in Breslau zwei Semester Germanistik studiert habe und dass ich vorher bei dem Gesangs- und Tanzensemble ‚Freundschaft' gearbeitet hatte. Das fand er wohl interessant und er fragte nach, was ich da gemacht hätte. Nun gut, ich hab 's ihm erzählt. Dabei fiel mir ein, dass ich noch vor einem dreiviertel Jahr in Ludwigsdorf aufgetreten war. Und als ich ihm das erzählte, fiel es mir wie Schuppen von den Augen und ich wusste plötzlich, wo ich meinem Denunzianten schon einmal begegnet war: eben bei dieser Vorstellung im vorigen Herbst! Da war er der Kulissenschieber gewesen! Ich sprach ihn direkt darauf an. Er wurde rot im Gesicht, holte tief Luft und erzählte dann, dass er den Vorhang auf- und zugezogen habe und dass ich als Ansager das deutsche Publikum zum Lachen gebracht hätte."

„Also Zufälle gibt 's", sagte Hedwig, „das soll man nicht für möglich halten! - Na und, jetzt war doch hoffentlich Entspannung angesagt?!"

„Ja, ich hatte den Eindruck, dass ich jetzt zumindest nicht mehr der ganz große Bösewicht war."

„Ja, und nach der Mittagspause kam das Telefonat mit dem Kommandanten", drängte Elisabeth ungeduldig.

„Genau. Er telefonierte in meiner Gegenwart und ich kriegte ‚große Ohren' davon, was er seinem Chef von mir berichtete. Das hörte sich etwa so an: ‚Bei mir sitzt ein junger Deutscher aus Waldenburg, 24 Jahre, er besitzt einen amtlichen Ausreisepass. Bis jetzt war er Ansager und Chorsänger bei dem Gesangs- und Tanzensemble 'Freundschaft'. Sie wissen, dass dieses Ensemble nur Leute beschäftigt, die sich aktiv für die polnisch-deutsche Freundschaft einsetzen. Der Mann ist also glaubwürdig. Heute ist er nach Ludwigsdorf gekommen, um noch einmal die drei Häuser zu fotografieren, in denen früher seine Onkel gewohnt haben, und das Grab seiner Großeltern. Das ist ja nicht verboten. Ich habe ihn trotzdem zur Überprüfung seiner Personalien auf die Wache gebeten. Mein Protokollführer hat nach eigenem Augenschein die Richtigkeit der Angaben bestätigt. Ich denke, wir brauchen den Film nicht zu überprüfen und können den jungen Mann nach Hause entlassen.' Der Kommandant muss zugestimmt haben, denn ich wurde ohne weitere Diskussion verabschiedet, und so bin ich jetzt halt wieder hier bei Euch."
„Ja, ja", sagte die Mutter mit einem tiefen Seufzer, „wenn die Polen ihre Tschenstochauer Muttergottes nicht hätten…"
Und Leo stellte aufatmend fest: „Und die Schwarze Madonna hat wieder einmal mein Stoßgebet erhört. Sie hilft auch Deutschen."

Die zweite große Reise

Es kam der 29. Juni, der Tag, an dem das letzte große Abenteuer in Schlesien begann. Seit dem Vorabend lag ich in meiner Kiste und in eine Zudecke gewickelt in einem großen Pappkarton. Zu sehen gab es für mich nichts mehr, also konzentrierte ich mich ganz aufs Hören.
Schlag sechs Uhr ging es los. Ich wurde zusammen mit dem anderen Ausreisegepäck auf einen kleinen Lastwagen verladen. Man ging sehr behutsam mit meinem Karton um, gesprochen wurde nichts. Abschiedsstimmung lag in der Luft, auch ich spürte das. Nach kurzer Fahrt hielt das Fahrzeug an, es wurde im Rück-

wärtsgang etwas rangiert und dann wurde die hintere Klappe der Ladefläche geöffnet: Wir waren an der Gepäckverladestation in Bad Salzbrunn angekommen. Ich hörte, wie gerade eine schnaufende Dampflok leere Güterwagen an die Rampe schob und mit quietschenden Bremsen zum Halten brachte. Ein Pole, offensichtlich der Zollbeamte, rief etwas in gebieterischem Ton. Leo sagte: „Wir sollen mit dem Verladen beginnen." „Also los geht 's!" hörte ich den Vater sagen.
Ob Elisabeth auf dem vereinbarten Lockvogelposten war? Sie war es, denn ich hörte jetzt ihre Stimme. Sie sprach Polnisch, also musste sie sich mit dem Zöllner unterhalten.
Es wurde über die fünf großen, schweren Kartons verhandelt, in denen Leo seine 500 Bücher verpackt hatte.
„Da staunen Sie, was?" sagte der Vater.
Leo übersetzte, was der junge Zollbeamte von sich gab: „So viele Bücher? Das habe er noch nie erlebt! Ob wir eine Genehmigung von der Polnischen Nationalbibliothek in Warszawa hätten?"
„Natürlich haben wir die, zeig sie ihm!"
Nach einer Weile sagte der Zollbeamte: „No, w porzadku!" Leo: „Er sagt, es geht in Ordnung. Also rein damit." Ich hörte, wie der Vater mit Leo die schweren Kartons möglichst schnell in den leeren Güterwagen wuchteten. Weiter ging es mit anderen Gepäckstücken.
Bald musste ich, beziehungsweise der verhältnismäßig leichte Bettkarton drankommen. Ich war ganz aufgeregt. Elisabeth und der Zöllner unterhielten sich wieder. Worüber, war nicht zu verstehen, aber es gab viel zu lachen. Die Stimmung war also wie gewünscht.
Da rief der Vater: „So, jetzt kommen die Bettsachen dran!"
Elisabeth übersetzte das, und der Zöllner rief: „Tak, tak, w porzadku!" Darauf Elisabeth wieder: „In Ordnung, immer nur rein damit!"
Weiter ging die neckische Unterhaltung, und schwuppdiwupp hievten die beiden Männer „meinen" Karton in den Güterwagen und verstauten ihn ganz oben auf den schweren Kisten und Kartons. Sie atmeten auf, der Handstreich war gelungen. Danke, Elisabeth, dachte ich, dass Du den Beamten so nett abgelenkt hast!

Draußen auf der Rampe ging es inzwischen recht lebhaft zu. Das mussten die anderen Ausreisewilligen sein, die auch ihr Gepäck verladen wollten. Ich erinnere mich, kurz vor der Verladung gehört zu haben, dass „mein" Güterzug die Habseligkeiten von insgesamt 600 Aussiedlern zu transportieren hatte: 300 aus Stadt und Kreis Waldenburg, 150 aus Breslau und Oberschlesien und 150 aus Pommern und Ostpreußen. In Breslau und Stettin sollten jeweils einige Güterwagen angehängt werden.

Tja, und nun ging es auf die Reise. Als das Stimmengewirr auf der Rampe verstummt war und die schweren Rolltüren der Güterwagen verschlossen waren, setzte sich der Zug langsam und krächzend in Bewegung. Es muss schon dunkel gewesen sein. Ich spitzte wieder die „Ohren", und so weiß ich ziemlich genau, auf welchem Wege ich in den Westen gelangte.
Die Reise ging also zunächst in nordöstlicher Richtung nach Breslau. Hier wurde hin- und herrangiert, und dann ging es mit den angehängten Güterwagen nach Norden, über Posen nach Stettin. Nach dem Anhängen der letzten Güterwagen ging es endgültig über die Oder nach Westen. Grambow hieß die Bahnstation, in der unser Zug von der Reichsbahn der DDR übernommen wurde.
Das war spannend! Unsere Wagen wurden mit deutscher Gründlichkeit kontrolliert: Die DDR-Kommunisten wollten keine Flüchtlinge aus Polen als blinde Passagiere. Die Rolltür unseres Waggons wurde geöffnet.
„Ach, du lieber Spitzbart", hörte ich eine Männerstimme, „das ist ja mal wieder ´ne große Ladung alter Klamotten." Da war also ein DDR-Grenzer hereingeklettert, der laut dachte. ‚Spitzbart' war damals in der DDR der Spitzname für Walter Ulbricht, den Sekretär des Zentralkomitees der Sozialistischen Einheitspartei Deutschlands. Man durfte Ulbricht natürlich nur im Selbstgespräch oder unter guten Freunden so nennen. Der hatte zwar einen markanten Spitzbart, duldete aber die Bezeichnung nicht. Die galt als ‚Majestätsbeleidigung'.
Während der Grenzer ein paar obere Gepäckstücke, auch meinen Karton, hin und her schob, murmelte er: „Und die armen Schlu-

cker wollen aus dem sozialistischen Paradies in den goldenen Westen! Na, die werden sich noch umsehen. Das Flüchtlingslager lässt grüßen!" Und dann sagte er auf einmal: „Hier, Hasso, hier!" Aha, dachte ich, der hat also einen Spürhund dabei. „Rauf mit dir! Bis ganz oben in die Ecke!"
Plötzlich schlägt der Hund an. Oh Gott, denke ich, der hat doch nicht etwa..? Er hat! Der Grenzer bekommt Verstärkung und kommandiert die Kameraden nach oben, wo sie Gepäckstücke zur Seite schieben.
„Hallo, was machen Sie denn da? Kommen Sie raus, Sie sind verhaftet!"
„Geben Sie mir bitte was zu trinken", antwortet eine Männerstimme matt.
„Sie klettern jetzt erst einmal aus ihrem Versteck und tun die Hände hoch. Wir fackeln nicht lange! Für Flucht bei illegaler Grenzüberschreitung haben wir einen Schießbefehl! Wenn Sie machen, was wir sagen, kriegen Sie auch was zu trinken."
Nach einer Weile, in der der Flüchtling offensichtlich aus seinem Versteck geklettert war, fragt der Grenzer: „Und warum wollen Sie als blinder Passagier in den Westen? Das macht man doch bei Euch heutzutage ganz legal übers Rote Kreuz!"
„Ich bin ein Deutscher aus Waldenburg. Unsere Familie hat keine Verwandten in der DDR und keine in Westdeutschland. Da gibt 's keine Familienzusammenführung durchs Rote Kreuz. Aber meine Verlobte, die darf mit ihrer Familie im nächsten Transport raus nach Westdeutschland. Wir wollen doch bald heiraten. Und da hab' ich ´s halt ohne Wissen meiner Eltern als blinder Passagier versucht."
„Tja, lieber Mann, bei den polnischen Kollegen haben Sie ja Glück gehabt, die kontrollieren halt nicht so genau. Aber wir von der DDR, wir leisten ganze Arbeit, bei uns kommt keiner ungeschoren durch. Wissen Sie, was jetzt mit Ihnen passiert?"
„Ich habe gehört, dass Sie Flüchtlinge zu den Polen zurückbringen und dass man dort zu mehreren Jahren Gefängnis verurteilt wird. Können Sie vielleicht nicht doch auch ein Auge zudrücken? Sie machen doch sonst mein ganzes Leben kaputt."

„Nanu, nanu, jetzt will der auch noch verhandeln. Mir kommen gleich die Tränen. Nee, nee, mein Lieber, wir drücken hier noch nicht mal ein Hühnerauge zu. Abführen!"
Es ist zum Kotzen, wenn man so etwas ohnmächtig miterleben muss. Der junge Mann tat mir natürlich schrecklich leid. Aber ich konnte nichts ändern. Ich musste im Gegenteil noch froh sein, dass ich unentdeckt geblieben war, denn ich war ja auch ein blinder Passagier.
Nach Stunden ging die Fahrt weiter. Von jetzt an hörte ich bei Aufenthalten an Bahnhöfen oder Bahnübergängen nur noch deutsche Kommandos oder Zurufe. Ich hörte Städtenamen wie Pasewalk, Neubrandenburg und Schwerin. Der Güterzug wurde also nördlich von Berlin durch Mecklenburg geleitet. Nach einer schier endlos langen, langsamen Fahrt mit vielen Zwischenstopps hieß es „Schwanheide!"
Wieder waren wir an einer Grenze angekommen, an der schmerzlichen innerdeutschen Grenze zwischen der DDR und der Bundesrepublik. Wieder wurden die Waggons gründlichst kontrolliert. Diesmal wollte man nämlich die Flucht von DDR-Bürgern verhindern. Ich bekam mit, dass hier die Spürhunde besonders auf Vertiefungen im Fahrgestell angesetzt wurden. Das Ganze war also wieder äußerst aufregend und spannend, und es dauerte wieder Stunden. Gott sei Dank, es gab diesmal keine neue menschliche Tragödie. Es war wohl wieder Nacht draußen, als sich unser Güterzug in Bewegung setzte. Er fuhr mit geringer Geschwindigkeit, ich hörte und spürte jeden Schienenstoß.
Nach einiger Zeit rauschte der Zug über eine Brücke. Das musste der Elbe-Lübeck-Kanal sein, die Grenze. Und dann hörten die Schienenstöße plötzlich auf: Wir waren im Westen!!!

Der Preis der Freiheit

Der Zug hielt mit quietschenden Bremsen. Eine Station wurde nicht ausgerufen, das ist ja auch bei Güterzügen nicht üblich. Erst als auf dem Nebengleis ein Zug eingefahren war, tönte es aus

dem Lautsprecher: „Büchen! Hier Büchen! Der eingefahrene Nahschnellverkehrszug aus Hamburg endet hier!"
So, das war also ‚geschafft'! Ich befand mich in der Obhut der Deutschen Bundesbahn. Alle mitreisenden Gepäckstücke atmeten auf. Wir hatten von jetzt an nichts mehr zu befürchten: Keine Verdächtigungen, keine Kontrollen, keine Beschlagnahmungen, kein Hin- und Herrangieren mit ungewissem Ziel. Man kann das Gefühl der Befreiung gar nicht richtig beschreiben! Für mich war jedenfalls wichtig, dass ich jetzt wieder nach deutschem Gesetz als Leos rechtmäßiges Eigentum anerkannt war.
Noch in derselben Nacht ging die Fahrt weiter in südlicher Richtung über Lüneburg, Uelzen, Braunschweig, Salzgitter in das Grenzdurchgangslager Friedland bei Göttingen. Das hatte ich schon vor der Verfrachtung in Schlesien von Leo gehört.
Ich war während der letzten Tage so sehr mit mir und meinem Schicksal beschäftigt, dass ich an Leo gar nicht mehr gedacht hatte. Jetzt, nach meiner Befreiung, spürte ich plötzlich wieder die zentnerschwere Last der Ungewissheit. Wie mochte es Leo inzwischen gehen? Ich war am 29. Juni verladen worden, jetzt hatten wir mittlerweile den 6. Juli. Wenn alles nach Plan verlief, musste Leo morgen, am 7. Juli, seine Heimat verlassen und mit dem Aussiedlertransport am 9. Juli in Friedland eintreffen. Ich konnte mir nicht helfen: Bei dem Gedanken daran, was jetzt noch alles schief gehen konnte, wurde mir wieder angst und bange wie so oft in all den Jahren vorher. Es lagen zurzeit immerhin zwei Grenzen zwischen Leo und mir!
Gut, dass ich bald wieder abgelenkt wurde, denn der Güterzug lief in Friedland ein. Ich merkte sofort: Hier war alles gut durchorganisiert. Zunächst hörte ich Stimmengewirr und Gelächter, als ob ein Haufen junger Leute mit dem eingefahrenen Zug in ein Ferienlager fahren wollte. Vorsichtig wurde die Rolltür zur Seite geschoben. Jemand klatschte in die Hände und eine Männerstimme rief: „Alle mal herhören!" Es wurde still.
„Also ich begrüße Sie, die Studentinnen und Studenten von der Uni Göttingen, im Namen der kirchlichen und freien Wohlfahrtsverbände im Lager Friedland ganz herzlich. Es ist ein gutes Zeichen, wenn junge Leute wie Sie sich noch vor Semesterschluss

freiwillig zur Verfügung stellen, um beim Ausladen und Verstauen des Aussiedlergepäcks zu helfen. Es ist früh am Morgen, und Sie mussten ungewohnt früh aufstehen. Ich danke Ihnen dafür und bitte Sie gleichzeitig: Gehen Sie mit den Gepäckstücken behutsam und vorsichtig um! Sie können hier nicht wie die normalen Möbelpacker die Stücke wuchten. Denken Sie daran, dass es sich um die letzten Habseligkeiten von Menschen handelt, die durch die Umstände gezwungen waren, ihre Heimat zu verlassen. Wenn sie, so Gott will, in drei Tagen hier eintreffen, dann sind sie zwar frei, aber völlig mittellos. Vieles ist nur notdürftig in Pappkartons zusammengeschnürt. Jeden Tag platzen einige Kartons beim Ausladen auf. Da bleibt nichts anderes übrig, wir müssen Ruhe bewahren und die Sachen sorgfältig in die bereitgestellten Holzkisten ‚umtopfen'. Wichtig ist, dass Sie das Namensetikett vom Pappkarton abnehmen und an die Holzkiste heften. Es ist überhaupt auch ganz wichtig, dass die Gepäckstücke nach Namen sortiert zusammengestellt werden. So, und jetzt an die Arbeit. Der Dank der Aussiedler ist Ihnen gewiss, sie bringen das oft auf sehr rührende Weise zum Ausdruck."
Als sie meinen Karton anhoben, sagte eine Mädchenstimme: „Oh ja, endlich mal was Leichteres. Fühlt sich an wie Bettsachen." Bravo, dachte ich, aber ihr wisst nicht, dass ich auch noch hier drin bin. Bitte nicht werfen! Als ob sie mich verstanden hätten, brachten sie meinen Karton vorsichtig nach draußen.
„Der muss aber ganz oben drauf, sonst wird der total zerknautscht. Also an die Seite stellen, bis die schwereren Stücke drin sind." Bravo, dachte ich wieder, so sind eben Frauen.
„Hoppla, hoppla, hier sind einige Kartons mit Steinen! Da werden Muskelprotze gebraucht! Hierher, Männer!" Das mussten Leos Bücherkartons sein. Die Männer luden sie keuchend auf den Gepäckwagen.
„So, und jetzt ab in den Lagerschuppen."
Auch dort kam ich wieder auf die gestapelten Bücherkartons. Danke! Jetzt hieß es wieder warten, diesmal auf Leos Ankunft.

Ich wurde durch das Geräusch eines einfahrenden Zuges aus meinem Schlummer gerissen. Die Freiheitsglocke im Turm der

Lagerkirche begann zu läuten. Das musste also der Aussiedlertransport mit Leos Familie sein! Der 9. Juli 1957 war da! Aber Geduld, Geduld! Hier geht alles seinen vorbereiteten, geordneten Gang.
Ich hörte die Lautsprecherdurchsage: „Friedland! Hier Friedland! Der eingefahrene Rot-Kreuz-Transport endet hier. - Liebe Landsleute aus Schlesien, Pommern und Ostpreußen! Ihre lange, anstrengende Reise aus der Heimat hat hier im Grenzdurchgangslager Friedland bei Göttingen ein vorläufiges Ende gefunden. Ich begrüße Sie im Namen der Bundesregierung und des Deutschen Roten Kreuzes ganz herzlich. Willkommen in der Freiheit! – Wir reichen Ihnen zunächst auf dem Bahnsteig einen Begrüßungstrunk nach Ihrer Wahl. Dann werden die Helferinnen und Helfer Sie zur Empfangsbaracke geleiten, wo die offizielle Begrüßungsfeier stattfindet."
Einige Zeit später drang die Musik von Haydns Kaiserquartett herüber. Darin ist ja die Melodie des Deutschlandliedes, unserer Nationalhymne, das musikalische Thema: „Einigkeit und Recht und Freiheit". Es hätte keinen treffenderen Text in dieser Situation geben können, aber leider war es damals in der Bundesrepublik noch nicht üblich, den Text auch zu singen. Die erste Strophe „Deutschland, Deutschland über alles…" war von den Nazis als „Vorstrophe" vor dem nationalsozialistischen Kampflied „Die Fahne hoch" missbraucht worden. Sie war zu einem Ausdruck nationalistischer Anmaßung geworden. Deshalb hatten sich 1952 der erste Bundespräsident Theodor Heuss und Bundeskanzler Konrad Adenauer in einem Briefwechsel auf die dritte Strophe geeinigt. „Einigkeit und Recht und Freiheit für das deutsche Vaterland" konnte die damalige Lage des gespaltenen Deutschland eindrucksvoll bewusst machen.
Aus Gesprächen des Lagerpersonals hatte ich erfahren, dass während des Kaiserquartetts bei den mittleren und älteren Jahrgängen der Aussiedler regelmäßig Tränen der Rührung flossen.
Ganz ähnlich war das auch, als im Begrüßungsgottesdienst in der Heimkehrerkirche Sankt Norbert von der Orgel das Lied „Großer Gott, wir loben Dich… intoniert wurde. Am Anfang war der

Gesang laut und stark, aber dann hörte er ziemlich schnell auf. Nur die Orgel hielt durch…
Was man im „Wartestand" so alles erfährt: Die Heimkehrerkirche war erst vor gut eineinhalb Jahren, im Dezember 1955, von dem Kölner Erzbischof Josef Kardinal Frings geweiht worden, zehn Jahre nach der Gründung des Lagers. Namhafte und viele namenlose Spender hatten den Bau ermöglicht. Der von dem flämischen Prämonstratenserpater Werenfried van Straaten – als „Speckpater" bekannt geworden – gegründete Bauorden war mit bis zu 100 Gesellen auf der Baustelle. Flamen, Wallonen, Holländer, Dänen und Deutsche arbeiteten miteinander und setzten schon damals ein Zeichen für das in der Not zusammenwachsende Europa.

Am Abend passierte etwas Unerwartetes: Irgendjemand versuchte das Tor des Lagerschuppens zu öffnen. Ich hörte die Stimme des Nachtwächters: „Was wollen Sie denn hier, junger Mann? … Nein, nein, das Gepäck kann erst morgen überprüft werden…Sie wissen ja noch gar nicht, wohin die weitere Reise geht."
„Ja, aber…" Es wurde leise gesprochen, aber ich hatte Leos Stimme erkannt! Hurra!!!
Es ging draußen noch ein bisschen hin und her, und dann wurde das Tor doch aufgeschlossen.
Der Nachtwächter knurrte: „Hier, in der Ecke sind die Sachen von Eurem Transport. – Na, wo ist denn da der eine, einzige Karton mit dem besonderen Inhalt?"
Leo sagte sofort: „Hier, der große da oben, der muss es sein. Da ist ja auch das Schild mit unserem Namen. – Na, der sieht ja von außen ganz schön ramponiert aus."
Die Knoten der Verschnürung wurden ungeduldig gelöst. Eine Hand drang in die eingedrehte Zudecke, ertastete meinen ‚Kindersarg' und zog mich in ihm hinaus.
„Gott sei Dank", sagte Leo, „sie ist da, und die Verpackung sieht unbeschädigt aus!"
„Wie?" sagte der alte Mann, „und da drin soll eine Geige sein? Wer 's glaubt…"
Leo löste mit dem Taschenmesser vorsichtig ein Brettchen von meiner Kiste, schob Stroh und Papier zur Seite und legte seine

Hand mit geschlossenen Fingern auf mich: „Können Sie uns vielleicht einmal für einen Augenblick allein lassen?“ Da ging der Mann wortlos nach draußen.
Und jetzt schüttete mir Leo sein Herz aus: „Weißt Du, jetzt sind wir frei, und ich bin deshalb sehr glücklich. Aber der Preis für diese Freiheit ist sehr hoch. Mir ist der Abschied von zu Hause, auch von Cordula, doch schwerer gefallen, als ich vorher angenommen hatte. Wenn man nach fast 25 Jahren aus der Heimat weg muss, um ein freier Mensch zu sein, ist das doch ganz schön schwer. Bekannte und Freunde bleiben zurück, das Grab der Großeltern. Und hier ist jetzt alles fremd. Du bist für mich ein Stück Heimat. –
Wir waren alle sechs vorhin beim katholischen Lagerpfarrer Dr. Josef Krahé zu Besuch. Ich hatte schon während der Predigt im Dankgottesdienst gemerkt, dass der Kardinal Frings den Richtigen für diesen Posten freigestellt hatte. Dr. Krahé hat hier seit 1948 schon Abertausende in seelischer Not erlebt, und so hat er gelernt, wie man das als Seelsorger auffangen muss. Er fragte uns, ob wir ihm nicht ein schönes schlesisches Lied vorsingen könnten. Da haben wir ihm mehrstimmig unser Waldenburger Heimatlied vorgesungen. Das hatte er noch nie gehört. Und dann hat er uns beschenkt. Ich bekam ein funkelnagelneues Schott-Messbuch, lateinisch und deutsch. und auf der Einbandseite innen steht, vom Lagerpfarrer unterschrieben:

‚Heimat ist dort, wo Gott ist;
Gott ist dort, wo die Liebe ist.’

Das ist tröstlich für mich, ich halte mich daran fest. – So, und jetzt mach ’s gut. Morgen wird uns gesagt, in welches Lager wir kommen.“ Leo steckte mich sorgfältig in das Plumeau zurück, verschnürte den Karton und verließ den Lagerschuppen.
Am nächsten Tag kam mein großes Aufatmen. Das Tor des Lagerschuppens wurde geöffnet und die Aussiedler strömten herein, um ihre Gepäckstücke zu überprüfen. Leo kam mit seinem Vater. Gottlob, es war alles vollzählig angekommen. An jedem Stück wurde ein Gepäckanhänger befestigt, auf dem die neue Adresse eingetragen war:

„Flüchtlingsdurchgangslager Wentorf bei Hamburg", murmelte Leos Vater. Nanu, nanu, denke ich, das muss man mir aber erklären. Wir hatten doch eine Zuzugsgenehmigung nach Nordrhein-Westfalen, und es sollte doch ein baldiges Wiedersehen mit den Verwandten dort geben! Für die beiden Männer schien das aber kein Diskussionsthema mehr zu sein, sie hantierten kommentarlos an den Gepäckstücken herum.
Jetzt wurde ich aus dem Plumeaukarton befreit. Das war heute erlaubt. Leo klemmte sich meine Kiste unter den Arm und trug mich in die Wohnbaracke, in der meine Familie für knapp drei Tage Unterkunft gefunden hatte.
„Hallihallo!" rief Elisabeth freudig, „da kommt ja die Schmuggelware ins Haus und die Polen können sie uns nicht mehr wegnehmen! Ist sie denn heil geblieben?"
„Das werden wir gleich sehen", sagte Leo und hebelte behutsam die Abdeckung Brettchen für Brettchen von meiner Kiste. Ich konnte wieder frische Luft atmen! Leos Mutter putzte meinen Klangkörper und die Einzelteile mit einem Taschentuch ab, und dann setzte mich Leo wieder zusammen. Als die Saiten wieder aufgezogen waren, holte Leo seine kleine Stimmpfeife aus dem Rucksack. Doch da fehlte der Geigenbogen. Ach ja, der musste ja in Schlesien zurückgelassen werden, weil er zu sperrig war. Also zupfte und stellte Leo so lange an meinen Saiten herum, bis es einigermaßen sauber klang. Und dann zupfte er langsam die Melodie von „Einigkeit und Recht und Freiheit"…
„So, mein liebes Fräulein Kloz, jetzt fängt ein neues Leben an!" – Hatte er ‚Fräulein Kloz' gesagt? Na, dann hatte er sein seelisches Gleichgewicht wiedergefunden. Das wusste ich aus vergangenen Tagen. Leo wurde zur Überraschung seiner Familie plötzlich ganz förmlich, so als hätte er bei einem offiziellen Empfang eine Rede zu halten:
„Liebe Eltern, liebe Schwestern, mein liebes Fräulein Kloz! Unser Leben ist noch ein wenig spartanisch, es fehlt zum Beispiel der Geigenbogen, und ich habe weder ein weißes Oberhemd noch eine Fliege. Aber das alles wird uns in den nächsten Wochen und Monaten zufliegen, denn wir sind ja jetzt im goldenen Westen. Der Grundstock unseres bescheidenen Wohlstandes sind die 10

Deutschen Mark Überbrückungsgeld des Grenzdurchgangslagers und die 100 DM Begrüßungsgabe der Bundesregierung, die jeder von uns bekommen hat."
„Das stimmt nicht ganz", wandte Elisabeth ein, „ich habe nur 50 bekommen."
„Ich auch", ergänzte Inge.
„Na ja", beschwichtigte die Mutter, „ihr seid eben noch nicht volljährig. Das wird man hierzulande erst mit 21. Aber hören wir doch mal weiter, was Leo uns noch Wichtiges zu sagen hat."
„Ja, wo war ich unterbrochen worden?"
„Beim ‚Grundstock unseres bescheidenen Wohlstandes'", half Hedwig nach.
„Ja, richtig. Also wir wollen auch dankbar anerkennen, dass man uns mit einer Garnitur gut erhaltener Kleidungsstücke versorgt hat. Nach der ‚Lagerordnung' mussten wir zwar zu drei verschiedenen Ausgabestellen – Inge beim Deutschen Roten Kreuz, Muttel, Hedwig und Elisabeth bei der ‚Inneren Mission' und Vatel und ich bei der ‚CARITAS' -, aber wir konnten die verschlissenen ‚Häute' abstreifen und beim Reißwolf abgeben."
„Schön, wie Du das wieder mal bildhaft ausdrückst, das ist eines Germanisten würdig." In Mutters Stimme lag ein wenig Stolz auf den Sohn.
„Ich komme zu einem anderen Kapitel unseres neuen Zustandes: Noch bestimmen andere, wo unsere nächste Unterkunft zu sein hat. Wenn in Nordrhein-Westfalen Wohnungsnot herrscht und die Flüchtlingslager überfüllt sind, dann muss man uns eben vorerst in Schleswig-Holstein ‚zwischenlagern'. Wir mussten damit rechnen, es gibt kein Zurück mehr, zur Freiheit gibt es keine Alternative und Freiheit ist nicht zum Nulltarif zu haben."
„Bravo, Leo!" sagte der Vater, „Du siehst das richtig: Wir wollen nach vorn blicken und zuversichtlich sein!"
„Euer Wort in Gottes Ohr!" ließ sich da die Mutter vernehmen.
„Ja, Muttel, ich habe in der vergangenen Nacht geträumt: Wir hatten uns ein schönes, großes Haus gebaut. Jeder hatte sein eigenes Zimmer, nur die Eltern hatten nach wie vor ein gemeinsames Schlafzimmer. Ein großer, gepflegter Garten mit einem Teich gehörte auch dazu. Und wir hatten viele neue Freunde, die uns

besuchen kamen, um mit uns in dem riesengroßen Wohnzimmer unsere Befreiung und unseren Senkrechtstart zu feiern."
„Träume sind Schäume", sagte Hedwig ein bisschen traurig. „Es wäre einfach zu schön, um wahr zu sein. Woher sollte denn das Geld dafür herkommen? Wir haben doch keinen Goldesel!"
„Na ja", erwiderte Leo, „einen Goldesel haben wir nicht, aber wir sind doch vier junge Leute, die anpacken können, und unsere Eltern sind ja auch noch nicht uralt."
„Danke, Leo, für das Kompliment. Aber ganz ohne Geldquellen werden wir nicht auskommen. Das muss man ganz nüchtern so sehen."
„Genau, Vatel, ich bringe mein herübergeschmuggeltes altes Sparbuch mit ein, da sind immerhin 176 Reichsmark drauf."
„Ach du lieber Gott, Leo, die Währungsreform ist längst vorbei. Wir kommen neun Jahre zu spät. – Aber ehrlich gesagt, so ganz ohne Hoffnung bin ich nicht, sonst hätte ich ja auch Muttels und mein Sparbuch nicht mit herübergeschmuggelt. Aber selbst wenn wir gar nichts mehr dafür bekommen, dann bleiben die Bücher ein Beweis für unsere frühere Leistungsfähigkeit und unsere Sparsamkeit."
„So, Vatel, ich mache jetzt Schluss und sage nur noch einen Satz zu meiner Geige: Was Dich, mein liebes Fräulein Kloz, betrifft, so prophezeie ich Dir, dass es bald Schluss sein wird mit der unfreiwilligen Faulenzerei." Das war ein Wort!

In den frühen Morgenstunden des nächsten Tages ging es mit dem Handgepäck zum Bahnhof. Leo trug mich, in ein Frotteehandtuch eingewickelt, unter dem linken Arm, und während der Zugfahrt hielt er mich auf seinen Knien. Mit einem fahrplanmäßigen Schnellzug ging es bis Hamburg Hauptbahnhof. Das war schon der erste wohltuende Unterschied zum Rot-Kreuz-Transport: man durfte sich als normaler Einzelreisender mit entsprechendem Fahrschein fühlen. An den musternden Blicken der anderen Mitreisenden konnte man allerdings erkennen, dass wir als so ganz normal nun doch nicht wahrgenommen wurden. Das lag wahrscheinlich allein schon daran, dass meine Familienangehörigen wie wandelnde Kleiderspenden angezogen waren.

Im Hamburger Hauptbahnhof kamen wir uns ziemlich verloren vor. Auf der Friedländer Reisewegbeschreibung stand, dass es jetzt mit der S-Bahn nach Bergedorf gehen sollte. Ein forscher Auskunftsbeamter schickte uns „zum übernächsten Bahnsteig". Aber wie dorthin kommen? Nirgends war eine Treppe zu sehen, die zu einer Unterführung und damit zu den nächsten Bahnsteigen geführt hätte. Da sah Elisabeth ganz am Ende der Bahnhofshalle eine Treppe, die in Absätzen nach oben führte. Das war's. Wir mussten hinauf auf eine breite Überführungsrampe und dann wieder auf den anderen Bahnsteig hinunter. Oh Gott, war das aufregend! Immerhin fuhren wir erstmalig mit einer S-Bahn, und das sogar in der richtigen Richtung. Vom Bahnhofsvorplatz in Bergedorf ging es mit einem Linienbus nach Wentorf, das schon auf schleswig-holsteinischem Gebiet liegt.
Ich erfuhr, dass das Flüchtlingsdurchgangslager Wentorf seit 1952 Europas größtes Durchgangslager war. In den beiden ehemaligen Wehrmachtskasernen waren zeitweise mehr Heimatvertriebene, Sowjetzonenflüchtlinge und Spätaussiedler untergebracht als Wentorf Bürger zählte. Der Kasernenblock, in den wir eingewiesen wurden, „beherbergte" zurzeit rund 900 Spätaussiedler: Erwachsene, Kinder, alte Leute, Babys, Gesunde, Kranke, Optimisten, Pessimisten, abhängig Beschäftigte und Arbeitslose.
Wir wurden im Dachgeschoss einquartiert. Sechs Betten, je zwei übereinander, ein Tisch, vier Stühle, ein eintüriger Schrank, das war's. Mein Platz war auf dem Schrank, ein guter Beobachtungsposten mit Blick aus der „Vogelperspektive". Unsere „Kabine" war von der nächsten durch Wolldecken abgetrennt; wenigstens eine Sichtblende. Aber jede auch noch so kleine Lebensregung der Nachbarn war unüberhörbar. Das war nun wirklich sehr ernüchternd, der absolute Tiefpunkt.
Eigentlich hätten unter diesen Umständen alle sehr niedergeschlagen, depressiv sein müssen. Aber meine Familie verzagte nicht. Der Vater predigte mindestens zehnmal am Tag: „Es kann nur noch besser werden! Und es wird besser werden, davon bin ich überzeugt! Wenn man etwas nicht ändern kann, muss man lernen, damit umzugehen."

Eine Lagerhalle hatte man zur Lagerkirche umfunktioniert. Hier fanden wechselweise katholische und evangelische Gottesdienste statt. Meine Familie kam aufgemuntert und erleichtert von der ersten Sonntagsmesse zurück. Der aus Bayern stammende Lagerpfarrer hatte die Neuankömmlinge persönlich und einzeln begrüßt und nach der Messe zum Frühstück eingeladen. Ich erfuhr, dass nur schlesische Kirchenlieder aus besonderen Textheften gesungen worden waren. Der Pfarrer wollte offensichtlich die allzu schnelle Entwurzelung seiner Lagergemeindemitglieder bremsen und Zuversicht und Selbstsicherheit fördern. Ich merkte, dass für meine Familie die Zugehörigkeit zur Lagergemeinde und der Zusammenhalt in ihr ganz wichtig waren. Die jungen Leute hatten sich sofort für den Lagerkirchenchor angemeldet, die Eltern als Helfer bei der Lagercaritas. Leo hatte sich bereiterklärt, im Bedarfsfall mit Küster- und Ministrantendiensten auszuhelfen. Mir war klar, dass Ablenkung und sinnvolle Beschäftigung über die miserablen Unterbringungsprobleme hinweghelfen konnten.

An jenem ersten Lagersonntag gab es am Nachmittag eine große Überraschung: Tante und Onkel aus Westfalen kamen zu Besuch. Wiedersehen nach über zehn Jahren gewaltsamer Trennung! Die ersten vertriebenen Verwandten! Und das unter diesen Umständen. Die beiden Brüder und die Schwägerinnen lagen sich lange wortlos und unter Tränen in den Armen. Auch die vier jungen Leute kämpften mit den Tränen. Das kann nur verstehen, wer es selber durchgemacht hat.
Die Tante sagte nach einem ersten Rundblick: „Ja, so habe ich 1946 nach der Vertreibung mit meinen vier kleinen Kindern auch angefangen. – Es hat Jahre gedauert, aber jetzt haben wir das, Gott sei Dank, hinter uns. Lasst Euch nicht kleinkriegen."
Der Onkel fiel mit der Tür ins Haus: „Ja, wir wollten zwei von Euch gleich zu uns mitnehmen. Unser VW-Käfer hat auch noch Platz für das nötigste Gepäck. Dann ist wenigstens schon mal ein Drittel der Familie aus diesem Schlamassel hier raus.
Das herzensgute Angebot hätte Jubel verdient gehabt. stattdessen trat betroffene, peinliche Stille ein. Der Vater fand als erster die Sprache wieder:

„Ach ja, weißt Du, Franz, Euer Angebot ist sehr lieb, aber es kommt für uns so überraschend, dass wir erst einmal in Ruhe miteinander darüber sprechen müssen. – Wisst Ihr was? Wir machen einen kleinen Spaziergang einmal um das Lagergelände herum, denn hier kann man sich ja nicht ohne Mithörer vertraulich austauschen." Und dabei zeigte er auf die Sichtblende Richtung Nachbarkabine. – Alle waren einverstanden, und ich blieb allein zurück. Schade, denn ich hätte natürlich liebend gerne mitbekommen, aus welchen Gründen sich meine Familie für oder gegen das Angebot entschied.
Zum Grübeln bekam ich keine Zeit, denn kaum waren meine Leute weg, da wurde ich zur unfreiwilligen Ohrenzeugin eines kleinen Dramas in der Nachbarkabine. Die 16jährige Tochter stürmte laut heulend herein und klagte ihrer Mutter ihren frischen Liebeskummer. Sie hatte zufällig gesehen, wie ihr bisheriger Freund mit ihrer besten Freundin Händchen haltend zwischen den Lagerhallen Richtung Wäldchen verschwand.
Die Mutter versuchte sie zu trösten, aber die Tochter wollte gar nicht getröstet werden. „Da sieht man mal wieder, diese Männer! Kaum sind sie im freien Westen und schon sind sie treulos. Und dann stammt der auch noch aus Schlesien! Ich will zurück nach Pommern! Dort lach ich mir einen jungen Polen an, die reißen sich um deutsche Mädchen!" Und wieder heulte sie drauf los. Die Mutter sagte nichts mehr. Die „Beschallung" wurde erst leiser, als meine Leute zurückkamen.
Ich merkte sofort, dass man sich einig geworden war: Meine Familie blieb vollzählig im Lager zusammen, und Onkel und Tante hatten Verständnis dafür. Die Gründe im Einzelnen wurden mir nachträglich schrittweise klar. Nach einem frühen Abendimbiss verabschiedete sich der Besuch, denn die Heimreise ins Sauerland würde bei der aktuellen Verkehrslage vermutlich sehr lange dauern.

Weichenstellungen

Es gab viel zu tun: Behördengänge und Formulare, Formulare, Formulare. So ist das, wenn man vom „Nullpunkt“ aus startet. Die Verwaltung des Kreises Herzogtum Lauenburg, zu dem Wentorf gehört, hatte in einem Kasernenblock am Lagereingang Außenstellen eingerichtet. Nach zwölf Jahren von den polnischen Behörden verordneter „Staatenlosigkeit“ erhielten alle außer der erst vierzehnjährigen Inge den Personalausweis der Bundesrepublik Deutschland. Normalerweise ist das kein Grund zum Feiern, meine Familie feierte. Der Ausweis war ein wichtiges Zeichen für die neue persönliche Rechtssicherheit, ein wichtiger Schritt zur Integration.

Mein Interesse galt natürlich vor allem der Frage, was aus Leo und seinen Plänen werden würde. Ich wusste ja, dass er weiter studieren wollte, um eines Tages als Lehrer an einem Gymnasium seinen Lebensunterhalt verdienen und eine Familie gründen zu können. Der Weg zu diesem Ziel war noch lang und reich an Hindernissen. Was mich betraf, so verordnete ich mir Geduld und einen langen Atem. Es gab für Leo weiß Gott Wichtigeres zu tun als Geigenunterricht zu nehmen.

Am Anfang stand die Prophezeiung völliger Aussichtslosigkeit! Leo war beim Berufsberater des Arbeitsamtes gewesen und berichtete schockiert von dem „Rat“, der ihm erteilt worden war.
„Also so etwas hätte er noch nicht gehabt: Ein Spätaussiedler mit polnischem Abiturzeugnis wolle Germanistik studieren! Lehrer würden zwar gebraucht, aber ich mit meinem polnischen Abiturzeugnis hätte da keine Chance, zum Universitätsstudium zugelassen zu werden. Erst recht nicht für das Studium der Germanistik! Schließlich bestünden doch berechtigte Zweifel an meinen deutschen Sprachkenntnissen. Für die geflüchteten Abiturienten aus der sogenannten DDR gäbe es ja nach entsprechenden Vorbereitungskursen Anerkennungsprüfungen in den Fächern Deutsch und Geschichte. Aber die hätten halt ein deutsches Abitur vorzuweisen. Ich könnte ja höchstens mal bei der Schulbehörde der

Freien und Hansestadt Hamburg den Versuch starten, mein polnisches Abitur als ‚Mittlere Reife' anerkennen zu lassen. Wenn das wider Erwarten gelänge, könnte ich ja vielleicht eine Ausbildung als kaufmännischer Angestellter oder in den unteren Etagen der Verwaltung oder so ähnlich versuchen. Jedenfalls sollte ich realistisch denken und mir mit meinen bescheidenen Voraussetzungen eine akademische Laufbahn aus dem Kopf schlagen. Peng! Für die Übergangszeit soll ich einen Antrag auf Arbeitslosenunterstützung stellen. Ich bekomme dann eine ‚Meldekarte' und mit der habe ich als vermutlich schwer vermittelbarer Chorsänger und Ansager Anspruch auf die Auszahlung einer kleinen Arbeitslosenunterstützung. Das war 's. Für Fragen und Einwände war keine Zeit, denn die Warteschlange draußen auf dem Flur war lang."

„Na, das fängt ja gut an", sagte die Mutter mit einem Seufzer. „Du bist und bleibst halt ein Ausnahmefall! - Komm, heiliger Geist, und lass uns erkennen, was hier zu tun ist!"

Am nächsten Morgen nach dem Frühstück erklärte Leo, er wolle heute mit der S-Bahn nach Hamburg fahren.

„Und was willst Du da wo und bei wem?" fragte der Vater verblüfft.

„Ich will ganz einfach bei der Universität den Antrag auf Immatrikulation stellen zwecks Fortsetzung meines Germanistikstudiums, und zwar mit Beginn des Wintersemesters 1957/58."

„So, so, ‚ganz einfach' – sagst Du; ‚einfach' wird das aber nicht gehen, wie Du seit gestern weißt."

„Vatel, ich weiß seit gestern, dass ich nichts zu verlieren habe, es kann im Zweifelsfalle nur noch besser werden. Lass uns doch mal sehen, wie die da auf einen solch ‚dreisten' Antrag reagieren!" Alle waren gespannt, mit welchem Bescheid Leo ins Lager zurückkehren würde.

Leo kam am Nachmittag mit gemischten Gefühlen, aber nicht unglücklich zurück: „Die können mit dem polnischen Abiturzeugnis natürlich nichts anfangen. Ich wollte es ihnen sofort mündlich übersetzen. Aber nein, da könnte ja jeder alles Mögliche zu seinen Gunsten übersetzen. Nein, nein, man sei ja hier schließlich in Deutschland und brauche eine beglaubigte Übersetzung ins

Deutsche." Sagte es und verschwand. Nach etwa einer Stunde kam er frohgemut zurück: „So, da ist die beglaubigte Übersetzung!"
„Wo hast Du die denn so schnell her?" wollte Hedwig wissen.
„Unten, im Verwaltungsbüro, der Chef von unserem Block, der kann Polnisch. An seiner Bürotür hängt ein handgeschriebenes Schild ‚Beglaubigte Übersetzungen aus dem Polnischen!' Hier, so sieht das aus, zwei Stempel genügen. Erstens: ‚Es wird hiermit bescheinigt, daß Herr/Fr. ...die polnische Sprache in Wort und Schrift beherrscht. Wentorf, den ' und so weiter. Dazu zweitens der Stempel des Durchgangslagers und die Unterschrift des Lagerleiters. – Die Übersetzung hätte ich natürlich auch selber machen können, aber mich kennt der Lagerleiter ja noch nicht."
„Das hätte auch bei den Behörden nicht so gut ausgesehen", meinte der Vater. „Was hat das Papier denn gekostet?"
„Na ja, 5 DM. Jetzt habe ich von dem Begrüßungsgeld der Bundesregierung nur noch 95. Aber das ist es mir auch wert. Immerhin habe ich jetzt ein deutschsprachiges polnisches Abiturzeugnis! Das ist doch schon wieder ein Fortschritt. Morgen fahre ich wieder zur Uni nach Hamburg."
Am nächsten Tag nachmittags kam Leo zurück. Das Sekretariat der Universität hatte den Immatrikulationsantrag erst einmal „auf Eis" gelegt: Das Abiturzeugnis samt Übersetzung wurde zur Überprüfung an die Schulbehörde der Freien und Hansestadt Hamburg geschickt. Leos knapper Kommentar: „Das erinnert mich stark an die Prozedur in Breslau vor zwei Jahren. Mal sehen, wie so etwas in einem freiheitlich-demokratisch-rechtsstaatlichen Verwaltungsapparat abläuft."
„Mach Dir keine übertriebenen Hoffnungen", sagte der Vater, „auch in einem Rechtsstaat sind Beamte weisungsgebunden; sie haben allerdings einen etwas größeren Ermessensspielraum."

Es gingen Wochen ins Land. Leo war als Arbeitsloser registriert worden. Für die Arbeitslosenunterstützung hatte man ihn als „Hilfsarbeiter" eingestuft, denn für Chorsänger und Ansager ohne entsprechende Berufsausbildung gab es nichts Besseres. Leo meldete sich wöchentlich einmal bei der Außenstelle des Arbeitsam-

tes. Dort wurde festgestellt, dass er nach wie vor nicht angemessen vermittelt werden konnte. Ansager und Chorsänger gab es wie Sand am Meer, erst recht solche „freischaffenden Künstler“ ohne Ausbildung! Es wurde ein entsprechender Stempel in seine Meldekarte gedrückt, Leo ging also „stempeln“. Anschließend ging er zur Zahlstelle. Hier wurde ihm der kleine DM-Betrag ausgezahlt, der nach Abzug der Gebühr für das Mittagessen aus der großen Gemeinschaftslagerküche übrig blieb. Das war nicht viel mehr als ein Taschengeld, aber das Existenzminimum war gesichert und Leo war bei der AOK krankenversichert.
Nun war es nicht Leos Sache, einfach nur „Däumchen zu drehen“ und ziellos vor sich hinzudösen. Er engagierte sich ehrenamtlich bei der Lagercaritas. Hier bereitete er zeitaufwendig für Kinder aus dem Lager ein Zeltlager vor, das in der Lübecker Bucht an der Ostsee stattfinden sollte. Beim Organisieren war er ja schon immer erfolgreich gewesen. Außerdem verdiente er sich etwas als Übersetzer von polnischen Geburts-, Heirats- und Sterbeurkunden, Rentenbescheiden, Schulzeugnissen, ärztlichen Gutachten und so weiter. Das so verdiente Geld zahlte er auf sein Sparbuch ein, denn er sorgte sich um seinen Lebensunterhalt für die Zeit des Studiums. Das Ziel, sein Studium fortzusetzen. verlor er nie aus den Augen.
Vier Wochen nach der Antragstellung fuhr Leo wieder zum Sekretariat der Universität. Wir warteten gespannt auf seine Rückkehr. Als er mit forschem Schritt in unsere Wohnkabine kam, platzte es aus ihm heraus:
„Das war ja heute ein Tag wie vor zwei Jahren in Breslau: Ich musste um mein Abiturzeugnis kämpfen!“
Sofort setzten sich alle an den Tisch und Leo begann seine Erlebnisse zu schildern: „Im Sekretariat der Universität konnte man mir nicht helfen, denn es lag noch kein Bescheid von der Schulbehörde vor. Da habe ich mir erklären lassen, wo die Schulbehörde ihren Sitz hat. Dort habe ich mich in das zuständige Büro durchgefragt. Und jetzt kam das, was mich lebhaft an die Vorgänge in Breslau erinnerte. Der Beamte blieb hinter dem Schreibtisch sitzen, blickte streng durch seine Brille und fragte, was ich denn von ihm wollte. In seiner Stimme lag der unausgesprochene

Vorwurf: wie kannst Du mich nur bei meiner wichtigen Arbeit stören."
„Das ist jetzt Deine Interpretation", schaltete sich die Mutter ein, „aber gut, lass weiter hören."
„Ich erklärte ihm, dass ich mein Studium fortsetzen wolle, dass die Universität mein polnisches Abiturzeugnis samt beglaubigter deutscher Übersetzung zur Klärung an die Schulbehörde weitergeleitet habe und dass es nach vier Wochen immer noch keinen Bescheid gebe. Er holte tief Luft und stellte dann gemächlich fest, dass es sich um einen noch nie dagewesenen Fall handele, dass deutsche Behörden gründlich arbeiteten und dass das eben seine Zeit brauche. Ich sollte mich nur nicht aufregen, sollte mir nicht einbilden, dass für Spätaussiedler Extrawürste gebraten würden, man hätte mit den vielen Anträgen geflüchteter Sowjetzonenabiturienten ohnehin alle Hände voll zu tun. Es ginge immer schön der Reihe nach. Und dabei musterte er meine Kleidung von oben bis unten."
„Jetzt fing es bei Dir an zu kochen", meinte Elisabeth. „Hatte er Dir eigentlich einen Stuhl angeboten?"
„Nein. Es standen zwar zwei Stühle vor seinem Schreibtisch, aber ich musste weiter stehen, wie ein bittstellender Untertan vor der allmächtigen Obrigkeit. – Ich unterdrückte meine Erregung und wagte einige Nachfragen und die dringende Bitte um baldmöglichste Erledigung meiner Angelegenheit. Er blieb abweisend, was zu sagen war, sei gesagt, ich solle ihn nicht weiter belästigen. – In dieser Situation ging ich zum Gegenangriff über: Er möge bitte zur Kenntnis nehmen, dass ich eine zwölfjährige Erfahrung darin hätte, als Mensch zweiter Klasse behandelt zu werden. Ein müdes Lächeln mit heruntergezogenen Mundwinkeln, ein herablassender Blick ‚über die Schulter' und entsprechende Bemerkungen machten auf mich keinen Eindruck mehr. Ich sei es gewohnt, um meine Zukunftschancen, um mein Recht zu kämpfen. Ich hätte erfahren, dass man im Rechtsstaat bei einem Antrag den Anspruch habe, binnen vier Wochen zumindest eine Eingangsbestätigung der Behörde zu erhalten. Wenn das nicht der Fall sei, könne man wegen Untätigkeit klagen. Draußen neben der Tür steht Ihr Name auf dem Schildchen, ich werde ihn mir notieren."

„Donnerwetter!“ sagte der Vater, „bist Du dabei etwa laut geworden?“
„Gott sei Dank – nicht! Ich konnte mich mit Mühe beherrschen.“
„Und wie hat er jetzt darauf reagiert?“ wollte Hedwig wissen.
„Nun, er hatte es hier offensichtlich mit einer ganz neuartigen Erfahrung zu tun. Er war verblüfft, räusperte sich und rückte etwas auf seinem Stuhl hin und her. Dann bot er mir einen Stuhl an und begann ganz ernst: ‚Ich glaube, hier liegt ein großes Missverständnis vor. Ich bin ja nur ein armseliger Büroscheich…’“
„Hat er wirklich ‚Büroscheich` gesagt?“
„Hat er, Muttel. Also der ‚Büroscheich’ machte sich ganz klein, er sei der unterste in der Entscheidungshierarchie, gewissermaßen nur die ausführende Schreibkraft. Ich fragte, an welcher Stelle der Hierarchie mein Zeugnis denn inzwischen angekommen sei, wo es denn augenblicklich hake? Das könne er mir nicht sagen, Dienstgeheimnis. Darauf ich: ‚Dann geben Sie mir bitte mein Zeugnis samt Übersetzung heraus, ich habe ein Recht auf mein Zeugnis! Ich brauche juristische Unterstützung, und die werde ich mir - koste es, was es wolle - holen.’ Darauf er: ‚Das geht nicht, ich habe Ihr Zeugnis nicht.’ Ich: ‚Ja, in welchem Stockwerk Ihres Hauses ist es denn? Da kann ich es mir ja selber abholen.’ ‚Ihr Zeugnis ist nicht in unserem Hause.’ Dann geben Sie mir die Anschrift der Institution, die mein Zeugnis hat.’ Er stöhnte: ‚Muss das sein?’ Ich: ‚Ja, das muss sein. Ich habe ein Recht zu wissen, wohin Sie mein Zeugnis geschickt haben.’ ‚Na ja, also wir haben es zur Begutachtung an die Zentralstelle für ausländisches Bildungswesen in Göttingen geschickt. Es sind Semesterferien, der Professor wird in Urlaub sein.’ ‚Wenn Sie mir das gleich gesagt hätten, wäre uns einiges erspart geblieben. Geben Sie mir bitte die genaue Anschrift des Professors.’ ‚Wie, wollen Sie ihm etwa schreiben?’ ‚Das kann sein, ich muss es mir überlegen.’ Als er mir die Adresse gegeben hatte, verabschiedete ich mich korrekt. Während ich schon zur Tür ging, gab er mir noch die treuherzig klingende Versicherung mit auf den Weg: ‚Wir melden uns bei Ihnen, sobald wir von Göttingen Bescheid haben. An uns soll es wirklich nicht liegen.’“

„Oh je", seufzte da die Mutter, „das war ja ein echter Krimi. Was hast Du jetzt vor zu tun?"
„Während der Rückfahrt habe ich mir gedanklich schon alles zurechtgelegt. Ich werde dem Professor einen ausführlichen Brief schreiben, in dem ich ihm erkläre, warum und wie es zu diesem merkwürdigen Abiturzeugnis gekommen ist. Ohne meine Hintergrundinformationen kann er das Papier doch gar nicht richtig begutachten. Für ihn wird mein Brief auch ein Beweis dafür sein, dass ich meine Muttersprache noch gründlich beherrsche. Ich werde ihm gleich auch noch einige Argumentationshilfen für die Anerkennung geben: 1. Die Abiturnote „sehr gut" im Fach Deutsch. 2. Ich war drei Jahre Lehrer an einer Grundschule mit deutscher Unterrichtssprache. 3. Ich habe schon zwei Semester Germanistik an der Breslauer Universität studiert."
Leo setzte sich sofort hin und brachte seine Gedanken zu Papier. Am nächsten Morgen arbeitete er einige Korrekturen und Ergänzungen ein, dann folgte die Reinschrift. Es waren 8 DIN-A4-Seiten geworden. „So", sagte Leo, „wenn das nicht hilft, hilft gar nichts mehr."
„Doch, doch", wandte die Mutter ein, „wir müssen auch noch zum Heiligen Geist beten, damit er dem Professor die richtige Erkenntnis eingibt."

Als die jungen Leute sonnengebräunt vom Zeltlager an der Ostsee zurückkehrten, staunten sie nicht schlecht: wir waren umgezogen! Von der stickigen, engen Kabine unter dem Dach in einen großen Raum in der ersten Etage. Ein ganzer Raum nur für unsere Familie! Wir waren zwar zu sechst – ich zählte dabei ja nicht - , aber wir waren wieder unter uns. Die Trennwände zu den Familien rechts und links von uns waren stabile, richtige dicke Mauern und keine Decken mehr. Der Vater hatte so eine Art von Hausmeisterposten angeboten bekommen und angenommen. Dafür durfte er in einen „bevorzugten Wohnraum" umziehen. Vater und Mutter bewerkstelligten den Umzug im Schweiße ihres Angesichtes, die Überraschung für ihre „Kinder" war gelungen und perfekt. Das wurde als „erster Schritt zum Besseren" gefeiert.

Dann kam Leos 25. Geburtstag. Es war aus mehrerlei Gründen ein denkwürdiger Tag, der mir immer in Erinnerung bleiben wird. Ein Vetter war aus Westfalen dazu angereist. Hans und Leo hatten sich zuletzt im Frühjahr 1946 in Hans' Heimatdorf Ludwigsdorf in der Grafschaft Glatz gesehen, vor 11 ½ Jahren. Dann wurde der Vetter mit Mutter und Geschwistern vertrieben, und Leo blieb aus den bekannten Gründen in Schlesien zurück. Da gab es viel zu erzählen. Die Lebensumstände der beiden hätten nicht unterschiedlicher gewesen sein können.
Vor dem Frühstück überreichten Eltern und Schwestern ihr gemeinsames Geschenk. Es war ein schmales, längliches „Paket", zum ersten Mal seit 1945 wieder in farbenfrohes Geschenkpapier gewickelt. Was mochte das bloß sein? Leo löste das Geschenkpapier vorsichtig ab, damit es weiter verwendet werden konnte. Was kam da zum Vorschein? Ein funkelnagelneuer Geigenbogen!!! Leo schwang ihn wie eine Siegestrophäe über dem Kopf und hüpfte vor Freude wie ein kleines Kind im Kreis herum. Herzlicher Dank und rührende Umarmung. Dann spannte Leo den Bogen, holte mich vom Schrank herunter, wickelte mich aus dem Badetuch und stimmte mich. Jetzt intonierte er langsam und etwas unsauber „Großer Gott, wir loben Dich" auf mir. Die ganze Familie stimmte kräftig ein, und von Strophe zu Strophe wurden Leos Griffe und der Bogenstrich sauberer und sicherer. Nach dem Frühstück folgte eine kleine Singerunde wie früher zu Hause in Schlesien. Leo mühte sich redlich auf mir ab, und je besser es klang, desto größer wurde die Freude bei der „Festgemeinde". Vetter Hans übergab jetzt das Geschenk seines Vaters, Leos Patenonkel, einen Elektro-Rasierer. So hielt die moderne Technik Einzug in Leos Leben.
Dieser Tag hatte es wirklich in sich. Kurz vor dem Mittagessen kam der Postbote und brachte einen Brief, an Leo adressiert!
„Oh, Geburtstagspost!" rief Elisabeth, „von wem denn wohl?"
„Der Absender heißt Zentralstelle für ausländisches Bildungswesen in Göttingen!"
Leo öffnete den Umschlag vor versammelter Mannschaft vorsichtig mit dem Küchenmesser – den Luxus eines Brieföffners kannte man noch nicht wieder. Der Umschlag enthielt einen Antwort-

brief des Professors, dem Leo geschrieben hatte. Leo überflog zuerst einmal still den Inhalt, sein Gesicht hellte sich dabei merklich auf.
„Wenn es eine gute Nachricht ist", platzte Inge ungeduldig heraus, „dann lies laut vor!"
„Es ist eine gute Nachricht, Leute! Der Professor entschuldigt sich für die lange Wartezeit, er war in Urlaub. Dann dankt er mir für den ausführlichen Brief mit den Erläuterungen. ‚Ihre Schilderung habe ich mit Anteilnahme zur Kenntnis genommen. Unsere Informationen über die Verhältnisse hinter dem Eisernen Vorhang sind doch sehr dürftig. Es ist für uns im Westen schlichtweg nicht vorstellbar, welche Schwierigkeiten Sie überwinden und wie viel Energie Sie aufwenden mussten, um die Abiturprüfung ablegen zu können. In Erwägung der von Ihnen nicht zu verantwortenden Umstände und unter Berücksichtigung Ihrer Abiturnote ‚sehr gut' im Fach Deutsch, Ihrer dreijährigen Lehrtätigkeit an einer deutschsprachigen Grundschule und der zwei Studiensemester Germanistik an der Universität Breslau habe ich der Hamburger Schulbehörde empfohlen, Ihr Abiturzeugnis vorbehaltlos anzuerkennen und damit das Studium an allen Hochschulen der Bundesrepublik Deutschland zu ermöglichen.'"
„Mensch, Leo, das ist der Durchbruch! Herzlichen Glückwunsch!"
„Herzlichen Glückwunsch!"
„Herzlichen Glückwunsch!"
Alle waren aufgesprungen und umarmten Leo.
Der reagierte etwas zurückhaltend, verlegen: „Eure Mitfreude gibt mir Auftrieb, das spüre ich. Aber der Kampf ist noch nicht zu Ende."
„Wie", wunderte sich Elisabeth, „gibt 's da etwa noch ein Haar in der Suppe?"
„Ja, der Professor hat noch einen Satz angefügt: ‚Sollte die Hamburger Schulbehörde meine Empfehlung als zu weitgehend betrachten, so habe ich empfohlen, die Anerkennungsprüfung auf das Fach Deutsch zu beschränken.'"
„Ach so, ja, und wie siehst Du die Sache jetzt?" wollte der Vater wissen.

„Ich sehe das so: Die Entscheidung liegt nach wie vor bei der Hamburger Schulbehörde. Im günstigsten Fall erkennen sie mein Abiturzeugnis vorbehaltlos an. Dann wäre ich mit Beginn des Wintersemesters wieder Student. – Weniger günstig wäre die Anerkennung nach einer Prüfung in Deutsch, denn das würde mich mindestens ein Semester kosten, und ich müsste mit dem Risiko leben, das in jeder Prüfung steckt. Denkbar ist natürlich auch noch die ‚Verurteilung' zu zwei Jahren Schulbank und einer sogenannten ‚Begabtensonderprüfung' mit dem auch ihr innewohnenden Prüfungsrisiko."
Das war nun für alle sehr ernüchternd. Nach einer kleinen Pause sagte die Mutter: „Und ich bleibe dabei: Wir müssen kräftig um die Erleuchtung des Heiligen Geistes beten. Im Fall des Professors hat es ja schon geholfen."
Und Hedwig gelang es, das Steuer herumzuwerfen, indem sie sagte: „Und ich sehe das so: Dieser Brief ist auf jeden Fall ein großer Schritt voran und dafür bin ich dankbar, das sollten wir heute feiern. Die Sorgen von übermorgen interessieren mich jetzt nicht."

Als eine Woche vergangen war und von der Schulbehörde immer noch kein Bescheid angekommen war, fuhr Leo wieder nach Hamburg. Nach seiner Rückkehr hieß es: „Erzähl uns, was los ist!"
„Ach ja, mein ‚Büroscheich' hatte wohl die Lektion vom letzten Mal verinnerlicht, er bot mir sofort einen Stuhl an. Er wunderte sich, als ich behauptete, er müsse von Göttingen Bescheid bekommen haben. ‚Haben Sie etwa eine Nachricht von dort bekommen?' Ich bejahte. ‚Und was stand drin?' Briefgeheimnis, Herr Inspektor. Haben Sie nun Bescheid bekommen oder nicht? ‚Ja, natürlich. Die Behörde bekommt eine Nachricht in der Regel vor der Privatperson.' - Das finde ich richtig. Aber warum haben Sie mir dann bis heute keinen Bescheid geschickt? ‚Das Schreiben liegt fertig in meiner Schublade, es muss nur noch oben unterschrieben werden.' - Was steht denn drin? ‚Dazu kann ich nichts sagen, Dienstgeheimnis.' - Ja, kann ich denn vielleicht die Prozedur beschleunigen, wenn ich das Schreiben zur Unterschrift nach

oben bringe. Ich würde gern mal mit dem Herrn Senator persönlich sprechen. ‚Um Gottes Willen, Sie sind doch nicht unser Botengänger! Nein, nein, das geht hier alles seinen vorgeschriebenen Gang. Fahren Sie nach Hause, Sie bekommen den Bescheid mit der amtlichen Post.' – Da habe ich ihn zum Abschied noch wissen lassen, dass meine Geduld ziemlich am Ende sei. Für mich zähle jeder Tag. Anfang Oktober beginne das Wintersemester, mein Lebensunterhalt sei nicht gesichert."

Am nächsten Tag kam der Bescheid der Hamburger Schulbehörde: Leo müsse eine Anerkennungsprüfung in Deutsch und Geschichte machen. Zur Vorbereitung solle er ein halbes Jahr an dem entsprechenden Kurs für Sowjetzonenflüchtlinge teilnehmen. Um Zeit zu sparen, könne Leo unter Vorbehalt im Wintersemester an der Universität Hamburg studieren. Zur endgültigen Anerkennung müsse der Schulbehörde der Nachweis der Anerkennungsprüfung vorgelegt werden.

Leos Kommentar: „Na ja, wieder ein Schrittchen weiter. Von einer Anerkennungsprüfung in den übrigen Fächern ist keine Rede mehr. Formal gesehen werde ich nicht mehr arbeitslos sein sondern studieren."

„Ja, aber das halbe Jahr kannst Du doch als Studiensemester vergessen. Wenn Du Erfolg haben willst, musst Du für die Anerkennungsprüfung pauken, pauken, pauken." Der Vater sah das aus meiner Sicht ganz richtig.

Am nächsten Morgen fuhr Leo wieder nach Hamburg. Er hatte sozusagen im Traum eine Idee bekommen.

„Ich fahre zum AStA!"

„Halt, Moment mal! Wohin fährst Du?" fragte die Mutter.

„Zum AStA, dem Allgemeinen Studentenausschuss der Universität."

„Ja, und was willst Du dort erreichen? Vielleicht eine Stelle als Schreibkraft?"

„Auf die Idee bin ich noch gar nicht gekommen. Nein, nein, ich will Unterstützung für die vorbehaltlose Anerkennung meines Abiturzeugnisses."

„Na, das klingt mir aber sehr schleierhaft."

„Ja, Muttel, pass mal gut auf: Innerhalb dieser AStA-Organisation gibt es seit diesem Sommer ein ‚Referat für gesamtdeutsche Fragen'. Na, das ist doch die richtige Adresse für mich. Ich werde der Referentin meine Situation und mein Anliegen schildern und sie bitten, für mich in geeigneter Weise tätig zu werden."
„Na, dann viel Glück!"
Leo kam recht zufrieden zurück: „Die Referentin, eine Studentin der Geschichte im 5. Semester, war sehr aufgeschlossen und hilfsbereit. Ihr Freund ist Sowjetzonenflüchtling und deshalb kannte sie sich in der Materie aus."
„Leo, da hast Du mal wieder Glück gehabt! Wird sie Dir denn helfen können und wenn ja wie?"
„Muttel, das wird sich zeigen. Ich habe ihr beide Schreiben überlassen, das der Schulbehörde und das des Professors. Das mit der Anerkennungsprüfung in Deutsch und Geschichte kannte sie ja von ihrem Freund, das war sozusagen normal. Aber es störte sie, dass man nicht der Empfehlung zur vorbehaltlosen Anerkennung gefolgt war: ‚Da jammert die Behörde, dass bei dem augenblicklichen Flüchtlingsstrom über West-Berlin die Vorbereitungskurse überfüllt seien, dass man zu wenig Lehrer und zu wenig Räume dafür habe, und hier wollen sie unbedingt noch einen hineinstecken, der es nach sachkundiger Empfehlung nicht brauchte! Und das auch noch in zwei Fächern statt in einem.' Sie hängte sich ans Telefon und erhielt einen Beratungstermin beim Verwaltungschef der Schulbehörde. Jetzt muss ich abwarten, was dabei herauskommen wird."
Die Mutter zündete eine Kerze an und versenkte sich still ins Gebet.
Zwei Tage später – es war der 5. Oktober - kam wieder Post von der Hamburger Schulbehörde: Oh Wunder, es war die vorbehaltlose Anerkennung von Leos polnischem Abiturzeugnis!!! Leo zitierte immer wieder den Schlusssatz des Schreibens: „Ihm wird hiermit die Berechtigung zum Hochschulstudium in der Bundesrepublik zugesprochen." Ich glaube, er wollte diesen Satz unbedingt seinem Langzeitgedächtnis einverleiben. Als Begründung wurden genau die Punkte angeführt, die Leo zuerst in dem Schreiben an den Göttinger Professor formuliert hatte und die

dieser dann in seiner Empfehlung übernommen hatte. Mein Gott, mir – und natürlich nicht nur mir – fiel ein riesiger Stein vom Herzen! Der Weg für Leos Studium war frei! War das ein Freudenfest in dieser Ein-Raum-Lagerwohnung! Das kann wieder nur verstehen, wer zumindest einmal in einer ähnlichen Situation gewesen ist. Selbstverständlich holte mich Leo wieder vom Schrank herunter und „phantasierte" eine ganze Weile auf mir, diesmal nur in Dur!

Leo fuhr am nächsten Tag zur Universität, sein Immatrikulationsantrag wurde „vom Eis" genommen, er wurde Student der Universität Hamburg. Man belehrte ihn, dass es in Deutschland für das Lehramt an höheren Schulen kein Ein-Fach-Studium gebe, also entschied sich Leo kurz entschlossen, das Fach Geschichte hinzuzunehmen.

Dann ging er zum Sekretariat der Katholischen Studentengemeinde wegen der Vermittlung einer Studentenbude. Es wurde nichts daraus: In Uninähe gab es überhaupt keine Angebote mehr, und die Angebote weiter draußen waren für Leo unerschwinglich teuer, er musste ja auch noch an die Fahrtkosten denken. Also stand fest: Leo musste studieren und weiter im Lager wohnen. Eigentlich eine Unverträglichkeit erster Klasse, aber was nahm Leo nicht alles auf sich, um nur im Studium wieder Fuß zu fassen.

Am nächsten Tag setzte sich Leo hin und schrieb einen Dankesbrief an den Professor in Göttingen. Bei der AStA-Kommilitonin hatte er sich schon persönlich mit einem kleinen Blumenstrauß bedankt. Dann ging er zu seinem Berufsberater in der Außenstelle des Arbeitsamtes und legte ihm seine Immatrikulationsbescheinigung vor.

„Der war ganz entgeistert, studierte das Papier mit ungläubigem Blick vorwärts und rückwärts und schüttelte, irgendetwas murmelnd, den Kopf. Schließlich sagte er: ‚So etwas habe ich noch nicht erlebt. Sie sind der erste Fall in dieser Art. Wie haben Sie das nur geschafft?' Ich sagte: Mit Gottes und einsichtiger Menschen Hilfe. – ‚Na, herzlichen Glückwunsch!' Ich bat ihn, mich mit Semesterbeginn aus der Arbeitslosenstatistik zu streichen. Er fragte: ‚Wovon werden Sie leben?' Ich sagte, dass ich es noch nicht wisse. Die angesammelten Ersparnisse reichten vielleicht für drei Monate. - ‚Na, dann wünsche ich Ihnen aber noch mal viel, viel Glück!'"

Erfahrungen in Demokratie

Jetzt muss ich aber noch einmal etwas zurückblenden. Denn inzwischen hatte sich etwas ganz Einzigartiges ereignet: Die Wahl zum dritten Deutschen Bundestag am 15. September. Wenn ich sage „einzigartig“, dann ist das nachweisbar keine Übertreibung.

Leo war froh gewesen, dass er dieses „demokratische Großereignis“ jetzt nicht mehr nur über verbotenes Westsender-Hören, sondern „hautnah“ und aktiv miterleben durfte. Er hatte ungeduldig auf die Wahlbenachrichtigung. gewartet. Doch die wollte nicht kommen! Bei der Rückfrage in der Außenstelle des Wahlamtes war ihm, seinen Eltern und Hedwig erklärt worden, sie seien zwar deutsche Staatsbürger und volljährig, wohnten aber am Wahltag noch keine drei Monate im Wahlgebiet und seien deshalb noch nicht wahlberechtigt. War das eine herbe Enttäuschung! Man war noch einmal auf die „Zuschauerränge“ verbannt.
Nachdem Leo den ersten Frust verarbeitet hatte, sagte er am Familientisch: „Jetzt erst recht!“
„Was soll das heißen?“
„Ja, Muttel, wenn ich Adenauer schon nicht mit wählen darf, dann werde ich seine Partei, die CDU, so gut wie eben möglich im Wahlkampf unterstützen.“
Um das zu verstehen, muss man wissen, dass Leo – wie Wochen vorher schon seine Eltern – inzwischen Mitglied der CDU geworden war. Leos Vater hatte erklärt, dass man in einer Demokratie auch eine politische Heimat brauche. Deshalb sei er in der Weimarer Republik Mitglied der katholischen Zentrumspartei gewesen. In der Zeit der braunen und der roten Diktatur sei er parteilos geblieben, weil er mit den Verbrechern nichts zutun haben wollte. Aber jetzt habe er sich für die CDU entschieden. In Westfalen gebe es zwar die Zentrumspartei noch in Restbeständen, aber er sehe die Zukunft in der CDU, weil dort die Christen

beider großer Konfessionen politisch zusammenarbeiteten, um nicht den Linken mit ihren veralteten Klassenkampfparolen das Feld zu überlassen.
Leo hatte sich anfangs zurückgehalten. Dann war er eines Tages zum Büro der Lager-CDU gegangen und hatte um das Parteiprogramm gebeten. Wie peinlich: Man hatte es nicht vorrätig! Da Leo nicht locker ließ, besorgte man ihm aus dem Archiv der Kreispartei drei kleine Broschüren: das „Ahlener Programm" von 1947, die „Düsseldorfer Leitsätze" von 1949 und das „Hamburger Programm" von 1953. Leo bemerkte, dass die Exemplare etwas verstaubt und ziemlich unbenutzt aussahen. Er las die Texte – es waren 31 Seiten - im Laufe eines Abends durch.
Am nächsten Morgen ging er wieder ins CDU-Büro und erklärte seinen Beitritt. Am Mittagstisch sagte er: „Was da in den Programmen steht, finde ich vernünftig und gut. Ich will helfen, dass das möglichst alles umgesetzt wird. Als Parteimitglied hat man ja doch ein bisschen mehr Mitwirkungsmöglichkeiten als nur alle vier Jahre ein Kreuz an der richtigen Stelle zu machen. Außerdem ist mein Beitritt auch ein Dankeschön dafür, dass Bundeskanzler Adenauer auf dem Umweg über das Rote Kreuz die Befreiung unserer Familie ermöglicht hat. Ich vertraue darauf, dass er uns mit seiner Politik die Lösung unserer Probleme erleichtern wird."
Das Wort „Partei" vermied Leo möglichst, weil es mit zuviel schlechten oder zumindest anrüchigen Erinnerungen aus seinem bisherigen Leben unter zwei Ein-Parteien-Diktaturen behaftet war.
Der Familientisch war für mich wieder einmal die reinste Nachrichtenbörse! So erfuhr ich es sofort, als Leos Vater kurz nach seinem Beitritt zum Vorsitzenden der Lager-CDU gewählt worden war. So geht das mit Leuten, die auf Versammlungen nicht nur Bier trinken, sondern den Mund aufmachen und sich an Diskussionen beteiligen. Leo klebte abends und nachts in Wentorf und Umgebung CDU-Wahlplakate. Besonders gern klebte Leo das Plakat mit der Aufschrift „Denkt an Ungarn! – Wählt CDU". Seit der blutigen Niederschlagung des ungarischen Freiheitskampfes durch sowjetische Panzer war ja noch kein Jahr vergangen. Für Leo und – so glaube ich – für die meisten Spätaussiedler war

die Bedrohung durch die Sowjetunion ganz real, und deshalb konnte aus ihrer Sicht die Freiheit der Bundesrepublik nur mit Hilfe der Westmächte verteidigt werden. Und das wiederum war Adenauers Politik.
Leo fühlte sich anfangs bei Wahlkampfeinsätzen immer von Spitzeln der Staatssicherheit verfolgt. Aber die gab es ja hier nun Gott sei Dank nicht, und so blieb er - abgesehen von ein paar Schüssen aus den Wasserpistolen von SPD-Plakateklebern – völlig unbehelligt.
Eines Tages war ich für Stunden allein im Raum. Die Mutter nahm mit ihren drei Töchtern an einer kostenlosen Busfahrt teil, zu der der Kreisverband der „Vereinigung der Frauen der CDU Deutschlands" eingeladen hatte. Ziel war Schloss Friedrichsruh im Sachsenwald. Dort war ein Enkel des alten Reichsgründers und Reichskanzlers Bismarck zu Hause. Dieser Otto Fürst von Bismarck war seit 1953 CDU-Bundestagsabgeordneter und jetzt CDU-Direktkandidat des Wahlkreises, zu dem Wentorf gehörte. Also war die Fahrt eine Wahlkampfveranstaltung der vornehmeren Art. Die Frauen kamen ganz begeistert zurück.
„Das hätte ich mir ja vor einem Vierteljahr ei der Heemte nicht träumen lassen, dass ich heute ins Bismarck-Mausoleum kommen würde und dass uns sein Enkel empfangen und führen würde", sagte die Mutter.
„Ja, und der Fürst ist so ein ruhiger, zurückhaltender Mann, kein Schaumschläger", meinte Hedwig.
Elisabeth setzte noch einen drauf: „Den würde ich sofort wählen, wenn ich dürfte!"
„Ich auch!" ergänzte Inge.
Na, dann war die Veranstaltung ja ein voller Erfolg gewesen.
Jetzt entdeckten die Frauen einen kleinen Zettel auf dem Tisch. Elisabeth las vor: „Wir sind zu einem überraschenden Wahlkampfeinsatz in Hamburg unterwegs. Es kann spät werden. Gruß Vatel und Leo."
Es wurde spät. Der Vater und Leo wollten sich im Dunkeln und möglichst leise ins Bett schleichen, aber die vier Frauen waren im Nu hellwach und machten das Licht an.

„Na, Ihr Spätheimkehrer, wo habt Ihr Euch denn ohne unsere Genehmigung herumgetrieben?"
„Pst, Elisabeth! Leo und ich haben uns um die Demokratie verdient gemacht. Hier ist der Beweis!" – Jeder der beiden Männer legte 5 DM auf den Tisch.
„Nanu, nanu", wunderte sich die Mutter, „habt Ihr etwa in einer Spielhölle Wahlkampf gemacht?"
„In einer ‚Hölle' waren wir schon, Muttel, nur nicht in einer *Spiel*hölle."
„Na dann macht es doch nicht so spannend, erzählt!"
„Erzähl Du, Leo", sagte der Vater, „Du kannst das besser."
„Also wir haben uns das Geld ehrlich verdient, und zwar im Festsaal von „Planten un Blomen" in Hamburg als Saalordner der DP, der Deutschen Partei. Fahrtkosten sind keine entstanden, weil wir zu vierzig Mann mit einem Bus hin- und zurückgebracht worden sind."
„Ja, und was gab 's da zu ordnen?"
„Nun, der Saal hat etwa fünfhundert Sitzplätze, die waren alle besetzt. Alles gut gekleidete, disziplinierte Hamburger Bürger, bis auf ca. dreißig unrasierte Männer in Freizeitkleidung. Die saßen in drei Reihen ziemlich genau in der Mitte des Saales auf der rechten Seite. Genau dort waren Vatel und ich als Ordner postiert. Pünktlich um 19 Uhr spielte die Blaskapelle den Egerländer Marsch, alle erhoben sich von den Plätzen, nur die dreißig Unrasierten blieben sitzen, und Hans-Christoph Seebohm, Bundesverkehrsminister von der Deutschen Partei, zog mit einigen Begleitern von hinten ein. Als der Minister, der erste, dem ich leibhaftig begegnet bin, bei uns vorbeikam, schüttelte er Vatel und mir freundlich die Hand und sagte: ‚Danke!' Die ‚Sitzenbleiber' bemerkte er wohl nicht. Vatel raunte mir ins Ohr: ‚Ich glaube, wir müssen auf die Burschen gut aufpassen!'"
„Mann, Mann", sagte da Hedwig, „jetzt wird es aber richtig spannend! Gab 's etwa eine Schlägerei?"
„Fast, Hedwig, fast!"
„Und warum? So etwas kommt doch nicht aus heiterem Himmel!"

„Natürlich gab es Gründe, oder besser gesagt einen ganz besonderen Grund. Von Anfang der Wahlrede an machten die ‚Sitzenbleiber' irgendwelche Zwischenrufe. Einer rief. ‚Hört! Hört!' Ein anderer: ‚Na so was!' Ein dritter: ‚Ach nee, mir kommen gleich die Tränen!'"
„Musstet Ihr da nicht einschreiten?"
„Nein, Elisabeth, Zwischenrufe sind in der Demokratie ausdrücklich erlaubt! Zum Ausbruch größerer Unruhe kam es, als der Minister es als sein besonderes Verdienst bezeichnete, dass er vor drei Monaten zugunsten von Millionen Wochenendreisenden das Fahrverbot für Laster an Sonn- und Feiertagen eingeführt hatte. Die 470 ehrbaren Bürger klatschten dankbar, aber die ‚Sitzenbleiber' skandierten plötzlich im Sprechchor: ‚See-bohm-raus! See-bohm-raus! See-bohm-raus!'"
„Ach Gott", sagte die Mutter, „jetzt musstet Ihr einschreiten: zwei Ordner gegen dreißig erboste Brummifahrer! Sehe ich das richtig?"
„Richtig geschlossen, Muttel. Natürlich haben wir versucht, den Leuten gut zuzureden. Dann habe ich zwei Verwarnungen ausgesprochen. Aber die waren überhaupt nicht ansprechbar, die hatten ihren Plan und ihr Ziel. Einer sagte zu mir: ‚Du Jüngelchen, willst mir mit Saalverweis drohen? Dass ich nicht lache! Du hast ja gar keine Ahnung, was für mich und meine Familie auf dem Spiel steht! Und der Hampelmann da vorne spielt den Volksbeglücker! Raus muss der!' Und er krempelte demonstrativ die Ärmel hoch.
Der Minister redete zunächst weiter. Der Versammlungsleiter betätigte mehrmals die Glocke, aber die Störenfriede gaben keine Ruhe. Da versuchten die 430 Anhänger die Protestierer durch Klatschen zu übertönen. Einzelne riefen empört ‚Ruhe!' ‚Das ist ja unglaublich!' ‚Wo bleibt die Polizei?' Und die Brummifahrer skandierten weiter ‚See-bohm-raus!' Da war die Hölle los, und Seebohm unterbrach seine Rede.
Plötzlich wurde es still im Saal. Der Versammlungsleiter ermahnte die ‚lautstarken Protestierer' zu fairem Verhalten. Er riet ihnen, gegebenenfalls den Saal zu verlassen, damit hätten sie dann ihre gegnerische Meinung deutlich zum Ausdruck gebracht. Aber wenn sie den Redner auf Dauer durch Sprechchöre behinderten,

müssten sie wegen Hausfriedensbruchs aus dem Saal entfernt werden, und jenseits der Saaltür stünde die Polizei zur vorläufigen Festnahme bereit. Er bat die Saalordner von den Seitengängen, sich in dem fraglichen Bereich zu konzentrieren. Ich wurde ganz nervös und hatte – ehrlich gesagt – auch etwas Angst."
„Na, das kann ich gut verstehen. Guck mich mal an: Du scheinst ja ohne blaues Auge davongekommen zu sein."
„Ja, Hedwig, ich danke Gott, dass mir nichts passiert ist. – Also Seebohm redete dann wieder weiter. Nach etwa zehn Sätzen sprang ein Brummifahrer auf und stimmte das Lied ‚Ein Heller und ein Batzen…' an. Sofort sprangen die anderen auch auf und dreißig raue Männerkehlen sangen mit. Sie versuchten es mit Gesang, nachdem ihnen die Sprechchöre verboten worden waren. Die gereizten Seebohm-Anhänger standen auch auf und klatschten wieder. Einige Brummifahrer krempelten daraufhin die Ärmel hoch und drohten mit ihren Fäusten. Jeden Augenblick drohte ein Tumult auszubrechen. Der Minister unterbrach kopfschüttelnd erneut seine Rede und verließ das Rednerpult. Diskussionen am Präsidiumstisch. Das Publikum war ratlos, wiederholt wurde nach der Polizei gerufen. Die Sänger gaben jetzt Ruhe, weil sie ihr Ziel erreicht hatten.
Da kam ein gut gekleideter Herr in den Saal und ging schnurstracks zu den Störenfrieden: ‚Meine Herren, was Sie hier tun, ist Hausfriedensbruch.' Sofort rief einer: ‚Was erlauben Sie sich eigentlich? Wer sind Sie überhaupt?' Der Herr antwortete ruhig aber bestimmt: ‚Gestatten, ich bin der Polizeipräsident von Hamburg und hier ist mein Ausweis.' Da setzten sie sich wie auf Kommando hin. Der Polizeipräsident versuchte mit leiser Stimme für Klarheit und Beruhigung zu sorgen: ‚Meine Herren, wenn Sie jetzt keine Ruhe geben und die demokratische Redefreiheit weiter schuldhaft behindern, muss ich meine Bereitschaftspolizei in den Saal beordern. Dann ist die Versammlung beendet und Sie werden wegen Hausfriedensbruchs vorläufig festgenommen.' Das wirkte. Der Polizeipräsident verließ wieder den Saal, wir atmeten auf und der Minister redete weiter. Es dauerte nicht lange, da begann der stille Auszug der Brummifahrer, einer nach dem anderen. Seebohm ließ sich dadurch nicht stören, und als er nach zehn

Minuten fertig war, wurde die dritte Strophe des Deutschlandliedes gesungen. Ende der ‚Kundgebung'."
„Mensch, Leo, das hätte aber ganz schön ins Auge gehen können!"
„Ja, Muttel, ich habe heute Abend eine Menge über praktische Demokratie gelernt. Die Nazis und die Kommunisten hätten sich das nicht bieten lassen. Da wäre Ruck Zuck Ruhe und Ordnung im Saal gewesen. Aber Demokratie ist eben nicht zum Nulltarif zu haben. Und die Minderheit ist nie rechtlos. Der schnelle Polizeiknüppel macht's nicht, da müssen Argumente her und die Fähigkeit zur gewaltlosen Auseinandersetzung. Man nennt das hierzulande ‚Streitkultur'. Sollte ich noch mal als Ordner zum Einsatz kommen, dann werde ich mich nicht mehr im Mittelgang postieren lassen. Dazu fehlen mir ganz einfach die körperlichen Voraussetzungen. Ein kleiner und schmaler Ordner macht einfach keinen Eindruck."
Leo und der Vater haben in diesem Bundestagswahlkampf noch einiges erlebt. Ich will hier nur noch zwei Ereignisse nach Leos Berichten schildern, die für die damalige Zeit typisch waren.
Eines Tages waren sie wieder als Ordner angeheuert worden. Wieder fand die Kundgebung in „Planten un Blomen" statt, diesmal aber von der FVP, der „Freien Volkspartei". Ich erfuhr, dass die FVP erst seit einem Jahr existierte und eine Abspaltung von der FDP, der „Freien Demokratischen Partei" war. Der linke Flügel der FDP war mit Adenauers Saarlandpolitik und der Wiederbewaffnung nicht zurechtgekommen und hatte die Koalition mit der CDU verlassen. Der rechte Flügel unterstützte Adenauers Politik weiter und gründete eben die schon genannte FVP.
Der Redner des Abends war Vizekanzler Franz Blücher. Als der das Thema Wiederbewaffnung und NATO-Beitritt der Bundesrepublik ansprach, wurde es unruhig im Saal. Ein Mann am Mittelgang schrie immer wieder: „Nie wieder Krieg! – Deutsche Soldaten - nein! – Wiedervereinigung - ja!" Die Zwischenrufe wurden immer länger und lauter. Da begannen die Ordner mit den Ermahnungen und Verweisen. Der Protestler zeigte sich unbeeindruckt. Im Gegenteil: Er stand bei den Zwischenrufen auf und kletterte sogar auf seinen Stuhl. Als er schließlich seine geballten

Fäuste Richtung Vizekanzler schwang, packten ihn zwei Ordner an den Armen, um ihn aus dem Saal zu entfernen. Das gelang erst im zweiten Anlauf, denn der pfiffige Mann öffnete nach anfänglichem Gerangel mit einem Knopfdruck sein Einreiher-Jackett. Die Ordner hatten jetzt seine leere Jacke in den Händen und der Protestler schwang erneut temperamentvoll seine befreiten Arme. Jetzt griffen zwei weitere Ordner ein, der Störenfried wurde an Händen und Füßen gepackt und trotz seiner Gegenwehr an die Saaltür gebracht, wo ihn die Polizei in Empfang nahm. Das ist nun genau das, was man Situationskomik nennt! Leo und sein Vater konnten das Schauspiel aus sicherer Entfernung genießen, denn sie hatten sich diesmal am Seitengang postieren lassen.
Kurz danach ging es zu einer Kundgebung mit Bundeskanzler Adenauer und Bundeswirtschaftsminister Erhard in den Markthallen von Sankt Pauli. Leo und sein Vater machten sich aufgeregt auf den Weg, den Mann zu sehen, dem sie ihre Freiheit verdankten. Man sprach von 30.000 Teilnehmern. Als Adenauer und Erhard einzogen, sprangen alle von den Sitzen auf und klatschten im Rhythmus der Blasmusik. Nicht nur alte Mütterchen kletterten auf die hölzernen Klappstühle und schwenkten ihre Tücher. Die Begrüßung durch den Bundestagsabgeordneten und -kandidaten Gerd Bucerius ging in minutenlangem Beifall unter. Dann sprach Erhard über seine Soziale Marktwirtschaft und die starke D-Mark. Wieder wurde fleißig geklatscht. Der Höhepunkt aber war die Rede Adenauers. Sympathie und Begeisterung der freiwillig teilnehmenden Massen waren für Leo überwältigend. Da mussten die Diktatoren mit der befohlenen Begeisterung vor Neid erblassen!
Adenauer sprach im Gegensatz zu Erhard schlicht und einfach. Jeder Satz saß und wurde von allen verstanden. Als er das Nein der SPD zur Gründung der Bundeswehr und zum NATO-Beitritt der Bundesrepublik scharf kritisierte, klirrten Fensterscheiben und es flogen Pflastersteine von hinten auf das Podium. Die Sicherheitsbeamten reagierten nervös, aber Adenauer blieb ruhig: „Meine Damen und Herren, ich meine nicht, dass diese Steine von SPD-Anhängern geworfen wurden! So was machen Demokraten nicht.“

Zur FDP, die damals offen ließ, mit wem sie nach der Wahl koalieren wollte, sagte er nicht viel. Er wollte sie sich wohl nicht vergraulen: „Und, meine Damen und Herren, die FDP: Ich sage nur so viel: Wer gleichzeitig mit einem Auge nach links und mit dem anderen Auge nach rechts sieht, der schielt, meine Damen und Herren!" Da hatte er geschickt seinen rheinischen Humor eingesetzt, und die Zuhörer dankten es ihm mit stehenden Ovationen.

Man sieht, Leo hatte während des Bundestagswahlkampfes 1957 eine Menge Erfahrungen in Demokratie gesammelt. Vieles machte ihm richtig Spaß, manches irritierte ihn. Auch Freiheit will gelernt sein, Freiheit geht kaputt, wenn sie grenzenlos und zur Willkür wird. Ein Störfaktor war für Leo nach wie vor der Gedanke daran, dass er eben noch nicht mitwählen durfte.

CDU und CSU haben 1957 unter Konrad Adenauer auch ohne die vier Stimmen meiner Familie das bisher einmalige Ergebnis der absoluten Mehrheit nach Prozenten – 50,2% - und nicht nur nach Mandaten erreicht. Im Flüchtlingsdurchgangslager war die CDU sogar auf über 90 Prozent der Stimmen gekommen! Na, da war in meiner Familie was los! Der Vater hatte in einer gewissen Vorahnung von seinen „Einkünften" als Saalordner insgeheim eine Flasche Sekt gekauft und im Kühlschrank der Lager-Großküche kaltgestellt. Als im Radio das vorläufige amtliche Endergebnis gemeldet wurde, hallte ein Jubelschrei durch den Kasernenblock und der Vater ließ vor den Augen seiner Familienangehörigen den Korken knallen. Leo holte mich vom Schrank herunter und dann sangen alle „Einigkeit und Recht und Freiheit..." Für die Eltern war das die erste freie, demokratische Wahl seit Leos Geburtsjahr, für die jungen Leute und für mich überhaupt die erste. So etwas prägt sich unvergesslich ein.

Weihnachten in Freiheit

Das erste Weihnachtsfest im Westen hatte es in sich. Von den äußeren Umständen her erinnerte vieles an Weihnachten 1945.

Damals – nach der Enteignung – ging es ausgesprochen ärmlich zu. Keine Geschenke, man war froh, dass man etwas zu essen auf dem Tisch hatte. Der Vater hatte gesagt: „So ähnlich muss es im Stall zu Bethlehem gewesen sein." Der Weihnachtsfrieden kehrte während der Christmette in der Kirche ein. – Jetzt, zwölf Jahre später, war man von der Normalität auch noch weit entfernt. Meine Sechs waren schon froh, dass sie einen abgeschlossenen Wohnraum für sich hatten. Der Vater meinte, diese Unterkunft sei nun doch schon besser als der Stall von Bethlehem. Im Laufe des Heiligen Abends und der Heiligen Nacht wurde deutlich, dass man sich vom „Nullpunkt" schon um einige Grade im Plusbereich entfernt hatte.

Am frühen Abend versammelte sich die Familie um den einen Tisch im Raum. Leo nahm mich vom Schrank herunter und begleitete die hauptsächlich schlesischen Weihnachtslieder mit mir. Die Überraschung hielt sich in Grenzen, denn Leo hatte an den vier Adventssonntagen schon etwas geübt. Zwischendurch trug Elisabeth das Weihnachtsevangelium vor. Dann folgte das Festessen. Die Mutter hatte es mit ihren Töchtern zubereitet. Das war mit einer einzigen Kochplatte und ohne normale Küchengeräte gar nicht so einfach gewesen. Traditionen hin, Traditionen her, es gab Kartoffelklöße und „Schlesisches Himmelreich", und zum Nachtisch schmeckten die Mohnklöße mit Vanillesoße.

Die Bescherung brachte dann eine große Überraschung für Leo und mich: Die Eltern schenkten Leo einen neuen Geigenkasten! Verglichen mit meinem in Schlesien zurückgelassenen, in Auflösung befindlichen Kriegskasten sah er richtig edel aus, er war sogar mit einer blauen Plüschschicht ausgepolstert! Eine solch komfortable „Behausung" hatte ich ja noch nie, so richtig zum Wohlfühlen! Weg mit dem Frotteehandtuch und hinein in die gehobene Normalität.

Ansonsten erinnere ich mich noch lebhaft an die rührende Szene, als die Eltern Inge eine schöne, große Puppe als Geschenk überreichten. Als Inge zweieinhalb Jahre alt war, hatte man ihr die Puppe bei der Enteignung mit weggenommen, dann gab es zwölf Jahre hindurch kein Geld für eine Neuanschaffung, jetzt war dieses Kapitel Vergangenheit bewältigt!

Als meine Familie von der Christmette in der Lagerkirche zurückkam, waren alle aufgemuntert und fröhlich. Ich hörte, der Pfarrer habe eine gute Weihnachtspredigt gehalten. Am Beispiel der Heiligen Familie in Bethlehem und auf der Flucht nach Ägypten habe er seine Zuhörer dazu ermuntert, in unverbrüchlichem Gottvertrauen den Blick nach vorn zu richten und damit die augenblicklichen Misshelligkeiten zu meistern.
Es klopfte temperamentvoll an der Tür. „Nanu", sagte der Vater, „wer braucht denn den Hausmeister in der Heiligen Nacht? Oder kriegen wir Besuch?" Als er öffnete, stand der Lagerpfarrer vor der Tür.
„Oh, Hochwürden, wir waren eben voll des Lobes über Ihre Predigt, was verschafft uns die Ehre?"
„Den ‚Hochwürden' können Sie ruhig weglassen, der ist aus der Mode gekommen. Nein, aber ich komme Leos wegen: Vielen, herzlichen Dank, Leo, für die gelungene Aufführung des ‚Transeamus usque Bethlehem'. Ich war ja bei der ersten Probe dabei, und – ehrlich gesagt - da hätte ich es nicht für möglich gehalten, dass Ihnen das so gelingen könnte. In Ihnen steckt ja auch ein Chordirigent!"
„Na ja, Herr Pfarrer, mit aller gebotenen Bescheidenheit muss ich sagen, dass es mir auch viel Spaß gemacht hat. Ich kenne diesen Chorsatz ja als Chorsänger aus meiner schlesischen Heimat in und auswendig. Ich brauche eigentlich keine Partitur zum Dirigieren."
„Und das Dirigieren ist Ihnen einfach so zugeflogen?"
„Das Dirigieren habe ich zwangsläufig als Leiter des Schulchores und des Kinderchores in unserer katholischen deutschen Restgemeinde in Weißstein gelernt. Ja, und dann – Sie werden lachen – in meiner Zeit als Hilfsorganist habe ich dieses ‚Transeamus' aus der Not heraus x-mal mit allen Registern zum Auszug des Priesters gespielt. Und die Polen fanden das schön, auch im Sommer, sie kannten den Text ja nicht."
„Sehen Sie, Leo, ich sage ja immer, das Leben macht doch trotz allem Spaß. Ich habe Ihnen auch eine kleine Anerkennung mitgebracht: Eine Packung echte Nürnberger Lebkuchen."

„Oh danke, ich habe ja im Radio schon oft davon gehört, aber gesehen und erst recht gegessen habe ich noch keine."
„So, ich will ja Ihr familiäres Beisammensein nicht weiter stören, aber eine Frage habe ich doch noch an Sie, Leo: Was macht denn das Studium?"
„Ja, Herr Pfarrer, es hat gottlob begonnen, und ich bin dabei, mich einzuarbeiten. Aber lange halte ich das unter den gegebenen Bedingungen nicht mehr durch: an der Uni studieren und im Lager ‚wohnen'. Ich habe viele Defizite aus meiner lückenhaften Vorbildung aufzuarbeiten, und da brauche ich einfach Zeit, Ruhe und Konzentration."
„Ja, was können wir denn da machen? Kann ich Ihnen vielleicht helfen?"
„Herr Pfarrer, mein Vater sagt immer: ‚Hilf Dir selbst, dann hilft Dir Gott!' Recht hat er. Also habe ich mich entschieden – und das ist für meine Familie jetzt auch neu und gewissermaßen eine Weihnachtsüberraschung – ich habe mich entschieden, zum Sommersemester an die Uni Bonn zu wechseln."
Diese Nachricht schlug wie eine Bombe ein. Es war eine ganze Weile still, der eine oder andere räusperte sich ein bisschen, sagte aber nichts.
Als es anfing peinlich zu werden, sagte der Vater: „Ja, Leo, das ist wirklich eine Überraschung. Mir fallen auf Anhieb tausend Fragen dazu ein. Zum Beispiel: Warum willst Du so weit weg von hier und ausgerechnet nach Bonn? Wo willst Du wohnen? Wovon willst Du leben?"
Der Pfarrer meinte: „Es ist mir jetzt peinlich, dass ich das Thema heute angesprochen habe. Aber nun ist es einmal heraus und so, wie ich Leo kennen gelernt habe, hat er sich das alles sicher gut überlegt."
„Danke, Herr Pfarrer. – Ja, das Thema hat mich wochenlang sehr beschäftigt. Aber ich wollte erst mit mir selber im Reinen sein, ehe ich mit Euch darüber spreche."
„Ist schon gut, Junge", sagte die Mutter, „wir hören jetzt gerne zu. Also schieß los!"
„Also: Warum will ich von Hamburg weg und warum ausgerechnet nach Bonn? Hamburg ist eine Weltstadt und hier lehren auch

namhafte Professoren, aber das Studium hier wird für immer mit dem Störfaktor Lagerleben verbunden bleiben. Es kommt hinzu, dass meinen Augen das Seeklima nicht zusagt und auch das politische Klima macht mir zu schaffen. Und wenn ich schon von Hamburg weg will, dann ist es egal, ob ich nach Bremen, Heidelberg oder Bonn gehe. Bonn ist die provisorische Bundeshauptstadt, die Zentrale der jungen deutschen Demokratie. Es reizt mich einfach, Bundestag, Bundesrat, Abgeordnete und Regierungsmitglieder bei ihrer Arbeit unter die Lupe nehmen zu können. Auch in Bonn lehren namhafte Professoren. Unsere Zuzugsgenehmigung gilt ja immer noch für Nordrhein-Westfalen, also werden wir als Familie hoffentlich bald in diesem Bundesland eine Bleibe finden. Das Klima am Rhein ist für mich bestimmt zuträglicher, sowohl gesundheitlich wie politisch. Ich glaube, ich komme bei meiner angeborenen schlesischen Gemütlichkeit mit dem rheinischen Menschenschlag besser zurecht."
„Ja, ja", lästerte da Elisabeth, „jetzt ist es raus: Du willst in Bonn am Rosenmontag vorlesungsfrei haben und Karneval feiern!"
„Pst, pst", machte die Mutter, „halt Dich zurück! Das mit dem Karneval ist bestimmt eine schöne Begleiterscheinung, aber Du kennst doch Deinen Bruder: Es gibt nichts, was der nicht ernst nimmt."
„Danke, Muttel, da kann ich ja zu Vatels zweiter Frage kommen: Wo will ich wohnen? Ich habe erfahren, dass die Bonner Katholische Studentengemeinde ein Studentenwohnheim hat. Auf meine Anfrage haben sie mir mitgeteilt, ich sollte Mitte Februar zu einem Vorstellungsgespräch kommen, und dann würde über meinen Aufnahmeantrag entschieden. Vorab habe ich die Frage, ob ich denn bereit wäre, während der ersten drei Semester mit einem Doppelzimmer vorlieb zu nehmen, sofort mit ‚Ja' beantwortet. Das ist ja ein Drittel unserer hiesigen Besetzung und damit ein riesiger Fortschritt!"
„Da hast Du recht", meinte Hedwig, „ich wünsche Dir von Herzen, dass Du diesen Wohnplatz bekommst. Mensch, was sind das für Aussichten!"
„Ja, und nun zu Vatels dritter Frage: Wovon willst Du leben? – Tja, das ist im Grunde die schwierigste Frage. Aber die stellt sich

überall, egal ob in Hamburg, München oder Bonn. Das Nächstliegende ist, dass ich hier weiter bis zum Schluss als Übersetzer fleißig Geld verdiene."
„Zu Lasten der Zeit fürs Studium."
„Das stimmt, Herr Pfarrer. Und deshalb muss ich jetzt schleunigst mit Vaters Hilfe den Antrag auf Ausbildungsbeihilfe nach dem Lastenausgleichsgesetz stellen. Vielleicht kriegen wir den bis zum Semesterbeginn durch. Mit 150 Mark im Monat bei einer Miete von 60 Mark ist zwar kein Wohlstand zu erreichen, aber ich traue mir zu, mit drei Mark pro Tag das Existenzminimum abzudecken. Die knappe Haushaltsführung haben wir ja in Schlesien unter den Polen lange genug trainiert."
„Na ja, Leo", sagte jetzt der Vater, „Du hast es Dir gut überlegt. Gebe Gott, dass alles so kommt, wie Du es eingefädelt hast. Meinen und Muttels Segen hast Du dazu. Und wenn ich das richtig sehe, werden uns bald auch die drei Mädels verlassen: Hedwig nach Münster, Elisabeth nach Köln und Inge nach Soest. Die Familie geht auseinander, aber das ist der Preis dafür, dass jeder die Berufsausbildung bekommt, die er sich wünscht. Wer nicht mobil ist, hat keine Chance. Es wird bei Eurer Vorgeschichte nicht leicht sein, aber Ihr werdet die Chancen nutzen und Euch durchbeißen: Unseren Segen habt ihr dazu."
„Und das heißt für mich", ergänzte die Mutter, „dass ich Euer Fortkommen zu meinem obersten Gebetsanliegen mache. Ich vertraue darauf, dass mein Gebet auch diesmal Erhörung finden wird."

Mein Gott, was war das für ein Weihnachtsfest gewesen! – Als sich der Pfarrer gegen zwei Uhr morgens verabschiedet hatte und die Familie zu Bett gegangen war, kam auch ich in meinem schönen, neuen, molligen Geigenkasten zur Ruhe. - Zur Ruhe? Ehrlich gesagt, das stimmte nicht. Denn so sehr ich wünschte, wünschen musste. dass Leos Hoffnungen in Erfüllung gehen würden, so klar wurde mir jetzt aber auch, was das wieder einmal für mich bedeutete! Kurz gesagt: Es hieß wieder einmal „Nix Zipzerip"! Natürlich hätte ich Leo gern nach Bonn begleitet, aber das war unter den gegebenen Umständen völlig aussichtslos. Ich musste geduldig bei den Eltern im Lager ausharren und mit ihnen auf den Umzug nach Nordrhein-Westfalen hoffen.

An den beiden Weihnachtsfeiertagen wurde wieder im Familienkreis viel gesungen, und zur Begleitung kam ich selbstverständlich zum Einsatz. Als Leo danach einmal kurz mit mir allein im Zimmer war, sagte er unvermittelt: „Mein liebes Fräulein Klotz, ich habe jetzt zwei Nächte schlecht geschlafen. Nüchtern betrachtet ist mir nämlich klar geworden, dass sich unser Neustart mit Sicherheit noch einmal um einige Jahre verschiebt. Das tut mir sehr leid, aber es geht einfach nicht anders. – Was kann ich Dir empfehlen? Weißt Du, ich habe da einen Kommilitonen kennen gelernt, der ist durch seine Eltern so gut bei Kasse, dass er sich Aktien kaufen konnte. Neulich war er sehr nervös und beklagte sich über die schwankenden Kurse. Da gab ihm ein anderer Kommilitone den guten Rat: ‚Nimm Schlaftabletten und werde erst wieder wach, wenn die Kurse Gewinn abwerfen.' – Ja, Fräulein Kloz, das ist das Einzige, was ich Dir jetzt raten kann: Nimm Schlaftabletten und wache erst wieder auf, wenn wir eine gemeinsame Zukunft haben."
Sagte es, klappte den Deckel vorsichtig zu und legte mich behutsam wieder auf dem Schrank ab. - Und ich? Ich nahm Schlaftabletten...

Neue Hoffnung – neues Glück!

„Hallo, Fräulein Kloz!" tönte es zu meinen Schalllöchern herein, „hallo, hallo, bitte aufwachen, die neue Zeit hat begonnen!" Das war doch Leos Stimme! Ja, was war denn das? Ich lag in meinem geöffneten Geigenkasten auf einem Couchtisch in einem großen, modern eingerichteten Wohnzimmer. Und um mich herum sah ich sechs neugierig lächelnde Gesichter. Nur eins davon war mir vertraut, es gehörte Leo. Alle anderen Gesichter waren mir fremd. Träumte ich noch, oder war das die neue Wirklichkeit? Ich brauchte einige Zeit, um mich in meiner neuen Lage zurechtzufinden.

Leo kam mir zu Hilfe: „Schau, Fräulein Kloz, das ist meine Frau Judith, und das sind meine Kinder Michael, Christoph, Antje und Ansgar. Seit unserer Zeit im Lager Wentorf sind mehr als zwanzig Jahre vergangen. An mir sind die wie im Fluge vorübergerauscht, aber für Dich war es gut, dass Du Schlaftabletten genommen hast. Du hättest sonst diese unglaublich lange Zeit nicht überstanden. Jetzt ist Dein Aktienkurs endgültig gestiegen, jetzt erntest Du die süßen Früchte der bitteren Geduld."
„Oh", sagte Antje, „jetzt spricht der Papa wieder mal ganz poetisch. Sag ihr doch ganz einfach, wo sie gelandet ist und was wir mit ihr vorhaben."
„Ja, Fräulein Kloz, Antje spricht im Stil der neuen Zeit mit ihrem Vater, daran wirst Du Dich gewöhnen müssen. – Also gut: Du bist mit mir in Rheinbach bei Bonn gelandet. Rheinbach ist eine aufstrebende Kleinstadt am südsüdwestlichen Rande der Köln-Bonner Bucht in der Voreifel. Wo man auch hinkommt, fällt den Leuten zu Rheinbach sofort und nur das Stichwort ‚Zuchthaus' ein, das inzwischen ‚Justizvollzugsanstalt' heißt. Mich ärgert das, denn für mich ist Rheinbach vor allem die Stadt der Schulen und des Glases, die Stadt, die aus der Zerstörung des Zweiten Weltkrieges liebenswert wiedererstanden ist. Rheinbach hat geschichtlich interessante Baudenkmäler wie den Burgturm, im Volksmund ‚Hexenturm' genannt. Es ist die Stadt mit hohem Freizeitwert, mit dem alten Stadtwald und dem neuen Freizeitpark samt Wellenbad. Es hat…"
„Bravo, Papa", unterbrach ihn da Christoph ironisch, „Du redest wie ein Stadtführer und Werbetexter."
„Moment mal", schaltete sich die Mutter ein, „Euer Vater hat halt hier seine Existenz und eine zweite Heimat gefunden. Was das bedeutet, werdet Ihr vielleicht erst später mal richtig begreifen. – Ich schlage vor, dass jetzt Antje selbst sagt, was wir mit dem Fräulein Kloz vorhaben."
Leo sagte nur knapp: „Einverstanden. Schieß los, Antje."
„Ja, also, es kommt mir zwar immer noch komisch vor, mit einer Geige wie mit einem Menschen zu reden. Aber da der Papa das so angefangen hat, will ich das Spiel mitmachen. – Liebes Fräulein Kloz, Du bist jetzt seit gut acht Jahren in unserem Haus. Der

Papa hat Dich lange wie einen geheimen Schatz behandelt. Er sagte immer wieder: ‚Pst, die schläft und wartet auf bessere Zeiten!' Das hat uns Kinder neugierig gemacht."
„Bravo, die Einleitung ist gelungen", meldete sich Christoph wieder zu Wort. „Antje, weiter so!"
„Du bist ja bloß neidisch, weil ich jetzt mal die Hauptperson bin! – Also, Fräulein Kloz, Musik macht uns allen Spaß. Ich habe wie meine älteren Brüder in der Musikschule ‚Musikalische Früherziehung' gehabt. Glockenspiel, Blockflöte, Noten malen und so. Dann habe ich mit dem Klavierunterricht begonnen. Ich übe fleißiger als meine Brüder."
„Protest, Protest! Eigenlob stinkt!"
„Ich finde es ja gut, dass Dich das stört, Michael, aber es stimmt einfach."
„Danke, Mama. Also, Fräulein Kloz, ich möchte jetzt mit einem Zweitinstrument anfangen. Und da hat mich der Papa mal ganz vorsichtig gefragt, ob ich vielleicht Geige lernen möchte. Ich habe mir das überlegt: Ich möchte. – So, jetzt weißt Du Bescheid. Ich hoffe, Du bist damit einverstanden."
„Ganz gewiss ist mein Fräulein Kloz damit einverstanden! Wenn sie könnte, würde sie jetzt aus dem Geigenkasten heraushüpfen und einen Freudentanz aufführen. – So, jetzt werde ich sie erst einmal stimmen und dann versuche ich mal einige Lieder nach Euren Wünschen darauf zu spielen."
„Ja", rief Ansgar, der Erstklässler, „als erstes wünsche ich mir den Ententanz!"
„Ach ja", sagte Leo, „ich glaube, den kriege ich ohne Noten hin."
War das ein fröhlicher Nachmittag! Ich merkte sofort, dass Leos Kinder das Singen gewöhnt waren und dass es ihnen Spaß machte. Die Musikalität der Eltern war offensichtlich auf die Kinder übergegangen.
Es war wie einst in Waldenburg. Nur die ganze Stimmung war lockerer, frei von Angst vor unvorhergesehenen Beeinträchtigungen. Und natürlich auch die ganze Umgebung war so wohltuend normal bis komfortabel. Das war nun wirklich ein unglaublich schönes Erwachen für mich.

Am nächsten Tag ging Leo mit Antje und mir zur Musikschule. Seit dem Frühjahr 1945 hatte ich keine Musikschule mehr von innen gesehen. Der Geigenlehrer, ein gebürtiger Australier, nahm mich aus dem Kasten, schaute sachkundig durch mein linkes Schallloch auf den Werkzettel und war begeistert: „Donnerwetter! Eine echte Kloz aus Mittenwald! Und das von 1942! Wie sind Sie denn an die gekommen?"
„Das ist eine lange Geschichte", antwortete Leo, „ich fange lieber erst gar nicht an damit, sonst werden wir heute nicht mehr fertig. Meine Geige ist jedenfalls weit gereist: Von Bayern über Schlesien, Niedersachsen und Schleswig-Holstein nach Nordrhein-Westfalen."
Der Geigenlehrer stimmte mich und begann zu spielen. Mein Gott, was holte der aus mir heraus! Bei Leo rollte eine dicke Träne über die Wange. Dann zeigte der Geigenlehrer Antje, wie sie mich halten musste. Er trat einen Schritt zurück, taxierte uns mit prüfendem Blick und schüttelte den Kopf:
„Die Geige ist gut, aber sie ist für ein neunjähriges Mädchen noch zu groß."
Schock! Antje hätte mich beinahe fallen lassen, aber Leo griff blitzschnell zu und verhinderte ein Unglück. Ich dachte: Es gibt nichts, was es nicht gibt! Es hätte ja nach so vielen Jahren mal reibungslos glatt gehen können! Aber nein, das sollte mir nicht beschieden sein.
„Heißt das, dass Antje noch keinen Geigenunterricht nehmen kann?" wollte Leo wissen.
„Nein, nein, keineswegs! Nur braucht sie für den Anfang eine Dreiviertelgeige. Ich könnte ein solches Instrument für ein Jahr zur Ausleihe besorgen. Was halten Sie davon?"
„Geben Sie mir ein paar Tage Zeit, ich muss das mit meiner Frau besprechen."
Leos Frau merkte bei unserer Rückkehr gleich, dass etwas nicht stimmte. Sie hörte sich „den Salat" – wie Antje das nannte – ruhig an, dachte eine Weile nach und sagte dann ganz munter:
„Ich hab 's! – Mein Bruder hat doch vor Jahren auch mit einer Dreiviertelgeige angefangen. Wenn er die noch hat, leiht er sie uns

bestimmt für die erforderliche Zeit. Ich rufe nachher mal bei ihm an."
„Mama, Du bist die Beste!" rief Antje und fiel ihrer Mutter um den Hals.
Der Bruder hatte die Geige noch und lieh sie selbstverständlich für seine Nichte aus. Also wurde Antje in der Musikschule im Fach Violine angemeldet und meine Zukunft war nicht verbaut. Der „verkürzte Einzelunterricht" begann am 1. September 1979. Was unsereinem bei diesem Datum einfällt! Es war genau 40 Jahre nach dem Beginn dieses verbrecherischen Krieges mit den fürchterlichen Folgen. Aber lassen wir das. Ich fand es bemerkenswert, was der Unterricht an der Rheinbacher Musikschule damals kostete. Die Eltern zahlten für den verkürzten Einzelunterricht von 30 Minuten bei einer Geschwisterermäßigung von 50 % genau 288 DM Jahresgebühr. Der unverkürzte Einzelunterricht kostete ohne Ermäßigung 20 DM. Das wäre dann die Vergleichszahl zu jenen 10 Reichsmark, die 1943 für Leos Geigenunterricht in Waldenburg gezahlt worden waren. Man merkt, ich hatte wieder einmal viel Zeit ohne Beschäftigung, und da kommt man dann auf solche nicht uninteressanten Zahlenspiele.
Ich hörte mit Wohlgefallen, wie Antje fleißig übte und schnell Fortschritte machte. Ich dachte: Ganz der Vater! Leo wollte ihr das einsame Üben etwas erleichtern und begleitete sie mit mir. Es dauerte aber nicht lange, da war Antje flotter, sicherer und sauberer in ihrem Spiel, sie überrundete ihren Vater. Der wusste nicht, ob er darüber lachen oder weinen sollte. Er entschied sich schließlich für die Freude über sein talentiertes Töchterchen.
Überhaupt war Leo in der Zwischenzeit ein zufriedener, dankbarer und damit glücklicher Mensch geworden. Fast alle seiner kühnen Jugendträume – das war mir inzwischen klar geworden – waren in Erfüllung gegangen. Er war Lehrer an einem der drei Rheinbacher Gymnasien geworden, hatte eine liebe Frau gefunden, vier Kinder erfüllten sein Haus mit Leben, er konnte seiner Reiselust frönen: alles natürlich in gewissen finanziellen Grenzen. Denn er war nicht reich, er konnte sich mit seiner großen Familie keine Extratouren leisten, aber er kannte keine Existenzängste mehr. Die Wunden der Vergangenheit waren vernarbt.

Versöhnung ist not-wendig!

Trotz des zeitlichen Abstands von mehr als zwanzig Jahren wurde Leo immer wieder einmal von seiner Vergangenheit eingeholt. Neulich erzählte er beim Frühstück, dass er im Traum wieder einmal von der polnischen Miliz verhaftet worden war. Sie wollten ihm die Geige wegnehmen. Nach langem Ringen wurde er wach, weil Ansgar im Schlaf weinte. „Ich war schweißgebadet. Aber ich sagte zu mir: ‚Gott sei Dank, Du bist im freien Westen. Und auch Deine Geige ist in Sicherheit'"

Eines von Leos Hauptanliegen war die dauerhafte Aussöhnung zwischen dem deutschen und dem polnischen Volk. Trotz allem, was ihm in Schlesien widerfahren war, er empfand den Polen gegenüber keinen Hass. Das wäre unchristlich und ungerecht gewesen. Leo erzählte seinen Kindern, Schülern, Freunden und Bekannten bei passender Gelegenheit immer wieder einmal auch, wie ihm Polen in schwerer Zeit geholfen hatten.

Während der Weihnachtsferien kam er eines Tages ganz erschüttert vom Einkauf in der Kernstadt zurück. Am Familienmittagstisch erzählte er, er habe nach Jahrzehnten einen Landsmann getroffen, dessen Vater von den Polen umgebracht worden war. „Der kann das Wort Versöhnung nicht hören. Der ist noch so verbittert. Er sagte immer wieder: ‚Ich gebe keinem Polen mehr die Hand.' – Da stand ich völlig hilflos da und wusste nicht mehr, was ich sagen sollte. Aber auf dem Nachhausewege ist es mir eingefallen, was ich in Zukunft bei solchen Gelegenheiten sagen werde. Wir Deutschen sagen zu Recht: Es gibt keine Kollektivschuld. Und ich sage: Es gibt auch für die Polen keine Kollektivschuld!"

„Kannst Du uns bitte mal erklären, was man unter ‚Kollektivschuld' versteht?"

„Ja, Michael, das ist wichtig. Nach dem Zweiten Weltkrieg wurde behauptet, das ganze deutsche Volk sei schuld an den Verbrechen

der Nationalsozialisten unter Hitler. Das heißt also, auch ich, der 1945 13 Jahre alt war, sollte ein Verbrecher sein."
„Aber das ist doch hirnrissig!" platzte Christoph heraus, „die Nazis haben Dich doch nicht zum Gymnasium gehen lassen!"
„Genau so ist es. Und deshalb sage ich ja: Hitler und seine Anhänger haben – Gott sei 's geklagt - viele Verbrechen begangen und damit entsetzliche Schuld auf sich geladen, aber eine Schuld des ganzen deutschen Volkes, also eine Kollektivschuld, gibt es deshalb nicht."
„Ach so", folgerte Christoph, „und deshalb sagst Du: Die polnische kommunistische Regierung und ihre Anhänger haben Verbrechen gegen die Ostdeutschen begangen, aber nicht alle Polen sind Verbrecher."
„Genau. Und deshalb kann ich den Polen meine Hand zur Versöhnung reichen. Wir müssen den Kreislauf des Bösen unbedingt unterbrechen. Ein Leben als Christ ist öfters kein Spaziergang, aber man kann es schaffen. Die Hand muss zur Versöhnung ausgestreckt bleiben. Ich will, dass meine Kinder und Enkel mit den polnischen Nachbarn wie mit den französischen in Frieden leben."
Das Thema beschäftigte Leo weiter. Er versuchte seinen Kindern verständlich zu machen, was er meinte. Am liebsten war es ihm, wenn es sich durch eine Meldung im Fernsehen oder in der Tageszeitung sozusagen von selber ergab, oder wenn seine Kinder ihn danach fragten. Einmal – es war, glaube ich, in der Fastenzeit - brachte Christoph dass Thema „Buße und Versöhnung" aus dem Religionsunterricht mit. Da ging Leo in sein Arbeitszimmer und kam mit einigen Papieren zurück.
„Was kommt denn jetzt?" fragte Michael.
„Ich will Euch mal zwei wichtige Beispiele zum Thema ‚Buße und Versöhnung' vorführen."
„Na, da bin ich ja gespannt", sagte Christoph, „aber bitte halte uns kein wissenschaftliches Seminar, wir sind noch Schüler."
„Einverstanden. Also hier habe ich den Text unter der Überschrift „Charta der deutschen Heimatvertriebenen", der stammt vom 5. August 1950."
„Uralt!" murmelte Michael.

„Richtig, der Text ist 30 Jahre alt und trotzdem kennt ihn kaum einer. Der Kernsatz dieser feierlichen Erklärung steht gleich am Anfang, nämlich:
‚*Wir Heimatvertriebenen verzichten auf Rache und Vergeltung. Dieser Entschluss ist uns ernst und heilig im Gedenken an das unendliche Leid, welches im besonderen das letzte Jahrzehnt über die Menschheit gebracht hat.*'"
„Soll das heißen, dass die Heimatvertriebenen lange vor Willy Brandts Kniefall in Warschau den Polen und Tschechen gegenüber auf Rache und Vergeltung verzichtet haben? Außer von Dir habe ich aber solche Töne noch nie gehört!"
„Das ist ja das Traurige und Gefährliche an der Sache, Michael: Es gibt deutsche Politiker und Journalisten, die das nicht wahrhaben wollen. Sie müssten dann nämlich aufhören, die Vertriebenen pauschal als böswillige Störenfriede zu verketzern und in die rechtsextreme Ecke zu stellen. Es gibt auch polnische und tschechische Politiker und Journalisten, die das nicht wahrhaben wollen. Sie müssten dann nämlich aufhören, die Vertriebenen als hasserfüllte Revanchisten und Ostlandritter zu beschimpfen und zu verurteilen. Und es gibt Heimatvertriebene, die nicht begriffen haben, welch schwere Verpflichtung ihre gewählten Vertreter ihnen auferlegt haben."
„Und was hat das jetzt mit unserem Thema zu tun?" wollte Christoph wissen.
„Sehr viel, mein Sohn, denn ohne den Verzicht auf Rache und Vergeltung gibt es keine Buße, also Umkehr, und ohne Umkehr gibt es keine Versöhnung. – So, ich denke, für heute ist es genug. Wir können gerne bei Gelegenheit noch zu dem zweiten Text kommen, den ich mir hier für den Unterricht im Leistungskurs Geschichte zurechtgelegt habe."
Die Gelegenheit ließ nicht lange auf sich warten, denn in Polen gab es zu dieser Zeit Auseinandersetzungen zwischen der kommunistischen Regierung, der katholischen Kirche und der neuen, nichtkommunistisch-unabhängigen Gewerkschaft „Solidarnosc". Zeitungen, Radio und Fernsehen berichteten fast täglich von der Protestbewegung, die sich unter dem Elektriker Lech Walesa von der Danziger Werft aufs ganze Land ausgedehnt hatte. Leo, der ja

die Oktoberereignisse 1956 in Breslau miterlebt hatte, verfolgte diese Berichterstattung mit großem Interesse und großer innerer Anteilnahme. Seine Kinder merkten das und fragten nach seiner Einschätzung der Lage.

„Ja, Kinder, der Freiheitswille der Polen ist ungebrochen und versucht sich wieder einmal Bahn zu brechen. Wisst Ihr noch, vor zwei Jahren wurde überraschend der polnische Erzbischof von Krakau Karol Wojtyla zum Papst gewählt."

„Ja, ja, die Polen waren unglaublich begeistert und die Kommunisten waren entsetzt und knirschten mit den Zähnen."

„So war es, Michael, und dann hatte im vorigen Jahr dieser Papst die Stirn, sein Heimatland offiziell zu besuchen. Da konnte er bei den Messen vor Hunderttausenden als Papst das sagen, was er sich als Erzbischof von Krakau hätte verkneifen müssen. Er forderte seine Landsleute zum passiven Widerstand auf. Er prophezeite, das Volk der Helden und Märtyrer werde Kraft zum Neubeginn finden. Eines nicht mehr fernen Tages werde es als freie Nation wieder auferstehen. Aus dem brausenden und lang anhaltenden Beifall, den der Papst dafür bekam, konnten die kommunistischen Machthaber die wahre Volksmeinung heraushören."

„Ach so", sagte Christoph, „und deshalb haben sie jetzt die Gründung der unabhängigen Gewerkschaft Solidarnosc erlaubt."

„Ja, das soll jetzt erstmal ein Ventil sein. Sie wollen den Stier bei den Hörnern packen und zähmen, vielleicht eines Tages sogar schlachten. – Aber um noch mal auf unseren Papst zurückzukommen: Karol Wojtyla hat ja als Erzbischof von Krakau am Zweiten Vatikanischen Konzil in Rom teilgenommen. Vor und während der Konzilszeit bereiteten die polnischen Bischöfe ihr Volk neun Jahre lang auf die Jahrtausendfeier der Christianisierung Polens im Jahre 1966 vor. Dabei haben sie sich an Jesu Bergpredigt erinnert, in der es unter anderem heißt:

‚Wenn du deine Opfergabe zum Altar bringst und dir dabei einfällt, dass dein Bruder etwas gegen dich hat, so lass deine Gabe dort vor dem Altar liegen; geh und versöhne dich zuerst mit deinem Bruder, dann komm und opfere deine Gabe.'

Und so haben die polnischen Bischöfe – unter ihnen führend unser heutiger Papst – am 18. November 1965 an ihre deutschen Konzilsbrüder eine Versöhnungsbotschaft gerichtet."
„Aha, Papa, da hat Dein Herz höher geschlagen. Was stand denn da drin?"
„Das, Antje, habe ich nicht gleich vollständig erfahren. Es ist nämlich ein etwas längeres Schreiben mit einem umfangreichen geschichtlichen Rückblick auf die polnisch-deutsche Nachbarschaftsgeschichte. Aber der Kernsatz wurde gleich in den Medien zitiert und hat mein Herz wirklich höher schlagen lassen. Er lautet:
‚In diesem allerchristlichsten und zugleich sehr menschlichen Geist strecken wir unsere Hände zu Ihnen hin in den Bänken des zu Ende gehenden Konzils, gewähren Vergebung und bitten um Vergebung.'"
„Davon habe ich wieder mal noch nie etwas gehört", empörte sich Michael, „warum wird das nicht mehr bekannt gemacht?!"
„Die Einen – hier im Westen - halten es nicht für so wichtig: Es ist ja nur ein Schreiben von Bischöfen an Bischöfe. Und dann auch noch von Bischöfen hinter dem Eisernen Vorhang! Die westlichen Nachbarn interessieren sich für die östlichen nicht. Was kann aus dem Osten schon Gutes kommen?!"
„Das hört sich ja verdammt nach Scheuklappen an."
„Das ist es auch. - Die Anderen – die Kommunisten im Osten – wollten das Bekanntwerden des Textes verhindern. Er durchkreuzte ihre politischen Pläne. Sie predigten doch weiter den Hass gegen das imperialistische Westdeutschland. Was meint Ihr, was in der ‚Volksrepublik Polen' los war, als der Text im Westen bekannt geworden war?! Ohne den Wortlaut zu veröffentlichen starteten die kommunistische Regierung und die kommunistische Presse eine echte Hetzkampagne gegen ihre Bischöfe! Wer den Bischöfen von deutschen Revanchisten und Militaristen die Hand zur Versöhnung reicht und sogar um Vergebung bittet, der kann doch nur ein Vaterlandsverräter sein! Es passte ihnen einfach nicht in den Kram. Die polnischen Bischöfe hatten diesen mutigen Schritt ja in Rom, im Ausland getan. Da konnte die kommunistische Regierung Polens nichts verhindern. Jetzt war die Regie-

rung ausmanövriert und deshalb blieben ihr nur das Schimpfen und die Verketzerung."
„Und wie hat das polnische Volk reagiert?"
„Na, nicht wenigen Polen war die Aktion auch nicht ganz geheuer. Aber in Polen haben die Bischöfe aus der Geschichte heraus eine große Autorität. Man hört auf sie, erst recht, wenn sie von den Kommunisten beschimpft werden."
„Dann war die Hetzkampagne gegen die Bischöfe ja ein Eigentor der Regierung!"
„So ist es, Christoph. Die polnischen Bischöfe haben das durchgestanden. Es hat mich tief ergriffen, als sie im Mai 1966 während der Tausendjahrfeier in Tschenstochau vor dem Bild der Schwarzen Madonna das ‚Przebaczamy – wir vergeben!' gesprochen haben. Und die nach Tausenden zählenden Pilger wiederholten und bekräftigten dieses ‚Przebaczamy – wir vergeben!'"
Jetzt trat eine kleine Pause ein, weil Leo schlucken musste. Ich glaube, die Kinder haben diese Botschaft verstanden.
Schließlich sagte Leo: „Wo immer ich die Möglichkeit dazu habe, werde ich über diese Versöhnungsgeste der Polen sprechen. Inzwischen ist das auch schon den jungen Polen gegenüber nötig, denn die sind ja nach wie vor der staatlichen Desinformation ausgesetzt."
„Papa, haben eigentlich die deutschen Bischöfe geantwortet?"
„Oh ja, Antje, am 5. Dezember 1965 bereits."
„Gibt 's da auch so einen Kernsatz?"
„Den kann ich Dir gerne vorlesen. Es ist der Schlusssatz, er lautet:
‚Mit brüderlicher Ehrfurcht ergreifen wir die dargebotenen Hände. Der Gott des Friedens gewähre uns auf die Fürbitte der ‚Regina Pacis', dass niemals wieder der Ungeist des Hasses unsere Hände trenne!'
Die deutschen Bischöfe nahmen die Einladung nach Tschenstochau zum Abschluss der Tausendjahrfeier ‚in aufrichtiger Dankbarkeit' an."
„Und, waren sie da?"
„Leider nicht, kein einziger. Hier war jetzt die polnische kommunistische Regierung am Zuge: Sie verweigerte kurzerhand die

Einreisegenehmigung. Aber auch der eingeladene Papst Paul VI. durfte nicht einreisen. Sein Platz blieb leer."
„Das ist ja nun wirklich ein dicker Hund! Damals konnten sie sich das noch leisten, heute Gott sei Dank nicht mehr."
„Aber auch damals schon konnten die Kommunisten das feierlich und öffentlich ausgesprochene ‚Przebaczamy – wir vergeben!' nicht verhindern."

Glückssträhne!

Große Ereignisse werfen bekanntlich ihre Schatten voraus. Am Weihnachtsfest 1979 gab es für Antje und mich ein überraschendes Geschenk. Es waren ein strapazierfähiger Überzug für meinen Geigenkasten und ein Gurt, mit dessen Hilfe man den Geigenkasten geschultert auf dem Fahrrad transportieren konnte. Antje wusste nicht so recht, was das bedeuten sollte. Leo erklärte es ihr: „Weißt Du, Dein Geigenlehrer hat uns gesagt, dass Du mit Beginn des zweiten Schulhalbjahres auf meine Geige umsteigen kannst."
„Juhu, juhu!" rief da Antje, „ich bin gewachsen, ich werde zehn und brauche nicht mehr auf der Kindergeige zu spielen! Endlich bin ich so weit!" Und sie bedankte sich bei Papa und Mama mit einem Küsschen. Dann sagte sie zu mir: „Hallo, Fräulein Klotz, mach Dich bereit, jetzt geht es los mit uns beiden! 1980 wird für uns ein Glücksjahr."
„Na und für uns natürlich auch", sagten Leo und seine Frau gleichzeitig.
Antje konnte es nicht erwarten, sie spannte den Bogen, stimmte mich routiniert und sagte: „So, Papa, jetzt spielen wir schlesische Weihnachtslieder. Wo hast Du Dein Breslauer Gesangbuch? Mehr Noten brauche ich ja nicht."
„Ja, und was heißt ‚wir spielen'?"
„Na, das ist doch klar: Du begleitest mich auf dem Klavier."
„Ohne Noten, Antje?"

„Ohne Noten! Du hast doch die Melodien bestimmt noch im Kopf. Und als ehemaliger Hilfsorganist…"
Es klappte wirklich und hörte sich auch gut an. Antje merkte die Umstellung auf die große Geige schon. Sie meinte, die Töne lägen nicht mehr so dicht beieinander. Aber sie war ja so stolz!
Der Geigenlehrer hatte nichts dagegen, als Antje schon nach den Weihnachtsferien mit mir zum Unterricht kam. „Der Umstieg wird Dich voranbringen, wenn Du weiter fleißig übst."
Antje ergänzte: „Vielleicht noch fleißiger als bisher. Meine Brüder murren nicht mehr so oft, wenn es mal wieder quietscht. Und meinem Papa mache ich sowieso eine besondere Freude damit."
Es gab kaum einen Tag, an dem Antje nicht auf mir spielte. Sie entwickelte eine gehörige Portion Ehrgeiz. So nach dem Motto: Geige ist zwar schwer, aber das muss doch zu schaffen sein.
Im Sommer kam der Übergang von der Grundschule zum Mädchengymnasium Sankt Joseph. Es war ein Glücksfall, dass dort gerade jetzt ein Streichorchester gegründet wurde. Die leitende Lehrerin nahm Antje sofort auf, obwohl sie ja erst ein Jahr Geigenunterricht hatte.
Sie sagte: „Bei Geige braucht man viel Ausdauer. Das Solospiel macht auf die Dauer aber keinen Spaß. Geige ist ein Orchesterinstrument. Das wird hier eine gute Ergänzung zum Musikschulunterricht. Und außerdem: wir fangen ja gerade mal an, und da wird von den Zuhörern noch über manches hinweggehört."
Ich schwelgte geradezu im Glück! Auf einmal wurde ich täglich gebraucht. Ich hatte einen festen „Dienstplan": Tägliches Üben, einmal wöchentlich Musikschule, einmal Orchesterprobe. Mehr kann man als Geige nun wirklich nicht verlangen. Und ich kriegte ja Antjes Fortschritte hautnah zu spüren und zu hören!
Noch im Spätsommer gab es zwei wichtige Termine: Das Vorspiel-Konzert in der Musikschule und das Schulfest am Mädchengymnasium. Beide Male war Antje vorher ziemlich aufgeregt, aber beide Male konnte sie mit dem Ergebnis sehr zufrieden sein.
Zum Schulfest kam Besuch aus dem Sauerland: Leos Vater und seine Schwester Hedwig.
Hier muss ich nun etwas berichten, was ich auch erst vor kurzem erfahren hatte: Leos Vater war verwitwet, die Mutter war vor 20

Jahren an Krebs gestorben. Zwei Jahre Lageraufenthalt in Wentorf, Durchgangswohnheim Massen bei Unna, Notunterkunft in Hüsten, Wohnung in Neheim. Ein Jahr später musste sie beerdigt werden. Was für ein Schicksalsschlag vor allem für Leos Vater! Immer an ihrem Todestag erzählte Leo seinen Kindern etwas von seiner zu früh verstorbenen Mutter. Und zum Schluss zitierte er mit bewegter Stimme, was seine Mutter kurz vor ihrem Tode gesagt hatte: „Ich gehe in die ewige Heimat, und ich bin froh, dass ich Euch in der Freiheit zurücklasse."
Nun also zurück zu dem Besuch aus dem Sauerland. „Herzlich willkommen, Vatel, herzlich willkommen, Hedwig. Wie war die Autofahrt hierher?"
„Na ja, bis auf die Baustelle im Bergischen Land ging es, wir sind gut durchgekommen. Aber das Autofahren strengt mit zunehmendem Alter mehr an als früher."
„Da sagst Du was, Vatel. Ich weiß nicht, ob ich mit 76 noch Auto fahren werde."
„Ja, aber mit der Bahn ist es halt sehr umständlich, mindestens dreimal umsteigen. Aber was soll 's, wenn meine Enkeltochter mit Leos Geige ein Konzert gibt, da muss ich doch dabei sein."
„Danke, Großvater, ich werde mich anstrengen, damit Du voll auf Deine Kosten kommst. Und deshalb gehe ich gleich noch mal auf mein Zimmer zum Üben."
Das Schulfest war eine gelungene Sache. Bei strahlend blauem Himmel und schönstem Sonnenschein wimmelte es auf dem mit Girlanden und Luftballons schön geschmückten Schulhof von Schülerinnen und Schülern, Lehrerinnen und Lehrern, Eltern und Großeltern, sonstigen Interessierten, Vertretern der Stadt und der Presse. Am Rand waren Imbiss- und Getränkestände aufgebaut, an anderen Ständen warteten kreative Spiel- und Unterhaltungsangebote auf Kundschaft. Das Schulorchester hatte am Fuße der großen Hochterrasse seinen Platz. Antje saß mit mir in der zweiten Reihe der Streicher. Leo war mit seiner Filmkamera unterwegs, um Eindrücke von dem Ambiente und der Eröffnung einzufangen.
Kurz vor 11 Uhr wurden die Instrumente gestimmt. Antje war aufgeregt, deshalb dauerte das Stimmen bei ihr und mir am längs-

ten. Dann klopfte die Dirigentin energisch mit dem Taktstock auf ihr Notenpult, es wurde ruhiger, und los ging 's mit der Eröffnungsmusik. Ich weiß nicht mehr, was da genau auf dem Programm stand, aber es war etwas von Mozart. Dann eröffnete die Oberstudiendirektorin, eine Nonne der „Schwestern unserer Lieben Frau", kurz aber herzlich das Fest. Der Bürgermeister sprach ein Grußwort. Er hob hervor, dass die Privaten Schulen mit ihren Angeboten gerade auch im musischen Bereich für die Jugend Rheinbachs und seiner Umgebung sehr wichtig seien. Das wurde mit viel Beifall bedacht. Ich hätte am liebsten mitgeklatscht, denn Antje und ich waren ja nun ein starker Beweis für das, was der Bürgermeister gerade gesagt hatte.
Ich sah, wie Leo eifrig filmte, besonders natürlich Antje und mich und das dankbar Beifall klatschende Publikum. Das tat so gut! Ich merkte, wie Antje von Stück zu Stück ruhiger und sicherer wurde. Das Gesicht der dirigierenden Lehrerin hellte sich mehr und mehr auf. Das Wagnis und die Mühe hatten sich gelohnt, der gelungene Auftritt war ein Ansporn fürs Weitermachen.
Rührend war für mich die Reaktion von Leo und seiner Frau, seinem Vater und seiner Schwester. Der Reihe nach beglückwünschten sie Antje und umarmten sie dabei, und Leo streichelte mich kurz.
Leos Vater sagte: „Siehst Du, Leo, jetzt ist alles gut geworden. Was den Vätern versagt bleibt, wird ihnen durch ihre Kinder geschenkt. Man darf nur nicht aufgeben."
„Ja", sagte Leo, „und ich dank Dir noch mal herzlich dafür, dass Du damals den Schmuggel durchgesetzt hast." Da waren die beiden wieder einmal von ihrer Vergangenheit eingeholt worden. Aber diesmal mit herrlichen Zukunftsaussichten.
Die Vergangenheit sollte an diesem Tage noch einmal zur Sprache kommen. Und das kam so: Nach dem Abendessen saßen alle im Wohnzimmer zusammen. Antje hatte mich „zur Feier des Tages" im offenen Kasten mitten auf den Couchtisch gelegt. Da sagte einer von Leos Söhnen: „Großvater, Du kannst doch so gut aus Deinem Leben erzählen, hast Du nicht wieder was auf Lager?"
„Na ja, hab ich schon, aber ich weiß nicht, ob Euch das interessiert. Ich habe da eine Geschichte, die ich am Anfang des Zweiten

Weltkrieges als Polizist mit einem Judenjungen in Auschwitz erlebt habe. Und dazu gibt es dann eine aktuelle Fortsetzung.
„Na, Großvater, Du machst es aber spannend. Schieß los, wir sind ganz Ohr!"
„Ja, wo soll ich nun anfangen, damit ihr das versteht. Also ich habe Euch ja schon mal erzählt, dass ich als sogenannter ‚Staatsunzuverlässiger' nicht bei der Wehrmacht war, sondern dass mich die Nazis arbeitsdienstverpflichtet in eine Polizeiuniform gesteckt haben. Ich wurde zum Dienst nach Auschwitz geschickt."
„O Gott, o Gott", unterbrach ihn Christoph, „Du warst doch wohl nicht in dem berüchtigten Konzentrationslager als Aufseher?!"
„Nein, Christoph, Gott sei Dank, nein. Zu meiner Zeit, das war 1939/40, gab es dieses KZ noch nicht. Aber es war trotzdem für mich als Christ und Kriegsgegner schlimm genug, was ich da erleben musste. Ich habe versucht, gewissenhaft zu handeln, und das war damals furchtbar schwer und gefährlich. Man konnte eigentlich immer nur versuchen, Schlimmeres zu verhüten. Also, um es kurz zu machen: Ich habe da unter anderem einen Judenjungen beschützt und ihm ein bisschen Überlebenshilfe gegeben."
„Na, das war aber wirklich gefährlich."
„Ja, das hätte, zumal bei meinem Temperament, leicht schief gehen können, und dann hätte ich meine ganze Familie, also auch Euren Vater, mit in den Schlamassel hineinziehen können."
Und nun erzählte Leos Vater in der ihm eigenen anschaulichen Art von der Begegnung mit jenem Judenjungen Jacob. Ich kannte die Geschichte ja schon seit 1945, als ich im schlesischen Waldenburg Augen- und Ohrenzeuge von dem bewegenden Wiedersehen der beiden geworden war. Für Leos Kinder war das alles schockierend und unfassbar, sie hörten wie gebannt zu. Die Spannung löste sich erst, als sie erfuhren, dass Jacob die schlimme Zeit überlebt hatte. Er war ja von den Sowjets aus dem Konzentrationslager befreit worden.
„Und wie ging das jetzt weiter mit Ihm und Euch?", wollte Antje wissen.
„Nun, Jacob stand ja allein und mittellos da. Wir haben ihm selbstverständlich Unterkunft und Verpflegung gegeben, und er

arbeitete dafür einige Zeit in unserer Bäckerei mit und beschützte uns vor den Russen und den Polen. Dann kam der Tag, an dem er uns seinen Entschluss mitteilte, dass er nach Amerika, zu Verwandten, die er dort hatte, auswandern wolle. Er sagte: ‚Ich muss schnell handeln, bevor Stalin den Eisernen Vorhang ganz herunterlässt.' Der Abschied ist uns nicht leicht gefallen. Wir haben dann nichts mehr von ihm gehört, er war für uns praktisch verschollen."

„Ja", sagte da Leo, „ich kann mich noch gut an diesen jungen Mann mit den schwarzen Locken erinnern. Ich habe viel Angst gehabt, als er weg war und uns nicht mehr beschützen konnte." – Leo wollte jetzt wissen, warum der Vater eigentlich den Kindern diese Geschichte erzählt hatte? „Hast Du etwa einen aktuellen Anlass dazu?"

„Ja, Leo, es klingt unglaublich, aber es ist so: Jacob hat sich vor kurzem bei mir per Post gemeldet."

„Wie hat er denn das geschafft? Unter unserer schlesischen Adresse konnte er Dich ja nach 35 Jahren nicht mehr erreichen! Wie ist er an Deine Adresse hier im Westen gekommen?"

„Ja, Leo, es ist wie immer im Leben: Wenn man etwas ganz entschieden erreichen will, weil es einem wichtig ist, dann findet man auch Mittel und Wege, ans Ziel zu kommen. Jacob ist nun auch schon über 50, und in diesem Alter fängt man an, zurückzublicken. Wo komme ich her, wo habe ich meine Wurzeln, warum bin ich jetzt wie und wo ich bin? Da fallen einem viele Dinge aus der Vergangenheit ein, Trauriges und Erfreuliches, und man wird dankbar gegenüber allen Menschen, die einem mal aus einer schwierigen Situation geholfen haben. Man nennt so etwas, glaube ich, ‚Vergangenheitsbewältigung'. Jedenfalls muss sich Jacob immer noch an mich erinnern und das Bedürfnis haben, mit mir wieder Kontakt zu bekommen."

„Und wie hat er das nun hingekriegt?"

„Nun", schaltete sich Hedwig ein, „er ist halt ein spitzfindiger Mensch mit Spürnase. Und so hat er wohl zuerst beim Suchdienst des Deutschen Roten Kreuzes in München nachgefragt. Von dort hat man ihn an den kirchlichen Suchdienst Heimatortskartei für Schlesien - Abteilung Niederschlesien – in Bamberg verwiesen.

Die Bamberger haben dann bei Großvater nachgefragt, ob er wohl der Gesuchte sei und ob sie seine Anschrift weitergeben dürften. Großvater hat erfreut zugestimmt. Schon zwei Wochen später kam Jacobs erster Brief aus einer Stadt im US-Bundesstaat Ohio bei uns an." - Hedwig musste jetzt erst einmal schlucken, sie war sichtlich gerührt.
Michael fragte: „Und was hat dieser Jacob darin geschrieben?"
„Hier", sagte Hedwig, „wir haben den Brief mitgebracht, es ist alles in großen Druckbuchstaben geschrieben."
„Lies bitte vor, Tante Hedwig!"
„Gerne. Jacob schreibt:
ES SIND SCHON ZWAR VIELE JAHRE ALS ICH EUCH GESEHEN HABE: ABER DEN JOSEF SEIN NAME IS MIR IMMER IM KOPF GEBLIEBEN. ICH KANN MICH SOGAR ERINNERN, DASS WIR NOCH IN AUSCHWITZ ÜBER RELIGION GESPROCHEN HABEN. JOSEF WAR MEIN FREUND. FÜR MICH WAR DAS SEHR WICHTIG IN EINER ZEIT, WENN DEUTSCHE SOLLEN HASSEN JUDEN. IN DIE JAHREN HABE ICH ENTDECKT, DASS DOCH DAS LICHT SCHEINT IN DER FINSTERNIS. DAS LICHT WAREN DIE LEUTE DIE ZU MIR FREUNDLICH WAREN, WENN FREUNDLICHKEIT ZU JUDEN WAR NICHT GESTATET SOGAR SEHR GEFÄRLICH. DAS HABE ICH NIE VERGESSEN. ZU DIESEN LEUTEN WIE JOSEF BIN ICH LEBENSLANG DANKBAR. ICH HABE AUCH MEINE ERSTE ARBEIT ALS FREIER MANN BEI IHNEN BEKOMMEN. ICH SEHE IHRE BÄCKEREI IN WEISSSTEIN VOR MEINEN AUGEN. ICH KANN MICH NOCH ERINNERN AN MITTAGSESSEN IN EURE GROSSE KÜCHE. WISSEN SIE ICH BIN SEHR SENTIMENTALISH. ES FREUT MICH, DASS ICH SIE GEFUNDEN HABE UND HOFFENTLICH BLEIBEN WIR IN VERBINDUNG.
ICH LEGE EIN BILD VON MIR BEI. ABER VERGESSEN SIE NICHT DASS ES SCHON ÜBER 30 YAHRE ALS ICH EUCH DAS LETZTE MAL GESEHEN HABE. SCHICKEN SIE MIR BITTE EIN PHOTO.
VIELE GRÜSS FÜR DIE GANZE FAMILIE

So, das war's."
„Donnerwetter", sagte da Christoph, „das war mal wieder eine Geschichtslektion der besonderen Art. Jetzt habe ich durch Großvater in einer halben Stunde mehr gelernt als in zehn Geschichtsstunden in der Schule. Von diesem gottverlassenen Auschwitz war ja schon öfters die Rede, aber dass es da außer Verbrechern und Henkern auch Menschen gegeben hat, die unter eigener Lebensgefahr gegen den Strom geschwommen sind und menschlich geblieben sind, das ist mir erst heute klar geworden."
„Ja, und für mich ist dieser Brief ein ganz wichtiges Dokument", ergänzte Michael. „Für mich war Großvater schon immer glaubwürdig, selbst wenn er uns ganz unglaubliche Dinge erzählt hat, aber heute konnte er das Geschilderte auch beweisen. Die Lehrer sollten öfters mal solche Zeitzeugen wie Großvater im Unterricht berichten lassen. Da wird die Geschichte lebendiger als immer nur aus den Lehrbüchern und Quellensammlungen."
„Ja", sagte der Großvater, „und für mich war dieser Brief auch ganz besonders wichtig: Er hilft mir, die schrecklichen Erinnerungen an die Kriegsvergangenheit wieder ein bisschen zu verarbeiten. So etwas trägt man ja bis an sein Lebensende als Last mit sich herum. Manche Leute sagen: ‚Warum erzählst Du immer wieder davon, lass doch die Vergangenheit endlich mal ruhen. Da ist doch längst Gras drüber gewachsen.' Und ich sage: Ich muss mir das Böse der Vergangenheit von der Seele reden. Ich muss mich bestärken in der Ablehnung der Verbrechen, die andere begangen haben. Ich muss mich aufrichten in der Erinnerung daran, dass mich selber der liebe Gott nicht hat schuldig werden lassen. Und es ist mir ganz wichtig, dass Ihr jungen Leute von all dem erfahrt. Es gibt nämlich Leute in unserem Lande, die Euch vorgaukeln wollen, es sei alles gar nicht so schlimm gewesen. Neuerdings gibt es sogar sogenannte Wissenschaftler, die leugnen den ganzen Holocaust an den europäischen Juden. Es ist nicht zu fassen! Und manche jungen Leute laufen ahnungslos und schlecht informiert hinter ihnen her. Diese Rattenfänger! Diese Brandstifter von morgen! Wehret den Anfängen! Man kann das Geschehe-

ne nicht mehr ungeschehen machen, aber es darf sich doch nicht wiederholen. Nie mehr!"
„Gut, Vatel", sagte da Hedwig, „ich denke, Deine Enkel haben Dein Anliegen verstanden. Es wird sich ihnen einprägen. Aber reg Dich jetzt nicht mehr weiter auf, das schadet Deiner Gesundheit. Wir wollen uns heute über Jacobs tröstlichen Brief freuen und Gott dafür danken. Wie wäre es, wenn wir den heutigen Abend mit einem gemeinsamen Lied abschließen würden, zum Beispiel mit ‚Nun danket all und bringet Ehr'?
„Das ist eine gute Idee, Hedwig, vielleicht können uns Antje mit der Geige und Leo am Klavier dazu begleiten?!"
Was war das wieder einmal für ein Tag! Vergangenheit und Gegenwart in einem. Ein kluger Mann hat einmal so ungefähr gesagt: Wer die Fehler der Vergangenheit nicht kennt, ist dazu verurteilt, diese in der Zukunft zu wiederholen. Gott bewahre uns davor!

Zeitgeist!

Wenn bei den Menschen jemand 40 wird, dann sagt man, sie oder er sei jetzt in den besten Jahren. Man fängt an, die „runden" Geburtstage in größerem Rahmen mit Verwandten und Freunden zu feiern. So war ich 1982 gespannt, was mir dieses und die folgenden Jahre wohl so „bringen" würden.
Es begann mal wieder mit einer großen Überraschung. Antjes Aufstiegschancen mit mir verbesserten sich schlagartig: Es wurde ein gemeinsames Schulorchester der beiden Privaten Rheinbacher Gymnasien – Sankt Joseph-Gymnasium und Vinzenz-Pallotti-Kolleg – gegründet. Orchesterprobe war mit Rücksicht auf die Fahrschülerinnen und –schüler samstags nach Unterrichtsschluss. Antje kam deshalb mit mir immer erst später als ihre Brüder zum Mittagessen nach Hause. Das brachte so manche Hänselei mit sich, aber das steckte Antje gelassen weg. Sie freute sich nämlich sehr darüber, dass sie nun schon in die erste Streicherreihe vorgerückt war.

Eines Samstags morgens fuhr Antje wie üblich mit mir auf dem Fahrrad zur Schule. Überraschung: Die Orchesterprobe fiel aus, denn nach der zweiten Unterrichtsstunde sollte eine „genehmigte Schülerdemonstration“ stattfinden. Es stellte sich heraus, dass Antje seit einigen Tagen darüber informiert war, dass sie es aber vergessen hatte: Die Macht der Gewohnheit... Wohin also mit mir? Antje schulterte mich kurz entschlossen – ich wiege mit Kasten immerhin gute 2 ½ Kilo - und so war ich auf Antjes Rücken plötzlich Demonstrationsteilnehmerin.
Nun hätte ich ja ganz gern einmal gewusst, worum es eigentlich ging. Mir war klar, dass es um etwas Ungewöhnliches und Spektakuläres gehen musste. Eine Schülerdemonstration in Rheinbach? Das hatte es in der Stadtgeschichte bisher bestimmt noch nicht gegeben. Und überhaupt: Auf die Straße gehen doch normalerweise nur links- oder rechtsradikale Schreihälse und Randalierer oder sogenannte Friedensaktivisten. Das konnte man ja im benachbarten Bonn immer mal wieder beobachten. Aber so etwas in Rheinbach? Unvorstellbar! Na, ich musste mich halt gedulden und abwarten, was sich da so abspielen würde.
Die Schülerinnen des Sankt-Joseph-Gymnasiums stellten sich klassen- und jahrgangsstufenweise auf dem Schulhof auf. Mir fiel auf, dass nicht die Klassenlehrerinnen, sondern die Klassensprecherinnen die Anweisungen gaben. Lehrerschaft und Elternvertreter waren zwar da, hielten sich aber wohl bewusst im Hintergrund zurück. Die Stimmung war locker bis fröhlich, dementsprechend ging es akustisch nicht gerade leise zu. Auf einem großen, selbstgemalten Transparent stand: „Für Freie Schulen!“ Aha, dachte ich, darum geht es! Aber warum?
Der Zug der Schülerinnen verließ hinter diesem Transparent das Schulgelände Richtung Kernstadt. An der Gräbbachbrücke wartete schon der Demonstrationszug des Vinzenz-Pallotti-Kollegs. Im Vorbeigehen war auf den Transparenten zu lesen: „Hat Regierung Angst vor Privatschulen?“ und „VPK 2000“. Die Herren ließen den Damen den Vortritt und schlossen sich dann an. Die Polizei stoppte vorübergehend den Autoverkehr in der Hauptstraße an der Sankt Martinskirche und am Wilhelmsplatz, und so wälzte sich der Zug mit den selbstgemalten Transparenten zwar nicht

schweigend, aber ohne Sprechchöre, friedlich und ohne Zwischenfälle durch die Innenstadt. Viele Passanten, die in der Haupteinkaufszeit unterwegs waren, blieben kopfschüttelnd aber interessiert stehen und schauten sich das Spektakel an. Manche fragten: „Wat sull dat dann?“ oder „Worum geht's denn?“ und studierten die Transparente. „Ach so, die Privatschulen sollen erhalten bleiben! Na dafür bin ich auch.“ Nicht wenige Passanten schlossen sich dem Demonstrationszug an, so dass die Teilnehmerzahl immer größer wurde.

Am Wasemer Turm – einem erhalten gebliebenen Rundturm an der Südwestecke der mittelalterlichen Stadtbefestigung Rheinbachs – versammelte man sich zur Schlusskundgebung. Jetzt endlich erfuhr ich aus den Reden ausführlich Anlass und Ziel dieser Veranstaltung.

Erster Redner war der Schülersprecher des Vinzenz-Pallotti-Kollegs.

„Damit das von Anfang an ganz klar ist: Dies hier ist eine von den Schülervertretungen organisierte öffentliche Protestaktion gegen die Landesregierung in Düsseldorf!“

Starker Beifall mit Geheul und Pfiffen. Antje klatschte so kräftig, dass ich auf ihrem Rücken leicht durchgeschüttelt wurde.

„Wir sagen dem SPD-Ministerpräsidenten Johannes Rau und seinem Kultusminister Jürgen Girgensohn: Wir sind gegen ein staatliches Schulmonopol und deshalb gegen die Kürzung der staatlichen Zuschüsse für die Privatschulen. Die Änderung des Ersatzschulfinanzierungsgesetzes muss weg!“

Wieder starker Beifall und anschließend der Sprechchor: „Das Gesetz muss weg! Das Gesetz muss weg! Das Gesetz muss weg!“

„Wir sind mit der Regionalvertretung der Freien Schulen Bonn der Meinung: Die freien Schulen pochen auf Mitspracherecht. Wir haben Angst, dass sie geschlossen werden müssen falls die Änderung des Ersatzschulfinanzierungsgesetzes nicht zurückgenommen wird.“

Wieder skandierte die Menge: „Das Gesetz muss weg! Das Gesetz muss weg! Das Gesetz muss weg!“

Dann sprach die Schülersprecherin des Sankt-Joseph-Gymnasiums. Sie warf der Landesregierung eine „Untergrabung des freien Schulwesens“ vor. An einer Privatschule gebe es keine anonyme Massenabfertigung. Am Sankt-Joseph-Gymnasium, dessen Träger der Orden der Schwestern unserer lieben Frau ist, bestünden zahlreiche Arbeitsgemeinschaften, die nur durch die Bereitschaft der Lehrer zu freiwilligen Überstunden möglich seien. Wieder starker Beifall und der Sprechchor „Das Gesetz muss weg!“. Hier hätte ich gern mitgemacht, denn ohne die Bereitschaft der Musiklehrer hätte es ja das gemeinsame Schulorchester nicht gegeben.
Auch die Lehrerinnen und Lehrer meldeten sich unterstützend zu Wort. Eine Lehrerin von Sankt Joseph rief aus: „Freie Schulen müssen bleiben, denn Freiheit darf nicht leiden!“ Das Ziel der christlichen Privatschule sei, die Kinder und Jugendlichen zur Freiheit und Nächstenliebe zu erziehen. Ersatzschulen bedeuteten keine Konkurrenz zu staatlichen Schulen, sondern Alternative.
Der Lehrer des Vinzenz-Pallotti-Kollegs, ein temperamentvoller Pallottinerpater, widersprach zum Schluss der Kundgebung der Annahme der Landesregierung, eine Kürzung der staatlichen Zuschüsse für die Privatschulen sei eine Sparmaßnahme für den Landeshaushalt. Er präsentierte den Zuhörern dazu ein einfaches, anschauliches Rechenbeispiel: An jedem Schüler, der eine Privatschule besuche, spare der Staat durch die Leistung der Träger rund 1.000 Mark. In Rheinbach gebe es rund 1.700 solcher Schülerinnen und Schüler. Das bedeute allein in Rheinbach für den Staat eine jährliche Einsparung von 1,7 Millionen Mark. Wenn der Staat aber den Freien Schulen durch die vorgesehene Mehrbelastung die Existenzgrundlage entziehe, spare er nicht, sondern zahle drauf, denn jeder junge Mensch habe natürlich das Recht auf Beschulung.
Das war mehr als einleuchtend, und deshalb wurde wieder kräftig geklatscht, gejohlt und gepfiffen. Das Ganze mündete noch einmal in den Sprechchor „Das Gesetz muss weg!“
Ich war begeistert, obwohl ich ja heute wegen der ausgefallenen Orchesterprobe nicht zum Zuge gekommen war. Irgendwie spürte ich, dass das Ganze auch etwas mit mir zu tun hatte.

Zu Hause ergab sich beim Mittagessen noch eine lebhafte Nachlese, durch die mir – und ich glaube auch den jungen Leuten – erst die Tragweite der ganzen Geschichte richtig klar wurde.
„Na, Vater", begann Christoph, „was sagst Du nun? 1.200 Teilnehmer schätzt die Polizei. Wir Schüler können doch auch was Ordentliches auf die Beine stellen!"
„Als Politiklehrer empfinde ich allergrößte Genugtuung."
„Weil wir den Sozis ordentlich eins drübergegeben haben, meinst Du?"
„Nicht nur, nicht nur. Ich meine das grundsätzlicher: Diese Schülerdemonstration war politische und demokratische Erlebnispädagogik in Reinkultur. Die Investition zweier regulärer Unterrichtsstunden – in welchem Fach auch immer – hat sich gelohnt. Ich hoffe, die Bedenkenträger in den Kollegien sehen das jetzt auch so."
„Ach so, gab es Widerstände?"
„Na ja, einem Teil der Kollegien war der Unterrichtsausfall wegen einer Demonstration mit ungewissem Verlauf unverantwortbar. Man sprach von ‚pseudodemokratischen Sandkastenspielen ohne jede Wirkung auf die da oben in Düsseldorf'. Ich habe klarzumachen versucht, dass letztendlich die Existenz unserer Schulen zur Debatte steht. Und dann habe ich ihnen das Kollegsziel in Erinnerung gerufen."
„Die Schüler sollen zu verantwortungsbewussten Christen und Staatsbürgern erzogen werden".
„Ja, Michael, korrekt zitiert. Aber demokratisches Verhalten will eingeübt sein, sonst wird nichts draus. Und deshalb habe ich mich für die Demonstration stark gemacht. Die Schülervertreter wollten natürlich den ganzen Unterricht ausfallen lassen. Da habe ich ihnen gesagt, dass sich dann ein Gutteil der Schülerinnen und Schüler einen freien Samstag genehmigen könnten. Dann zöge wahrscheinlich nur ein kleines Häufchen durch die Stadt, und das wirkte lächerlich. Also haben wir uns mehrheitlich auf den Kompromiss: zwei Stunden Unterricht – zwei Stunden Demonstration geeinigt, damit am Ende die Fahrschüler auch pünktlich zu ihren Bussen kommen konnten."

„Oh, das war ja mal wieder umständlich! An was man da immer alles denken muss."
„Tja, Antje, das ist Demokratie. Demokratie ist sehr zeitaufwändig und funktioniert nur im interessenausgleichenden Kompromiss. Jedenfalls ist Euch da eine tolle Sache gelungen."
„Ja, Vater, jetzt noch mal zurück zu dem, was der Pater gesagt hat: Können die in Düsseldorf denn wirklich nicht rechnen, dass sie einen solchen Mist bauen?"
„Michael, sparen müssen die ja, denn die Verschuldung Nordrhein-Westfalens ist unter der SPD-Regierung beängstigend hoch geworden. Aber die Frage ist eben, wo soll gespart werden. An der Stelle schalten sich dann die Ideologen ein. Und denen sind die Privatschulen und das dreigliedrige Schulsystem schon länger ein Dorn im Auge. Es ist ja so eine fixe Idee des linken Zeitgeistes, dass nur mit Gesamtschulen die gleichen Bildungschancen für alle zu gewährleisten seien. Wenn es nur noch staatliche Gesamtschulen gibt, erledigt sich das Problem der ungeliebten Konfessionsschulen gleich mit von selbst. Und deshalb wollen sie die Privatschulen schröpfen, um das Geld in die Gesamtschulen zu pumpen. Und nun haben aber Ideologen gewöhnlich Scheuklappen auf und denken nicht an die Konsequenzen. Und so merken sie manchmal nicht, dass sie sich ins eigene Fleisch schneiden."
„Aber ist das denn wirklich eine Existenzfrage für uns? Die Pallottiner gelten in Rheinbach doch als ziemlich reich."
„Na ja, oberflächlich betrachtet könnte man das meinen. Und die in Düsseldorf meinen das ja auch. Aber die Herrschaften übersehen dabei etwas ganz Entscheidendes: Wie alle Ordensgemeinschaften leiden auch die Pallottiner seit Jahren unter Nachwuchsmangel. - Da lässt auch wieder der Zeitgeist grüßen! - Das geht über kurz oder lang an die finanzielle Substanz."
„Wieso das denn, das musst Du uns erklären."
„Antje, es ist zum Beispiel ein großer Unterschied, ob ein Pater als Lehrer sein Gehalt – soweit es aus der Staatskasse kommt - an die Ordenskasse abführt, oder ob die Pallottiner bei den sogenannten weltlichen Lehrkräften - wie zum Beispiel bei Deinem Vater - noch aus der Ordenskasse drauflegen müssen, damit wir das volle Gehalt nach Hause bringen können.. Und jetzt er-

schreckt nicht: Wenn Düsseldorf hart bleibt und die Pallottiner die dann fehlenden Millionen nicht aufbringen können, dann müsst Ihr Euch eine andere Schule suchen, ich verliere meinen Arbeitsplatz und wir alle verlieren unseren Lebensunterhalt! So einfach ist das."
Das saß. Einen Moment lang herrschte betroffenes Schweigen. Ich erinnerte mich an frühere Situationen in Leos Leben, in denen es um Sein oder Nichtsein gegangen war. Dann sagte Leos Frau mit einem Seufzer: „Mein Gott, Leo, nun mal doch nicht gleich den Teufel an die Wand!"
„Also zunächst mal, Ihr Lieben, ist es doch so, dass die SPD mit ihrer absoluten Mehrheit im Landtag alles durchboxen kann, was sie will. Das ist nun mal in der Demokratie so. Aber das Schöne an der Demokratie ist eben, dass die Minderheit nie rechtlos ist. Also dürfen wir der Mehrheit öffentlich und am besten mit guten Argumenten sagen: So geht 's nicht, Ihr macht da einen Fehler, Ihr müsst diesen Fehler korrigieren. Wenn Ihr uneinsichtig seid, kommt spätestens bei der nächsten Wahl die Quittung."
„Und wie stellst Du Dir jetzt eine Lösung vor?"
„Ich denke, dass es in der SPD noch genügend Leute gibt, die relativ ideologiefrei und nüchtern denken können. Die nehmen Fakten und Argumente ernst. Wenn jetzt nach der großen Protestkundgebung der Landeselternschaft der Gymnasien vorigen Herbst in Düsseldorf – es wurden ja 10.000 Teilnehmer geschätzt – auch viele Schülerinnen und Schüler in Rheinbach protestieren, dann macht das schon Eindruck. Man überdenkt das Ganze noch einmal. Und wenn man merkt, dass man gegen die Wand gefahren ist, dann ändert man was, natürlich mit möglichst wenig Gesichtsverlust."
„Also meinst Du, Vater, dass wir noch hoffen dürfen?!"
„Ja. Alles andere wäre das, was man ‚Arroganz der Macht' nennt."

Gott sei Dank! Der umstrittene Regierungsentwurf zur Änderung des „Ersatzschulfinanzierungsgesetzes" wurde zurückgezogen. Wir konnten aufatmen, und die Rheinbacher Schülerinnen und Schüler waren um eine wichtige Demokratieerfahrung reicher.

Weite Welt

Im Jahre 1987 bahnte sich der Höhepunkt meines bisherigen Lebens an. Antje nannte das „highlight", aber ich bleibe bei dem schönen deutschen Wort „Höhepunkt". Ich weiß nämlich, dass Leo etwas gegen unnötige Modewörter aus anderen Sprachen hat. Er sagt immer: „Ich habe nichts gegen fremde Sprachen, ich bewundere und beneide sprachbegabte Menschen. Fremdsprachenkenntnisse können viel zu einem guten Miteinander der Völker dieser Erde beitragen. Aber deswegen muss man doch seine Muttersprache nicht vernachlässigen und durch fremdsprachige Modewörter verhunzen. Also bleibe ich bei dem treffenden deutschen Wort ‚Höhepunkt'. Wer stattdessen ‚highlight' sagt, ist ein Sprachsünder."
Ich glaube, dass Leo da ziemlich gegen den Strom schwimmt, aber das passt zu ihm. Und eigentlich hat er ja auch Recht.

Aber jetzt zu dem Ereignis selber: Im Laufe der Jahre kam ich mit Antje immer häufiger und gekonnter zum Einsatz. Da waren zum Beispiel die alljährlichen Schulkonzerte des Vinzenz-Pallotti-Kollegs unter der Schirmherrschaft der Vereinigung ehemaliger Schüler, Freunde und Förderer. Das gemeinsame Schulorchester unter der Leitung eines jungen, dynamischen Musiklehrers des St. Joseph-Gymnasiums spielte da unter anderem den 4. Satz aus der Sinfonie Es-Dur von Johann Stamitz, oder es begleitete den 1. Satz aus dem Klavier-Konzert Nr. 6 von Johann Christian Bach. Von demselben Komponisten wurde im Sommer 1987 das Quintett D-Dur aufgeführt, und Antje war mit mir als erster Geige dabei.

Kurz danach wurde Antje mit mir auch im Orchester zur „ersten Geige" befördert. Das war eine große Ehre und Verantwortung, denn jetzt waren wir im wahrsten Sinne des Wortes tonangebend! Antje nahm kurz vor Konzertbeginn den A-Ton vom Flügel ab und gab ihn dann auf der Bühne oder dem Podium vor versammeltem Publikum zum Stimmen an die anderen Instrumente weiter. Wenn der Dirigent hereinkam, begann das Publikum zu klatschen. Nach einer tiefen Verbeugung reichte er Antje stellvertretend für das ganze Orchester die Hand, ganz so, wie man es von den professionellen Orchestern kennt. Für Antje war dieser Augenblick immer etwas aufregend, das spürte ich. Leo und seine Frau im Zuschauerraum freuten sich und waren auch etwas stolz, das erfuhr ich später zu Hause.

Während einer Probe im Herbst 1987 wurde für uns das Tor zur weiten Welt aufgestoßen! Der Orchesterleiter sagte ohne viele Umschweife: „Im nächsten Sommer pflegen wir wieder die Musikpartnerschaft mit der Stadt Rhinebeck in USA, und da muss natürlich unser Orchester dabei sein. Stellt Euch und Eure Eltern also bitte darauf ein, dass wir über den großen Teich fliegen."

Antje entfuhr mit einigen anderen ein halblautes „Juhu!" Ich dachte: Toll! Raus in die weite Welt, egal wie! Wer einmal hinter dem Eisernen Vorhang gelebt hat, der weiß die Reisefreiheit zu schätzen!
Ansonsten überraschtes, vielstimmiges Geraune. Eine Schülerin sagte: „Aber wir haben zu Hause schon eine andere Reise geplant." Ein Schüler stöhnte: „Das kostet doch viel zuviel Geld, das schaffen meine Eltern nicht!" Und ein anderer: „Flugreisen sind heutzutage, wo Flugzeuge entführt oder in die Luft gesprengt werden, vielzu gefährlich!"
Der Musiklehrer blieb ganz ruhig: „Man muss auch mal was wagen. Jeder von Euch wird gebraucht, sonst klingt es nicht so gut. Es geht zwar ein Teil der Sommerferien dabei drauf, aber es wird für Euch bestimmt ein unvergessliches Erlebnis werden. Die deutsch-amerikanische Freundschaft will gepflegt sein. Was meint Ihr, was Euch die Schüler in der DDR und in den anderen Ländern hinter dem Eisernen Vorhang beneiden. Nutzt die Gelegenheit, sie kommt nie wieder. - Und außerdem werden wir vor der Reise mindestens zwei Konzerte geben, und mit dem Erlös werden die Reisekosten etwas erträglicher."
Am Mittagstisch berichtete Antje vorsichtig von dem „Projekt".

„Mensch Antje!" platzte Ansgar heraus, „hast Du ein Glück! Wenn mir so was angeboten würde, ich würde sofort zuschlagen!"
„Ja", sagte Leo, „Du brauchst das ja auch nicht zu finanzieren. Wenn Du vier Kinder hast, von denen zwei schon studieren, dann musst Du Schwerpunkte setzen und entscheiden, was vorrangig ist."
„Du meinst also, Papa, dass das nicht geht?"
„Nein, nein, Antje. Ich hoffe, dass wir das hinkriegen. Mein Fräulein Kloz in Amerika! Das wäre der Gipfel schlechthin! Deutsch-amerikanische Freundschaft durch Musik: Oh Gott, damit ließe sich wieder ein Stück tragischer Vergangenheit bewältigen! – Was soll der Spaß denn kosten?"
„Oh, davon hat der Lehrer noch nichts gesagt."
„Das brauchen Mama und ich aber als Entscheidungshilfe. Also frage bald mal nach dem voraussichtlichen Preis."
„Ich werde ihm morgen während der großen Pause am Lehrerzimmer auflauern."
Am nächsten Tag berichtete Antje ziemlich bekümmert: „Er hat gesagt, dass wir wohl mit 1.100 Mark rechnen müssen. Und damit kann ich mir das wohl abschminken."
Leo sagte: „Nun mal langsam, Antje, jetzt werden wir uns erst einmal heute Abend beraten, und morgen sagen wir Dir das Ergebnis."
Am nächsten Tag hieß es: „Du kannst teilnehmen, wenn Du auf eine weitere Urlaubsreise verzichtest. Wir sind nicht der Vater Staat, wir können das Geld ja nur einmal ausgeben."
Antje sprang auf und umarmte voll Freude und Dankbarkeit ihre Mutter und ihren Vater. Damit war die Angelegenheit – wie man modern sagt – in trockenen Tüchern. Von jetzt an war Antjes Amerikareise am Familientisch das Gesprächsthema schlechthin. Alle gönnten Antje und mir das bevorstehende große Ereignis. Nach und nach erfuhr ich, was es eigentlich mit dieser Musikpartnerschaft mit Rhinebeck auf sich hatte.
Im Telegrammstil lässt sich folgendes sagen: Die Initiative ging von dem Musikdirektor der Rhinebeck-Central-School aus. Da Rhinebeck 1688 rund 150 km nördlich von New York City am

rechten Ufer des Hudson River gegründet worden war, stand für 1988 die 300-Jahr-Feier an. 300 Jahre, das ist für die relativ junge Geschichte der Vereinigten Staaten eine unglaublich lange Zeit, und deshalb sollte das Ereignis natürlich ausgiebig gefeiert werden. Die Planungen und Vorbereitungen begannen schon 1977. Man besann sich darauf, dass zu den Gründern von Rhinebeck auch Auswanderer aus dem Rheinland gehört hatten. Nachforschungen machten es wahrscheinlich, dass der Name Rhinebeck von Rheinbach hergeleitet war. Wie in Rheinbachs Stadtgeschichte wechselte auch in Rhinebeck die Schreibweise: „Rhynbeck" – „Rheinbach" – „Rhineback". Also, meinte der Musikdirektor, sollte man doch bitte schön zwei Fliegen mit einer Klappe schlagen: Erstens Kontakt mit den Menschen des Herkunftslandes herstellen und zweitens sich der Musik als Brücke und Beitrag zur Festgestaltung bedienen. Die Idee wurde für gut befunden, der Musikdirektor schrieb einen Brief und bat darum, mit seiner Band Rheinbach besuchen zu dürfen. Der Brief stieß auf Gegenliebe. Bereits im April 1978 war der Musikdirektor mit rund 60 Schülerinnen und Schülern und 10 Betreuern in Rheinbach. Jetzt waren die Rheinbacher zum Gegenbesuch herausgefordert. Im April 1979 reisten rund 120 Schülerinnen und Schüler der weiterführenden Schulen mit 18 Betreuern nach Rhinebeck. Besuch und Gegenbesuch waren Volltreffer, die Musikpartnerschaft war aus der Taufe gehoben. 1983 kamen wieder die Rhinebecker nach Rheinbach, 1984 reisten die Rheinbacher nach Rhinebeck. Und nun also stand die Reise der Rheinbacher zum Stadtjubiläum 1988 bevor.

Drei Tage Träumen von der Reise über den großen Teich, drei Tage fleißigeres Üben auf mir, drei Tage vorbereitende Überlegungen als begänne diese Reise schon in der nächsten Woche. War es das? - Nein! - Am frühen Abend stürmte Ansgar mit seiner Klarinette ins Haus:

„Hurra! Das Pallotti-Blasorchester geht auch nach Rhinebeck, also fliege ich auch mit! Der Chef hat uns das während der Probe gesagt."

„Ach ja", sagte Leo, „und der Chef blättert auch für diesen guten Zweck gerade mal so 1.100 Mark pro Nase auf den Tisch?!"

„Auweia!“ sagte Ansgar kleinlaut, „daran habe ich ja in meiner Freude gar nicht gedacht. Entschuldigung.“
Sendepause. – Mein Gott, ich kriegte die Krise! Leo und seine Frau hatten es sich bei Antje schon gründlich überlegt, und jetzt das! - Aus Erfahrung wusste ich, dass die Eltern immer bemüht waren, allen vier Kindern Chancengleichheit zu garantieren. Die Alternative konnte also in diesem Fall nur heißen: entweder Antje und Ansgar oder keiner. Wie üblich, wurde der Fall am Abend unter vier Augen gründlich beraten.
Am nächsten Morgen sagte die Mutter beim Frühstück: „Also gut, Ansgar, Du darfst auch mit nach USA…“
„Hipp, hipp, hurra!“ platzte Ansgar heraus und trommelte vor Vergnügen auf der Tischkante.
„Moment mal, das war ja noch nicht alles:“
„Wie, gibt ’s auch noch Taschengeld dazu?“
„Nun sei mal nicht so übermütig. Wir können nämlich nur zusagen, wenn Du – wie Antje – auf eine weitere Reise im nächsten Sommer verzichtest. – Na, was sagst Du jetzt?!“
„Ja…, eigentlich wollte ich ja mit Euch nach Kreta…“ – Pause - „Aber wann komme ich mit Euch nach USA? – Mensch, und dann mit dem Blasorchester…Beim nächsten Austausch habe ich wahrscheinlich schon das Abitur…Nee, nee, ich verzichte auf Kreta.“
Allgemeines Aufatmen. Jetzt durfte weiter geträumt werden. Und es wurde fleißig geübt, sogar Ansgar übte aus freien Stücken. Wenn beide gleichzeitig üben wollten, musste einer in den Keller ausweichen, sonst wurde ich von der Klarinette übertönt.
Anfang November brachten Antje und Ansgar je eine Einladung des „Arbeitskreises Rhinebeck – Rheinbach“ mit. Nach dem Abendessen zogen die beiden übermütig eine Show ab.
Ansgar verkündete im Stil eines mittelalterlichen Bänkelsängers: „Meine Damen und Herren! Ich habe sensationelle Neuigkeiten für Sie! Das Motto des nächstjährigen Freundschaftsaustausches lautet: „HANDS ACROSS THE WATER – Rhinebeck – Rheinbach!“
Antje rief: „Bravo!“ und klatschte in die Hände.

Ansgar fuhr fort und zitierte aus dem Text der Einladung: „Meine Damen und Herren! Im kommenden Jahr werden erneut über 100 Schülerinnen und Schüler die Stadt Rhinebeck besuchen. Zur Mitfinanzierung dieses doch sehr kostenaufwendigen Unternehmens laden wir Sie zum

5. Amerika-Konzert
am Freitag, dem 27. 11. 1987,
Beginn 19.30 Uhr,
im Stadttheater Rheinbach, Königsberger Straße
ganz herzlich ein.

Die Chöre und Orchester der weiterführenden Schulen bieten Ihnen ein buntes Programm von der Klassik bis zum Jazz.
Der Eintrittspreis beträgt für Erwachsene 6,- DM, für Schülerinnen und Schüler 3,- DM."
Wieder rief Antje: „Bravo!" und klatschte in die Hände.
Leo sagte: „Na, dann wollen wir mal zur Mitfinanzierung beitragen. Die Sache ist ja förderungswürdig."
„Das klingt aber sehr ironisch, Papa", meinte Antje.
„Zugegeben. Ich spiele mit in Eurer Show. - Aber jetzt im Ernst: Ihr wisst doch ganz genau, dass wir uns freuen, wenn Ihr Musik macht, und das unterstützen wir deshalb gerne. Wir sind gespannt, was Ihr zu bieten habt. Ich nehme an, dass das auch ein Probelauf für Eure Auftritte in USA sein wird."
„Na klar", sagte Ansgar, „wir werden die Reaktion und die Beifallstärke des Publikums testen, damit wir dann vergleichen können."
„Gut, mit mir könnt Ihr rechnen. Ich werde als Erster zu klatschen beginnen und als Letzter aufhören, einverstanden?"
„Super! Beifall ist das Brot des Künstlers! – Und wenn es Misstöne gibt?"
„Das gibt 's doch nicht: Mein Fräulein Kloz als erste Geige und Deine zweite Klarinette, da sind doch Misstöne unvorstellbar, die gibt 's doch nur bei anderen! Ich stehe auf Euch und bin jetzt schon begeistert!"
„Na, na, na", sagte da Leos Frau, „jetzt reicht es aber."
Das Konzert war ein voller Erfolg: Volles Haus, die normalen Sitzplätze reichten nicht aus; es wurden Stühle in den Seitengän-

gen aufgestellt bis die Feuerwehr das aus Sicherheitsgründen stoppte. Einige Unentwegte setzten sich daraufhin auf Stühle im Foyer und hörten sich die Darbietungen durch die geöffneten Saaltüren an. Die Kasse stimmte also. Die Stimmung war von Anfang an gut. Das Publikum war äußerst dankbar – auch nach dem einen oder anderen heraushörbaren Misston. Ich glaube, da hat Leo seine Hände schonen können. Der erste Teil wurde vom Blechbläserchor der Tomburg-Realschule, vom Chor der Jahrgangsstufe 7 des Sankt-Joseph-Gymnasiums, von Chor und Flötengruppe der Gemeinschaftshauptschule und von Chor und Orchester des Städtischen Gymnasiums gestaltet.
Nach der Pause war das gemeinsame Orchester von Sankt-Joseph-Gymnasium und Vinzenz-Pallotti-Kolleg dran. Ich war wieder die erste Geige, und Antje gab mit mir den Ton an. Wir spielten Allegro und Menuetto aus dem Divertimento Es-dur von W. A. Mozart. Großer Beifall. Nach den ersten drei Verbeugungen forderte der Dirigent mit temperamentvollem Armrudern das Orchester zum Aufstehen auf und drückte Antje die Hand. Der Beifall schwoll noch einmal an. So etwas prägt sich ins Gedächtnis ein. Mein Gott, wie gut ging es mir dabei! Das ist das, was man Glück nennt.
Nach dem Oberstufenchor des Sankt-Joseph-Gymnasiums und der Jazz Combo der Tomburg-Realschule hatte Ansgar mit dem Blasorchester des Vinzenz-Pallotti-Kollegs seinen Einsatz. Na, da war was los. Diese Lautstärke, der Bühnenboden vibrierte! Blasmusik ist eben eher etwas für Freiluftveranstaltungen. Die Saaldecke hielt, die Türen standen ja weit offen. Die Titel der Musikstücke sprachen für sich: „Start mit Schwung – Heitere Ouvertüre“, „Dob’s Boogie“ und „Dixie for Bran“. Der Beifall war überwältigend, es wurden Zugaben gefordert und gespielt. Das musste auch beim amerikanischen Publikum ankommen! Ich war jetzt fast etwas neidisch auf die Bläser. Wir Streicher sind ja eher für das Feinfühlige, Unaufdringliche zuständig, aber ich gönnte den Bläsern – vor allem Ansgar – diesen Erfolg.
Mitte Juni 1988 - vier Wochen vor der großen Reise - gaben wir im Rheinbacher Stadttheater das 6. Amerikakonzert. Wir hatten in der Zwischenzeit fleißig weitergeübt. Unser Sinfonieorchester

spielte Teile aus Händels „Wassermusik" und aus dem „Messias". Das Blasorchester spielte unter anderem „Mixed Pickles" und „Klänge aus dem Alpenland". Ausverkauftes Haus, Stimmung, Beifall und nicht zuletzt die Kasse: alles stimmte wieder. Wir waren gut vorbereitet und gingen als „Rheinbacher Sympathieträger" und von vielen guten Wünschen begleitet auf die große Reise.

Für mich war diese Reise das „Sahnehäubchen" auf meinem Lebensweg. Große Ereignisse waren ja für mich bisher immer mit Reisen verbunden: Mittenwald – Waldenburg in Schlesien – Friedland bei Göttingen – Wentorf bei Hamburg - Rheinbach bei Bonn und jetzt also Rhinebeck im Staate New York!

Man könnte über die Reise nach Rhinebeck ein Buch schreiben, aber ich will mich auf einige ausgewählte Eindrücke beschränken. Da war zunächst der Flug über den großen Teich, für mich die erste Flugreise! Antje und Ansgar kannten sich da schon aus, denn vor einem guten Jahr war die ganze Familie – ohne mich – ins Heilige Land geflogen. Antje war trotzdem aufgeregt und redete auch darüber. Eine Nachbarin sagte ihr wohlmeinend: „Es ist noch keiner oben geblieben – runter kommt man auf jeden Fall." Na schön, aber entscheidend ist doch w i e man runterkommt und ob einem dabei übel wird.
Ich nahm mir zu Herzen, was Leo aus seiner Flugerfahrung zum Besten gab: „ Es ist unklug, sich überhaupt innerlich auf Flugangst einzulassen, das hilft nicht, im Gegenteil, das macht erst recht nervös. Als Autofahrer und selbst als Fußgänger ist man ja auch seines Lebens nie ganz sicher. Ich schicke beim Start immer ein Stoßgebet zum Himmel, das hilft. Und ansonsten: Immer tief durchatmen!" Beim Abschied am Transferbus sagte er zu Antje: „Kümmere Dich um mein Fräulein Kloz, es versteht – wie ich – kein Englisch. Und nun fliegt mit Gott, kommt heil wieder und hinterlasst einen guten Eindruck bei unseren amerikanischen Freunden."
Die Gepäckkontrolle am Flughafen in Amsterdam war nicht nur aus meiner Sicht äußerst pingelig. Du meine Güte: Wenn der polnische Zöllner vor 30 Jahren so genau kontrolliert hätte, wäre

ich in Schlesien hängen geblieben. Dann hätte ich hinter dem Eisernen Vorhang von Reisen nach Amerika weiter nur träumen dürfen. Aber diesmal wurde ich nicht geschmuggelt, ich reiste höchst offiziell, sozusagen im Diplomatengepäck. Antje musste zwar den Geigenkasten öffnen und mich herausnehmen, aber das war auch schon alles. Ich durfte sogar als Handgepäck in Antjes Obhut reisen.
Den Flug habe ich gut überstanden, die meiste Zeit schlafend. Antje hatte einen Fensterplatz, aber stundenlang nur Wolken und Wasser zu sehen, das macht schläfrig. Wach wurde ich, als Antje „Die Freiheitsstatue!“ rief. Bald darauf rief eine andere Mädchenstimme „Die Wolkenkratzer!“ Und dann: „Die Zwillingstürme, ich will auf die Plattform!“ „Dann winke ich Dir vom Empire State Building aus!“ Wir waren also im Landeanflug über Manhattan. Am liebsten wären alle vor Begeisterung aufgesprungen. Die ohne Fensterplatz zerrten an den Gurten, um möglichst viel von New York zu sehen.
Am J. F. Kennedy Airport mussten wir längere Zeit auf die Busse aus Rhinebeck warten. Ansgar wusste die Zeit geschäftstüchtig zu nutzen: Er holte herrenlos stehen gebliebene Gepäckwagen vom Autoparkplatz an ihren Standort zurück. Wenn das Steckschloss klickte, bot sich die 50 - Cent – Pfandmünze legal zur Entnahme an. So besserte er sein Taschengeld um einige Dollars auf. Ansgar war im „Land der unbegrenzten Möglichkeiten“ angekommen und hatte keine Langeweile.

Der Empfang in Rhinebeck war herzlich und gleichzeitig amerikanisch unkompliziert. Die Gastfamilien hatten sich vor „Beekmans Arm“, dem ältesten Hotel der USA, versammelt. Antje und ich wurden einem Ehepaar mit einem spanischen Namen zugeteilt. Als der Gastvater Antje zur Begrüßung in die Arme nahm, war ich gleich mit von der Partie, ich hing ja auf Antjes Rücken. Ich traute meinen Ohren nicht, aber er sagte dabei wirklich: „I love you, Entche!“ Antje fand es amüsant, dass sie durch die amerikanische Aussprache von Antje zum „Entchen“ geworden war.

Wir bezogen in dem typisch amerikanischen Landhaus das Zimmer der erwachsenen Tochter, die auswärts studierte. Von der

Unterhaltung bei Tisch und auch sonst bekam ich nicht viel mit. Ich merkte nur, dass es bald aus „Entchen“ in Englisch genauso heraussprudelte wie ich es zu Hause von Antje gewöhnt war. Es war auch ein gutes Zeichen, dass öfters gelacht wurde. Die Atmosphäre stimmte also.

Übrigens, die Rhinebecker hatten das Motto für den Besuch leicht verändert: Es hieß jetzt nicht mehr „Hands…“, sondern „Hearts across the water“. Antje erklärte mir, dass die Gastgeber damit die Herzlichkeit der Beziehungen zur anderen Seite des großen Wassers – also zu uns - unterstreichen wollten. Und getreu diesem Motto strengten sich die Rhinebecker an, ihren Gästen ein umfangreiches und abwechslungsreiches Programm zu bieten. Im Mittelpunkt stand natürlich die Musikpartnerschaft. Was war das für ein Hochgefühl für mich, „erste Geige“ in der „Neuen Welt“ zu sein! Da waren ja Englischkenntnisse nicht erforderlich. Was sagte Leo immer? „Sprachen trennen leider seit dem Turmbau zu Babel, Musik aber verbindet, da braucht man keinen Dolmetscher!“
Am dritten Tag nach der Ankunft starteten wir in der Nachbarstadt Hyde Park mit einem Freiluft-Konzert vor dem „Vanderbilt Mansion“. Das ist ein Gebäude! Was heißt hier „Gebäude“? Das war keine „Villa“, ein „Herrenhaus“, ein „Schloss“ mit 54 Zimmern, Baujahr 1898! Ich war vor dem Konzert – auf Antjes Rücken – mal kurz drin. Alles vom Feinsten: Frau Vanderbilts Schlafzimmer im Stil Ludwigs XV., das Schlafzimmer des Herrn Vanderbilt im Stil der spanischen Könige! Einfach üppig und protzig. Die Vanderbilts waren im 19. Jahrhundert sagenhaft reich geworden. Damals konnte man in Amerika mit dem Eisenbahnbau viel Geld verdienen.
Doch zurück nach draußen zum Konzert. Der Blick in die Runde war umwerfend. Dieses riesige Parkgelände mit dem gepflegten Rasen, den Baumgruppen, dem Blick auf den Hudson, den „amerikanischen Rhein“! Die späte Nachmittagssonne vergoldete das Ganze. Für das Orchester war vor dem Hauptportal mit den riesigen neoklassischen Säulen ein Podium aufgebaut worden. Ein zahlenmäßig großes Publikum hatte sich malerisch in Sitzgruppen

auf dem Rasen niedergelassen, neugierig, wohlgelaunt und geschwätzig. Picknickkörbe wurden ausgepackt. Locker, locker! Konnte man sich so auf ein Konzert konzentrieren, oder waren wir nur als Geräuschkulisse vorgesehen? Immerhin: als wir auf dem Podium Platz nahmen, wurde geklatscht.
Als Antje auf ihrem Stuhl Platz nahm, zuckte sie zusammen und stöhnte ein wenig:
„Oh, Fräulein Kloz", murmelte sie, „die Hosenbeine zwicken so, ich glaube, ich habe Sonnenbrand."
Sonnenbrand? Wie will sie denn daran gekommen sein? Öfter mal was Neues! Eine Erklärung war wohl vor der Pause nicht mehr drin. Jedenfalls kein gutes Vorzeichen für das Konzert. Beiß die Zähne zusammen, Antje!
Es ließ sich gut an. Ein würdiger Herr trat ans Mikrophon, offensichtlich, um uns zu begrüßen. Er hatte kaum den ersten Satz beendet, da wurde schon kräftig geklatscht. Es war, als ob die Leute schon lange auf diesen Augenblick gewartet hätten. Sie schienen froh zu sein, dass es nun endlich losging. Dabei hatten wir doch noch keinen einzigen Ton gespielt – wenn man mal vom Stimmen der Instrumente absieht. Der Orchesterleiter schickte gleich einen Mozart „ins Rennen". Na ja, wir hatten ihn schon mal besser interpretiert, aber das Publikum! Wir waren ja von unserem Rheinbacher Publikum schon etwas verwöhnt, aber jetzt brach geradezu ein Beifallssturm mit Gekreische und Yeah-Rufen über uns herein, und das unter freiem Himmel. Das also, dachte ich, ist die amerikanische Art, Begeisterung auszudrücken! So konnte es ruhig weitergehen.
In der Pause kam dann die „Offenbarung": Antje war nicht die Einzige, die über Sonnenbrand klagte. Während ich mich also am Vormittag in „meinem" Landhaus hatte ausruhen und auf das Konzert einstimmen können, stand für die jungen Rheinbacher ein „event", ein „Ereignis" auf dem Programm: Antje sprach von „Inner Tubing". Ehe ich mal herausgehört hatte, dass es sich dabei um eine Art feuchtfröhlichen Volksvergnügens auf Wildwasserläufen handelte! Da werden alte Lastwagenschläuche aufgeblasen und zu Schwimmringen umfunktioniert. Man hängt oder setzt sich hinein und lässt sich treiben. Antje hatte sich hineinge-

setzt. Mit dem Rücken lag sie bequem auf dem hinteren, die Beine hingen über dem vorderen Schlauchteil, und mit den Händen konnte sie steuer- oder backbords die Fahrtrichtung beeinflussen. Das war für Ungeübte recht abenteuerlich. Man musste die stärkste Strömung meiden und immer schön aufpassen, dass man nicht mit irgendwelchen Steinen, Ästen oder gar Felsbrocken kollidierte. Da gab es schon mal die eine oder andere kleine Hautschürfung. Antje hatte sich Gesicht und Arme vorsorglich mit Sonnenmilch eingerieben, aber an die Beine hatte sie – wie andere auch – nicht gedacht. Ja, und die Folge war dann eben der „deftige" Sonnenbrand! Dumm gelaufen, aber jetzt hatte Antje ja ihren Auftritt hinter sich und konnte sich einen weiten Rock anziehen. Das machte die Sache erträglicher, und die Erinnerung an ein tolles Erlebnis bei Woodstock auf der anderen Seite des Hudson hellte die Stimmung wieder auf.
Ansgar war da noch nicht durch, denn das Blasorchester kam ja erst nach der Pause zum Einsatz. Das schwungvolle, volkstümliche Repertoire zeigte beim Publikum direkt Wirkung: Die Leute sprangen auf, klatschten rhythmisch mit und ein Ende gab es erst nach einigen Zugaben.
Es gab dann weitere touristisch-landeskundliche Höhepunkte. Direkt war ich natürlich nicht dabei, ich hatte an diesen Tagen immer „Erholungspause" in „meinem" Landhaus. Antje erzählte davon nach der Rückkehr begeistert ihren Gasteltern, natürlich in Englisch. Und so verstand ich nur bruchstückhaft „New York", „Staten-Island-Ferry", „World Trade Center". Antje war also auf den berühmten Zwillingstürmen! Das muss ein toller Blick auf die Wolkenkratzerstadt gewesen sein, den hätte ich auch gern mal gehabt! Ich hörte auch vom „United Nations Headquarter" berichten, dem Hauptquartier der Vereinten Nationen! Nein, was das Mädchen so alles erleben durfte, und das nur, weil es mich gab! Ohne mich wäre sie ja - zumindest zu diesem Zeitpunkt - nicht nach New York gekommen!
Andere Programmpunkte waren ein Rundgang durch die berühmte Militärakademie in Westpoint, der Besuch einer Oldtimer-Flugshow im Old Rhinebeck Aerodrome und ein Besuch in der Landeshauptstadt Albany.

Danach sagte Antje zu mir: „Weißt Du, Fräulein Kloz, in Albany, da gibt es neben vielen Hochhäusern ein extravagantes Gebäude, so etwas können auch nur die Amerikaner bauen. Sie nennen es ‚The Egg', das heißt zu Deutsch ‚Das Ei'. Und so sieht das Gebäude auch aus, wie ein riesiges Ei. Das ist ein Veranstaltungs- und Kongresszentrum. Darin werden auch Konzerte gegeben, da würde ich gerne mal mit Dir auftreten. Na ja, man kann ja nicht alles auf einmal haben."

Doch jetzt sind wieder die musikalischen Aktivitäten dran, an denen ich direkt beteiligt war.
Den musikalischen Höhepunkt unserer Reise erlebten wir am Wochenende im Olin-Auditorium, dem neuen und schönen Konzertsaal des Bard Colleges in Annandale-on-Hudson N.Y. . Unser sinfonisches Orchester gestaltete zusammen mit dem gemeinsamen Chor aller weiterführenden Schulen Rheinbachs den ersten Teil hauptsächlich mit Werken aus der Barockzeit. Die Teile aus dem „Messias" von Georg Friedrich Händel gelangen uns diesmal so gut, dass man getrost von einer Glanzleistung sprechen konnte. Was ist das für eine Wohltat, wenn man in einem akustisch einwandfreien Saal musizieren darf! Und das Publikum war so begeistert! Es gab wieder „Yeah"-Rufe und Pfiffe! Auch hier wirkte die Akustik verstärkend. Dass ich das erleben durfte! Und so weit weg von meinem geliebten Deutschland! Ich wünschte, Leo hätte das miterleben dürfen.
Nach der Pause spielten und sangen Kinder aus Rhinebeck Volkslieder, darunter auch deutsche. Dann kam wieder das Blasorchester zum Zuge. Als es Platz genommen hatte, gab es eine Überraschung: Einem Rheinbacher Trompeter wurde von den Amerikanern eine Silbertrompete überreicht. Sie sollte ein verbindendes Symbol für die Musikpartnerschaft zwischen Rhinebeck und Rheinbach sein. Und sie sollte – gewissermaßen als „Wanderpokal" - im nächsten Jahr mit dem Gegenbesuch der Rhinebecker in Rheinbach wieder zurückkehren. Ich fand das rührend. Hier konnte man die völkerverbindende Wirkung der Musik wirklich mit den Augen sehen, mit den Händen greifen und mit den Ohren hören.

Das Blasorchester entführte das Publikum anschließend in die Welt des Musicals, des Films und des Jazz. Hochstimmung! Das Publikum ging begeistert mit und erzwang sich durch seinen anhaltenden, immer wieder rhythmischen Beifall vier Zugaben. Es war im wahrsten Sinne des Wortes ein rauschendes Fest geworden.

Ja, und einige Tage später erlebten wir noch so ein „Event“: Es nannte sich „German Alps Festival“, was wohl soviel wie „Deutsches Alpenfest“ heißt. Ein „Deutsches Alpenfest“? In Amerika? Das ist doch wohl ein Witz!? Nein, nein, diese Veranstaltung gab es dort wirklich, und zwar jedes Jahr im Sommer.
Wir kamen also an den Veranstaltungsort, und was als Erstes ins Auge fiel, das war ein riesiges weiß-blau-gestreiftes Zeltdach. Das Festzelt war bis auf den letzten Platz besetzt: Männer in weißem Oberhemd und Krachledernen und Frauen im Dirndlkleid. Bei diesem Anblick glaubte man plötzlich in Bayern gelandet zu sein, vielleicht gar in meiner Geburtsstadt Mittenwald oder auf dem Münchener Oktoberfest. Aber nein doch, wir waren in Hunter Mountain, zirka zwei Busstunden von Rhinebeck entfernt auf der Westseite des Hudson. Am Podium hing an einer weißen Stange die bayerische weiß-blaue Rautenfahne. Die Blaskapelle spielte gerade „In München steht ein Hofbräuhaus“, es wurde gesungen, geschunkelt und getanzt. Der gesungene Text hörte sich ungefähr so an: „In Minken ßteht ain Hofbschäuhaus, ain, swai, suffa…“ Einfach köstlich, diese Nachfahren deutscher Einwanderer! A propos „suffa“: Es roch ziemlich stark nach bayerischem Bier.
Ich fragte mich, ob wir hier nicht wie ein Fremdkörper wirken mussten. Bei uns gab es keine Krachledernen und keine Dirndlkleider. Unsere Leute trugen schlicht und einfach das T-Shirt mit dem Partnerschaftsmotto „Hearts across the water“. Ich hörte auch Antje in diesem Sinne mit ihrer Freundin tuscheln. Die Bedenken waren schnell hinweggefegt, denn als wir in einstudierter Art und Weise Richtung Podium einzogen, spielte die Blaskapelle den Bayerischen Defiliermarsch, die „heimliche Nationalhymne“! Die Leute sprangen auf und klatschten im Rhythmus. Im Rheinland würde man das „Klatschmarsch“ nennen, aber hier schwebte

der Geist des bayerischen Ministerpräsidenten Franz-Josef Strauß über dem Ganzen. Wir „Exoten" wurden jubelnd, kreischend, klatschend, mit „Juchhu!"-Rufen und Jodelversuchen begrüßt. Deutschland, das ist eben für viele Amerikaner Bayern.

Die Blaskapelle räumte das Podium, und wir – das sinfonische Orchester und der Chor - nahmen Platz. Jetzt wurde mir klar, warum wir zu Hause auch ein Potpourri deutscher Volkslieder einstudiert hatten. Das hatte jetzt seine amerikanische Uraufführung, denn Händels „Messias" wäre hier wirklich fehl am Platze gewesen. Wir spielten und sangen uns in die Herzen der gutgelaunten Zuhörer, und der Beifall war wieder echt amerikanisch temperamentvoll. Nach dem Motto „Jetzt oder nie!" folgten dann zwei lebhafte Sätze aus Mozarts Divertimento. Das riss zwar keinen vom Hocker, aber das Publikum klatschte artig und dankbar.

Als unser Blasorchester die Regie übernahm, änderte sich das wieder schlagartig. Den meisten Applaus gab es natürlich nach den „Klängen aus dem Alpenland". Das war sozusagen die passende Titelmusik. Rückkehr zur Bombenstimmung im Zelt. Zugaben waren unvermeidlich.

Als wir mit Klatschmarsch verabschiedet worden waren, kam wohl für die meisten Festgäste der eigentliche Höhepunkt des Programms: Tony Marshall, der Entertainer aus Baden-Baden, der Fröhlichmacher der Nation, der Garant für allerbeste Unterhaltung wurde angekündigt. Wieder wurde der Bayerische Defiliermarsch bemüht, wieder riss es das Publikum von den Stühlen. Da musste ich nach Amerika fliegen, um Tony leibhaftig zu erleben! Ehrlich gesagt, es war nicht so ganz mein Geschmack. Aber man muss es ihm lassen, er fand für dieses Publikum den „richtigen Ton". Ohne schrille Töne, aber mit viel Gefühl und Sinn für harmonische Melodien traf er ins Schwarze. Spätestens seit dem Schlager „Auf der Straße nach Süden..." standen die meisten Leute vor Begeisterung auf den Stühlen, denn er hatte angepasst gesungen: „Auf der Straße nach Hunter..." Jetzt hatten auch wir Rheinbacher unseren Jux.

Am frühen Abend klingelte bei unseren Gasteltern im Flur das Telefon. „Entche", rief die Gastmutter, „phone call for you from mummy!"
„Hallo, Mama! Von wo rufst Du an? – Von Chania auf Kreta! Da ist es ja jetzt schon kurz vor Mitternacht. Meine Güte, ist das weit weg; ich kann Dich aber gut verstehen. Wie geht 's Euch dort im Urlaub? – Bei uns ist auch alles in Ordnung. Ach, ich habe Euch ja so viel zu erzählen." Und schon sprudelte es aus Antje voller Begeisterung ohne Punkt und Komma heraus, bis in die Einzelheiten hinein. Nach ein paar Minuten wurde sie vom anderen Ende der Leitung kurz unterbrochen. Dann sagte sie: „Du hast recht, das kann ich Euch zu Hause weiter erzählen, sonst wird es zu teuer. Ach, ich bin schon ein bisschen traurig, dass die schöne Zeit hier bald zu Ende geht. Also alles Gute bis zum Wiedersehn in Rheinbach. – Ja, die Grüße an die Gasteltern und Ansgar richte ich aus. Tschüss, Mama!"

Zum Abschluss unseres Aufenthalts durften wir das Fest zum 300jährigen Bestehen Rhinebecks mitgestalten. Es war gewissermaßen die bunte Zusammenfassung all dessen, was wir in den vergangenen zwei Wochen erlebt und mitgemacht hatten. Veranstaltungsort war ein großes, sportplatzähnliches Gelände stadtauswärts. Am Rande herrschte Jahrmarktatmosphäre: Buden, in denen die Stadtentstehungsgeschichte dokumentiert wurde; Buden mit mehr oder weniger nützlichen Dingen des täglichen Bedarfs; Buden mit Souvenirs, Lotterie- und Schießbuden und natürlich auch Buden mit allem, was dem „leiblichen Wohl" der zahlreichen Festteilnehmer dienen sollte.
Wir kamen mit der gesamten Bandbreite unseres Repertoires zum Zuge. Eine Besonderheit gab es aber doch: Wir mussten die amerikanische und die deutsche Nationalhymne spielen. Das ist in Amerika ganz selbstverständlich bei einem solchen Fest. Ich dachte: Ein bisschen Nachahmung könnte uns in Deutschland nicht schaden, ein bisschen. Man muss ja nicht gleich wie in den USA jeden Morgen den Schulunterricht damit beginnen. Aber es gibt auch bei uns Anlässe, bei denen das Singen von „Einigkeit

und Recht und Freiheit" das Zusammengehörigkeitsgefühl fördern würde.
Jedenfalls war dieses „Event" ein festlich-unterhaltsamer Abschluss unserer Reise, und ich merkte, dass auch den anderen jungen Rheinbachern der Gedanke an den Abschied so gar nicht gefallen wollte.
Antje sagte am Abend unter vier Augen zu mir: „Fräulein Kloz, ich bin wild entschlossen, nach dem Abitur für ein halbes Jahr als Au-pair-Mädchen hierher zurückzukehren. Ich werde Mama und Papa behutsam darauf einstimmen, dann unterstützen die das bestimmt."

Kurz vor dem Einschlafen ging es mir durch den „Kopf": Seit Deinem Entkommen aus dem kommunistischen Machtbereich vor 31 Jahren steht Dir die weite „westliche" Welt offen, und. jetzt bist Du auch schon mal angekommen! Das weißt Du zu schätzen, und deshalb bist Du froh und dankbar. Wer weiß, was das Leben in Frieden und Freiheit und mit lieben Menschen noch alles für Dich bereithält. Die Aussichten sind jedenfalls wirklich rosig…

Nachklang

Seit dem ersten und dem letzten Satz dieser Aufzeichnungen sind Jahre vergangen. Ganze Berge von Deutsch- und Geschichtsklausuren mussten korrigiert werden, Unterricht musste vorbereitet werden, das „Familienschiff" musste durch manch klippenreiches Fahrwasser gesteuert werden, das ehrenamtliche Engagement schluckte den Rest an Freizeit, Muße war selten geworden.
Weil aber am Anfang die Zeit drängte, griff der Alte zu einer „Notlösung". Er fasste den Text der Schenkungsurkunde im Telegrammstil ab und übertrug ihn handschriftlich auf ein etwas altertümlich aufgemachtes Urkundenblatt. Dieses überreichte er dann pünktlich zum 18. Geburtstag seiner Tochter. Die letzten Sätze der Urkunde lauteten:

„Ich freue mich immer, wenn Du mein Fräulein Kloz zum Klingen bringst.

Die Geige ist in guten Händen!"

Und dann nahm er sich Zeit, die – teilweise dramatisch-schicksalhafte – Lebensgeschichte seiner Geige aufzuschreiben. Es wurde ein Stück Bewältigung der eigenen Vergangenheit.

Gegen Ende seiner aktiven Lehrtätigkeit durfte er etwas miterleben, was er gegen den Zeitgeist immer erhofft und vor seinen Kindern und Schülern vertreten hatte: die Wiedervereinigung West- und Mitteldeutschlands. Seine Rede war immer gewesen: „Das ist eine Jahrhundertfrage. Und was sind hundert Jahre vor dem Hintergrund einer tausendjährigen deutschen Geschichte? Widersinnige Systeme können sich lange, aber nicht auf Dauer halten." Und jetzt wurde er Zeitzeuge eines fast unglaublichen Geschehens! Die Mauer wurde geöffnet, der „Eiserne Vorhang" hochgezogen. Hürden waren gefallen, die für den Alten und seine Verwandten in der ehemaligen DDR von schicksalhafter Bedeutung waren. Jahrzehntelang hatte er nach dem „West-Duden" Mannheim/Wien/Zürich korrigiert. Im Unterricht hatte er seine Schüler auf die zunehmenden Unterschiede zum „Ost-Duden" Leipzig hingewiesen. Jetzt konnte er mit Genugtuung den ersten gemeinsamen Duden Mannheim/Leipzig/Wien/Zürich zu Rate ziehen. Vierzig Jahre sprachlicher Auseinanderentwicklung waren vorbei. Und das alles ohne Blutvergießen!

Den 3. Oktober 1990 hat der Alte mit einem lachenden und einem weinenden Auge gefeiert. Freude bereitete ihm die Wiederherstellung eines geeinten Deutschlands. Mit Wehmut erfüllte ihn die Tatsache, dass seine schlesische Heimat nun auch völkerrechtlich zu Polen gehörte. Der Verstand sagte „Ja", aber das Herz blutete.
Aber die Wiederherstellung der deutschen Einheit war ja über Jahrzehnte nicht des Alten einziger Traum. Er wünschte sich ein geeintes Europa, zu dem eines Tages auch ein demokratisches Polen gehören sollte. Dann wäre die Grenze an Oder und Neiße nicht mehr so schmerzlich. Dann käme den in der Heimat verbliebenen deutschen Landsleuten der europäische Menschenrechtsstandard zugute. Der eine Lebenstraum war Wirklichkeit geworden, an dem anderen klammerte er sich fest.

Seinem christlichen Gewissen folgend setzte er sich für eine dauerhafte Aussöhnung zwischen dem deutschen und dem polnischen Volk ein. Das war für ihn die einzige menschenwürdige Antwort auf sein Schicksal und eine lebenslange Aufgabe. Millimeterweise und unbeirrt durch Rückschläge wollte er seinen Beitrag leisten. Nie mehr sollten Vorurteile, Geschichtsverfälschung, Hass, Krieg, Angst, Gewalt, Tod, Vertreibung, Rache und Vergeltung die beiden Nachbarvölker im Herzen Europas entzweien. Versöhnung kann nicht auf einer Einbahnstraße gelingen. Deshalb setzte der Alte seine Hoffnung vor allem auf die jungen, aufgeschlossenen, nach vorn blickenden Deutschen und Polen. Ihre Dialogbereitschaft, ihre Sehnsucht nach Frieden und Völkerverständigung versuchte er mit all seinen Kräften und Möglichkeiten zu fördern.

Nachwort

Die Handlung dieser Erzählung ist nicht „frei erfunden". Das bewegte Leben hatte die „Federführung". Geschichtliche und geographische Fakten sind nachprüfbar. Dennoch handelt es sich um keinen dokumentarischen Tatsachenbericht, sondern um eine fiktive Erzählung aus der Erinnerung. Wahrheit und Dichtung in Symbiose.

Die handelnden Personen sind teils erfunden; ihre verfremdende Namensgebung orientiert sich an in Schlesien und Polen geläufigen Vor- und Nachnamen. Bei dem anderen Teil handelt es sich um in der erzählten Zeit tatsächlich lebende Personen der Zeitgeschichte. Es sei ausdrücklich darauf hingewiesen, dass sie mit dem Handlungsverlauf nichts zu tun haben.

Sie schreiben?

Wir suchen Autoren!

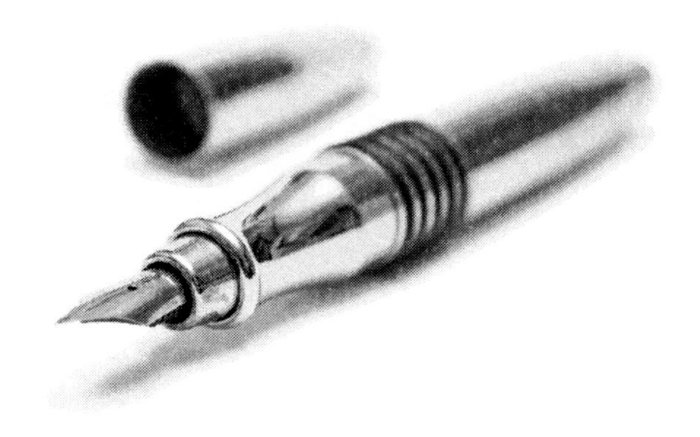

... lernen Sie uns kennen

und stöbern Sie in unserem Buchshop

www.book-on-demand.de